黒海
アンカラ
トルコ
ビエト連邦
バルハシ
アラル海
アム川
シル川
キジル・クム
イシック・クル
タシュケント
ブハラ
サマルカンド
カラス・カラウル
タシュクルガン
カシュガル
タシマリク
ゲズ
ワクジル峠
キリク峠
ギルギット
ブルジル峠
スリナガル
ラワルピンディ
ペシャワル
カーブル
ヒンドゥクシュ山脈
バーミヤン
マザリシャリフ
メシェド
ニシャプール
ダムカン
テヘラン
カスピン
シャールード
ハマダン
ケルマンシャー
キジルルバト
バグダート
ラマディ
ルトバ
ベイルート
パルミラ
シリア
ダマスクス
ユーフラテス川
イラク
イラン
バスラ
サウジアラビア
ペルシャ湾
ペルセポリス
シラーズ
ファラー・ルード川
ファラー
イスラム・カラ
ヘラート
アフガニスタン
ガズニー
カンダハル
ヘルマンド川
パキスタン
インダス川
ラホール
タール砂漠
デリー
カラチ
インド
アラビア半島
アラビア海
ボンベイ
デカン高原
コロン
インド
『中央アジア自動車横断』付図
凡例
本隊（パミール班）のルート
パミール班のキャラバン・ルート
中国班のルート
長城線
国都および主要都市
途中のオアシス
探検隊が訪れた主要遺跡
主な湖
砂漠

世界探検全集—13

中央アジア自動車横断

La croisière jaune

Georges Le Fèvre

ジョルジュ・
ル・フェーヴル
野沢協・宮前勝利 訳

河出書房新社

①探検隊員の陣容（ハミにて。上）。立った者の左よりショーヴェ、ソヴァージュ、スペクト、バルルデ、ケルヴィズィック、アッカン、ペトロ、アールト（隊長）、ドラストル、ペクール、ポワン、ヤコヴレフ、シヴェル、ティヤール・ド・シャルダン神父、ニュレ、ゴーチェ、ル・フェーヴル、レミリエ、コンテ、レイモン、ディールマン、ピア。坐った者の左からプノー、ウイリアムズ、オードゥアン＝デュブルイユ（上）。
②ジョルジュ・ル・フェーヴル（左）。

③新疆のトクスン峠を進む自動車隊（上）。
④新疆の平原を目ざし驀進する自動車隊（左）。
⑤ヒマラヤ山脈中で車輌の調子をみる隊員（左下）。
⑥ブルジル峠で雪中に道をつくる隊員（右下）。

⑦起伏するアラシャン砂漠を進む無限軌道車（上）。
⑧キリク峠にて（中）。
⑨茫漠としたゴビ砂漠にたむろするラクダ（下）。

ナビゲーション

無限軌道車との出会い

山田周生

私が初めて無《む》限《げん》軌《き》道《どう》車《しゃ》の存在を知ったのは、一九八三年にバイクでサハラ砂漠を縦断するためにヨーロッパに行き、ふらりと立ち寄ったフランスの本屋であった。サハラ砂漠で後ろのタイヤがキャタピラになっている不思議な車の古い写真を見つけたのだが、フランス語のため内容がわからず、そのまま記憶の底に沈んでいた。そして、このナビゲーションの依頼で再び無限軌道車と出会うこととなった。

この車を作ったのはアンドレ・シトロエンだ。彼は第一次世界大戦後の一九一九年にオートモビル・シトロエンを設立し車の大量生産に成功し事業を拡大。その後一九二九年には、ルノーやプジョーを抜いて車の生産量がヨーロッパでトップとなり大成功を収めている。

当時、フランス政府はアフリカの植民地に通じる陸ルートの開拓に意欲を燃やしており、シトロエンはそれに応えるべく一九二二年に砂漠を走行できる無限軌道車を作り、ジョルジュ＝マリ・アールトとルイ・オードゥアン＝デュブルイユらの手によって、サハラ砂漠縦断計画を実行した。出発地はアルジェリアのコロンベシャール。サハラ砂漠を南下してマリ共和国のトンブクトゥ（チンブクツ）まで、約三二〇〇キロのルートを二〇日間で走破することに成功している。一九二四年にはこの無限軌道車を使って二〇〇〇〇キロに及ぶ、中央アフリカを縦断する探検が行われ八か月で目標を達成している。このことによってヨーロッパからアフリカの各植民地に陸路で行くことが可能になったのだ。この「黒の探検」と呼ばれる探検は写真や映画の撮影、学術調査も含めたもので、フランスだけでなくヨーロッパの各国にとって政治的、学術的、経済的にも大きな影響を与えることになった。

　そして、アンドレ・シトロエン率いる自動車探検隊は三年の準備期間を経て一九三一年に進路を東に取りアジアへ向けて北京を目指した。この「黄色の探検」が本書の探検である。

　当時、ヨーロッパとアジアを結ぶシルクロードは、ラクダを使った隊商路によって交易が行われており車など走っていない。当然、車用の道も整備されていない場所である。探検の困難さは想像を絶する。言語もペルシア語、ロシア語、中国語、ヒンズー語、アラビア語、モンゴル語などや地方民族の言語も絡むので、交渉事や情報収集には何人もの通訳を介さねばならずその苦労たるやだ。

私は一九九〇年に、あるプロジェクトで中央アジアから北京までのルートを、ランドローバーで走行したことがある。このルートで外国人が中国国境に入ったのは、本書のシトロエン中央アジア探検隊以来半世紀ぶり（約六〇年後）だったとか。中央アジアからカシュガルまでの道も悪く、タクラマカン砂漠では車が砂に埋まったり、道に迷ったりとルートを探すのも大変な旅だったことを覚えている。まして彼らの時代のことを考えるとその困難さは計り知れない。さらにこの中央アジア探検隊がここを通過した時は、民族間の紛争やイギリスとロシアの領土争い、馬仲英《マチユンイン》を中心とするウイグル人の反乱、新疆省の有力者の内紛で、中国の治安も極めて悪い状況であり、まさに命がけの探検だった。

ベイルートからスタートしたパミール班のクライマックスは、なんといってもヒマラヤ越えであろう。標高五〇〇〇メートルの万年雪をいただく峠を何度も越えるのだが、もともと車が通る道はないし狭い。ガレ場では人夫を雇い、ロープで車が落ちないように引きながら前進させたり、川渡りではワイヤーやロープで引っ張るなど、数百メートルを進むのに何日もかかるハードなものであった。山崩れがあった場所を越えるために、現地の住民一五〇人を雇ったうえで、車を三〇キログラム以下のパーツに分解しそれを担ぎ上げて運び、また車に組み上げるなど、とにかくどんな手を使っても最後まで諦めず果敢に攻め続ける探検隊の努力には凄まじい執念を感じる。標高五〇〇〇メートルでは平地の半分程度の酸素しかないため、荷物を持つどころか歩くだけでも困難だ。私が標高五〇〇〇メートルのヒマラヤの峠を歩いた経験からすると、三〇キログラム、それも硬い部品を担いで峠を越えることがどれだけ大変なことであったか想像できるだけに、彼らの意思の強さに驚嘆せざるをえない。

　北京を出発した中国班にはパミール班とは全く違った苦難が待っていた。リーダーのヴィクトル・ポワンは中央アジア探検隊に自ら志願した青年で、海軍大尉として揚子江の砲艦艦長を務めた経験を買われこの探検隊に入った。北京出発当初から、中国側の学術調査団が協力的でないことや東干《トウンガン》人の反乱に巻き込まれるなど思うように進めない状況が続く。カシュガルまであと一三〇〇キロというところで、探検隊はウルムチで軟禁されてしまいパミール班を待つしかできない状態だった。その間に無電機を直してやることで交渉を優位に運ぼうとしたり、外で車を待機させ、窓から飛び出し脱走したりと探検隊のためにできることはなんでもやった。パミール班もポワンたちとなんとか合流するが両班とも捕らえられ、フランスから送ってもらった自動車三台が新疆省主席金総司令官の元に届くまで何か月も拘束された状態だった。なんとか新疆省を脱出し北京に向かうが中国軍とイスラム教徒との反乱で死体だらけの中を前進。反乱軍と間違われ中国軍に撃たれたりと安心できなかった。

一二月となり、とうとう冬になった砂漠はマイナス三〇度に達する。エンジンは何度も故障し寒さが道を阻《はば》んだ。氷が割れ冷たい水路に車が落ちてしまい引っ張り上げるのに水に飛び込んだり、夜はラジエーターの水が凍るのを避けるために水を抜かないとならない。エンジンのオイルも寒さで凍ってしまうため、エンジンを止めたら再びスタートできなくなる。そのため夜通しエンジンを暖めていないとならない。ある時は夜も止まらないで走り続け、食べる時間、寝る時間を惜しんで進み続けた。寒さという新たな苦難の中を強行するに至り、さらに命を削りながらの探検行となっていく。

私は、廃食用油からバイオディーゼル燃料が作れるオリジナルの精製装置を考案して、二〇〇七年一二月から旅に出た。化石燃料に頼らず、現地の廃食用油から作る一〇〇パーセントのバイオディーゼル燃料のみで地球一周を目指す世界初のプロジェクトであったのだが、その時の困難がよみがえってくる。

アメリカからヨーロッパに車を輸送する際、船会社が倒産してしまい大西洋上で車の所在が宙ぶらりんになってしまったこと、廃食用油が思うように集まらなかったこと、国境の壁を政治的な問題で通過できなくなったこと。だが、可能性のあることをひとつずつ進めていくことで解決のチャンスはやってきた。諦めないことが次への扉を開いてくれる。シベリアを縦断する時、マイナス三〇度の中でエンジンを止めると、バイオ燃料が凍ってしまい二度とエンジンがかからなくなるので、夜中はエンジンを止めずに進んだ。約九〇年前の探検行と比べても、同じようなことが繰り返されている。この中央アジア自動車横断に参加した各メンバーの体験、決断、選択そしてメンバー間の信頼関係は、今の我々にも大きな学びを与えてくれる。

ラクダから自動車の時代、そしてその先へ――

長年の間、ヨーロッパ人にとって中央アジアは閉ざされ、情報がない空白地帯だったが、この自動車探検行によって新たな時代の幕が開くことになる。一九三三―一九三五年にかけてスウェン・ヘディンにより西北自動車遠征隊が組織されて中央アジアを探検し新ロプ・ノールを見つける。一九三五年にはイギリスのタイクマンが、フォードのＶ８トラックで綏遠《すいえん》からタリム盆地のカシュガルまで踏破した。本書の探検行の大きな意味は、アジアの交通網を自動車がラクダに取って代わる次の時代への口火を切ったことだろう。車でのルート開拓など大きな足跡を残した。自動車を使うことで時間と空間の短縮が進み、ヨーロッパとアジアの距離を縮めたのは時代の流れだったのだろう。時代が彼らを必要とし、彼らが扉を開けるために遣わされた存在だったのかもしれないとふと思う。車がヨーロッパとアジアを結んだことで、歴史が大きく進んだ。そして、新たな未来を作った。

　そして、この歴史的探検行から約九〇年。時代は進み我々にとっての車という存在、探検の中の車の位置づけも更新され続けている。ラクダや馬が移動に使われていた時代、動物はそこにある草を食べ、長距離移動を可能にさせた。約九〇年前は、車を走らせるためにラクダを使って遠くから化石燃料や物資を運び、燃費の悪い車で走っていた。時代や状況は移り変わる。地球と人の生活とのつながりが見直されるようになり、大量消費から持続可能な生き方へ。奪ったり、コントロールしたりするのではなく、エネルギーも枯渇しない循環できるものが模索されている。ラクダがそこにあるものを食べ移動しているように、車もまたそこにあるエネルギーを利用するようなシステムに変わっていくであろう。時間と空間が短縮されたことによる文化の均一化も、多様な文化、生き方が尊重される時代へと変化しつつある。移動することの意味、探検の在り方が問われる時代となったのだ。だが、そこに行きつくまでの探検を通し、失敗や経験を重ねたからこそ今があるのだと思う。そのスタートを切った、本書の探検行が人類に与えた影響は非常に大きいものであったように思う。

最後に、シトロエンは「黄色の探検」の次に『白の探検』を計画していたようだ。すなわち南極大陸をこの無限軌道車で旅することを考えていたのだ。シトロエンとアールトがもし、あと一〇年長く生きていたらきっと『白の探検』に行ったに違いない。

山田周生（やまだ・しゅうせい）

二五歳の時にサハラ砂漠をバイクで単独縦断。自然との共生をテーマに世界一〇〇か国以上、地球約七五周分の距離を撮影取材する。サハラ縦断レースのダカールラリーに四輪と二輪で出場して完走する。持続可能な暮らしのヒントを求めて二〇〇七年から、自作したバイオディーゼル燃料プラントを搭載した車で、廃食用油を現地調達してガソリンスタンドに寄らずに地球一周。二〇一一年に岩手県で東日本大震災に遭遇し支援団体を設立。支援を進める中オフグリッドハウスを作り、食とエネルギーを自給する暮らしの実証実験や自然再生エネルギー、エコビレッジなど「自然と共生する循環型のくらし」に関わる幅広い分野の研究を行っている。

目次―世界探検全集13―中央アジア自動車横断

世界探検全集13―中央アジア自動車横断

序言

アンドレ・シトロエン

一九三二年一一月三〇日の晩、「シトロエン中央アジア探検隊」の帰国を祝う群衆で、ソルボンヌ大学の大講堂ははち切れそうだった。

アルベール・ルブラン大統領のまわりには、ガムラン将軍、フィリップ・ベルトロ氏、軍令部長デュラン＝ヴィエル中将、海外伝道会会長ド・ゲブリアン猊下、地理学会幹事長Ｇ・グランディディエ氏、技術教育院総裁ラベ氏、パリ大学総長シャルレティ氏、フィリップ・ベルトロ夫人、ドゥメルグ夫人、エリオ夫人、シトロエン夫人等、多数の名士が居並んでいた。元大統領のミルラン、ドゥメルグ両氏が臨席されたことも、この祝典にいっそうの輝きを与えていた。

ペタン元帥、ウェイガン将軍、グロー将軍と綺羅《きら》星を連ねた壇上で、地理学会会長のフランシェ・デスプレイ元帥からおほめの言葉をいただき、金の大メダルを授与されると聞かされたとき、この最高の栄誉にわたしは誇りと感激を抑えることができなかった。一〇年間の苦労がここに実を結んだからである。またこれは、今は亡きジョルジュ＝マリ・アールトの思い出に捧げる輝かしい賛辞でもあったからである。

*

わたしの工場が道路以外のいろいろな土地の上を走れる、特殊な装置を備えた自動車の製造を始めたのは、今から一〇余年前の一九二一年一月だった。

最初の実験ですでに明らかなように、雪や砂の上を走るという問題は無限軌道車によって解決された。わたしはこの機会に、無限軌道車を発明し、フランス人の創造的な天分をあらためて証明された偉大な技師、アドルフ・ケグレス氏に感謝しなければならない。当時われわれは、植民地当局や軍人、探検家などから、サハラ横断という大問題を提出された。この実験は興味津々たるもので、わたしとしても、それを敢行することが文字どおり義務であると感じた。ツグルト＝チンブクツ間の探検が決定され、隊長もただちに任命された。ジョルジュ＝マリ・アールトと、ルイ・オードゥアン＝デュブルイユである。

ジョルジュ＝マリ・アールトは、シトロエン工場の総支配人として、一五年来わたしと苦楽をともにしてきた。理想に満ち、高貴な目的のためにはいつでも身を捧げる用意のあったこの強烈な精神の持主に、わたしは深い友情で結ばれていた。アールトは、落ち着きと決断力と果断な精神と、命令者としての権威と、すぐれた統率力とをいずれも最高度に備えて、真に将たるにふさわしい人物だった。従来あらゆる仕事を成功に導いたそれらのすぐれた資質が、この新しい任務でも遺憾なく発揮されるものと、わたしは堅く信じていた。

ルイ・オードゥアン＝デュブルイユについては、かつてのチュニジア最南部での活躍を知る人々から意見を仰いだ。二年有余のあいだ、彼は空軍将校として、サハラ作戦に参加する装甲自動車隊の指揮をとり、その高い知力と不屈のエネルギーとを存分に発揮していたのである。

一九二二年一二月一六日未明、一〇人の探検家を乗せた五台の無限軌道車はツグルトから南に向かって出発した。そして、アハガル山地とタネズルフト地方を通ってサハラ砂漠を横断し、アールト、オードゥアン＝デュブルイユ第一次派遣隊は一九二三年一月七日チンブクツに到着した。これは、アルジェリアと西アフリカのあいだを短時間で連絡できることを証明し、アフリカ各地の植民地のあいだに大交通路を設ける第一歩をしるしたのみでなく、世界各地で探検の手段として、自動車が使用できるということを明らかにしたものでもあった。

いまや始動が与えられ、車は動きだした。ほかの探検隊は、もうそのあとをついて行けばよいのである。

探検隊長ジョルジュ＝マリ・アールト

*

ツグルト＝チンブクツ間の最初の長距離レースが済んだあと、わたしはすぐにジョルジュ＝マリ・アールトと第二次派遣隊を組織した。これが世上《黒の探検》と呼ばれる「シトロエン中央アフリカ探検隊」である。この探検は一年有余の系統的な準備を要した。

砂漠、叢林、サヴァンナ、沼地、森林など、延々二〇〇〇〇キロ。ここでは五つの補助部隊を派遣して、アルジェリアからインド洋にいたるまで、ガソリンと食糧と資材の補給を確保せねばならなかった。

最初に予定したルートにはアビシニア（エチオピア）とジブチ一帯が含まれていたが、出発の数日前に大統領を訪問してこの旅行計画をご説明したところ、ドゥメルグ氏は、マダガスカル島が大陸から孤立していることに注意を促され、アフリカのフランス植民地とインド洋上のこの大きな島を結ぶ大陸内交通路を研究してはどうか、と示唆された。

一九二四年一〇月二八日から、一九二五年六月二六日にかけて、無限軌道車に乗った一六人の探検隊員は、コロン＝ベシャールからタナナリヴまでアフリカを走破した。学術的なコレクションとおびただしい写真、映画が、この探検の成果として残された。

いまや、アフリカ全土が自動車に開放された。各種の交通路が次々と黒い大陸に切り開かれ、広大なフランス植民地帝国には道路が四通八達し、いまではさしたる困難もなく、アルジェリアから西アフリカへ、チュニジアから赤道アフリカへ、ベルギー領コンゴからイギリス領、ポルトガル領の植民地へと、自動車で行けるようになった。

わたしはそこで、文明の発祥地である世界最古の大陸を横断する新たな探検を行ない、この《学術普及》の事業をさらに拡大することにした。

*

倦まずたゆまず大陸横断の大旅行に情熱を傾けていたジョルジュ＝マリ・アールトは、事実、一九二八年ころから、アジアで探検の仕事を続けることを考えていた。

アジアを選んだのはどうしてか？

ほかの大陸、たとえばアフリカの地図を見てもそれほどには感じないが、アジアの地図を見ると、西洋人はその密度の高さ、不透明さにまず打たれる。これはまるで、細胞核のない巨大な原形質のかたまりである。その中心部は陥没した広大な砂漠で、人間生活はこの震央を避けて周辺地帯へあふれ出ている。

この中央アジアの砂漠によって、おびただしい人間集団が互いに分け隔てられている——ロシヤ人と中国人、モンゴル人とインド人。その昔、七世紀にはシナの僧玄奘《げんじょう》が、一三世紀にはヴェネチアの大旅行家マルコ・ポーロがたどった、あの《絹の道》の足跡《そくせき》を再発見することはできないだろうか？当時、中国、ペルシア、アラビア、さらにはヨーロッパも含めて、盛んな交易が行なわれていたこの大回廊に、再び人馬が通ることは可能だろうか？

そして未来の自動車には、見ず知らずの民族を互いに結びつける連絡員という役割があるのではなかろうか？

前の探検と同様、今度もわたしは、科学、技術、経済のあらゆる分野を調査するアールト、オードゥアン＝デュブルイユ第三次派遣隊の準備と努力を支援しようと決心した。

外務省と植民地省と郵政省が、当初からわたしを励ましてくれた。それらの貴重な援助によって、われわれ探検隊の組織者は、アジア諸国へ入国し、無線電信を使い、安んじて仕事を進めるために必要な許可を、容易に、かつ確実に得ることができた。また、フランスの学術団体も、アールトの努力に激励を惜しまなかった。とくに、グランディディエ幹事長のご厚意によって、率先貴重な援助を賜わった地理学会と自然誌博物館は、その面で特筆されねばならない。

同じくパテ・ナタン社からも、わたしは精神的・物質的に貴重な援助を受けた。同社は、この旅行の記録映画を作製し、アジア大陸の秘密と勇敢な探検家たちが遭遇したさまざまな困難を世人に伝えるため、この探検に参加することを希望された。

最後に、ワシントンの全米地理学会の協力が得られたことも、つけ加えておかねばならない。それによって、探検隊は形式的にも海外学術調査団としての性格を帯びることになった。

隊員はすぐにそろった。ある者は資材の研究と準備にあたり、ある者は補給物資の配備やルートの偵察や各国政府との交渉にあたった。研究課程はほぼ三年の日数を要し、その間幾たびか予備的な旅行が行なわれた。そして最後に、探検の実行という最も困難な任務が実施部隊に課せられた。

ご存知のとおり、今度の旅行には、アフリカ横断とは比べものにならないような複雑な問題があった。この本をお読みのかたは、まず冒頭から、それを目のあたりにされるはずである。そこには、長い準備期間にぶつかった多くの困難があらまし説明されている。

計画がどたん場で変更され、時間の余裕がなくなることも幾たびかあったが、わたしの工場は、技術面での綿密な準備をとどこおりなく成し遂げた。しかし、この探検にはもう一つ別な種類の準備が必要だった。外交と財政の面で、多くの障害があったからである。それを乗り切ったのはひとえに、アールトの不屈の忍耐力の賜物だった。

*

二度の旅行に参加した勇敢な探検家たちは、《黒の探検》と《黄色の探検》を比較して、それぞれの印象を語ってくれた。最初はスポーツ・レース、二度めは外交レースだ、と。

実際、現代でもまだアジア横断には各種の困難が伴うのである。ヒマラヤ越えに成功したパミール班の艱難は、スポーツの叙事詩に属している。かつてエンジンの音を聞いたことのないこの地域に、自動車を乗り入れることができたのは、精力的なフェラッチの功績であろう。世界で最も高い山脈の巨大なひだの中に埋もれたこのあたりの寒村の住民たちは、自動車はおろか、荷車とは何かすら知らなかったのである。物を運ぶには、数世紀来、人がかつぐか駄馬に載せるかしかなかったのだ。

そのころ、ヴィクトル・ポワン大尉が指揮する《中国班》も、幾多の試練を乗り越えていた。大尉は《現代の英雄》たるにふさわしいあらゆる資質をかね備えた――わたしは今日、それをはっきりと断言できる――まさにエリート中のエリートだった。この本をお読みのかたには、中国班の辛苦を頭だけでなく、膚身で感じ取っていただけることと思う。

最後に、両班が合流し探検隊が全員そろって北京へ行く際、冬のさなか、凍てついたゴビ砂漠で隊員たちがなめた苦しみも忘れられない。零下三五度を越す酷寒の中で、勇敢な運転手たちは、モーリス・プノーの範に習って、裸の金属に敢然と素手で立ち向かい、しかも平静と楽天性とを一日たりとも失わなかった。この健闘には、賛辞や驚嘆の言葉を捧げるだけでは不充分であろう。こうした美談は、りっぱな手本に飢えた若い世代への教訓として語り継がれねばならない。

*

仕事が成し遂げられ、基本的な成果が収められた今、わたしは深い感動をこめて、亡き隊長、わたしの旧友であり協力者であったジョルジュ＝マリ・アールトに哀悼の意を表したい。この隊長の強い意志こそが、あらゆる障害に打ちかったのであり、その勇気とねばり強い系統的な努力こそが勝利の因となったのである。また、この賛辞は、中国班の青年隊長ヴィクトル・ポワン大尉にも捧げられねばならない。大尉の勇気と中国に関する経験とは、再三探検隊の運命を救ったのであった。

アールト、ポワン両氏と並んで、この三年間シトロエン中央アジア探検隊の成功のために尽力されたすべてのかたがたに、わたしは心からお礼を申し上げたい。

ルイ・オードゥアン＝デュブルイユは、公正無私な精神でジョルジュ＝マリ・アールトと堅く協力し、隊長としてのすぐれた資質、強い体力と労苦にひるまぬ忍耐力を発揮した。

探検隊の幹事長アンドレ・ゲルジェは、初期には隊長の片腕をつとめ、出発に先だつ一両年にはロシヤから中国国境とペルシアにおもむいて、探検隊の前進を準備し、補給物資を配備した。

一〇年来中国にあったペトロパヴロフスキー技師は、砂漠地帯に無数のラクダ輸送隊を送り込み、この広大な国で補給の準備を行なった。

隊長補佐のペクール少佐は、まずアフガニスタン、ついでヒマラヤ山中で偵察隊の指揮をとり、とりわけ目ざましい成果をあげた。

学者としてはギメ博物館の管理委員や、アフガニスタン大調査団の団長、東京日仏会館の館長などを歴任したジョゼフ・アッカンと、その助手のジャン・カルル。

国際的に有名なすぐれた地質学者テイヤール・ド・シャルダン神父。

シトロエン工場の研究所長で資材の技術的な準備にあたったシャルル・ブリュル技師。

ワシントンの全米地理学会から派遣されたメナード・オーエン・ウィリアムズ博士は現在アメリカにいるが、この人のすばらしい仕事ぶりはフランス人の同僚にまさるとも劣らなかった。

医師のピエール・ジュルダンとロベール・ドラストルは、旅行中、探検隊員にも付近の住民にも分け隔てなく看護の手を差しのべた。

博物学者のアンドレ・レーモンは、鋭敏な注意力を発揮して、わずか数か月のうちにみごとな昆虫のコレクションを作った。

アレクサンドル・ヤコヴレフ画伯は、アフリカ研究によってすでに有名な画家であったが、今回もアジアからたくさんの記録画を持ち帰った。

映画監督のアンドレ・ソヴァージュとカメラマンのモリゼ、シヴェル、スペクトは、ともに重要な任務を成し遂げた。

それから献身的に隊長に仕えたジャン・ミショー、無線技師のラプランシュ、シュレール、ロジエ・ケルヴィズィック二等兵曹。

とりわけ探検隊の《兵士《ポワリュ》》たちにわたしは賛辞を呈さねばならない。まず、自動車による《第一次サハラ横断》や《黒の探検》にも参加した運転手、モーリス・プノー主任とクロヴィス・バルルデ、モーリス・ピア、ジョゼフ・レミリエ。

次に中央アジア探検隊に参加した運転手たち。

パミール班の運転主任アントワーヌ・フェラッチ。

ブールゴワン、セション、ショーヴェ、コレ、コンテ、コルセ、ジョカール、ディールマン、ル・ルウ、ノルマン、ニュレ、ヴァルネ、ゴッフルトー、ギュスタヴ・ケグレス。

いずれも知性に富み、頑健で精力的で献身的で、技術的にも貴重な知識を身につけた人々だった。海抜四五〇〇メートルの高所でヒマラヤを越えた際にも、零下三五度の酷寒に耐えねばならなかった北京到着前の六週間にも、この人たちはいつも笑顔を浮かべてがんばり通し、資材を良好な状態に保って、最後の勝利に非常な貢献をした。

成功に大きく寄与した偵察隊の功績も忘れられない。

まず、パミールで探検隊の案内をしてくださったヴィヴィアン・ガブリエル英軍大佐の貴重な協力がある。

それから、アフガニスタンとパミールへ行ったエリ・ド・ヴァッソワーニュの旅行、インド、ビルマ、シャムへ行ったジャン・ワディントンの旅行。

アベル・ベルジェの北京旅行、ジャック・サレスのウルムチ旅行、コンスタンチーニのヘラト旅行。

これらのすべての人々に、わたしはここで、彼らの勇気と献身にふさわしい賛辞を呈するものである。

探検史上未曽有のこのような壮挙を成し遂げたすべての人々に対し、ここで感謝の言葉を述べ、永遠の敬意を表することに、わたしは誇りと深い感激を禁じえない。

全員がりっぱに任務を成し遂げたのである。

*

探検隊の帰国後、アジアで過ごした三一四日間の活動は、もちろん世人に紹介された。展示会が開かれ、ねばり強い活動によって得られた各種のコレクションがそこに陳列された。またスクリーン上でも、いずれりっぱな映画が上映されて、この冒険の登場人物たちが遭遇したさまざまな事件を、いっそう感動的な形でまのあたり見せてくれるはずである。

健筆で知られた探検隊の記録係ジョルジュ・ル・フェーヴルは、血わき肉おどる以下の物語によって、仲間たちとともに彼自らが勇敢に生きた一日一日、一キロ一キロをいきいきと再現してくれよう。これによって全世界の読者は、この驚嘆すべき大事業の細部をはじめて知ることができるのである。今なお神秘に満ち、千古の文明の威光を背に、ヨーロッパを猜疑の目で見ているあのアジア——そこにこのような息吹きを吹き入れたのは、ほかならぬ一群のフランス人であった。

わたしとしても、科学と進歩のいやまさる要請にこたえるものと思われる非営利的なこのような事業に、偉大な自動車産業をあずからせることができたのを、光栄と存じるしだいである。

まえがき

ルイ・オードゥアン＝デュブルイユ

一九二二年から一九三二年までの一〇年間に、アンドレ・シトロエン氏のきもいりで作られた数次の探検隊は、それぞれ目的を定め、それに精根を傾け、いずれも任務を完遂した。それらはアフリカとアジアの大地に足跡をしるして、フランスの国威を宣揚したのである。

一九二二年一月二〇日、無限軌道車隊はアハガル山地へ向かうラクダ道を発進して、サハラ横断を開始した。そして、一九三二年三月一六日、長期かつ困難なアジア横断旅行を成し遂げたジョルジュ＝マリ・アールトは香港で息をひきとった。

アールトとはいかなる人物か？　また何故にこのような大遠征を企てたのか？　この人物と事業を説明するためには、ジョルジュ＝マリ・アールトがその友人であり協力者であったアンドレ・シトロエン氏についてまず語らねばならないであろう。

フランスの自動車産業に新たな刺激と決定的な飛躍をもたらしたアンドレ・シトロエン氏は、一九二〇年には、すでに現代生活の時計の針を数年も先に進めていた。時間に対するこの大勝利のあとには、空間の征服という困難な仕事が残されていた。事実、《産業》と《科学》と《芸術》との緊密な協力からさまざまな恩恵が生じうる——また、生じるに相違ない——こと、この一致協力により大陸横断の大連絡ルートが開発されれば、異なる人種間の相互理解がいっそう促進されるということを、シトロエン氏はすでに当時から予見していた。

こういう着想と計画を準備し成功させるためには、多くの条件が満たされねばならない。また、それには指導者が必要である。しかし、条件はすでに備わっていた。そして、この企画の発案者であり推進者であったアンドレ・シトロエン氏は、ジョルジュ＝マリ・アールトといううってつけの組織者、実行者を見つけたのである。

この仕事に確信のあったアールトは、それに熱烈な努力を傾けた。彼の思考にはおのずから大がかりな冒険に引きつけられる想像力と、いかに大胆な企図であっても、それの本源的な理由と、実際的な帰結とを正しく見きわめる冷静沈着な精神とがかね備えられていた。いっさいの偶然を排し、起こりうるあらゆる事態を予測して、彼は長期の準備と綿密な組織を行なった。探検の途上でもさまざまな困難が発生したが、彼は平静と決断力をけっして失わなかった。忍耐力と堅忍不抜の精神によって、彼は当然の成功を収めた。そして、ひとたび目的を達して帰国するや、探検隊が集めた学術的、芸術的な記録を的確にまとめあげ、達成された事業の全体図、少なくともその感動的な要約を世人に提供したのであった。

*

最初の自動車によるサハラ横断は、アルジェリアとフランス領西アフリカを結びつけるという大きな成果をあげた。ジョルジュ＝マリ・アールトとわたし自身にとっても、それは最初の勝利の記録であった。

帰国の途上にあった探検隊を、この成功の恩人であるアンドレ・シトロエン氏が夫人同伴で迎えに来られ、アハガル山地北方のタジムト井戸で待っていてくださったことは、われわれの大きな喜びであった。ついでに言えば、そのときのシトロエン夫人ほどサハラ砂漠の奥深くまで足をのばしたヨーロッパ女性はいまだかつてなかったのである。

その一九二三年二月二四日の晩、アールトは言葉少なに言った。「ぼくは満足だ。だが、これは大旅行のはじまりにすぎない。科学を普及する仕事はこれからだ」と。

パリに帰るや、ただちに次の探検の準備がはじまった。この《黒の探検》は、一九二五年六月二六日、マダガスカルで完了した。

ジョルジュ＝マリ・アールトはもはや過去を振り返らなかった。彼は未来に思いを馳せ、別の大陸を見つめていた。ある晩パリで、アールトとわたしの飛行機仲間のギルボーとわたしの三人が集まった。われわれは共同で南極探検の計画を練った。深く研究した結果、やがてこの案は放棄されたが、そのときアールトはパミールと中国の話をしたのである。もとより困難はあるが、しかし中央アジア旅行は興味津々たるものだった。アンドレ・シトロエン氏のご諒承もいただき、アールトはすぐ仕事にとりかかった。二年間、彼はこの探検の準備をした。

改良した特製の自動車と無限軌道車が完成した。学者や芸術家や運転手など、それぞれの隊員も出発の決意を固めた。しかし、どたん場になって中国から悪い知らせが届いた。困ったことになった！でもかまわずに出発しよう。行けば何とかなるだろう。一九三一年四月、探検隊は二班に分かれ、一班はベイルートから、もう一班は北京からそれぞれ最初の目的地である中央アジアに向けて旅立った。

*

シリアは探検隊に砂漠の中のみごとな道を開放してくれた。そこではフランス人の高官や美しい兵士たちが警戒にあたっていた。治にいて乱を忘れずというところか。イラクとその国王、ペルシアとその皇太子、アフガニスタンとその総督たち、カシミールとそのマハラジャー（藩侯）、インドとイギリスの役人たち――みなかわるがわる、探検隊を礼儀正しい慇懃《いんぎん》な態度で迎えてくれた。

　探検隊が西アジアを通過したあと、ジョルジュ＝マリ・アールトは自動車隊を引き連れてヒマラヤ山脈を越え、パミール高原に達した。しかし、山中での苦闘はアールトの力を示す絶好の機会であると同時に、また反面、それを急激にそこない、彼の肉体にこれまでにない深甚《しんじん》な打撃を与えたらしい。パミールの高原にしばしたたずんでいたアールトは、一見して、まさにその生涯の絶頂にあった。周囲の高い山々を見渡している彼の目は、にわかに眼前に現われた自分の仕事の全容を熟視しているかに見えた。

　ともあれ、東方へのルートは開かれた。そして中国は、糸のような目（東洋人の容貌をさす差別的表現）と不可解な微笑で探検隊を迎えた。慇懃をきわめながら、内心は不信の念にこり固まった中国・トルキスタンの支配者たちは、学術活動を妨害し、隊の進行を遅らせた。幾日も幾日も長い交渉が続いたが、アールトは常に笑《え》顔《がお》を失わず、その苦しみに耐え抜いた。

　アラシャンとゴビの境界地帯、ついでモンゴルを、探検隊は夜を日についで前進した。道は悪く、行路も不確かで、それに補給の心配やきびしい寒さが加わり、人も車もまさに抵抗力の限界に達した。さいわい旅の終わりに、ドイツ人とベルギー人の宣教師のもとで数日休息をとることができた。

　ついに北京に到着。地中海からアジアを横断して来たわれわれは、ここで忘れがたい歓迎を受けた。一九三二年二月一二日のことであった。

　二月二三日、数日前からぐあいの悪かったジョルジュ＝マリ・アールトは、それでも元気にわたしと自室で仕事をした。二人は探検隊がインドシナで行なうさまざまな活動の計画を立てた。アールトは満足そうだった。ほほえみを浮かべて彼は旅行の思い出話をし、帰国のこと、パリのこと、レセプションや講演会のことを語ったりした。旅行中に集めた資料をまとめておく場所について、彼は今から心配していた。話しながら部屋の中をあちこち歩き回っていた。

「だいぶよくなったよ。天気もいいし、外へ行こうか」

　とアールトは言った。

　二人は天壇公園へ行った。澄みきった穏やかな日よりで、つい散歩が長くなった。アールトはとある墓石の前に立ち止まって、こう言った。

「ほら、この墓」

　そして、長い沈黙のあとで言葉を続けた。

「任務完了だね。アフリカとアジアの土にキャタピラの轍《わだち》を残したわけだ。ぼくらは口火を切っただけだよ。あとは、ほかの人が続けてくれる」

　急に彼は身震いした。

「寒けがする。帰ろう」

*

　ジョルジュ＝マリ・アールトよ、きみはゴビ砂漠を覚えているか？

　無限軌道車が止まると、幕を下ろすように、凍った砂ぼこりがゆっくりと舞い下りて来る。自動車のずんぐりしたシルエットが、広大な地平からフレスコのように浮き出して見える。これが探検の生きた姿だ。心臓の鼓動が生命のしるしであるように、ゆっくりと回転するエンジンは無限軌道車の命を示している。エンジンを一時間以上も止めておけば、殺人的な寒さが鋼鉄のからだを侵し、機械の生命は麻痺してしまう。

自動車にも魂がある。どの車も、それぞれの使途に見合った能力を持ち、それなりの個性を身につけている。また、全部の車が一致協力すればそこに一つの集団的な魂が生まれ、それが探検に十全な意義と正確な価値とあますところのない行動力を与える。

キャンプを張る。

無限軌道車も姿を変える。長いこと揺れながら走り続けた車は、こうして毎晩、昼間とは違った生活をはじめるのだ。自動車は住いに変わる。ほこりだらけのハッチをあけ、ドアを開く。荷物入れをあけて、テントを張る。

外科医は道具入れを取り出す。メスを手にとり、アンプルを割る。一人の運転手が手当を受けにやって来る。遊牧民が待っている。みんな灰を塗った傷口を見せる。

工作車のエンジンで旋盤が回転する。運転手たちは手袋もはめず、あかぎれだらけの手で火急の修理作業をする。指の皮膚が凍った金属にはりついてしまう。

炊飯車は火をおこす。ラジウス（携帯用こんろ）で煮たきをする。スープをすぐ飯盒《はんごう》に分ける。たちまち冷えてしまうから、テントへ帰ってみんな大急ぎで飲み込む。

研究車では、地質学者が標本の石が詰まった重い箱をあける。博物学者は昆虫を調べる。カメラマンはカメラの掃除をする。砂粒が飛び込んでまるで針先で突ついたように精密レンズにきずをつけてしまったから。

指揮車では会議が開かれる。車内灯の白い光が、地図をのぞき込んだ顔を照らしている。

やがてくたくたになり、寒さで麻痺して、みんなテントの中で眠ってしまう。エンジンの調整と保安のために一時間交替で見回りをする二人の隊員を除いては。

凍った風が吹きすさぶ夜の闇の中に、無電機が大音声《だいおんじょう》を上げている。山を越え海を越えて、それはキャンプのまわりに目に見えない強力な電波の網を張りめぐらす。アジアの心臓部に野営する探検隊は、スリナガルに、インドに、極東艦隊に、ベイルートに、北京に、パリに急を告げる。

キャンプは静かに休息している。

ジョルジュ＝マリ・アールトよ、きみは覚えているか。きみが愛したあの苦難の時を。強行軍のあとのあの野営の夜を。金属の肌が冷たい月光に輝いていたあの自動車を。希望と成功の確信を分かち合っていたあの人々、きみの探検仲間を。アールト、きみは覚えているか。国へ帰る日を思い浮かべ、帰路の計画を練ったあの甘美な時を。

*

この本の著者はジョルジュ・ル・フェーヴルである。

一〇年来アールトとわたしは、深い信頼と友情で結ばれながら、これまでの探検で得た印象や観察をともに書き、ともに出版してきた。事実、以前の探検では記録係がいなかったのである。本を書くのに必要な資料を集めるため、道々、ノートをとる仕事はわれわれが自らするほかなかった。

こうして三冊の本が出版された。

いま上梓されるこの四冊めの本には、ジョルジュ・ル・フェーヴルの署名がある。

文筆家であり行動人であるジョルジュ・ル・フェーヴルは、その仕事のために選ばれた。この人は地理学と民族学を研究し、自ら映画にとったグリーンランドの探検をはじめとして、すでに数々の業績をあげていた。また世界各地を旅行して、行く先々で人間の悲惨な生活を調べ、それを迫真的に叙述していた。こうした実績からしても、アジアのさまざまな国と人種を理解し、かつそれを表現するのに、この人以上の適任者はなかった。事実、ベイルートから北京までのあの長い旅行のあいだ、ジョルジュ・ル・フェーヴルは、正確に、賢明に、また勇気をもってこの仕事をみごと成し遂げたのである。

ペルシアやアフガニスタンを行く車の中で、わたしの脇にすわっていたル・フェーヴルの姿が、いまでもありありと目に浮かぶ。睡魔や疲労と戦いながら、彼はノートをとっていた。車の振動、耐えがたい暑さ、息もできぬほどの砂塵——そういう障害をものともせず、彼は観察し、質問し、筆を走らせていた。

またくだっては、パミール山中の苦しい旅……そしてゴビの砂漠……露営のテントの下……吹きすさぶ寒風……寒さはきびしく、濡れたタオルはたちまち凍ってかちかちになった。ル・フェーヴルは小さなテーブルを車にくくりつけていた。手袋を脱ぎ、ひびが切れた指には、運転手が電線の修理に使う絶縁テープを巻きつけていた。

無電機の音がやんでも、夜のしじまの中に、タイプライターはかたかたと鳴り続けていた。

それゆえにこそ、ともに苦楽と希望を分かち合い、等しくアジアの神秘と探検の偉大な精髄に触れたこのジョルジュ・ル・フェーヴルに、われわれは安んじて筆を託したのである。

プロローグ

1　コースの決定

薄暗がりの中で、二つの反射笠から射す光が、設計用の大テーブルと上に広げた地図を照らし出している。スウェン・ヘディンやオーレル・スタインの行程図、シュティーラーの一七五万分の一の地図帖、ユストゥス・ペルテス書店の地図の抜粋、フランス参謀本部のモザイク地図、イギリスの地理調査部が出した英語の地図――大きさも縮尺もまちまちなこういう色刷りの地図は、みなアジアを示している。

ジョルジュ゠マリ・アールトが鉛筆の先で大陸を指しながら、アンドレ・シトロエンの計画を説明した。地中海と太平洋のあいだを横断するのだ。東洋に開いたフランスの門ベイルートと、インドシナのフランス植民地とを自動車で結びつけるのだ。ヨーロッパ人には立入り禁止に近かったこの巨大な大陸を西から東へ横断するのは、マルコ・ポーロ以来はじめてである。これは単なるスポーツではない。行くのは学者や芸術家や技術者たち、自動車のエンジンは《理念》に奉仕するわけである。コースは北緯四〇度線を中心にとる。それは、歴史の黎明期に天山山脈から黒海、バルト海へかけて延々四〇〇〇キロを越える大移動を行なったインド・ヨーロッパ人種の侵入路に当たる。アールトは説明を続けた。

「地中海の沿岸から、カスピ海へ出るんだ。カスピ海の南側（アシハバード）を迂回して、ロシヤ・トルキスタンから新疆のタリム盆地へはいる。それから、ゴビの大砂漠を横切って黄河へ出る。張家口、北京、そしてサイゴンまで南下するわけさ」

アールトは口をつぐんだ。二人の仲間、ルイ・オードゥアン＝デュブルイユとアンドレ・ゲルジェは、地図の幻影から逃れて窓ぎわへ行った。二人とも黙って窓ガラスに額を当て、夕刻で人通りのはげしいオペラ座広場をじっと見ていた。アールトは結論を述べた。

「この道は天下の公道だけど、やっぱり道路法規があるんだ。道を見つけるだけじゃしょうがないんだよ。通行の許可をもらわなければ。中央アジアのこの辺を押えているのは、ソ連と中国だな」

*

一九二九年の五月にこの話をはじめてしたとき、ソ連はこの探検にかなり好意的だった。交通人民委員は、ロシヤ・トルキスタンを通る南側の直行ルートを禁止したが、その代わり、アストラハン、アラル海の北、アクモリンスク、セミパラチンスクを通って、バフチから中国にはいる別なルートをとってはどうか、と言ってきた。そのルートはいちばん北寄りのものだ。

科学的な装備については、何の反対もなかった。映画のカメラや無電機も、ロシヤ人の技師を使うという条件で許可された。武器は持って行くにはおよばないと言う。「国内治安は維持されているし、また、ソヴィエト政府が特別の配慮をするから」絶対に心配はいらないと言うのだ。

探検隊の幹事長になったアンドレ・ゲルジェに頼んで、ロシヤ・ルートを新疆まで偵察し、補給物資を途中のあちこちに配置してもらうことにした[1]。ゲルジェはすぐ出発したが、一九二九年の八月にパリへ戻って、ソ連が提案した北方ルートには重大な難点があると報告した。距離の長いことだ。キルギスの草原地帯を自動車で行くには、何か月もかかりそうだ。アストラハンを通る別のルートも調べてみたが、ヴォルガ川の河口付近に一〇〇キロ以上にわたり沼沢や軟泥の地域が発見された。ロシヤ・トルキスタンの南側を通ることが許可されなければ、アジア横断は夢に終わる、というのがゲルジェの意見だった。

「その許可はもう下りたよ」とアールトは答えた。

*

一方、中国の世論[2]はここ数年、自分の《国土》と称する地域を外国人が探検するのをひどくきらっていた。外国人の旅行者が中央アジアの砂漠を横断するのは、鉱物資源や石油資源を捜して、中国からその富を奪うためではないのか？　また、「学問的に何か役に立つことだったら、そういうのは中国の学者がとっくに自分でしていたはずだ」、だからこの旅行はあやしい、などと言うのだった。

　交渉には誰を当てたらよいか、長いことアールトは迷っていた。そんなとき、彼は一通の手紙を受け取った。署名には見覚えがない。ヴィクトル・ポワンの手紙だった。

「わたしを採用してください。従軍の経験はまだありませんが、わたしは何か偉大な事業に参画して、生涯の門出を飾りたいのです。すべてをそれに捧げなければならないとしても」

　海軍大尉のポワンは、すでに二年間、揚子江の上流で砲艦の艦長をした経験があった。それは一九二六年、共産主義者が中国で反乱を起こしたときである。まだ三〇歳にもならぬ青年だったが、とりわけ困難ないまの時期に、極東でこのデリケートな交渉をするには、まさにうってつけの人物だった。スウェーデンのスウェン・ヘディン、アメリカのアンドルーズ、イギリスのオーレル・スタイン卿といった探検家たちも、中国学術団体連合会（F・S・S・R）の無理難題にはほとほと手を焼いたものらしい。この団体の外人ぎらいは、同業組合的な排他主義というよりも、むしろ政治的な色合いの濃いものだった。しかし、ここがうんと言わなければ何もできないのだ。

うんと言わすにはどうしたらいいか？

ポワンは北京へ行き、当時中国駐在フランス公使だったド・マルテル氏の支持をとりつけたうえ、中国学術団体連合会に探検隊との協定案を検討する小委員会を作ってもらった。二週間後には、ウィルソン大統領の宣言（アメリカ大統領ウィルソンが提示した第一次大戦の休戦条件をさす）のように、一四か条からなる契約文を起草することになった。議論は朝の三時まで続いた。

探検隊は中国人の隊長とフランス人の隊長を各一人置き、隊員も中国人とフランス人の両方で構成する。中国側の隊員は中国学術団体連合会が任命し、フランス側の人選もこの団体の承認を得なければならぬ――向こうはこんなことを言い出した。ポワンは立ち上がって抗議しようとしたが、発言を許されたのはポワンではなくて、北京で最年長の――つまり、いちばん学のある――博士だった。博士は立って、重大な質問をした。「探検隊の名称は仏中探検隊か中仏探検隊か、どちらなのですか？」。そして、延々と意見を開陳し、「民国一九年探検隊と呼んでほしい」という希望を述べた。その提案は拍手で迎えられた。中国の国防と主権を直接にも間接にも脅かすようなことはいっさい禁止される、ルートの測量や大規模な発掘をしてはならない、中国の参謀本部員が映画の撮影を監督する――こうしたことがどんどん決められていった。

探検隊は純然たるフランス人の組織である。その自由がしだいにせばめられてゆくのを見て、ポワンは気が気ではなかった。しかし、譲歩するか、それとも中国横断を断念するか、二つに一つしかない。

数日後、契約書の審議が中国学術団体連合会総会の議題に上った。中国の将軍同士がやる戦争のように、結果ははじめからわかっていた。総会は挙手で、「民国一九年中仏大探検隊」を承認した。あとは中国政府の許可をもらうだけである。

＊

蔣介石元帥がいちばん知りたがったのは、中国学術団体連合会がこの種の探検をどう考えるか、ということだった。ポワン大尉は、契約が結ばれたことを報告した。アールトがソ連政府から通行許可を得たことや、サハラ横断のときと同じように新疆省と中央アジアの砂漠地帯を自動車で横断して、北京とカスピ海、地中海を陸路で結ぶ計画を立てていることも。南京政府の首班は、次々といろいろな書類にサインをしながら、そこで自分の意見を述べた。相変わらず能面のような顔で、真意は測りかねたが。車で砂漠をつっ走れば、自治を回復しようとねらっている辺境諸省と中央権力のあいだの距離が大幅に縮まるだろう、この新しい輸送方法はいずれ軍事遠征にも利用できよう――元帥はそんなことを考えていたらしい。

彼は電話で、フランス代表の願いをかなえてやるよう交通部長に命令した。

探検隊は強力な無電機（五〇〇ワット）を使用して、中国のあらゆる電信局と通信する許可を得た。各地の電信局の呼出符号も、いずれ教えてくれるという。

大成功である。ポワンは北京へ帰った。北京へ着くやいなや、中国生活一五年、中国語もペラペラという橋梁技師のペトロ氏が仲間に加わった。ペトロにはさっそく、コースの研究と、補給基地の準備を頼んだ。

＊

南京政府から原則的な許可を得たのは、たしかに、それなしには済まされぬ路用の金を手に入れたに等しい。しかし、それが新疆でどれだけ役に立つのだろうか。何しろ新疆というところは、広さもフランスと同じくらいあり、まわりは砂漠でとりまかれ、いちばん近い海岸からでも優に三〇〇〇キロはあるのだから。地図でみると、新疆は中国の一部である。しかし、政治的には、中国側からもロシヤ側からも堅く密閉されている。

スウェーデンの大探検家スウェン・ヘディンや、イギリス人の宣教師や、カシュガルのイギリス領事から、われわれは二、三の情報を得ていたが、新疆を通過するについては、前々から相当の困難が予測されていた。中国革命以来、新疆省主席（金樹仁）は事実上この省の絶対的な支配者になっていた。主席とじかに交渉しないかぎり、誰一人新疆にははいれないのだ。

そこでポワンは、金主席[3]に電報を打って、探検の目的を説明した。探検隊は学者や芸術家や技術者からなるもので、その目的は新疆を知ることであり、その願いは、音に聞こえた英知と徳行によって全世界の政治家の範と仰がれる省主席の謦咳《けいがい》に接することであると。

最後にポワンは、新疆滞在中は閣下に探検隊の名誉隊長をお引受けいただきたい、と申し述べ、合わせて通行許可を懇請した。

四五日後、金元帥の返電が北京駐在員を通して伝えられた。

「閣下は、アジア横断計画が科学と交通の発達と人類の進歩にとって大きな意味を持つものと確信され、かつまた、閣下に多大の栄誉をもたらした、くだんの申し入れに深くお心を動かされて、この探検に最も十全かつ効果的な援助を行なうことを約束された。高名なフランスの旅行者たちが自由に通過できるよう、国境哨所にあてて、必要なあらゆる指示が発せられるであろう。

閣下は、銀行のない地方で現金輸送が逢着する困難を予測され、探検に必要な資金を地方通貨《両》で旅行者たちに提供するおつもりでおられる。アールト氏がトゥン・シェン・ホ銀行[4]に銀ドルでいかほどでも払い込まれれば、それに見合う金額が新疆の《両》で到着後直ちに支払われるであろう。この交換は閣下が定められた公定レート――一銀ドル＝二両（紙幣）――で行なわれる。[5]アールト氏は自動車七台、無電機一台を持って新疆へ来られるとのこと。そこで閣下は、探検隊長がさらに自動車三台、無電機三台を追加することは容易であろうと考えられた。それらはウルムチで直ちに買い上げられるであろう。この資材は、省内の交通・通信の開発計画にとって欠くべからざるものであるから」

新疆省主席の金元帥は、大政治家の英知と大実業家の狡猾さをかね備えた人らしい。

*

こういうすべての情報が、パリのオペラ座広場の事務所にいるアールトの手に集中された。報告がたまっていった。七か月にわたる交渉の結果は、おおむね悪くなかった。

一九三〇年、ゲルジェとポワンがそれぞれロシヤと中国で先方と接触を保っているあいだに、アールトはワシントンの全米地理学会と交渉するためアメリカへおもむいた。それまでの成果から見ても、成功の見込みは充分あった。案の定、アメリカのこの有力な学会は、前にバード少将の探検を援助したのと同じような形で、シトロエン中央アジア探検隊にも協力してくれそうだった。外国人相手ではこれがはじめてのことだったが。

月日が流れた。春も終わるころ、ポワンの偵察活動は一段落した。そろそろ、砂漠の各地に補給物資を置いて行くキャラバンを編成しなければならない。[6]

　ペトロは、「ゴビ横断」をする中国の各商会と折衝をはじめた。運賃や保険金の交渉をし、匪賊の略奪や軍の徴発のリスクを見込み、さらに、華北で最大の匪賊団体と掛け合った。この団体は「輸送保護協会」と名のっていて、商品総額の二パーセントを納めれば、その荷主に対しては武力攻撃を免除してくれる。一九三〇年の一一月初旬には、それぞれ決まった目的地を持つ一一の隊商が、輸送の準備を完了した。やがて、フランスから来たガソリン、石油、食糧、予備の部品、工作用具などが天津へ陸揚げされるはずである。

　全部で五〇トンもある荷物は、九〇キロずつに荷分けされ、六二二頭のラクダに積まれて、中央アジアの僻地へゆっくりと運ばれて行くわけだ。

*

　一一月、二度目のアメリカ旅行でワシントンの全米地理学会の支持をとりつけたアールトは、フランスへ帰ると悪い知らせを受け取った。「一九三〇年にソ連政府が出した通行許可は、一九三一年にはもう通用しない」、というのだ。[7] 三か月後に予定していた出発は、それではとてもできそうもない。では準備を中止して、中国へ発送した資材も返送させ、出発まぎわのキャラバンには停止命令を出すか。しかし、それまでにも準備には莫大な金がかかっているし、今さらやめるということは考えられない。別のルート——アフガニスタン経由——を通って、ともかく行くことだ。あきらめは禁物である。

　別のルートとなると、海抜五〇〇〇メートルのワクジル峠でヒンドゥークシュとパミールの山塊を越えなければならない。五〇〇〇メートルの障壁が中央アジアをとりまいており、自動車では山登りもできないから、[8]アールトは隊を二つに分け、この障壁の両側からできるかぎり近接して行くことに決めた。第一班はパミール高原を上り（パミール班）、それを越えたところで、中国を横断して来た第二班の自動車隊（中国班）と合流することになった。

＊

　西アジアの予定のコースを全部変更して、新しいルートの準備をする。バクーで結んだガソリンの買付契約を取り消す。あらためてアフガニスタンの通行許可証をもらい、新しい地域を偵察する。高山用の特別の車を考案し、それを七台製造する。そのうえに、トレーラーやケーブルによる牽引装置など、装備に新しい工夫をこらす――こうしたことを三月でやらなければならないのである。

　予定どおりに出発することなど、とてもできそうになかったが、しかし、アンドレ・シトロエンの強固な意志で、毎日少しずつ不可能が可能になって行った。

　アフガニスタンとの外交折衝は、アンリ・ペクール海軍少佐に一任された。ナディル・シャー陛下[9]にお目にかかるため、少佐はカブールへ出かけた。マザル＝イ＝シェリフ[10]とファイザバードを通るルートは、E・ド・ヴァッソワーニュが偵察することになった。メシェッドとヘラトへ一日も早く着くために、ヴァッソワーニュは飛行機でテヘランへ飛んだ。

＊

　ポワン大尉が率いる中国班用の七台の無限軌道車ができた。ジュール・ヴェルヌの空想を地で行ったような車だった。これに乗って、西洋文明が東洋を征服するのだ。その車は、発案から完成までに三年以上もかかっている。

パミールの高い峠をアタックする別の班には、ほかに七台、無蓋の無限軌道車が装備された。こちらは、絶対に必要なものしか置いていない、ごく軽い車だった。標準型の部品を使い、徹底的にむだを省いてあるが、反面、入念な研究のあとが見える、よくできた自動車だった。ガソリンの補給は電動ポンプでする。高地でも平気なように気化器にはヒーターをつけ、岩の隘路《あいろ》を通ってもいたまぬように車盤を補強し、特殊な牽引装置もとりつけてある。この新型自動車はシャルル・ブリュル技師が三週間で組み立てたのだ。

各班の隊員もようやく勢ぞろいした。探検隊は総勢四〇人だった。

一月いっぱい、準備は急ピッチで進められた。組立工や仕上工や専門の労働者にも旅行熱が感染して、みんな期限内に二つの探検隊を竣工させるため、昼夜兼行で仕事をしてくれた。

そのころになると、すでに旅行の目的も世間に知れわたっていた。アンドレ・シトロエンは探検隊員をドゥメルグ大統領に紹介した。アジアにフランスの宣伝をして歩くこの大周遊旅行について、各界のお偉がたたちもいろいろと説明を求めてきた。

アールトはあらゆる場合を予想して、すべてのものに気を配った。高山用の装備、衣類、外科用具、救急箱。寝具や折りたたみベッドから、椅子や折りたたみテーブルや一人一人が持つ旅行鞄にいたるまで、アールトの気のつかないものはなかった。

もうすぐ準備完了だ。しかし、いよいよ用意万端整った二月一八日、アフガニスタンのペクール少佐から電報が舞い込んだ。

「マザル＝イ＝シェリフハ反徒ノ手ニ落チタモヨウ。三日前ヨリ同地トハ連絡トレズ」

*

アフガニスタン北部に反乱が起これば、ワクジル峠は通れない。またもやアジアの門は閉ざされた。シベリアからインドまで、アールトは二年間、中央アジアの入口を根気よく捜して来た。だが二度も、人間の力で通行をはばまれたのである。

こうなると、シトロエン中央アジア探検隊がシナ・トルキスタンへはいるには、インド北部から音に聞こえたヒマラヤの険路を通る、いちばん困難なルートしか残っていない。

アールトは急遽パリからロンドンへ飛んだ。

イギリス側も、できるだけ便宜をはかると約束してくれた。みんな、この壮大な運動競技には目を丸くしていた。外務省のヘンダーソン氏は政府の援助を約束してくれた。スウィントン将軍[11]、バーソロミュー卿[12]、ロバート・ヴァンシッタート卿[13]、それにインド政務局長ウォールトン氏との昼食会では、カシミールからヒマラヤを越えて新疆へ出る峠道をイギリス軍の高級将校が偵察に行くということがとり決められた。

ルートは二つあった。一つは標高四〇〇〇ないし五〇〇〇メートルの峠が幾つかあるギルギット・ルート、もう一つは、それほどけわしくはないが、標高六〇〇〇メートルの峠を三つ越えるレー・ルートである。ヴィヴィアン・ガブリエル大佐[14]は、すぐ出発しましょうと言った。大佐が実地にルートを調べ、三か月後にパミール班がヒマラヤのふもとに着いたとき、スリナガルでその結果を報告してくれることになった。

*

みんな部署についた。

最初にポワンがパリを出発した。彼は天津まで行って、自動車を入れた七つの大きな箱が船便で届くのを待つのである。一か月後に、ブリュルと中国班の運転手たちも、モスクワ、シベリア鉄道経由でポワンに合流する。

パミール班は三隊に分かれて出発し、ベイルートに集合することになった。まず、オードゥアン＝デュブルイユの率いる第一陣が三月一二日に船出した。五日遅れて、運転手たち、画家のヤコヴレフ、それに、探検隊の記録係である本書の著者が出発した。

アールトはいちばん後になった。アンドレ・シトロエンはマルセイユの船の上まで送って来た。三度目の汽笛の音に、二人は顔を見合わせた。感動を微笑に隠して、一人が言う。

「忘れ物はないね？」

「ありません」とアールトは答えた。「どんなことが起こってもだいじょうぶです。ただ……」

アンドレ・シトロエンは両腕で彼を抱きしめた。

これが生涯の見納めだった。

2　二つの出発点

I　ベイルートから東へ

一九三一年三月二五日

燦然《さんぜん》たる太陽。静かな青い海。なまぬるい潮風。メサジュリ・マリティーム汽船のマリエット・パシャ号は、ベイルートの錨地《びょうち》にはいる。この日に備えて、港湾局が軍用碇泊区の底を浚渫《しゅんせつ》しておいてくれたので、こんな大きな商船でも埠頭にじかに接岸できる。船が横づけになり、続いて、七トンの大箱がケーブルでつるされて船腹から出て来るのをトルコ帽をあみだにかぶったレバノン人たちがながめている。あれは最初の箱。七つの箱の中でもいちばん重いやつだ。

「やあ！」

手すりにもたれたヤコヴレフは、たくさんの見知らぬ顔のあいだに輝いているあの眼鏡の光で、全米地理学会の代表ウィリアムズをまっ先に見つけた。グラフレックスのファインダーをのぞき込んでいる。パチリ。それから陽気な声で、

「ワーッ！」

ウィリアムズのそばには、オードゥアン＝デュブルイユ、アンドレ・ソヴァージュ、ジュルダン医師、その他の面々がいた。この遠隔の地で、みんなもう親類同士のように見えた。これからの数か月間をいっしょに過ごす隊員たちは、目つきからしてすでに似ていた。モリゼはどこだ？　いたいた。

カメラと三脚を持ってタラップの屋根によじのぼっている。巨大な箱がゆらゆら揺れながら徐々に下りて行くのを「とって」いるのだ。うまいぐあいに箱の片面に日が当たり、モリゼは大喜びだった。そこに浮き出して見える黒い字が、映画のタイトルのようにうまく枠に収まったからである。「シトロエン＝アジア探検隊――アールト、オードゥアン＝デュブルイユ第三次派遣隊」

＊

町から五キロ離れたビル・ハッセンのキャンプ。遠く松林を望む砂浜に、今、七台の車とそれぞれのトレーラーが、海に面して半円状に並んでいる。

医者が種痘をしているわきで、炊事係のゴッフルトーが高圧鍋やパーコレーターのガス圧を調べている。作業服を着た運転手たちは、エンジンの上に身をかがめ、ねじまわしを手に、聴診をしながら、じっと愛情をこめて、そのうなり声に耳を澄ましている。映画技師のモリゼとシヴェルは、音と映像を箱に収めるその機械を全部ばらばらに分解し、レンズをみがき、アンプを調整し、三脚上のマイク（静電気の）を調節してまず試験をしている。

ラプランシュとシュレールのほうは万事好調だ。波長三六メートルと二三メートルの短波で、二人はＦＸＣ――ベイルートの大通信局、フランスと交信する際に中継局として使う予定――と調整をはじめている。

あとは隊長を待つばかりだ。アールトは三月三一日に着いた。三日後に出発である。

朝から晩まで、やじ馬が車を見にビル・ハッセンのキャンプへ群れをなして押しかけて来る。半ば東洋に属するこのレバノンの人々は、「世界一の大旅行をする自動車」を見て、ふだんの無感動な顔とはうって変わった興奮ぶりを示している。毎日のように嘆願書がくる。「わたしを連れて行ってください。いっしょに行かせてください。歩いてでもついて行きます……」。ある薬剤師は炊事係の下働きを志願した。

テントは接待所に早変わりした。お茶の時間になると、着飾った世界各国の人たちがそこにあふれる。

みんなオードゥアン゠デュブルイユを取りまいて、質問攻めにする。オードゥアンはただうなずきながら、こんなことを言う。

「ときどきに起こる問題を一つずつ解決して行くことですね。ボンヴァロがチベット探検をやり遂げたのは、ラクダの足の底革を取り換えてやったからですよ。それから、ヤギの毛で、どんなに凍っても切れない綱を作ったからです」

数歩先では、一人の運転手がケグレス゠アンスタン推進器の原理を説明している。「……ラックレールが車といっしょに動いて行く鉄道みたいなもんですよ……」

若い連中はとくに熱心だった。ジュール・ヴェルヌの夢を実現したこの車の前に、三日間にサン゠ジョゼフ大学の学生一五〇〇人が列をなした。ラプランシュが操作する無電車のまわりには人垣ができた。

「もう北京と通信してるんですか？」

少し離れたところでは、ワシントンの地理学会の副会長ラ・ゴルス博士が、かたわらのアールトに何か小声で言っていた。エジプトにいた博士は、エルサレム、ダマスカス経由で今朝飛んできたのだ。

「わたしの助手にお供させましょう。どうか……」

博士は何かずっしりしたものを探検隊長に差し出した。それは青銅で作ったキャラバン鈴で、表にはチベット文字が刻まれていた。

「この鈴が幸福なときだけ鳴りますように」

＊

一九三一年四月四日早暁、このチベットの鈴が鳴った。起床。二年有余の準備はこの瞬間に終わった。

夜はまだ寒いが、ふるえている暇はない。一時間で、各自寝袋を巻き、折りたたみベッドを箱へしまい、たためるものは全部たたみ、杭のたぐいも全部引き抜く。テントは倒れる。六時、ホロのひもを全部締める。六時一五分、コーヒーを飲む。トレーラーを車につなぐ。

「全員乗車！」

七台のエンジンは、澄みきった朝の空気の中に飛行機のような爆音を響かせる。さっきまで蒼白く沈んでいた地中海は、フットライトを浴びたように明るくなる。遠ざかって行く二〇人の隊員は、いささかの感慨を込めて、その海にひそかな別れを告げる。

いちばん若い隊員はまだ二五歳にもならない。最年長の隊員は五〇に近い。過去も境遇も仕事の種類も異にするわれわれは、これから先、《冒険》という神に捧げた生活を、全員がともにしようとしている。その生活の一刻一刻を。

画家、運転手、医者、ジャーナリスト、写真家、映画監督、通信士、カメラマン——立場は違っても、今のわれわれは、厳密な意味ではみな冒険家ではなかろうか。いよいよ現実にはじまったこの旅行は、われわれをあらゆる社会的なしきたりから切り離し、一つの自立的なグループと化したのだ。この新しい環境は各人に、新しい人格を作り出し、例外的な事件によって明らかとなる、あの未知の気質を具現する機会を与えてくれる。

壮大な努力を支える力強い調和。今朝は、あらゆるものがわれわれの友情を固めてくれる。太陽も、希望も、自信も、空の青も、海の青も、海辺の砂も、大きなため息のような潮騒の音も。

「出発！」

距離計にちらっと目をやる……朱色に染まった砂丘の砂の中をすでに一〇〇メートル、ラジエーターを東に向け、七台の車はダマスカスへの最短コースを走りだす。

ベイルートの最後の街路。子供たちは手をたたき、地べたに並べた品物のまん中にあぐらをかいた商人たちは、水ぎせるを口から離し、目の前を通る奇妙な隊列をながめている。

フランス駐剳《ちゆうさつ》官の公邸もこれが見納めだ。

ラッパが嚠喨《りゆうりよう》と鳴り渡る。敬礼！　トルコ騎兵に捧《ささ》げ銃《つつ》をされたのには驚いた。花束のように別れの挨拶がかわされる。関節でつながったしなやかなキャタピラは、ピッタリと地面に密着し、ついで、土からからだをもぎ離して、車軸から車軸へ移り、でこぼこをすっかりならしてしまうゴムの絨毯を延々と車の下に敷きつめて行く。スコップによりかかったドルーズ族の土方たちは、それを見て目を丸くしている。

坂道を二二キロ上る。レバノン山脈の最初の峠は標高一六〇〇メートルだ。すでに海は、まるで銅の鏡のように、下のほうにくぼんで見える。この海の岸辺、いにしえのフェニキア海岸には、今なお古代ローマの栄光や十字軍の征服の跡が残っている。あの耕地、オレンジの段々畑、緑の桑の木に隠れた瓦ぶきの真四角な石の家。そういう地中海世界の最後の姿も、もうあと数時間で見納めである。

シリア人やエジプト人のりっぱな別荘地帯を過ぎると、道は岩のあいだを通ってベカー平原、楽園のようなオロント川の流域に下って行く。車から車へ驚嘆の叫びや質問がかわされる。この復活祭の日曜は、時ならず訪れた夏休みのような感じがする。規律正しい愉快な生活、はじめて食べるテントの食事。やがて、みな安らかな寝息を立て、キャンプには夜のとばりが下りる。

夜が明けると、別な喜び、別な希望が訪れる。泉、芳香、そして、朝霧の中から並んで響いて来る二つの爆音。ダマスカスから二台の飛行機が激励に飛来したのだ。

いま通っているのは、ポプラの苗木にはさまれた延々九〇〇〇ヘクタールの果樹園である。アンズ、イチジク、オリーブなどが文字どおり森をなし、その中からさわやかな水音が立ち上って来る。とつぜん、イスラム寺院の長尖塔や、金色に映える丸屋根が現われる。屈託のない大きなオアシス町は、はるかにかすむ砂漠の縁までのびている。

ダマスカス。グロー要塞のまん前にあるマッゼのキャンプで、トルコ騎兵や、黒い長衣に銀色の弾薬帯をつけたチェルケス騎兵が巻き上げる黄塵を浴びながら、アールトは最後のメッセージの封を開く。

アジアの門口にて、御成功を祈る。　グロー。

II　天津から西へ

マリエット・パシャ号がベイルートに到着した日、グリニッジ標準時の同じ時刻に天津駅のプラットホームには夜のとばりが下りていた。瀋陽発の列車がはいって来た。

「いた！」とポワンが言った。

トレンチコートを着て昇降口から身を乗り出した中国班の運転手たちを、彼は目ざとく見つけたのである。

ブリュル技師に引率されて、彼らは一三日前にパリの北停車場を出たのであった。大きく見開いた瞳には、まだ旅の驚きが現われていた。モスクワ、レーニン廟、ウラルのモミ林、シベリアの小駅の木製のプラットホームに積もった泥雪、延々とイルクーツクまで続いていたあの蒼白い荒涼たる原野。

満州の国境では、チッキ（列車で託送させる手荷物）にした一〇個の荷物と一九個の手荷物を、うまいことハルピン行きの中国列車に積み換えた。長春から瀋陽までは、日本のま新しいプルマン式車輛。瀋陽から先は、再び、くさい中国の列車だった。それでも、なんとか無事着いたわけだ。

「疲れなかったか？」

「いや、なんともない」とモーリス・プノー。

「で、君のほうは？」

「あとで説明するよ」

ヴィクトル・ポワンは心のこもった握手をした……ただ、大急ぎで。プラットホームに集まってもしかたがない。ホテルへ行けば、ゆっくり話せる。

*

ホテルはフランス租界にあった。新来の客たちも、どうにかこうにか落ち着いた。

「いい部屋じゃないけど」とポワンが説明した。「とにかく、みんな集まったわけだ。ここなら目立たないよ。いや、そいつが大事なことでね」

「どうして？」、ブリュルが尋ねた。

「ここじゃ、おれたちのことをみんな陰謀家だって言ってるんだ。探検にも軍事目的があるってね。チベットに大きな自動車道路を作るのがおれたちのねらいだって言うのさ。それで新疆まで安南兵を送り込んで、征服するつもりだ、とか何とかね。中国の新聞にはそう書いてあるぜ」

　ポワンはブリュルに、『大公報』[15]の長文の記事を引用した『ジュルナール・ド・ペキン』の最近号を差し出した。

　一か月前に、天津に着いたときから、ポワンはいろいろな困難を予測していた。租界と治外法権という原則にあくまでも固執したため、フランスは民族主義者のはげしい怒りを買っていた。新聞の論調は毒を含んでいた。そこへフランスの探検隊が来たのだから、みんないい顔をするはずはない。外国人に気をつけろ、うかうかすると、やつらは何もかも持って行ってしまう――彼らはそう思っていた。

「だって、ちゃんと許可は下りてるじゃないか！……」

　たしかに、二年前には許可を出した。しかし、中国人は今ではそれを後悔しているのだ。この外人の旅行者に事故が起こり、途中で匪賊に襲撃されたり、つかまったりした場合、またまた中国人は、世界の世論の前に責任を問われることになる。また、探検が成功したら、この外人たちが国内の模様を必ずしゃべり散らすに決まっている。南京政府の代表が国際連盟で、中国は強力な近代国家であり、その要求は四億の住民の民主主義的な理想に支えられている、と熱弁をふるっているときに、こんな内幕を暴露されたら、たまったものではない。

「わかったろう。へんなことをしたら、もう取り返しがつかないぜ」とポワンは最後に言った。「とにかく、《慎重》の一語に尽きるよ」

*

　ポワンがとくに心配していたのは、資材の到着だった。

はじめの予定どおり、ロシヤ回りで行くのだったら、トラックが三台あれば充分だった。しかし、ルートは変更になり、中国班が編成された。七台の無限軌道車がマルセイユから船で天津へ送られた。こんな大自動車隊が人目を引かぬはずはない。

陸揚げは三月二九日だった。ポワンは、車を箱に入れたまま租界を横断して、フランス所有の大ガレージまで持って来させることにした。そこで荷解きをすれば、見つからないで済む。

とにかく急ぐことだ。車の中には雑嚢や衣類やいろんな機械や、部品、鞄、科学器具などが詰め込んであるから、まず仕分けをしなくてはならない。みんな仕事にとりかかった。ドラストル医師も、博物学者のレーモンも、考古学の助手のカルルも。狭っくるしい中庭――物見高い中国人が通る道からは、ここはさいわい長い路地で隔てられていた――で、箱や、釘を抜いた板や、食料品の缶詰や、大小さまざまな梱《こり》にとりまかれながら、みんなせっせと働いた。六日後には出発しなければならない。是が非でも《離陸》せねばならぬ。荷をほどいたら、次に細かい検査がある。モーリス・プノーとバルルデは運転手たちといっしょに自動車を組み立てる。ブリュルは精密な調整をし、無電機のモーターの検査をする。無電技師のケルヴィズィックがさっき試験をしたが、振動がひどすぎるというのだ。携帯カメラの露出計も修理しなければならないし、調相器の調整もする必要がある。ドラストルは医療品の荷造りをし、外科用具を消毒し、入れものの箱をきっちりと密封する。レーモンは気圧計の検査をし、コンパスや羅針儀の荷をほどく。

作業は昼夜兼行である。ペトロは天津や北京で、旅券の交渉をし、金の清算をする。いよいよこれが最後だ。

四月五日、準備完了。一時的にもせよ、すべての障害を乗り越えた。モデルヌ・ホテルの小さな食堂で、ベイルートを発った仲間たちの健康を祈って乾杯しながら、ポワンはみんなに言った。

「ぼくはきみらを信頼している。どうか、ぼくのことも信頼してくれたまえ。どんな困難が起こっても、目的を忘れないようにしよう」

目は輝いていたが、顔は緊張で引き締まっていた。

「明日の夜明けに出発する」

「中国人の学者は連れて行かないのか[16]？」

「張家口まで行って待つことにしよう。あとから鉄道で来るらしい」

*

出発の時間はわざと早朝を選んだ。七台の無限軌道車が一台ずつガレージから出て来たとき、ヨーロッパ人街はまだ眠っていた。中国人街へはいると、車は驚嘆の目で迎えられた。通行人は立ち止まり、呉服屋や食料品屋はみんな店先へ飛び出して来た。ジュラルミンの車の見慣れぬ恰好、キャタピラの轟《ごう》轟《ごう》いう音。最後の車が通ったあとには、たちまちやじ馬の群れができた。時限爆弾が破裂するように、ワアワア言う声がうしろに聞こえた。

城門では巡査が道をふさいだ。はじめて停車する。ペトロが書類を見せたが、それだけではだめだった。字が読める役人を呼んで来なくてはならない。しかし、当直の役人はまだ眠っている。こんなに早くから起こすわけにいかない。二人の歩哨はすでに車のステップに上がり、首をのばして中をのぞき込んでいた。

「ニ・ダイ・ライ・シェン・モ・トゥン・シ（荷物の中身は何ですか）？」

ポワンはそういう事態を予測して、あらかじめ北京の市長に頼み込み、中国軍の大佐に張家口まで同行してもらっていた。この人がいなかったら、交渉は何時間もかかったろう。大佐は先頭の車の中で眠っていた。が、目をさまして、昇降口から首を突き出した。この生きたパスポートのおかげで、障害はいとも簡単に取り除かれた。一〇分後にまた停車を命ぜられ、同じことが繰り返された。まるで判で押したように。天津＝北京間一二〇キロのあいだに、こういうことが少なくとも七回はあった。

風が吹きはじめていた。冷たい、ヒューヒューいう風が。モンゴル高原から吹き下ろすこの北西風に、巨大な雲のような砂塵がはすかいに巻き上がった。車はほこりよけの幕を下ろし、その雲母の向こうには、もうぼんやりした景色しか見えなかった。灰色の耕地。シロアリの巣のような土盛り。あれは墓だ。

水の涸れた運河、小さな野菜畑のある木と荒壁の粗末な家々。戸口には、生気のない人々が群がっている。荷車や重そうな一輪車。ある者はそれを綱で引き、ある者は梶棒をとって支えている。轍《わだち》にはまると、みんなばらばらにこわれそうになる。そうした中を、無限軌道車は進んで行った。まわりには、古い書割りのように風化した景色が広がっている。ようやく昼過ぎに、二本の鉄塔[17]が見えだした。北京はもうすぐだ。

ポワンは車を止めさせた。

「学生デモがいつ起こるかわからないから、市の中心は通らないことにするよ。絶対に列を切らすなよ。……どんなことがあっても、止まっちゃだめだぜ」。巨大な正陽門をくぐって、自動車隊は北京にはいり、北西に進んで西直門に着いた。

通りには、青い木綿の服を着た人々が大ぜいのろのろと歩いていて、スピードはあげようにもあげられなかった。運転手はみんな、人力車や旧式の四輪馬車に混じってバックミラーに映っている後続の無限軌道車から目を離さなかった。ここでも群衆は、もの珍しさが先に立って、敵意を持つまでにはいかなかったらしい。万事順調に行き、午後四時には、城壁の外の南口路に九台の車は一列に並んだ。

一団のフランス人が待ち構えていた。フランス公使と数人の友人たち……

「さようなら！　また来年！」

クラクションが三度鳴った。出発。

＊

二時間走った。風はやみ、ほこりもおさまった。道はしだいに上りになり、三〇キロも行くと、遠くのほうに青味がかった稜線が浮かび上がった。その山陰に日が沈むと、山は墨色に変わった。

その晩は、小さな寺院で野営をした。階段や露台から見下ろす湖には、カラマツの葉が映っていた。黒竜寺である。

手早く夕食を済ませる。それから各自、自分のベッドを整える。慣れないので、なかなかうまく行かない。しかし、ここへ来て、みんな陽気になった。とにかく出発したではないか？　無事に今日一日が過ぎたではないか？　これなら、カシュガルぐらいすぐ行ける。

「中国見物の暇があるといいのにな！」とレーモンは冗談を言った。

ポワンだけは黙り込んでいた。

北京で合流するはずだったツ・ミン・イ（褚民誼）博士がまだ現われないのだ。中国側の団長が遅れるというのは、さい先が悪い……

「張家口で会えるだろう、ほかの連中といっしょに」とブリュルが言った。

海軍大尉はうなずいた。

「たぶんね」

外は深い闇夜だった。北京は近いし、民族主義者の学生たちが列をなしてここまで押しかけて来るかもしれない。見張りを置かなくてはならなかった。二人ずつ一時間交替で夜警をすることにした。

ポワンは回廊で区切られた庭を幾つも横切り、門を幾つもくぐって、赤い柱列が木の天井の闇の中に消えている、ひときわ高い棟のまわりを一周した。それからまた、踵《きびす》を返した。心配そうな様子だった。

あの不安なニュースをどうして仲間たちに打ち明けないのか？　北京を出発するときフランス公使からこっそり渡された伝言を、ほかの隊員に話したものか？

ポワンは考え込んだ。

新疆省内に反乱が起こり、作戦地域を通るのは危険だと、省主席がウルムチから電報で知らせて来たことを、仲間たちに話すべきか？

そして、事態が安定するまで出発をのばすように言ってきたことも。

とんでもない。ポワンは肩をすくめた。

別の班がすでにベイルートを出発した今になって、延期しろなどと言われてもできるわけがない。

では、アールトに知らせるか？　しかし、つまらぬことで心配をかけて、ストップさせてしまうのも気がひける。それもできないことだ。

せっかく出発したのだ。行けるところまで行ってみよう。

1　アンドレ・ゲルジェは、探検隊の出発前に二年間ロシヤを偵察した。その記録だけで、優に一冊の本ができる。ゲルジェはまず、モスクワからシベリア鉄道でノボシビルスクへ行き、そこから新疆省の省境まで行った。次にカスピ海まで南下して、バクーへ出、そこからペルシアへはいってテヘランまで行き、ガソリンの補給計画を研究した。翌年にはスウェーデンへ行って、探検家のスウェン・ヘディンと連絡をとり、再びモスクワへ戻って、ソ連当局と接触を保ったのである。

2 学生や新聞の意見。

3 当時の新疆省主席。

4 主席直属の銀行で、天津の日本租界にあった——用心のいいことだ。

5 両の商業レートは実際には当時、一銀ドルが三・六〇両だった。

6 華北では、夏のあいだラクダを放牧して休養させたラクダ曳きたちが、九月のはじめになると、隊商の基地へぞくぞくと仕事に集まって来る。

7 ソヴィエトがとつぜん拒否したのは、フランスのダンピング反対政策に対する報復措置の一つだった。

8 数か月後には、ヒマラヤでこれをやらなければならなかったが。

9 アフガニスタン王。

10 マザル＝イ＝シェリフはアフガニスタンの小都市で、ワクジル峠に行く道にある。

11 陸軍少将、ブリティッシュ＝エンパイア上級ナイトで、オクスフォード大学軍事史教授のアーネスト・スウィントン卿。このかたは、探検隊に終始非常な厚意を寄せてくださった。

12 陸軍省総参謀部のバーソロミュー将軍。

13 バス大十字章佩用者で外務次官のロバート・ヴァンシッタート卿。

14 インド星章佩用者のヴィヴィアン・ガブリエル大佐は、前にインドのイギリス政庁におられたが、今はイギリスの王宮の高官になっておられる。

15 天津で発行されている中国政府の御用新聞。

16 一九二九年に中国学術団体連合会と結んだ契約では、中国人の学者たちも探検に協力することになっていた。三六ページ参照。

17 通州にある日本の電信局。

第一部　風景の歓迎――西アジア

1　バグダードへ

パルミラの廃墟――シリア砂漠の幻の道――バグダード
――キジル・ルバトに野営――中国班からの便り

ダマスカスで最後に見た古い崩れそうな平屋根の家も遠くなった。今は、道とは言いがたい家畜の踏み跡だけが、はるかかなたの空の下までのびている。

アールトは、金のコガネ虫の標識をつけた先頭の車にすわっていた。その車にはヤコヴレフ画伯が同乗していた。砂と光の非現実的な光景が遠方のやつれた山の横顔まで続いている。その光景の中でただ一つ現実的なのは、隊長がいつも見慣れているヤコヴレフの親しみ深い穏やかな顔だけだった。

こうして、それまでの二年間はもう過去のものになってしまった。報告や見積書や計画や道順や、それに加えて、ロシヤ人、中国人、アフガン人、イギリス人との複雑な折衝などは、すべてこの地平線と同じ、飾りけのない、むきだしの現在によって終止符を打たれた。

少し前まではまだ、定住ベドウィン人が住むカリヤタン村の粗塗りの壁のあいだに、幾つかの人影が動いていた。両方とも驚いて互いにじろじろ見かわした。もっとも、アジアがヨーロッパに見せるようなものは、ここにはごくわずかしかなかったろう。村とも言えないような集落と、一種の原始的な芸術だけだ。その芸術も、三叉《さんさ》戟《げき》（みつまたのほこ）の墓標を飾った墓の中に隠されてしまっている。

　そこを過ぎると、もう何もない。

　そのがらんどうの中を、自動車隊は一キロ一キロ進んで行く。

アールトは振り返って隊列を見た。無限軌道車は適度なスピードで「砂塵をかぶらない程度の間隔をおいて」進んでいる。毎時二〇キロ。ラクダなら一日分の行程である。堂々たる隊列だ。非の打ちどころない鋭敏で従順なこの資材は、もっぱら数人の人間のために動いている。魂と肉体と鋼鉄が混然一体をなしたこの集団は、自給自足をし、どんなにへんぴなところでも生活し活動できる自由な動く細胞である。それこそヨーロッパがアジアに提示するものだ。それは首尾一貫した帰結であり、論理であり、知性によって加工され精神の補助者となった物質であり、そしてまた、この精神を高める信仰である。

　これらはすべて、一つの断定のように、何かしら密度の高い、果断で表情的なあるものを持っている。しかし、その凝集されたエネルギーに対して、アジアはさしあたり何物も対置していない。それはすっかりあけっぴろげである。アジアは後退し、砂や、風や、空間や、かすんだ遠景や、消えては現われ、現われては消える平らな低い山々で、この西洋人の闖入者《ちんにゅうしゃ》から身を守ろうとしているように見える。

　こんな状態が一六時間も続いたころ、やっと人間生活の証跡が現われた。地図にも赤い点が打ってある。アイン・バイダだ。ここには井戸がある。のどの渇いた羊たちは、水を飲みたがって鳴いている。羊飼いはヤギ皮の袋と滑車と綱とラクダを使って、井戸から水を汲み上げる。

エンジンものどが渇いている。ラクダが綱を引くと、革袋が水をしたたらせながら上がってくる。

ノルマンはラジエーターの栓を抜く。

「少し入れてくれ……」

この穴に水をつぐようにベドウィン人に合図をすると、相手はげらげら笑いだす。

ノルマンはラクダを見てつぶやく。

「へんなタクシーだな……」

*

夜遅くパルミラに着いた。石のアーチのそばにキャンプを張る。ヘッドライトを消すと、アーチも消えた。

明け方、最初に起きた隊員はわが目を疑った。

砂漠の中に町があるのだ。いや、町どころか、都である。それが廃墟だとは、みなとっさにはわからなかった。列柱や回廊や柱頭などに、朝日がまだ生の装いを与えていたのだ。日が高くなると、それらは徐々に骨のような白さに戻って行った。

本や地図で知ってはいたが、この出現はやはり驚きだった。ここにはかつて人間が生活していたのである。それも、ただの羊飼いではない、オリエントの王者たちだ。勢力のある美人の女王が、その野心でローマを不安のどん底にたたき込んだこともある。町が破壊されてからすでに一八〇〇年、しかし、廃墟は今でも抗議の声をあげている。昨夜《ゆうべ》見た砂の穴は、フェラッチが言うようなキツネの罠《わな》ではなくて、フォガラ[1]という、地下水道で結ばれた貯水槽の入口だったのだ。ゼノビア[2]の時代には、こういう水道で町に水を供給したのである。フランス人の一人の婦人が、二年前からこの廃墟の中で生活している。ホテルの経営者だ。そのホテルもたぶん、太陽の神殿から借りて来た石で建てたのであろう。たまに来る旅行者や考古学者、監督の役人、ベドウィンの族長などが、そこで冷たいものを飲む。

「ここはパルミレナ（パルミラを中心とする地方）の中心だっていいますけど、今じゃ、ただの十字路ですわ」と彼女は言った。

探検隊のキャンプのそばにあるヤギの毛で作った黒いテントは、ハッディディン族の族長ナウアフのものだと、彼女は教えてくれた。ナウアフが数日前からここへ来ているのは、裁きを求めるためである。これにはまだ決着のついていない古い復讐譚がまつわっている。それが再燃したら、国中に血の雨を降らせかねない。

しかし、中国とて似たりよったりではないか。

ダマスカスからここまでの二〇〇キロには、まったく人っ子一人いない。地図で見ても、人口は一平方キロあたり五人もない。北はアレッポまで、東はモスルないしバグダードまで、全然何一つないのである。南は渇きの国、広漠たるハマード平野だ。この神秘的なネフド砂漠は延々インド洋まで広がっている。そして、当のパルミラも、単なる骨の山にすぎない。

こんなところで、どんな裁きを求めようというのだ？　何を誰に嘆願しようというのだ？

＊

自動車が二台止まった。片方の車は、ナウアフがアクセルを踏みながら自ら運転している。もう一台、新品の《八気筒》には、座席はもちろん、ステップや泥よけにまで、二〇人ほどの従士が鈴なりに乗っている。みんな短いあご鬚をはやし、目をらんらんと光らせ、黒い二重《ふたえ》のひもでこめかみに結んだ《ケフィエ》と言うベールをかぶっている。

みるみるうちに人が群がる。ベドウィンの群衆だ。毛織の上着、飾り鋲を打った帯、足には古靴かサンダルをはいている。石の陰から飛び出す者、墓の中から出て来る者。ナウアフの敵もいる。それは一〇〇人ほどのマウアリ族で、みんな毛織のマントを着、くるぶしには純銀の輪をつけている。族長たちは鉄砲を持ったままはいろうとするが、制止される。銃は戸口に置いておけ。『武器は長衣に席をゆずれ《ケダント・アルマ・トガエ》』というわけだ。法廷に変わったホテルの大広間にはもうはいれない。公判はすでにはじまっている。監督の役人と、陪席判事にあたるメハリ騎兵の二人の中尉が、わら椅子に腰かけてパイプをふかしている。

この三人も、昨夜《ゆうべ》わざわざダマスカスから来たのである。事件というのは、ナウアフが隣の部族から買った女がさらわれたことだ。

婆さんで、器量も悪いが、ただ金持だった。犯人はマウアリ族だ。追跡、小ぜり合い。マウアリの族長が殺された。向こうは、この仇を討つと息まいている。そうなれば、部族同士の戦争である。八〇か村、三〇〇〇の天幕を支配するナウアフは、家来を全部呼び集める。もう仕事どころではない。そこで、フランスの総監督府が止めにはいる。ダマスカスは仲直りをするように働きかけるが、ことは容易に運ばない。とにかく両部族とも、相手を皆殺しにすると誓ったてまえもある。マウアリ族は殺された族長の仇うちに、ナウアフと息子の首をよこせと言う。ナウアフのほうでも、血の償いを要求する。女を一人さらったら、六人の男を殺すのが相場だ。死骸はまだ五つ足りないと言う。

ほこりっぽい空気の中に、嵐の前の静けさがみなぎっている。ヤコヴレフは画架をすえ、カメラの準備もできた。ウィリアムズは公平に敵味方の双方を写している。

午後六時、判決が下った。「これ以上、人を殺すな。さもないと制裁する」——フランス人はこう申し渡した。

みんな鉄砲を持って出て行く。気をつけろ。外では、黒い空にいなずまが走り、その下にキャンプと七台の車が待っている。ラプランシュは大急ぎでアンテナを下ろす。パルミラの町は、半壊の寺院と、そのそばに浮かび上がる赤い花崗岩の裸の円柱しかもう見えない。

「きみらは何者かね」とナウアフは尋ねた。

彼は、ヤギの毛で作った天幕の下にいる。天幕は、中央に高さ五メートルほどの支柱があって、長さは二〇メートル、幅は八メートル。ハッディディン族の族長の回りには、部族の名士たちがそれぞれ座ぶとんにすわっている。ナウアフの息子が通訳する。ダマスカスのイエズス会の学校を出ているのだ。

「わたしたちは、アジア全土を横断するために西から来た旅行者です」とアールトが答える。

――アジア全土！

タバコが出る。遠方から来たこの客人、この流浪の仲間に、みんなヘル[3]を入れた濃いコーヒーをご馳走する。

ナウアフは大酋長で、七代前の先祖まで数えられる貴族である。キツネ狩りが好きで、かたわらにいる召使いは、皮の手袋をはめた拳の上に、鎖でつないだタカをとまらせている。ナウアフは三〇〇〇頭のラクダのほかに、馬力の強い自動車を三台も持っていて、配下の天幕村を訪れるときは、砂漠の道を時速一〇〇キロでぶっとばす。

「どうしてラクダをお飼いになるんですか？」とアールトは尋ねた。「今は自動車の時代です。隊商はすたれるばかりでしょう？　羊のほうが高く売れるんでは……」

ベドウィン人は黄色くなった指で、ぽいとタバコを投げ捨てた。

「わしは乳売りじゃない」

明けがた、七台の無限軌道車がフランス国旗に捧げ銃をする外人部隊の前を通ったとき、ヤギの毛の天幕はもう影も形もなかった。三台の車も、タカも、銀のコーヒーセットも、座ぶとんも、絨毯も一切合財持って、ナウアフは行ってしまったらしい。マウアリ族ももういなかった。砂漠はまるで雨水のように、この人間たちを吸い込んでしまったのだ。死の町に残されたのは、一握りの兵士と、一人のフランス婦人と、三人のベドウィンの羊飼いだけだった。

*

四月一一日——昨日の雷雨で土が水浸しになり、キャタピラにべたべたした泥がはさまる。しかし、太陽は靄をすっかり払いのけ、水を蒸発させ、万物を暖め、熱し、焼きつける。南東に進路をとって前進。

一日じゅう走り続ける。翌日も同様。日に一五〇キロ、快調だ。人にも獣にも会わない。地平線。みんな目をこらして、かってに注釈を下している。とつぜん、地平線が二重になる。どちらが本物なのかわからない。こちらのは遠のき、向こうのは近寄って来る。できの悪い測距儀のように、実像と虚像は並んで見える。二、三キロ前方に見えているのが、まず本物だろう。その向こうのくっきり浮かんだ小さな点は、どうも蜃気楼らしい。みんな目をこすった。相変わらず見える。波を打つ透明な幻像の中から、それだけがはっきりと浮き出している。まさか飛行機ではあるまい。実際に着陸するまで、みな信じられなかった。

「ポワドバールです！」

考古学者で飛行機乗りで元陸軍大尉のこのイエズス会の神父さんは、数年前から根気よく、昔のローマ領シリアの軍事・経済地図を作っている。今日も、四つの不明な境界標を捜すためパルミラからヒットへ飛行中、われわれの車を発見したのだ。

「ついでに握手したくなりましてね」

ポワドバールは、地上を歩いても見つからないものを空から発見する。それだけではない、その写真をとるのだ。こうして、消えた道路や、昔の灌漑溝や、いにしえの徒渉地点などを書き込んだ地図を作っている。その正確さには、ローマ人でも文句はつけられまい。

「ご存じでしたか。ここは昔、たいへんにぎわった道なんですよ。地中海とペルシア湾を結ぶ道でね」

「いや初耳です……たいへんにぎわった、っておっしゃいましたね？」

そこで、神父は話してくれた。飛行機を使って、シリアにいたローマ人の経済組織の全貌をどうやって描いたかを。今では、ローマ人の取水方法もわかったし、ローマ軍の哨所の正確な見取図もできているらしい。「ここから五〇メートルのところに、石でふたをした井戸があるんですよ。この辺は、水がないわけじゃないんです」。神父はアールトにそう言った。

「ナブク地方でも、こうやって井戸が幾つか掘り起こされました。二〇年もすれば、この辺にも畑ができるでしょう。証拠ですか？　地上から三〇〇メートル上がれば、すぐ見つかります。高度一〇〇〇メートルなら、もう明々白々ですね。昔の導水路や、石灰が溶けてしまった囲いの壁の跡が、今でも残っているんです。空の明るさによって違うんですが、とにかく多少上へ上がると、それがはっきり見えますよ。昔、隊商が通って、さんざ踏み固めたわけですから、土もまわりの砂より堅くて、湿りけも多いんです。春になると、地下の植物が成長して、そこだけ色が濃くなります。飛行機から見ると、ローマ時代の道は大きな緑色の流れのように見えますよ」

ポワドバールは時計を見た。二時間以内にダマスカスへ行かなくてはならない。飛行帽をかぶりなおして、神父は機上の人となった。ほんの数秒で、彼は大空にとけ込んでしまった。

＊

サハラ砂漠を経験した隊員には、目印一つないこののっぺらぼうの砂漠も、目がくらむような空も、格別目新しいものではなかった。バックミラーからほとばしり、ニッケルから湧き上がり、ヘルメットをかぶった顔に襲いかかる荒々しい反射光も、もう慣れっこになっていた。旧敵の砂塵にも見覚えがあった。

「ここまでは要するに、アジアもアフリカも同じだな」とオードゥアン゠デュブルイユは言った。

しかし、アフリカへ行かなかった隊員には、これは新しい生活だった。ここでは、だんだんに時間の価値がなくなって行った。みんな時計を巻かなくなった。その代わり太陽を見るのだった。日が傾くと、自動車は左へならえをし、一定の間隔をとって並んだ。数分間でさっさとテントを広げて張り、杭を打った。

ほこりは手や額にこびりつき、まつげも頬もまっ白だった。顔を洗ってから夕食までの一時間は、みんな思い思いの仕事をした。することも毎日違った。ゲルジェは肱かけ椅子に書類を並べて、電報をしたためる。ウィリアムズは乾板を入れ直す。モリゼはフィルムを詰める。ソヴァージュはぼんやりしている。ジュルダンは幸福感にひたりながら、この清らかな静寂境をあてもなく歩き続ける。やがて、広漠たる地平線に日が沈む。空気を抜いた気球のような、赤いぶよぶよの太陽が。

夕陽の余燼が消えるころ、チベットの鈴が鳴り響く。食事だ！　食堂代わりのテントの中に、小さいテーブルを幾つも並べて、奇妙なだんらんが始まる。砂漠の青い夜は、もうどこかへ行ってしまう。そこから布一枚で隔てられ、みんな思いのままに幻想にひたる。コルセが話すのはヴォージラール（パリ郊外の町）のこと。ジュルダンは近衛兵の詰所のこと、オードゥアンはアフリカのこと、ウィリアムズはアメリカのこと、アールトは中国にいる仲間のことを考えている。向こうも前進しているのだろう。だが、まだ全然たよりがない。

*

四月一二日、午前一〇時。驚いたことに道標があった。みんなそのまわりに集まった。一つの矢印はイラクを、もう一つはシリアを指している。ここは、パルミラから来る道とダマスカスから来る道が一つに合して、バグダードへ向かう合流点なのだ。その標識はまた、ここから砂漠の所有者が変わるという印である。

砂地もあれば、琺瑯《ほうろう》細工のようにひび割れた土もある。やがて小石がふえ、しだいに起伏が多くなってゆく。しかし稜線の向こうは、相変わらず空々漠々たる砂漠である。ただ、人跡まれというわけでもない。この辺まで来ると、道ばたにはあちこちに骸骨が散らばっている。胸郭、後車軸、ラクダの骸骨、自動車の骸骨。それだけではない。その日は、隊商が二つ通るのを見た。ラクダに草をはませながらゆっくりと北上して行くラクダ曳きの部族を見ていると、あたりの風景も何か人間味を帯びてくる。

翌日、ルトバに着いた。そこはどっしりした四角い要塞地で、航空郵便の中継地になっている。このあたりにはまだ、ぼろをまとった山賊がいて、隊商を襲っては略奪をはたらいている。その連中は、ドラム缶でブリキの小屋を作り、そこへもぐり込んで暑さをしのいでいるという。おかしなことを考えるものだ。四年前、ここの近くでダマスカスから来たトラックとバグダードから来たトラックが、両方とも旅客を満載したまま衝突するという珍事が起こったそうだ。まわりは広漠たる砂漠なのに、一種の民族的な誇りから、シリア人の運転手は右側を通り、イラク人の運転手は左側を進んで、両方とも譲らなかったらしい。

四月一五日、ラマディに着く。税関、補給、ルピー（貨幣）、郵便、三本のシュロの木、小鳥のさえずり、鶏のときの声、ソーダ水、ザクロのシロップ。終着駅ラマディ。砂漠はここで終わる。冷たい風が頬をなでる。のどかな生活。青々とした麦畑では、驚いたロバが両耳をピンと立てている。ヒナゲシ。美しい栗毛の馬が二頭、跑足《だくあし》で駆けて行く。生命がよみがえったようだ。聖書から抜け出てきたような人影が見える。一人の羊飼いは小羊を肩にかついでいる。キリストのように。

なぜみんな、こんなに感動し、熱狂したのか？　なぜウィリアムズはジュルダン医師とレスリングをしたくなったのか？

*

ほかでもない、とうとう川に着いたからである。幅の広いスレート色のリボンのような川が、ゆったりとものうげに流れている。ユーフラテス川だ。

翌四月一六日の午後には、雷雨の中をもう一つの大河に着いた。イラクの国旗の一方の星、チグリス川である（イラク国旗の二つの星はチグリス・ユーフラテス川を表わす）。そこでは、二〇万の住民がこの川で生活している。

バグダードだ。

「早く、テントを！」

摂氏三五度の暑さである。一歩行くごとに灰色の土ぼこりが舞い上がり、顔にべたべたくっついた。もう誰が誰やらよくわからなかった。しまいに天が裂けて、洪水のような土砂降りになった。トタンのようにシュロの木が鳴った。アスファルトの上をはだしで走る音が聞こえた。子供たちがシャツの端をくわえて、繋留ブイを鎖でつないであるマウド橋まで競走しているのだ。

バグダードの唯一の通り、ニュー・ストリート。歩道のまん中で、羊の肉を炭火で焼いている。アーケードの下には、露店や両替商の店が並んでいる。川に並行したその通りを、イラクの住民が流れて行く。ベドウィン人、シリア人、クルド族。どれがイラク人なのかよくわからない。

牛の群れ、自転車、五トン積みのトラック、ロバ、歩行者、ラクダ――そういうものに同じ歩調をとれというのはむりな話だ――この雑多な流れを見ていると、バグダードは避難民の町かと思われてくる。実を言うと、ほかには行くところがないのである。ほかはみな砂漠だから。

探検隊はここに三日滞在する。

みんな服を変え、舞台装置を変え、生活も変える。道々夢想にふけったり、太陽の位置でだいたいの時間を読んだりすることは、もうできない。時計を巻かなくてはならない。一日二四時間は実に短い。

見物をしたいが、外交的な義務も果たさねばならない。ファイサル国王は、おかしな機械でアジアを横断しようとするこの旅行者たちの何人かに会いたいと伝えて来た。われわれのために閲兵式が催され、ベドウィンの主な族長たちも参加することになった。ペルシア公使もやって来た。探検隊がケルマンシャーからメシェッドまで行くあいだの計画について、本国政府から好意にあふれた明確な訓令を受けていると言う。それから、アールトとオードゥアン゠デュブルイユは、イギリス高等弁務官のフランシス・ハンフリー卿を訪問した。フランス公使館の代理公使のところでは、参謀部主催の歓迎会が開かれた。花を飾ったテーブルを囲んで、のんびりとくつろぎながら、この国についていろいろな話を聞く。トルコ軍が占領していたころの苦しい生活のこと。その後の戦争のこと。イギリスとドイツが自分の勢力を確立するために、数百万という金をつぎ込んだこと。そのころには、市場へタバコを買いに来た見知らぬ男たちが、一ルピーの金貨をポイと放って「釣は要らないよ！」などと言ったものらしい。賭博台には二万ルピー、三万ルピーと賭金が積まれ、また、あるイスラム教徒のラクダ曳きは、エジプトの舞姫に血迷って彼女のからだに千ルピーの札をいっぱいはりつけ、得々としていたという。

チグリス川の渡船（バグダード）

続いて恐慌。税金。新しい関税。イギリス人は、これまでにつぎ込んだ金を徐々に取り戻した。宝石を売る女たち。貧乏生活。できればここでかたぎの仕事に戻り、小麦、ナツメヤシ、トラガカントゴム、ひまし油、ゴマの種子といった昔ながらの富の源泉に立ち返るべきだったのだが。

「それで、今は？」

「ほかと同じですよ。不安、デフレ、後悔、といったところですな」

ウィリアムズの横に座った元大蔵大臣は、うらやましそうに彼を見ながら杯をあげた。

「みなさん、ご健康を祈ります……」

*

スーク（市場）のこの一郭には金銀細工の店がかたまっている。みんなしゃがんで仕事をしている。よごれたシャツを着た労働者が、巧みに、溶けた金属をピペットで吸い、それをたたいたり、よじったり、はさんだりしている。給料は一日一八フランだ。原料はうしろの箱にはいっている。デュカ（ヨーロッパの古金貨）、ターレル（ドイツの古銀貨）など、もう通用しなくなった昔の貨幣から、彼は指輪や首飾りやお守りや、手箱などを作るのである。おや、フランスの貨幣だ！……ルイ・フィリップの顔が彫ってある。

手伝いの少年がふいごを吹くと、フランス王の肖像を刻んだ一〇個の一〇〇スウ貨は、たちまち暗紅色の小さな流れに変わる。三度槌でたたくと、それは延べ棒になる。さらに五分ほど細工をすると、そろそろ輪郭が現われてくる。ベドウィン人がつける重い足輪だ。昨日は公証人の金庫に眠っていた金《かね》が、明日は遊牧民の花嫁の茶色いくるぶしを飾るのである。その銀は、もとスペインのガリオン船でアメリカから渡来した。西洋を通って東洋へ来、商店から砂漠へ移り、再び銀行へ戻るなど、形も名前も顔もすでに千度は変えている。銀には、祖国も文明もきまった姿もないのである。

しかし、東洋人を火でとかして西洋人を作ることはできない。バグダードには、ヨーロッパふうの《ニュー・ストリート》というのがあるが、それは町を横断しているだけで、実際には町の中へはいり込んではいない。ほんのちょっと横へはいれば、たちまち沈黙と静謐の世界が開ける。原住民街の路地のあいだに閉じ込められた無音の生活。半開きになった重い倉庫の戸、僧侶たちが鼻声で読経している小さな寺院《モスク》。この神秘は、アッバース朝の昔から何一つ変わっていない。その迷宮に迷い込んで、出口を捜していると、小さなラテンふうの教会があった。内庭があり、四本のシュロの木が聖母の像を囲んでいる。レンガの丸天井には、「閉鎖中」とフランス語で書いてある。西洋の再現か？

そう思ったとたんに、疑惑がまた首をもたげる。そこへ、ジュルダン医師がカスミン寺院から戻って来た。彼は奇跡を見たと言う。予言者マホメットが、一五年前から盲の女に視力を回復させてやったのだ。

「君も見たらよかったな、ヤコ！」

しかし、ヤコヴレフは疲労でふらふらだった。肖像画は今日で六枚目だ。運転手たちは、フェラッチに連れられて散歩していた。みんな、野天のカフェには驚いた。お客はトランプやチェスをするだけで、何も注文しないのである。そういう店は、あらかじめ予約しておけばコーヒーを月に一〇杯飲める。しかし、予約が切れた客でも、席にすわって蓄音機を聞きながら、ほかの人たちが飲んでいるのを見る権利はあるのだという。

＊

イラク国王ファイサル陛下は、アールトたちを郊外の農場に招待してくださった。陛下は大農経営に興味がおありで、トラクターをご使用になり、国民に率先範を垂れておられる。

王様は洋服をお召しになり、フランス語を話される。紅茶とタバコが出、召使いが籐椅子を運んで来る。地図を見ながら説明する。

「どうやって？　そんな遠くへ？　たくさんの国を通るのだな！　……しかしルートは？　目的は？」

「陛下、目的は、われわれ新しい人間に、古い世界の偉大さを知らせることです」

一時間後、われわれはもう一人のイラク国王フランシス・ハンフリー卿の邸にいた。ハイボールを前にしたイギリス高等弁務官は、ヒマラヤ横断に対する疑念を隠そうとしなかった。

「むずかしいですよ……しかし、大事業ですね」

陶器で作った泉水に、きれいな水がさざ波を立てていた。厚い毛の絨毯が声の響きを和らげた。川に張り出したテラスから見ると、尖塔や丸屋根が紺青の空に浮き上がるこの町は、再び伝説的な美しさを取り戻していた。

これもバグダードの一面なのだ。

*

井戸はキャンプから二〇〇歩のところにあった。この辺の道は、石灰岩と玄武岩のひだのあいだに隠れてしまっていた。あたりの景色は赤と灰色の、ふくれたボール紙細工のようだった。文字どおり一木一草もない。水汲みが戻って来ると、みんな大喜びでズックのバケツに顔をつっこんだ。
オードゥアン＝デュブルイユのテントから歌声が聞こえて来た。
静かに俺を眠らせろ《レット・ミー・ライ・オン・マイ・バック》
野宿つづきの毎日に《イン・ザット・デイリー・ビヴアーク》
ウィリアムズの声だ。あいつはアメリカの歌をたくさん知っている。どういうわけか、今夜は急に元気になって歌い出したのだ。
ベッドの上に置いた黒い袋の両袖から手を突っこみ、ウィリアムズは視線を宙に漂わせながら、手探りで写真の枠をいじっていた。大粒の汗がこめかみを流れていた。
探検隊は今、キジル・ルバトに野営している。テントを張ったのは、白塗りの小さな砦の足もとである。ここは、イラクの最後の国境哨所で、この先はもうペルシアだ。出発してからもう二週間になった。車の距離計は一一七一キロを記録している。しかし、この新しい生活では、場所とか距離とか時間とかに何の意味があろう。この生活の長さは、時間ではなく、驚きによって、イメージによって測られるのだから。

　その二週間のあいだに、われわれはローマ領シリアの国境を発見し、パルミラの女王をよみがえらせ、ユーフラテスの河畔では、ノアが箱舟の隙間に詰めたという瀝青《れきせい》質の土を踏んだ。クルド族のラクダ曳きにスレマーニヤ（イラク東北部の町）のタバコをもらい、ベドウィン人のテントではヘル入りのコーヒーを飲まされた。その二週間、われわれはレバノンの雪の中でふるえあがり、メソポタミアでは嵐が来そうな空の下で息を詰まらせ、砂漠の熱砂の中で汗をかいた。国王の招待を受け、外人部隊に歓迎され、聖母御訪問会の尼さんたちに励まされ、イラクのボーイスカウトから拍手喝采を浴びた。いろいろな香りや色や着物や食べ物を、記憶の底にため込んだ。ヤコヴレフの記憶の中ではチェルケス騎兵が輪を描いていた。シュロ林の緑や、トルコ騎兵の赤や、イスラム寺院の尖塔の青、バグダードの市場で金銀細工師が溶かした銀の暗紅色などを、彼はパレットの上に再現した。

　みんな骨身を惜しまず働いた。車を止めた時間は、一秒たりともむだにしなかった。珍しいものがわんさとあるので、その日の収穫を集めて、ノートをとり、分類し、それを忘れないようにするためには、寝る前のひとときだけでは足りないくらいだった。

　運転手たちは今夜三時間働いた。油さしと機械の手入れだ。手を洗い、テーブルにつき、それから倒れるようにベッドに横たわる。睡眠六時間。朝の四時には目をさます。そして、一日平均一二時間走る。

　夢が現実になったのだ。それは日を追って豊かになり、陶酔も日ましにつのった。今日も変わったものが見られるかと思うと、朝ごとに希望がわき上がり、疲労は雲散霧消した。一人一人の努力がしだいに調整され、いつのまにかみごとなチーム・ワークがとれるようになった。

明日はペルシア。一と月もすればアフガニスタンだ。「うるわしの人生だな」。ノルマンは毎晩ベッドを広げながらつぶやくのだった。

＊

真夜中。

みんなぐっすり眠りこけている。ブルブルいっているのは、無電車の発電機のモーターだ。例によって、キャビンには遅くまであかあかと灯がともっている。ラプランシュはレシーバーをあてたまま、今夜三度目のパイプをつける。そのときだ。はっとして鉛筆を握ったのは……

まだ起きていたモリゼは、通信士の肩越しに電文を読んだ。

「北京ＮＲ六ヨリ、ベイルートＷ二三、ＦＰＣＦヘ。北京カラ三日、四〇キロノ地点、キャタピラガ切レ、進行不能。手持チノ部品ヲ使イ、張家口マデ行クツモリ。自信アリ。ヴィクトル・ポワン」

1　こういう水利施設はペルシアで発明されたらしく、その後アラビア、北アフリカ、ロシヤ・トルキスタン、新疆でも利用された。新疆ではカレズと呼んでいる。

2　パルミラの女王。在位は紀元二六七—二七二年。

3　ショウガ科に属する芳香性の実（エレタリア・カルダモムム）のエキス。

2　イラン高原

ダレイオスの道――アジアのフランス人――ペルシアの田舎――テヘランの街――ド・ヴァッソワーニュとの再会

四月の夜が明けた。平原は静かに香気を漂わせ、しばらくのあいだその静けさを乱すものはなかった。次の国、ペルシアはまだだろうか。その国は未知なるが故にいっそう想像力をかきたて、いっそう期待の念をつのらせた。

曲がりくねった、ならしてないこの土の道を、数名の隊員はわざわざ徒歩で出発した。道は見え隠れしながらうねうねと起伏していた。地中海とインドを結ぶ世界最古の道である。

アレクサンドロス以前に、すでにダレイオス（ダリウス）もこの道を知っていた。さらに古く、アッシリアの王たちも。それは昔アカイメネス朝の飛脚が走った王道だった。ローマも東方との陸上交通ではもっぱらこの道に頼っていた。それはまた、「絹の道」（シルク・ロード）とも呼ばれていた。ギリシアの商人たちはアンティオキアからメソポタミア北部を横切り、このザグロスの隘路をたどって、エクバタナ（ハマダン）、ラーゲス（テヘラン）、あるいはポルタエ・カスピアエ（デルベント）に出たのである。さらに進んで、バクトラ（バルク）まで行き、ヒンドゥークシュの高い峠を越えてイセドン・スキティカ（カシュガル）にいたり、そこでセリカから来る中国の隊商と交易したのだった。

探検隊もこの道を途中までたどるはずである。再び車に乗り込んだとき、みな、アジアの相貌が一変したのに気がついた。バグダードまでは、地中海の東に砂漠の縁、いまだに西洋の影響をとどめたアラビアが介在していたにすぎない。だがいまや、そういうアジアの最初の姿はしだいにはげ落ちて行くような感じがした。砂の地平線は消えてしまった。土地は盛り上がり、高くなり、キャタピラが岩だらけの斜面へ進むにつれて、かなたに肥沃な高原が開けて行った。家畜の群れが点在する広々した放牧場、黒い天幕が群がる草原、雑踏する道。

あちこちの峰にイラクの監視哨が立っているだけで、村一つないこんな土地に、いったいどんな人間が住んでいるのか。難民か？ そう言えば、みんな同じ方向へ流れて行き、まるで平野から逃げよう逃げようとしているかに見える。しかし、彼らの顔には不安も恐怖も見られない。杖を手に悠然と家畜を追って行く。とつぜん自動車が現われると、むろん彼らもびっくりする。ロバははね、パニックに襲われた羊の群れは波を打つ。

家畜の群れはますますふえ、先頭の車を運転していたセションはとうとうストップしてしまった。ダレイオスの国道が通れなくなるかと思ったのだ。自動車が止まると、家畜も人も、ラクダのいないこの隊商を見ようとして振り向いた。それはイラク人でもないし、ペルシア人でもない。ここの住人ではなく、ただ行きずりの人々なのだ。年中移動し、きまった祖国もなく、もっぱら季節のリズムに従って、初夏には平野を捨てて山に移り、半年後、寒さの訪れとともにまた戻って来る人々。彼らに言わせれば、この国もただの回廊であり、自分たちの生活も単なる行ったり来たりにすぎない。何世紀もたつうちには、しばしば、その往復運動がはげしくなり、振動が強まることもある。すると、この遊牧民は征服者になる。

セションがじりじりしてエンジンをかけると、たちまち大混乱が起こった。荷物は溝に落ち、女たちはこわがって悲鳴をあげ、男は棍棒を振り上げて、鳴き騒ぐ羊の波を必死に押しやった。

今ではクラクションの音に恐れをなす、このクルド族の羊飼いやルリスタンの牧人たちも、かつては勇敢な先祖を持っていた。

「誰だい？」とセションが訊いた。

「メディア人さ。ペルシアの第一帝国を作ったのはその連中だよ」

*

午後、イラク国境のカニーキンでガソリンを補給した。

「ここでとれたガソリンだぜ」とフェラッチがボンネットを撫でながら言った。

そのとおり！　これはモスル油田のアングロ・ペルシアン石油会社の石油ポンプから汲んで来たものだ。

さらに七キロほど行き、ケチェル・ケチェルで別の国にはいる。もっとも、ホスロヴィには第二の税関があり、カスル・イ・シリンにも第三の税関がある。そういう関門を幾つもくぐって国境を越えるのである。イギリスの勢力圏はここまでだから、鉄道もこの先へは行かない。

ここから先は二つの顔を持つペルシアである。一つは野生的でターバンを巻いた粗野な顔、もう一つは柔順無害な、一種の正帽をかぶった顔。約半数の住民はクルドふうのフェルトのマントやカフタンを着て、先の曲がったサンダルをはいている。そのほかの連中は、カビのはえた靴をはき、フロックコートの形に縫い合わせたぼろを着て、怪しげな洋装をしている。そういう群衆が両手を開いて自動車のまわりに集まって来るが、ネズミ色の長外套を着た兵士たちがたちまちそれを追っ払ってしまう。税関長ガジニ・レザゴリ氏のお通りだ。

「申告するものはありませんか」

わたしのフランス語に多少南仏訛りがあってもお許しいただきたい、とこのペルシア人の役人は言った。税関長は七年間フランスで勉強したことがあるという。ただし、モンテリマール（南フランスの町）で。

「モンテリマール！」とジュルダンが言った。「ぼくの生まれ故郷だ」

医師はびっくりしていた。三〇年も見ない故郷のモンテリマールが、四〇〇〇キロも離れたここカスル・イ・シリンでよみがえるとは。

税関長は助手を紹介した。この人も一〇年間グルノーブル（フランス南東部の町）にいたそうだ。こうして、グルノーブルもペルシアでよみがえった。

「皆さん、よくいらっしゃいました」

そのとき、走って来た自動車から制服の将校が軍帽を手に下りて来た。

「エスファンディアリ・ヌリ大佐、サン＝シール士官学校（フランス）のマリー・ルイズ期生です。歩兵第六六連隊に入隊し、マルヌ戦（第一次大戦中の大会戦）のあと、フェール・シャンプノワーズで捕虜になりました」

アールトをはじめ、みんなこの軍人をしげしげと見た。

「それで、やはりペルシア人でいらっしゃる？」

「ええ」と大佐は答えた。「でも、ペルシア人はアジアのフランス人とは言えませんか」

*

その夜、キャンプで、この将校は自分の国の紹介をした。まず地図を広げる。ペルシアは広い（広さではフランスの三倍もある）が、内陸は砂漠の大高原だ。行くとすれば、テヘランからメシェドのルートがいいだろう。侵略者も巡礼も商人も昔からこの道を通っている。

近衛隊に所属するエスファンディアリ大佐は、国王陛下の特命で探検隊のもとへ派遣され、ペルシアの領土を案内することになっていた。二か月はいてください、と大佐は言う。

二か月とは！

アールトもオードゥアン＝デュブルイユも、二か月後にはヒマラヤの険路にさしかかっている予定だった。しかも、ここからスリナガルまではまだ遠いのだ。

「《黒の探検》（アフリカ横断）をなさったかたがたに遠いなんてことがありますか」と大佐は愛想よく言った。

「アフリカのはただの長距離レースですが、アジアのは長距離レースに障害物競走を足したようなもんですからね」とオードゥアン＝デュブルイユは答えた。「ヒマラヤっていう障害物があるでしょう。こいつは標高五〇〇〇メートルまで行かなけりゃ越せないんです。しかも、そこを通れるのは、一年のうち二か月もないんですよ」

急がねばならない理由はほかにもあった。昨日、ポワンから通信が届いたのである。いささか心配な内容だった。

中国班は二週間も前に天津を出たのに、三五〇〇キロしか離れていない張家口にまだ着いていないというのだ。タイヤのパンクぐらいでそんなに遅れるわけがない。何かほかの、おそらく政治的な障害があって動けないのだろう。だが、それは知るよしもない。たとえ知っても救う方法はない。中国はあまりに遠いのだ。

ＦＰＣＧ[1]をいくら呼んでも出ないことが、いっそう不安をかきたてた。パリで綿密な調整をし、波長を合わせ、通信時間も決めておいたのに、六〇〇〇キロ離れた二つの班はどうしても直接に交信できなかった。短波の謎である。おそらく、ヒマラヤの高い衝立《ついたて》で電波がさえぎられてしまうのだろう。そういう通信を試みたのははじめてなので、ラプランシュにも確定的なことはわからなかったが。今までのところ、連絡はフランス極東艦隊と通信できるベイルート中継局に頼っている。たまに送受する通信はみんなこういう大回りをするのだ。

「カタガツクマデ安全ナ場所デ待テ。喜ビト自信ヲ持ッテソチラヘ前進中。　アールト」

その夜一二時ころ、ザグロス山脈の支脈のすその月光を帯びた風景の中で、この返電を打ったあと、ラプランシュに代わってレシーバーをつけていたシュレールは、遠くからかすかな音が聞こえて来るのを耳にした。何かな、と二人は耳を澄ませた。

「モーターを止めろ！」

音はしだいにはっきりして、やがてリズミカルな鈴の音に変わった。とつぜん、乳色の光の中に一頭のラクダが幻のように浮き上がった。あとからも続々と続いて来る。綱で結ばれたラクダは一列に長く連なって、うしろのほうは見えなかった。五〇頭、一〇〇頭。五〇〇頭もいたろうか。どのラクダも荷鞍に二つのブリキ缶を乗せ、それがぼんやり月光に光っていた。

石油の隊商だ。

*

四月末、クルディスタンの雨期はまだ完全には終わっていない。しかし、雨を降らせる高空の薄雲は、たちまち風に吹き払われてしまう。

道は泥んこだったが悪くなかった。それははるかかなたまで延々と続き、谷底に隠れ、峰をよじのぼり、あるいは地平線上の峠の隘路に姿を消した。自動車隊は整然と進んで行った。みんな目を皿のようにして、歴史に輝くこの国と近づきになろうとした。ペルシアの豊かな歴史はまだほとんど知られていない。

パルチア時代や西暦前五、六世紀に住んでいたメディア人について、みんなどれだけ知っているだろう。隊員中の物知りたちは中学時代の記憶を呼び起こして、アカイメネス朝（西暦前五六〇―前三三一年）の時代にアレクサンドロスがダレイオス三世をアルベラの戦いに敗ったことを思い出した。アレクサンドロスのあとを継いだセレウコス朝はその後二二六年まで続き（前63年にローマの属州となる）、さらにササン朝が二二六年から六四〇年まで続いた。ついで、イスラム教（バグダードのカリフやジンギス汗《ジンギス汗はイスラム教徒ではない》、チムール朝など）がこの地を席捲し、カージャール朝にいたるまで多くの王が現われ、さらに一九二五年にはパハレヴィ朝がカージャール朝にとって代わった。

カスル・イ・シリンの近くでウィリアムズは古い灯台を撮影した。灯台には四つのアーチ形の入口がついていた。ササン朝時代の遺物で、一七〇〇年も前に建てたものだが、サル・イ・プル村の近くの岩に刻まれた渦形装飾に比べればずっと新しい。その彫刻はルルビ人の王が鼻輪をつけたラクダのように捕虜をつなぎ、そのひもを手にしている姿を彫ったものである。

「どれぐらい古いもんだい？」

「六〇〇〇年前だな」

少し先には、アカイメネス朝の王の墓[2]があった。地上二〇メートル、つるつるした垂直な岩壁の中ほどを平らに切り開いたのがそれである。これはまだ二五〇〇年しかたっていない。土地の人は上に布切れをつけた棒を立てていた。そこを神聖な場所とみなし、巡礼に寄進を乞うているのである。

路上では、仲間を馬のうしろに乗せた騎兵やフェルトの長い外套を着た羊飼い、じっと動かない乞食、年とったイスラム僧、杖に寄りかかった巡礼、緑色のフロックコートを着て国民帽をかぶり、雨傘をさした村の巡回職人などとすれ違った。

　ソヴァージュは落ち着かなかった。写真機のことが頭から離れない彼は、男ばかりのこの国で、みずみずしい頰の輝きや若い農婦の笑い声など、もっと愛らしい姿、もっとやさしい声を記録しようと懸命になっていた。大佐は答えた。

「女はまだベールをつけてます。野良仕事のときは取りますけど。しかし、チャドル[3]は一夫多妻制と同じで徐々になくなりつつありますね。政府はイマン（イスラム僧）の影響と戦っているわけですよ。もちろん、宗教問題は慎重にやらなきゃいけません。でも最後には、文明の進歩があらゆる偏見を打破するはずです」

　ブドウ畑が多いのにわれわれが驚いていると、大佐はペルシアのブドウ酒のすばらしさを自慢するのだった。

「でも、イスラム教では禁じられてるんでしょう？」

「いや、みんな飲んでますよ。ペルシアは急速に発展してます。進歩は……」

何を聞いてもたちまち答えが帰ってきた。大佐ほど雄弁にこの国を弁護できる者はいないだろう。つっこまれてもびくともしないその真摯な弁論は、完全に納得させることはできないまでも、とにかく人の心をとらえずにはおかなかった。

　納得できないと言えば、こんなに進取の気象に富んだ国がこんなに疲弊して見えるのは不可解だった。たとえばケルマンシャーは人口五万をかぞえ、地理的にも重要な位置を占める小都市である。遠くから見ると、雪をいただく峰々に囲まれ、まるで宝石のように円谷（まるい盆地）の中に輝いて見える。しかし、近づいて見ると、崩れかかった老朽都市にすぎない。ポーチの背後には、まま、崩れた建物が隠されている。

「古い隊商宿ですよ。自動車ができてからは隊商もだんだん消えていきますからね。大きなラクダ宿は不要になったんです」と大佐は説明した。

けれど、自動車がそんなにたくさんあるのだろうか。むしろ、ケルマンシャーで目についたのは、町の中央交差点にいるニス塗りの革製ヘルメット（昨日おろしたてのようにま新しい）をかぶった交通巡査の姿だった。巡査の頭の上には「この方向通行禁止」という塗りたての掲示があって、大麦を背負った小さなロバがさかんに行きかう、荒れてはいるがおもしろそうな路地を通行止めにしていた。

ある店では、クルド族のラクダ御者たちが茶碗を前にうずくまり、さかんに水ぎせるを吸っていた。店の主人は串刺しの羊の肉を炭火で焼いていた。

チャドル

その店の看板は、驚いたことに「クチュリエ・モデルヌ」（洋服屋）とフランス語で書いてあった。その先の牛乳屋もフランス語で、「自動車のライト、ラジエーター、泥よけ修繕」という看板を出していた。
しかし、そんな看板にだまされる者はない。商人にもお客にもわかりはしないのである。ナポレオン以来ここではフランス語がはやっている、と大佐は言っていたが。
広いポーチの向こうに、崩れた建物に囲まれた中庭が見える。中へはいってみよう。中庭には玉突台が置いてある。自転車が来て、餌をあさっていた鶏がぱっと逃げる。自転車のハンドルにはいろんなアクセサリー――ベルが二つ、ラッパ、バックミラー、クラクション、ランプ、プロペラ――がくっついている。乗り手は両替商で、半ツマン硬貨（五フラン）を手でジャラジャラいわせていた。

ここはペルシアの田舎である。羊の群れやロバや古来の哲学、岩に刻まれたその歴史にもかかわらず、ここにはかすかに西洋の臭いがする。

*

五日後の四月二八日に、シトロエン中央アジア探検隊は、空からは軍用機二機に護衛され、町々では熱狂的な群衆の歓迎を受けながら、テヘランにはいった。

キャンプ地に選ばれた市の北部からは、エルブールズ山脈の山々の上にそそり立つ標高六〇〇〇メートルの円錐火山、デマヴェンド山が一望できた。

フランス人は町を見たがり、ペルシア人は自動車を見たがって、両方の好奇心が重なり合った。バグダードから遅々たる歩みを続けて来たわれわれは、人口五〇万の首都にいまさらのようにびっくりし、ありとあらゆる好奇心をそそられた。またペルシア人にとっては、ペルシア、フランス両国の国旗を飾った無限軌道車は西洋からの使者だったらしい。

「町を見物しませんか」

ペルシア人は驚くほど熱心に歓迎してくれた。まさにいたれり尽くせりだった。その日の晩にはさっそく劇場の座席がとってあり、翌日は博物館へ行くことになっていた。宮殿にはいる特別許可も下りたし、ついでに新しい郵政庁の建物も見学するはずだった。

しかし、ウィリアムズは微笑しながら、ぼくはごめんだと言った。

「ワシントンにだって郵政庁はありますよ。アメリカ人はビルディングや工場を建てるのは得意なんです。わたしたちが知りたいのは、狭い裏通りとか、古い店とか、それから、イスラム寺院の中にはどんな神秘が隠されているのか、なぜペルシアの庭はこんなに美しいのか、なぜ十字路の敷石の上にプラタナスがこんなに青い影を落とすのか、というようなことなんです」

テヘランの新市街を散歩しても、ウィリアムズには何の勉強にもならなかった。新市街は端から端まで、どてっ腹に風穴をあけられていた。何でこんな工事をしているのか。広い大通りを通し、土地を平らにするためである。

不衛生と判断された古い建物は、図面の上に鉛筆で筋を引いて、簡単に抹殺された。

「古い宮殿を修復する金がないんです。だから、こわしてしまうほうが簡単なんですよ」

ただ、旧市街は化粧漆喰《スタッコ》のままつっ立っている建物の一角や町の灯にきらめく水晶のモザイクなど、いたいたしい傷口をさらして嘆き悲しんでいるのに、一方の新市街はまだ完全に建設されてはいないのだから、われわれにもどちらがほんとうのテヘランなのかわからなかった。

ほんとうのテヘランとは、権力から遠ざけられ、恐怖と懐疑のとりこになったカージャール系の貴族[4]たちが緑茶と水ぎせるとジャムで、われとわが身を慰めているあの古いお屋敷町を言うのか。前王の廏吏《きゅうり》や廷臣だったこの没落貴族たちは、ラレザル街[5]の若い《ハイ・カラ》[6]連に無力な非難を浴びせかけながら、濃い眉の下の目の玉を怒りでぎょろつかせたり、堂々たる身ぶりでりっぱな八字髭をしごいたりしていた。だが、彼らの内には古来のペルシアの面影をしのぶよしもなかった。

その面影は、タクテ・マルマル宮殿と、その庭園、清らかな水鏡、青いモザイク、閲見室、大理石の玉座などに見られるのだろうか。あるいはシャム・ソル・エ・マレ（太陽宮）に？　そこにあるタイル張りのテラスや、金とダイヤモンドを散りばめた部屋、絹の絨毯、真珠で縁取りをしたテーブルクロス、金無垢の御座椅子、それから、ギアカン・コシャがインド征服の際に使った剣、弓、ダイヤを散りばめた弓箙（えびら。矢はない）などの中に。

しかし、真のペルシアはそこにもありはしない。

彩色を施した錫《すず》の冠――これはカージャール朝の初代の首領、ハディ・マトロム汗の王冠である――のそばには、ロシヤのピョートル一世から贈られたコーヒーセットや、ナポレオンからファテ・アリ・シャーに贈られた勝利を描いた平皿なども陳列されていた。それを見ると、ガラスケースに納められたそういう宝物がみな死んだもので、住む人もないこのお伽《とぎ》の宮殿はただの博物館にすぎないことがわかるのだった。

*

イスラム寺院を三つ見物し、イブラヒーム（イスラム教の真の創建者とされる）の供犠を記念して、ラクダを一頭いけにえに捧げる《大砲広場》の「祭りの祭り」を朝のうちに見、ゴビノー（一九世紀中葉のフランス大使）時代の宮廷の貴顕たちを当時のセム（セムはフランスの有名な漫画家）が壁に描いたロガンティエ亭で昼食をとり、バハイ教[7]の創立一二周年を祝ったあと、午後、ソヴァージュ、ジュルダン、ヤコヴレフの三人は、テヘランの旧市街を歩き回りながら、もっとおもしろいところはないものかと必死に捜していた。

この辺の南の郊外にあるのは、もっぱら色彩の魅力である。絨毯用の羊毛を染めている染物屋の店先には、藍色の大きな布が翻っていた。プラタナスの木影ではシャーベット屋が古い轎《かご》におさまって、アイスクリーム・コーンを売っていた。緑色のターバンを巻いたイスラム僧、近くの村からやって来たハジ[8]たちが、ロバにまたがり、大麦や粉をさかんに値切っていた。

ガイドは三人のフランス人をとある路地に案内し、低いくぐり戸をあけて一軒の家にはいった。かがんで階段を数段下りると、天窓から採光している丸い地下室に出た。粘土を固めた床の上に、短い腰巻を巻いた一二人の男が腹ばいになっていた。手で長太鼓をたたくと、彼らはいっせいにとび起きて棍棒をつかんだ。

男たちは二頭筋をふくらませ、からだに沿って、ビンの形の棍棒で無数の曲線を描いた。それに合わせて、筋骨隆々とした一人の若い力士が手を広げ、目を閉じて、くるくると回りはじめた。速く、速く、速く……

鼓手は歌をうたった。

力士たちは壁から重い鉄弓をはずし、それにキスしてから、銅環のたくさんついた弦を引きしぼった。

「ヤアッ……」

アッバース大王[9]の射手のように、みな筋肉を緊張させた。それからもう一度横になり、トネリコの木でできた重い楯をそれぞれ二つずつ持って、上体を左右に揺すぶりながら、敵から身を守るポーズをした。ササン朝の兵士たちもこうやって攻撃や防御の訓練をしたのである。

ズカネ[10]の先生は急に太鼓を放り投げた。はあはあ言っていた。見物人の一人が彼に近寄って、額の汗を拭ってやり、一輪のバラを差し出した。それで訓練は終わったのである。

「あの楯を持たせてもらえるかな」とヤコヴレフが尋ねた。

ガイドはかぶりを振った。

「俗人がさわるのはご法度《はっと》です。神聖な道具ですから」

誇り高きササン時代の勇士たちは、粘土敷きの競技場から一人ずつ伏し目がちに出て行った。みんな帽子と古いオーバーを釘からはずした。王者の遊技を終えた彼らは、再び現代のペルシア人に戻った。商人に、レストランのボーイに、人足に、事務員に。

町の騒音の中でも、鼓手が歌った一五〇〇年前の歌が彼らの耳にまだ残っているかもしれない。

ああ、ペルシアよ、砂漠の風の荒ぶとき、プラタナスの葉が飛ぶように、汝の主人も次々と変わった。だが、父祖の国ペルシアよ、苦難にさらされ、古き歴史を誇りつつ、汝は永久に変わらずにいる。

*

五月八日。

ダムガン。はげしい嵐で道が崩れている。黄色い泥の中にあらゆるものが溶解している。

「アラー・イル・アラー」

巡礼を乗せたトラックが数台、轂《こしき》のところまで泥にはまり込んでいる。不運な乗客たちは雨の中でもう一二時間も道路工夫が来るのを待っているのだ。ようやく一人だけやって来る。きたならしい恰好の、にやにやした男だ。柄の長い薄いシャベルをかついで、一輪の花をくしゃくしゃと嚙んでいる。

「アラー・イル・アラー」

工夫も信心深い乗客たちのお祈りに声を合わせるのが関の山らしい。

「手伝ってやれ」とアールトが言った。

二台の無限軌道車がロープを二台のトラックにくくりつけ、泥の中から引っ張り上げた。

「アラー・イル・アラーか」とフェラッチは口の中でぶつぶつ言っていた。「もうよせよ。予言者

（マホメット）は自動車の修理屋じゃないんだからな」
五月九日――炊事係のゴッフルトーが病気になった。ジュルダンはジフテリア性アンギナではないかと心配した。血清はあるが、乾血清だから溶かさなくてはならない。伝染の危険がある。メシェドまではあと三日の道のりだ。それにこの道といったらない。コンスタンチーニが、病人と医者を自分の軽自動車に乗せて、メシェドまでノンストップで行こうと提案した。三人はその晩すぐ出発した。

この辺には、点々と続くオアシスの線に沿って、崩れた村と墓がある。かつての大都市も、今では乞食がうようよいるみすぼらしい小部落にすぎない。乞食の一人は道ばたにすわって、旅人に手を差し出している。立つことも歩くこともできないのだ。


「一シャイ[11]やれよ」

だが、コダック（写真機）を向けると、その足萎えはとび上がって逃げようとした。

「一ツマン[12]やれ」

王者のような施しである。乞食は引き返して来た。足が使えるようになり、しかも一か月間働かずに生きていけるだけの金を恵まれた奇跡の場所を、彼は二度と離れないだろう。

*

ザブザワルには白いケシ、ニシャプールにはトルコ玉。花と宝石だ。アジアの贈物のうち、それほどヨーロッパ人をおびえさすものはない。花は麻痺させ、宝石は不幸をもたらすからだ。

自動車隊は前進を続ける。テヘランを出て七日目に、メシェドに着く。

「ゴッフルトーはどうしたかな」

ジュルダン医師は話してくれた。この町に着くなり、彼は行き当たりばったりにある薬屋に飛び込んだらしい。店の主人は数珠を爪繰っている。「血清ですか？　ありますよ」。これはドイツ製のメーカー品で、レッテルはフランス語だった。ゴッフルトーはその晩のうちに危機を脱したという。

もう一つ吉報があった。ド・ヴァッソワーニュがヴァルネを連れて昨日着いたのである。アールトはうれしそうに握手をした。

「ごらんのとおり、北方ルートを放棄したんで、最初の計画は変更さ。インド回りで行くよ[13]」

「新しい指令が届いたのはずいぶん行ってからだぜ」

メシェドを過ぎてもまだ水浸しだった。嵐の後で、雨水が坂を流れ落ちていた。道はない。ただ泥海である。

アジアはわれわれに通せんぼをするのか。

「やせたねえ、君。アフガニスタンのことでも話してくれないか」

しかし、ド・ヴァッソワーニュは微笑して、「一三キロもやせたよ」と言うだけだった。

1　中国班のコールサイン。

2　この国ではカッレ・ダヴド（ダビデの墓）と呼ばれている。理由ははっきりしないが。

3　ペルシア婦人がすっぽりかぶっている大きなベールで、公衆から顔を隠すための布がついている。

4　トルコマン系のカージャール朝は一七七九年から一九二五年までペルシアを支配した。一九二五年、パハレヴィー朝が建てられた。

5　テヘランの目ぬき通り。

6　西洋ふうのカラーをつけている新時代のペルシア人を皮肉にこう呼ぶ。

7 東洋の新興宗教。

8 メッカ巡礼を済ませたイスラム教徒に与えられる称号。

9 アッバース大王はサファヴィ朝のペルシア王。征服者で行政手腕もあった（一五七一—一六二九）。

10 力士学校。

11 一スー。

12 一〇フラン。

13 一九三〇年一二月に、エリ・ド・ヴァッソワーニュがアフガニスタン北部とワクジル峠を通るルートの調査に出かけたことは読者もご記憶のことと思う。プロローグ、四一ページ参照。

3　信仰と純潔の国アフガニスタン

イスラム・カラ——ヘラト総督、アブドゥル・ラヒム閣下——ババダリアとババモトル——カブール着——バーミヤン渓谷

エスファンディアリ大佐と副官は、やや厳粛な感無量の面持ちでシャンペンの杯を上げ、ペルシアでの接待にご満足いただければしあわせです、と言った。アフガニスタンにはいってからのことを、大佐はしきりに気づかっていた。アフガニスタンにはちゃんとした道路がない。道は無用心だし、遊牧民はかなり荒っぽい。北部のウズベク人は反乱を起こしている……大佐はため息をつきながら、

「では、ご成功を祈ります。神が皆さんをお助けくださいますように」

「ありがとう」

太陽はぎらぎら輝いている。この天気はもつだろうか。ヴァルネはだいじょうぶだと言う。気圧計の代わりに、彼はバジールで天候を判断する。バジールというのは、ペルシアの辺境の村々の土製の丸屋根のあいだに立っている小さな煙突である。それは、住民が炎暑の時間を過ごす地下室の換気装置だから、いつも風の来るほうに向けられている。その向きからすると、きょうはよい天気らしい。

この風は、また吉報を運んで来た。午前中に受信したベイルートからの通信によると、中国班はついに張家口を出発したらしい。パミール班がペルシアを去るのと同時である。

ペルシア側の最後の哨所とアフガニスタン側の最初の哨所のあいだには、誰にも属していないように見える地域が幅数キロにわたって広がっている。

「こんなところは誰も欲しがらないのさ」とド・ヴァッソワーニュはつぶやいた。

ここは、数か月前の冬のさ中に彼の自動車がぬかるみに泥よけのところまではまり込み、三六時間も動けなかった場所だった。あのときは、たまたま通りかかった三〇人の人と四頭の牛に引いてもらって、やっと脱出したのである。

春が来て、道もよくなっていたから、きょうはわずか三五分でイスラム・カラ[1]に着いた。先頭の車は厚い土壁のまわりを回ってから、城壁に銃眼をうがった砦の前で止まった。銃眼からは誰かがこちらをねらっているのか。案の定、鉄砲が見える。それも六丁。ただし、六人のアフガニスタン兵が捧げ銃をしているのだ。弾薬をつけたこのはだしの戦士を指揮しているサヒブ大佐は、気をつけをし、アストラハンの帽子に手を触れて挙手の礼をした。

「サーラマレックム……メケル・バシ……ジュリ……タイェレ……コダル・フィエズ……ショマン……マンダ・ナ・バシ……」

アールトは車の中で起立して答礼し、相手の顔を見つめながら大きな声でヴァルネに尋ねた。前を見たまま。

「ヴァルネ、何て言ってるんだ、この強そうな将校は?」

「『わたしの目の上にあなたの足を』って言ってるんだよ。挨拶の言葉さ。それから、皆さんがおいでになったので、わたしの目は喜びに輝き、わたしの心は皆さんに喜んでいただく方法を考えている、どうか退屈なさらぬように、なんて言ってるぜ」

数分後、果物のパイ、アーモンド、ジャム、ピンクや青の砂糖菓子、とりたての南京豆、ナツメヤシ、砂糖漬けのプラムなどを並べた白い木綿のテーブルクロスの前にすわって、われわれは緑茶を飲みながら、アフガニスタンで味わった最初の驚きをかみしめていた。伝説によると、ここでは住民がみんな鉄砲を持っていて、旅行者はいつもねらわれているような気がすると言われているが。

*

イスラム・カラを過ぎると、メソポタミアからたどって来た回廊のような長い隘路は、半ば雲に隠れた雪をいただく峰々にさえぎられた。ヒンドゥークシュ山脈である。その昔、北方の遊牧民を引き寄せた豊かな谷、あのホラサン地方もここで終わる。この地方には現在でも二〇種類の民族が雑居して、人間の生活は定住民と侵入者と遊牧民の、それぞれ異なる三つのリズムに従っていた。われわれはそこを車で横断して来たのだ。そして今、首をひねりながらじっと見守る牧人たちの前を、エンジンはますます快調にうなり続ける。

だがやがて、町の厚い城壁が現われる。近くから見ると、城壁は二重三重をなし、堀をうがち、巡警路にはあちこちに見張りの塔が立っている。城壁の下では、アフガン人がきれいな小川のそばにうずくまり、あるいは古い寺院《モスク》の周囲に群がって、びっくりした顔でわれわれが来るのを待ち構えている。寺院の青いエナメルは歳月にむしばまれながら、なお、空の青さもおよばない澄みきった色をたたえている。はだしで、だぶだぶのシャツに大きな木綿のズボンをはいたごつい顔だちのその男たちは、ゆっくり道をあけて自動車を通す。数はどんどんふえてゆく。やがて数百人になり、ヘラト[2]の入口のアーチを通る自動車隊の先導をはじめる。ここはインドと西洋の十字路だ。

五月の強い陽光にくらんだ目は、今、濃い影の中をさまよいながら、劇場で舞台が暗転するあのいっときのように、新しいエピソードを待ち構える。天窓のような、通りの屋根をなす粗末なすのこか

インドとペルシアの交差点ヘラト

らもれてくる薄明りに、目はなかなか慣れない。ひそひそ語り合っている無数のやじ馬たちにねらわれているような感じがする。ウィリアムズはかさかさの唇をハンカチで拭いた。眼鏡のガラスは紅玉のように光っていた。ヤコヴレフはまつ毛についたほこりものかは、目をカッと見開いて、鉛筆で必死にクロッキーを描いていた。モリゼはカメラのそばにつっ立って、弾薬帯のように巻いたフィルムを用意していた。意外にも自然な調和を保っているそういう光景を前にして、誰しも、純粋な東洋がいよいよはじまるのだという気がした。

　おそらくここは、屋根のあるただの市場にすぎないのであろう。しかし、ここの生活はカリフ時代とまったく変わらない。その変化のなさが、一種荘厳な美しさをかもしだしている。ここに漂っているのは、薄暗いが、しかし神々しい光である。なぜなら、緑色のキュウリにも、トルコスリッパの金糸の刺繍にも、絹織物にも、肉屋のまないたの上にある血まみれの臓物にも、その光は一様な輝きを与えているから。われわれの心の中にも、それは同じ熱狂をひき起こす。誰しも純粋な驚きにとらえられる。

　驚きは徐々に感嘆に変わる。

「カバルダル（気をつけて）！」

　無限軌道車はゆっくり進んでいた。チャハル＝スウ――町を四つに分ける目抜きの交差点――まで来ると、三方から殺到するやじ馬で身動きがとれなくなり、ついに車も止まってしまった。ちょうど、パン屋が尖頭形の釜からなめし革のように薄いカチカチのパンを取り出す時刻だった。水運びのロバは水をいっぱい詰めた革袋を背負い、四本の足にしずくをしたたらせていた。闘鶏ならぬ闘鶉《とうじゅん》用のウズラは、柳の籠の覆いをとってもらい、思う存分鳴いていた。目を引きつらせた乞食の群れは、ここを先途とあわれっぽい声をあげていた。ヤギの毛の帽子をかぶったトルコマン人が馬に乗って通った。馬は人波でいらだち、そのひづめの下に代書人は筆箱を落っことしてしまった。

　みんな目を丸くしている。口もポカンとあけたきりだ。無電車を運転していたコレがヘッドライトをつけると、町中がびっくりして手に汗を握った。クラクションを鳴らすと、腹をかかえて笑い出すのだった。

　市場《バザール》の端まで行って、車はもう一度城壁をくぐった。城壁のそばの大きな庭園の奥に、小さなバラ色の家があった。ベランダは鏡のような池に面している。花の咲き乱れる花壇、鳥の歌声。長いテーブルにすわっておやつを食べる。

　四〇人の召使いが一列に並んで、ヴァルネが命令を訳して伝えるのを待っている。この家の管理人はお辞儀をして言った。

「ヘラトの総督閣下に代わって、歓迎のご挨拶を申し上げます」

「でも」とアールトは答えた。「驚きましたね、こんなにおもてなしいただいて。このお庭も、この絨毯も、このバラも……」

「どうぞ、お気楽になさってください」

*

そういう洗練された歓待ぶりは、ペルシアではごろつきで通っているヘラトの総督に似つかわしくなかった。

アブドゥル・ラヒム汗閣下はその晩、軍服に長靴、それに軍章をつけた灰色のアストラハンの帽子《コラ》といういでたちでわれわれを迎えた。この人は防備を施した兵営のような場所に住んでいた。ただし、使っているのは隅の建物だけで、そのほかは付属家屋、廏舎や兵器庫にあてられていた。

「よくいらっしゃいました」

西洋ふうの家具を置いた小さな応接間の壁には、西アジアとアフガニスタンの大きな地図がかかっていた。地名は全部ペルシア語だ。フランスは隅のほうのピンクのしみ。ほとんど見えないくらい小さい。はるかかなたである。

「わたしの息子です」とアブドゥル・ラヒム汗は続けた。

濁ったきびしい目つきが、そのときだけは和らいだ。五〇人の首を斬り落とし、武力でこの町の支配者にのし上がり、不穏な住民を鉄のような腕で押えつけている男、ペルシア人、ヤムチェディ族、ハザラ族、トルコマン人などを専制的に支配している男、濃い口髭がことのほか武張った感じを強めているこの獰猛な男、それが、自ら手を取って紹介したこの一二歳の少年しか護衛につけていないのだろうか。

少年は立ち上がった。モーゼル銃を肩に負い、バンドには弾薬をいっぱい詰め込んでいる。

「タバコはお勧めしませんよ」。オードゥアン＝デュブルイユは笑って言った。「しかし、タバコより前に鉄砲を持たせておられるようですね」

「一人前の男になるには、武器の持ちかたを知らなきゃいけませんからね」

だが、ヘラトの総督も、行きずりの客人には笑顔しか見せなかった。泥棒を現行犯でつかまえると、今でも首切り台で手首を切り落とすこの残忍な専制君主が、町のまわりの田園を散歩して、六〇キロ四方が見渡せる丘に上ろうと言い出したのだ。アレクサンドロスが建設した昔の植民地がいかに大きなものだったかは、あの丘に上って見ればおわかりのはずだ、と言う。それはグルニアンからオベにいたるこの一帯のすべての村（現在の）を包含し、人口は実に六〇〇万をかぞえたのである。

「そこは、ある有名な詩人が逍遥したところです。その詩人の墓もありますよ。そこにキャンプを張って、その辺を散歩されたらいかがですか」と総督は慇懃《いんぎん》につけ加えた。

残念ながら、ヘラトにそう長く滞在するわけにはいかない。まだまだ先は長いのだ。

「ではご随意に」

ヘラトの総督は、魔法瓶に清めの水を入れて持っている侍従に合図をして、これで失礼します、と言った。

「終わりです」とヴァルネが通訳した。

息子と参謀長を左右に従えたアブドゥル・ラヒム汗は、メッカのほうを向いてひざまずき、ほこりの中に顔を埋めて、今はお祈りにふけっていた。

＊

従輪のゴム製の嵌合タイヤをアルミニウム製に取り換えたいと思っていたフェラッチは、ヴァルネのおかげで、一人の鍛冶屋を市場《バザール》で見つけた。型砂を入れる土製の鋳《い》型を彼はさっそく手で作った。敷居の上にはやじ馬の壁ができ、入口はふさがれてしまった。黒い穴のような鍛冶場で鍛冶屋はバラの花の臭いをかぎながら、じっと耳を澄ましていた。

「いつんなったら始めるんだ？」とフェラッチが尋ねた。

「『今すぐ』って言うだろうさ。四、五分はかかるな」

　平然とした顔でヴァルネはさらに続けた。

「それとも三時間かな。もしかしたら、やんないかもしれないぜ。みんなお隣しだいってわけさ」

「お隣？」

「そう、そいつがねたんで呪いをかけるかもしれないんだ。ほら、あそこにいるだろう。黄色いターバンの大男……」

　鍛冶屋もその男に気がついたらしい。腕をぶらぶらさせて、今はただつっ立っている。急に彼は、腹痛でも起こしたようにかがみ込んでしまった。

「呪いか？」とフェラッチは言った。「さあ、すぐにお祓いだ。コレ、トーチランプをつけてくれ」たちまちやじ馬はスズメのように飛び去った。コレは黄色いターバンの男のほうへ行き、ランプで大きな輪を描いた。

　フェラッチも応援した。

「さあ、どんどんやれ。お祓いだ、お祓いだ」

戸口にはようやく誰もいなくなった。
「さあ、これでいいだろう」。フェラッチは鍛冶屋のほうを振り向いて言った。
呪いが解かれたので、鍛冶屋は豚革のふいごをせっせと吹きはじめた。

*

ヘラトから数日間、われわれは東へ進むのを中断した。ワクジル峠へ向かうこの道は、ウズベク人の反乱で通れないのである。車はファラーまで南下し、そこから東へ折れてカンダハルまで行き、さらに北東に向きを変えてカブールへ行く予定だった。ヒンドゥークシュ山脈の最初の巨大な支脈を迂回するには、アフガニスタンの三つの都市を結ぶこの全長八〇〇キロの道を行くほかない。

それは二二〇〇年前にアレクサンドロスが通ったルートである。彼はアドラスカンド川を渡り、ドランギアナを服属させ、その南に、インダス川への通路を扼《やく》するアレクサンドリア・アラコシオルム（今のカンダハル）を建設したのだった。

中小河川を除いても、四つの大河を渡らなければならない。橋は全然ない。道はいいが、背景は荒涼としている。アフガニスタンの山は、ペルシアで道の両側を限っていた山脈のようななだらかな山容ではない。ぎざぎざの峰が天を引き裂いている。左手には、ほとんど人跡未踏の巨大な山塊の急斜面がはじまる。東方に広がる謎の地、クヒスタンでは、この山並みがさらに高まり、厚みを増し、恐るべき衝立となって、西方の海からはるばるやって来た雲——そんなのはめったにないが——に通せんぼをする。

川の水が少なく、流れの勢いも弱かったのはさいわいだった。いいときに来合わせたものだ。あふれるほどの水ではなく、と言って、先で渡船が使えないほど涸《か》れてもいない。

山を切り開いただけのアフガニスタンの道は、こうでもないと通れないのである。交通は断続的にしか行なわれない。不意の洪水で、普通なら一〇日の道が三か月もかかることがある。だからアフガニスタンでは、旅行者というのがほとんど一つの身分をなしている。洪水で動きのとれない旅行者は、水が引いて旅を続けられるようになるまで、途中の村に寄留し、その風習に従い、そこで労働者として雇われるのである。

　最初の大河はアドラスカンド川だが、これは難なく渡った。三人の現地人が手をつないで先に渡り、浅瀬を見つけてくれた。水は腰までしかなかったから、荷物を下ろして車を軽くするだけでよかった。トレーラーには水が三センチしかたまらなかった。金属製の箱に入れたベッドは、車に載せて無事通過できた。車はそろそろと川にはいり、エンジンを濡らさずに渡り終わった。

　しかし、その先のファラー＝ルード川はそう簡単にはいかなかった。その川は、川幅が一五〇メートルもあり、ところによって深さは二メートルにも達する。そこでは二つの方法が考えられた。一つは現地人（一〇〇人近く集められた）に頼ることである。みんながアラーの名を唱えながら綱にしがみつき、拍子もとらず、ただ夢中になって引っ張るのだ。監督がうちわを振ってヨイショ、コラショと言い、悪態をつきつき人夫に活を入れる。

　しかし、アールトは機械を使ったほうがよかろうと思った。対岸に《定点》を置き、一台の自動車でほかの車を引っ張るのである。

　まず、綱を三〇〇メートルのばした。太さ八ミリの鋼鉄製ケーブルだ。現地人たちがそれを肩にかけ、歌を歌いながら引っ張った。二人の運転手がアフガン人の肩ぐるまでいっしょに対岸へ渡り、一二個の鋼鉄の鉤をしっかり打ち込んで定点を作り、それに滑車をとりつけた。滑車の溝にケーブルをかけ、そのケーブルをまたもとの岸へ渡す。これで渡し綱はできた。綱の両端は最初の二台の自動車にくくりつけられた。一台が川を離れると、もう一台はそれに引かれて水の中へはいって行った。

「イル、アラー」

アフガン人は大喜びで拍手喝采した。「イウー」という感嘆の声の中を、資材は三時間で全部向こう岸へ運ばれた。岸では、鞍をつけたまま主人を待っている馬のいななきが聞こえた。

*

五日前から、太陽はぎらぎらと照りつけている。防備を施した小さな村や、平石でおおわれた塚のある墓があちこちに点在しているが、この辺は依然として砂漠に近い。おもしろそうなものは何もない。

しかし、五月二九日の昼ごろ、猛暑を運んで来る追い風の中で、皆、はっとした。一台の車がこちらへ近づいて来るではないか。

「連中かな？」

考古学者のジョゼフ・アッカンとペクール少佐がギリシクで合流することになっているのを、アールトは知っていたのだ。ここで会うことは数か月前にパリで決め、ダマスカスやテヘランから打った電報でも再確認されていた。だが、この遠い砂漠の中で、同じく埃まみれの二人のフランス人が未知の地平線から現われたのはやはり感動的だった。この二人の仲間は、これから何か月もわれわれと生活をともにするのだ。皆、感激を分かち合った。

アッカンとペクールも大喜びだった。カブールから来た二人は、ギリシクで一か月もこの時を待ち暮らしていたのだ。

「ヘルマンド川はどうやって渡ったの？」とアールトは尋ねた。

「流れはかなり急だね」とペクールは答えた。「モハメッド・グル汗[3]が特別に作ってくれた渡船が二艘あるんだよ。でも、積み荷は一艘あたり三トンだからな」

「無電車だけで七トンもあるんだぜ」とフェラッチは言った。

二艘を連結して何とかやってみることだ。

ギリシクでは、この町の総督のアブドゥル・サタルがすばらしい庭園を見せてくれた。キジバトが飛びかい、ザクロの花が雪のように散っていた。総督は渡し守も提供してくれた。まる一日準備にかかった。

運転手たちがヘルマンド川の岸へ行っているあいだ、ドクターは家のベランダの下に診療所を開設した。マラリヤが多い。ほかに脾臓の肥大、歯齦《しぎん》の炎症。みんな寄って来て、「ダウア」（薬）をくださいと言った。顔にものすごい傷痕のある老「バグアル」[4]まで。この男はきっと、「ダウア」を飲めばもう一度鼻がはえると思っているのだろう。

現地の医者もこの哀れな人々にできるだけのことはしていた。しかし、まなじりをかみそりで切っても近視がなおるはずはない。歯痛をなおすにも、この医者は患者の手首にまっかな鉄を押しあてるという奇妙な療治をしていた。

ジュルダンは簡単な薬を処方し、食餌療法を勧め、正確かつ迅速な診断を下していった。アッカンはにやにやしながらそれを見ていたが、

「生野菜か……なるほど。でも、この連中は野菜なんて知らないんだぜ。たいていは朝も晩もぱさぱさのパンしか食べやしないんだ。金持は、ちょっと口ならしにパンを食べて、あとは《パラウト》（米と羊の焼肉）を詰め込むのさ。ペルシアで《ケバブ》って言ってるやつだよ。薬をやるんだね。『お湯で目を洗いなさい』なんて言っちゃだめだよ。お湯を入れた小瓶をやって、『これで目を洗いなさ

い』って言わなくちゃ」

　みんな大きな子供である。少なくとも、知恵の発達した西洋人にはそう見える。映画のカメラの前を通るこのアフガン人たちは、自分が何かの魔法にかかったと思い込んでいるのだ。そして、この魔法の箱のうなり声で病気がなおったと思い、みんな自慢げににこにこ笑っている。みな軽信家である。総督のサルカリ（秘書）すらそうだ。もっとも、その青年たちは少しは進んでいて、はだしにエナメル靴をはいているが。

「靴ひもはないのさ」とペクールが説明した。「お祈りで日に五回も脱がなきゃならないんだからね」

*

　フェラッチにとってもその日は有益な一日だった。ヴァルネの通訳で、赤い目をしたへんな老人と知り合いになったのである。小柄なくせに、老人はカリフのかぶるばかでかいターバンを巻いていた。着ているのは長い肌着一枚で、下から細い腿がのぞいていた。

　この人はアンザラ（シーア派のイスラム教徒）で、アフガニスタン南部の渡し船を独占しているある部族のかしらだった。この国の人々はみな彼を「ババ・ダリア」（川の父）と呼んでいた。

　河岸には、幅は狭いが舷の高い二艘の木の舟がつないであった。その舟で無限軌道車もトレーラーも一台ずつ運ぶことになった。七往復で全部運べるはずだ。もちろん無電車は別である。これは重いから舟を連結しなければならない。ババ・ダリアもいいでしょうと言った。

　この渡し守の老人は、配下の人々にある特殊な権威を持っていた。彼らの家長であると同時に、部族のかしらであり、仕事の上でも大将だった。その上に、一種の悲劇役者もかねて、お祈りをしたり悪態をついたりするのだ。そういう頭の悪い連中に命令をのみ込ませるには、合図の方法をしっかり決めておかなくてはならない。トレーラーが支柱にぶつかるとババはのこぎりのように歯をきしらせ、白いあご鬚を針のようにさか立てた。

「みんな、顔に唾をひっかけるぞ」

叫んだり、ため息をついたり、あえいだりしたあげく、トレーラーはようやく舟にのっかった。大《おお》索《づな》が解かれ、舟は八ノットの流れに乗ってヘルマンド川の中ほどにある第一の砂州に着いた。州の先端を回るのは微妙な仕事である。船頭は綱をたぐったり、竿を押したりして、ようやく州を回り、五〇メートルほどさかのぼった。そこから、第二の支脈を横切り、流れに乗ったまま対岸へ着いた。近からず遠からず、ちょうど陸揚げ用の桟橋のところだった。

六月一日、いよいよ無電車を乗せる番である。二つの渡し船を鋼鉄のケーブルで連結するために、運転手たちはやむなく潜水夫に早変わりし、水にもぐって水中で金属網を組み立てた。

それから、一二人のアフガン人の手を借りて、彼らは車を曳きはじめた。フェラッチが指揮をとった。ババ・ダリアはこんな重い機械を乗せられるとは思わなかったので、精神的な協力しかしなかった。

「元気を出さんか、不信心者め！　……この穀つぶしども！」

そういう言葉に励まされて、渡し守たちは足を踏ん張った。汗が大きなしずくとなって、顔から流れ落ちた。

「イウーッ！」

奇跡的な成功をまのあたり見たババ・ダリアは、同じ渡しを業とする者として、この卓越した手腕に敬意を表するため、探検隊の運転主任の前でうやうやしく頭を下げた。

「ババ・モトル（機械の父）！」と彼は言った。

これがヘルマンド川の岸辺でつけられたフェラッチの洗礼名だった。

*

「NO・五七、FBCG、八七、二三一〇〇、FPCF、ベイルート通信。百霊廟《バイリンミアオ》、五月二二日、〇〇〇一〇。貴電二〇四号ヲ受信。東方ヘノ輝カシキ前進ヲ喜ブ。当方ハ七月二〇日カシュガル到着ノ予定。張家口出発後ハブリュルノ努力功ヲ奏シ、タイヤノ事故ハ実質上ナシ。資材、キャタピラ、エンジントモ良好。燃料消費ヨシ。操縦性、走力トモ絶好ナリ。カシュガルニテ再会ヲ期ス。

V・ポワン」

この通信は、重い車を五時間かかって渡した人々に無電車が捧げた感謝の言葉だった。だが、それにしても、ベイルートから伝えられたこの五月二二日付の通信は七日も遅れて届いていた。規則的にレシーバーをあてているラプランシュも、なぜ直接に通信できないのかわからなかった。おそらく、ヒマラヤが障害となっているに違いない。なぜならベイルートも、ポワンの通信を直接ではなく、フランス極東艦隊のレグルス号かワルデック＝ルソー号[5]——ベイルートはそのコールサインを知っていたのだ——の中継で受信していたのだから。だが、まもなく、二つの班は中継がなくても《おしゃべり》できるようになるだろう。もうすぐ、お互いの距離は縮まる。こちらもカンダハル、ムクル、ガズニをへて、カブールに着くはずだから。

アフガニスタンで驚いたこと。

アフガン人はロバの呼吸を助けるために、庖丁を突っ込んで鼻の孔を大きくする。馬のたてがみが薄くならないように染色をする。ワシを飼い慣らすのに麻薬を使い、母親は赤ん坊をおとなしくさせるため、毎日一粒ずつアヘンを吸わせる。その結果、生後六か月ですっかりアヘン中毒にかかってしまった赤ん坊がやぶ医者にかつぎ込まれることもある。

だが、アフガニスタンはさほど単純な国ではない。

アッカンの説明でこの国を知れば知るほど、われわれの好奇心もそれほど無邪気なものではなくなった。今では、ある種の神秘を予感させるいろいろなことがらに出くわした。われわれの通っているこの道路は、幾世紀来、商業よりも政治の上で大きな役を演じて来た。ヘラトは一つの要衝である。ヘラトを制する者はインド平原の入口のカンダハルをも制するのだ。アフガニスタンの強大な二つの隣国は、一〇〇年来ここで暗闘を続けて来た。それらの暗黙の影響が、電気のように空中に充満している。カンダハルにはイギリスのにおいがし、ヘラトにはソヴィエト・ロシヤのにおいがする。

しかし、道端にぽつんと立っているはたご屋の入口で敷物の上にうずくまりながらぼんやりチリム（水ぎせる）を吸っているのは、みんな同じような現地人である。これが、どこかの国の機密費から月々一〇ルピーずつもらっている人間とはどうして思えよう。不思議な商売をしているこのなまけ者たちは、通行人のターバンの結びかた一つで、ドゥラニ（純粋のアフガン人）に属するヌルサイ族か、モンゴル系のハザラ族か、カブールのタジク族か、ギルジャイ連合に加わっているオタク族か、すぐに識別できるのである。静かにタバコをふかしているその連中は、ルリスタンの人々とはカフィリ語で、宿屋の主人とはパシトゥ語で、上官とはペルシア語で話す。

誰かよそ者が村に来て、こうして網を張っている連中の前を通ると、彼らはたちまち目くばせをしてその男をマークし、あとをつけ、隊商宿までついて行く。怪しいやつはすぐに正体を暴露してしまう。命が惜しければ、白状するか逃げるかしたほうがよい。

＊

　探検隊のフランス人は全然疑惑を持たれなかった。それどころか、アフガニスタンの洗練された儀礼でもって、行き届いた丁重な歓待を受けた。カンダハルでは、モハメッド・グル汗がシトロエン隊のために迎賓館を開放してくれた。それはかつての王宮で、その庭園には、ヴェルサイユ宮殿を思わせる秩序やシンメトリーと、東洋ふうの何か投げやりなところとが同居していた。ヴェルサイユ宮殿に似ていると言っても、この宮殿から見渡す風景はヴェルサイユ宮とは大違いだった。北には雪をいただく急斜面、東には砂漠の流砂、南にはうれたアンズの香りが立ちこめる庭園や金色の小麦畑、西には大海原のような広大な盆地に沈む落日。

　ムクルでは、レセプションのあとで祝宴が催された。腕環を幾つもつけ、まぶたにアンチモンを塗った人たちが、遠方から来ていた。みんな野の花と同じく、地面から湧き出したように見えた。この武者舞人たちは、目を伏せて、顔に垂れた髪を波打たせながら、こまのように回転し続けた。

　ガズニでは、カブールからとくに派遣された王室料理人が、キャンプで夕食のしたくをしてくれた。ヨーロッパふうである。ポタージュ、魚、ロースト、野菜、アントルメ。食器はみんな王様のもので、花や銀器やクリスタル・ガラスの器を置いたテーブルクロスにも王様の頭文字がついていた。

　ヨーロッパの大廈高楼から七〇〇〇キロも離れたこんな場所で、そういう西洋ふうの美味を味わい、アフガニスタン当局の高雅なもてなしを受けたわれわれは、すっかり恐縮してしまった。とにかくここは、姦通をした女が今でも群衆に石を投げられ、泥棒は被害者の家の門口に耳を釘づけにされ、政治犯は大砲の砲口にくくりつけられてこっぱ微塵にされるという町である。それだけに、この歓迎はありがたかった。

ヘラトを通って以来、ウィリアムズも、ニューヨークの摩天楼がこの辺の一二〇〇年もたった日乾し煉瓦の城砦ほど耐久力がなさそうなことを、残念ながら認めざるをえなかった。また彼は、この国が往古の姿をそのままにとどめて、まったく汚れを知らないこと、国境の掲示に「旅券を所持することなく、純潔と信仰の国アフガニスタンにはいることを禁ず」と書いてあるのももっともなことを認めた。

だから、六月九日、カブールへはいったときはびっくりした。いや、驚いたのは彼だけではない。道路には水が撒いてあった。水の町の砂を敷いた道。幅は三〇メートルもあって、両側にはポプラの若木が植わっている。新市街の入口から道は一直線に六キロも続く。入口には二本の石のオベリスクが立っている。芝を植え、花の咲き乱れた小さな茂みのある土手を回って、七台の無限軌道車はこの大通りを進んだ。まるで、シャンゼリゼ通りとチュイルリー公園を通ってカブールへはいるような感じだった。

この大通りを見下ろして、国家元首の宮殿があった。その左右には、スレートの屋根と大きなドームのある高官たちの宏壮な邸。ジュネーヴやハーグにあるような建築物、堂々たる柱廊や階段からなる四角張ったじみな書き割りが古いアジアの舞台の上にとつじょ現われたのを見て、皆びっくりした。しかし、まったく驚いたことに、この新市街というのは死の町だった。落成前に息を引き取ってしまったのである。ガラスのない窓、ドアのない入口、手すりのない階段、人影のない庭園。流産した夢から残ったのはこれだけだった。それは、若き王アマヌラーの壮大な失敗の跡である。近代主義にかぶれてヨーロッパから戻ったその国王は、国の刷新と建設に取り組もうとした。

しかし、アフガニスタンという国は、短期間では何もやれないところである。こんなに違った習慣やこんなに相反した生活法をそう乱暴にぶっつけ合わせるわけにはいかない。国内では反乱が起こり、新しがり屋の国王は逃げ出してしまった。

　そして今、アフガニスタンの真の首府、唯一の首府は、土壁や、夾竹桃とアカシアのおい茂る曲がりくねった道のあるカブールの旧市街なのだ。

　アールトはじめ一行を百花繚乱たる庭園やイルミネーションをした古い宮殿に招いてくれたこの国の大臣たち[6]、全長八〇〇キロにわたって渡船の便をはかったり、禁苑に宿を用意したり、道を直したり、渡し船を作ったりしてくれたあらゆる人々、最下級の役人や通訳のアリにいたるまで、この人たちは皆、通りがかりの客人としてならば西洋人を心から歓待するだろう。しかし、西洋人のやりかたを自ら採用することはかたくなに拒んだのだ。

　執務室で非公式に拝謁を許されたアフガニスタン王ナディル・シャー陛下も、内心そういうことを考えておられたのかもしれない。フランスからやって来た一〇人の探検家は、陛下に敬意を表するために長靴のかかとを合わせて気をつけをした。

　アールトがカブールで受けた厚遇について、お礼を言上した。群衆の拍手喝采、アミニエ中学の生徒たちが声をからして叫んだ「ブラボー」、ほうぼうで聞いた歓迎の言葉や万歳について。しかし、王様の答えは簡単だった。

「フランスには義理があるのでな。友人として歓迎してもらったし、大病にかかったときはフランスの人間のように手厚く看護してもらった。諸君の探検隊もフランスから来られた。フランスの某氏が編成したものと聞いておる。朕が感謝の意を表わすには、それだけの資格で充分なのじゃ」

*

　かなり急な上りがある。やがて峠を越え、地滑りで埋まった深い峡谷を下って、探検隊は、ところどころに耕地のある底の平らな谷に着いた。幅三キロ、今はしんと静まり返っている。

アッカンは腕をのばして、丘の上に張り出した、小柱のある小さなベランダを指さした。回りの風景を壮大な円形劇場にたとえれば、これは正面桟敷にあたる。ただし、桟敷は一つしかない。

「去年の九月には、あそこが仕事場だったのさ」

北のほうには、ヒンドゥークシュの急斜面がはじまるところ、絶壁に穴居人の住居のような不規則な洞穴が幾つもあいていた。

「昔の僧院か？」

「巡礼地だよ」とアッカンが訂正した。「坊主があそこに住んでいたんだな。学校だよ、文字どおり。二〇〇〇人近くいたらしいね。シナの玄奘法師が言う数はもうちょっと少ないけど、玄奘がバーミヤンを訪れたのは紀元六三二年だからな。そのころは、もう仏教も落ち目なんだ」

とつぜん、絶壁に三〇〇メートル間隔にうがたれた巨大な壁龕《へきがん》が目にとまった。壁龕には巨人のような仏像が今でも一体ずつ立っている（二〇〇一年、紛争により二体とも破壊された）。大きいほうは五三メートル、小さいほうも三五メートルある。

「玄奘法師もこれを知っていたようだね」とアッカンは続けた。「いや、知ってるどころじゃない、三五メートルの仏像はブロンズだって言ってるぜ。塗料のせいだよ。着物のひだにははじめ金泥が塗ってあったんだ」

アッカンは斜面を上って最初の洞穴にはいった。みんなそのあとについて行った。ここにあるのは、法外な熱意と努力の表われであって、およそ調和というようなものではない。二世紀から六世紀にかけて岩を刻んだ数千人の僧侶たちは、はじめから決まった計画に従って仕事をしたわけではないらしい。仏僧たちは、カイロのエジプト人やシリアの十字軍士とは違って、秩序とか配列とかいうことには関心がなかった。エンジニアでもなければ、起重機もなく、労働者や奴隷の力も借りずに、彼らは素手で働きながら、この柔らかい材質に挑んだのだ。掘った土をかたづけたり、よそへ運んだりすることも、ほとんど考えなかったらしい。信心深いこの土方たちは、まるでアリのように、除土を外へ投げ捨てるだけだった。巨大な壁龕は荒削りで、優美と言うにはほど遠く、もっぱら仏の姿を浮彫りにするためにせっせと掘鑿《くつさく》されたのである。

今、われわれは全員、大きいほうの仏像の頭の上に集まっていた。まん中のヤコヴレフはこの高さに目まいも起こさず、中世の彩色師のようなしんぼう強さで、穹窿《きゆうりゆう》の仏画の模写をしていた。

画の破損ぶりにアールトが驚くと、アッカンが説明した[7]。

「イスラム教徒の仕わざさ。連中の破壊欲は想像を絶するね。こういう画像は、連中に言わせれば、恐るべき邪宗のしるしってわけさ。大きなほうの仏像の足は、ナディル・シャーやアウラングズィーブの砲兵の標的になってたんだよ。今だって、仏像に向かって鉄砲を撃つことがあるんだぜ。仏画をこわすには、タールを塗って火をつけるのさ。それで、どれだけだめになったかわからんよ」

*

こうして探検隊は、出発後二か月半であのバーミヤンの渓谷に着いたのである。人類史上ここは、ギリシアとインドとササン朝のペルシアが合した十字路に当たる。ローマが西洋世界に吹き込んだ創造的な精神と、瞑想や夢想や無に対する東洋的な嗜好とが、この地で混じり合ったのである。

西洋から来たばかりで、イスラム化した東洋しかまだ知らなかったわれわれにとって、ヒンドゥークシュの山塊に埋もれた静かなバーミヤン渓谷でしばし思いにふけったことは、けっしてむだではなかった。滅び去った三つの文明の最後の名ごりである信仰と愛のこの形跡、《時》の流れに運ばれてきたこの精神の沖積土を、それからは感動の目で見られるようになったからである。

1 「イスラムの塔」の意。昔はカフィル・カレ――「異教徒の塔」と呼ばれていた。アフガニスタンの国境哨所。

2 いにしえのアレクサンドリア・アリオルム。

3 アフガニスタンの内務大臣。

4 園丁。

5 シナ海に投錨中。

6 首相で王弟のモハメッド・ハシム汗殿下、外相のファエズ・モハメッド汗、宮内相のアハメッド・シャー汗、国防相のシャー・モハメッド汗殿下。

7 J・アッカン、「仏教考古学」（アフガニスタン派遣フランス考古学調査団〔一九二二―三二年〕の活動）、一九三二年、東京、日仏会館刊行。

4　イギリス領インド

猛暑のダッカ――カイバル峠でイギリス人に歓迎される――スリナガルと月夜のキャンプ――ポワンの不安な手紙――峠の三隊

六月一五日。

インド国境まであと一六九キロ。

アールトはベイルート経由で中国から二通の通信を受け取った。はじめのは百霊廟発信で、日付はなく、「中国人ノ学者到着。人数意外ニ多シ」とあった。後のは一二日前に発信したもので、「北緯四二度、東経一〇四度三〇分」というポワンの位置が明示されていた。

つまり、六月三日には、中国班はゴビ砂漠のまん中――ハラ・ホトから徒歩で二日、エツィン・ゴル川の近く――にいたわけである。すばらしいスピードだ。この調子で前進していれば、一二日後の今ごろはもう粛州に着いているに違いない。新疆の省境もじきに越えるはずだ。

ペクールの計算だと、パミール班と中国班は直線距離にしてわずか二五〇〇キロしか離れていない。速い飛行機なら一二時間で飛んで行ける。

「鳥になりたいな！」

「ヒマラヤが高すぎて越えられないよ」とアールトは答えた。「羽がなくて、むしろしあわせさ」

カブール（標高一八〇〇メートル）の南方から山が周囲に迫り、車は岩だらけの谷を下りはじめた。階段状の下り坂を一〇〇キロほど行き、ジャララバード盆地に着く。はじめて見るサトウキビの畑。吹きつける熱風。

　同じ道を、ペシャワールの酷暑[1]を避けて高地へ移動する遊牧部族が逆方向に上って行く。この羊の群れは、インドとアフガニスタンのあいだを年に四回行ったり来たりする。その往復運動はイギリスの官憲も禁止できない。この地方はそれなしに呼吸できないのだ。

　赤ん坊と老人だけラクダに乗せ、男たちはその後をぶらぶらとついて行く。鉄砲の銃身を握り、床尾を肩にのせて。女たちも足を引きずって、どうにか歩いて行く。

　そういう清浄なアフガン人は、われわれのようなカフィリ（異教徒）に出会うと、地面にぺっと唾を吐く。信心深いのだ。戦争をさせたらこの連中はものすごい。五〇年前の一八八〇年に、イギリス人が武力征服を企てたことがある。しかし、戦闘三か月、一万五〇〇〇人のイギリス兵はこのけわしい隘路で全員皆殺しにされてしまった。一人だけ生き残ったイギリス軍の連隊付副官は、半死半生、半気違いの状態でペシャワールに帰り着いた。事件を報告させるため、アフガン人はこの男だけ逃がしてやったのだという。

　八時間でわれわれは一〇〇〇メートル下りた。ジャララバード盆地はまるで室《むろ》である。罨法《あんぽう》（ぬらした布）のように熱気が額にはりつく。道はさらに狭くなる。気温は摂氏四〇度。地平線はガス灯のように燃えている。五時には摂氏四六度。日暮れにはまだ遠いのに、太陽は不透明な靄の中に溶けてしまっている。しかし、暑熱はまだ続く。

　朝から一二時間も運転手たちはハンドルを握り続けている。半裸のからだは埃にまみれ、みんな血の気のない唇をきっと結んで何も言わない。寒暖計のアルコールは摂氏五〇度まで上がる。ガソリンがパイプの中で蒸発しはじめ、エンジンも人間と同様息が詰まって、調子が悪くなる。

そういう状態でようやくダッカまで行く。ここは底が鉛色をした広い盆地だ。川は蒸発して泥ばかり。それを見ていると、喉の渇きで気が狂いそうになる。

こんな地獄で、いつ果てるともない死の苦しみを味わわなければならないのか。何も食べられない。飲むといっても、飲むものがないのだ。眠ることもならない。夜は昼よりも暑苦しく、過熱した岩はかまどのように熱気を吐き出す。ブヨがかやの目を通ってはいり込み、チクチク刺す。これは明けがたまで続くらしい。夜明けになれば、みんな不眠に疲れて、少しは眠るかもしれないが……

しかし、朝の四時には起床だ。

＊

「徐行《ゴー・スローリー》。キャンプ内《スピード・リミット》、制限速度五マイル《5マイルズ・スルー・ザ・カントンメント》」

この標柱のところから、道は砕石舗装になる。道のまん中に、一人の将校がつっ立って敬礼をしている。

「ロジャーズ大尉《キャプテン・ロジャーズ》です。……は じ め ま し て《ヴェリー・グラッド・トゥー・ミート・ユー》。何かお飲みになりませんか《ハヴ・ア・ドリンク》」

左手には、拒馬《きょば》と鉄条網を巡らした小さい長方形の堡塁が見える。ランディ・カーナだ。一〇〇メートルほど先に鉄道の終点があり、グルカ兵の二個小隊が武器を足もとに置いて待機している。みんな、青いシャツにニスを塗った革帯を締め、フェルトの帽子を横っちょにかぶっている。

とつぜん現われた交通規制、丁寧な自己紹介、そして、何かお飲みになりませんかというその申し出、いずれもわれわれをびっくりさせた。からだに電流でも通されたように。

「レモンスカッシュにしますか、ビールにしますか。……シガレットは?……おい、ボーイ!」

ロジャーズ大尉はあやまった。探検隊の到着をここで出迎えるヨーロッパ人が、自分一人とは申しわけない。でも、サンドマン将軍がヴィヴィアン・ガブリエル大佐から聞いて、探検隊の皆さんを昼食にお招きしている。司令部のランディ・コータル堡塁はここからわずか八キロのところだ、と。

ここにはロンドンの最新の新聞がそろっている。昼食まで、それでも見ていたらどうか。皮張りの肱かけ椅子で、扇風機をかけながら。

「すると、ヴィヴィアン・ガブリエル大佐はここにおられるんですね」

「すぐそこです。電話をおかけになりますか」

アールトの目は驚きで輝いた。ここはまさしく西洋だ。友情と生活の便。消息の交換。問いと答えの迅速なメカニズム……ウィリアムズは半月前の『ポロ・マガジン』をひっつかんだ。まもなくガブリエルがやって来た。握手。

ウイスキーが少し残っていた。でも、けっこうだと言う。それではと、車に乗り込む。わずか八キロだ。道にはキロ数が表示してある。ベトン（コンクリート）の側溝がつき、ところどころに金属製の小さな橋がかかっている。

ランディ・コータル。捧げ銃をしたシーク人大隊の前で、ファンファーレが吹き鳴らされる。伝統、権威、連続、そういう西洋の基本理念がわれわれを迎え、われわれを再びとらえる。車が城砦にはいるやいなや、たちまちバッグ・パイプ[2]が鳴り渡る。五〇人の膝頭がいっせいに上り、キツネの尻尾を三つ飾ったキルト（短いスカート）のひだがひらひら揺れる。鼓笛隊は銅の尖頭をつけた冑をかぶり、短い白の上着を着て、胸をそらし、隊長の重い握りのついた指揮棒をまっすぐ見つめて、歩調も軽やかに行進する。

ここには、アフガニスタンの踊りのような肉感的、好戦的な狂躁はない。あるのは、落ち着いた、集団的な力である。ただ、ふるさとのヨーロッパから草も木もないこの非情の国へ来ただけに、それもやや懐旧的なのはやむをえない。兵士たちも、モンスーン季の靄を見ては、故国のロック[3]にたなびく靄を思い浮かべているに相違ない。

やがて、太鼓も横笛も風笛も鳴りやみ、一人の男が近づいて来た。鼓手である。ヒョウの皮を胸に巻き、黄色く塗った巨大な太鼓を胸元につるしている。太鼓に書いてある名前を見て、みんなはっとする――ル・カトー、ラ・フェール＝アン＝タルドノワ、ベチューヌ（いずれも第一次大戦の激戦地）……

「覚えておいででしょう……」

*

このヨーロッパ人同士の友愛を、われわれは昼食の席でも確かめ合った。食堂の壁には狩りのトロフィーや古い彫物が飾られ、連隊の将校たちがポロの選手権試合で得た三つの銀のカップやジャンム・アンド・カシミールのマハラジャー（藩侯）から贈られた短剣のそばには、デリーの城壁に最初に掲げられた国旗がかかっていた。

昼食が済むと、ボーイたちは、黒檀に銀の止め金のついたトランクのように重いシガレット・ケースをあけた。地下室からはゴードン・ハイランダーズのマーク入りのリキュールを取って来た。乾杯、また乾杯。そして、万歳の声に送られて出発である。シャガイでは第二管区司令官の家でお茶の接待を受け、第三管区のジャムルードではとっておきのウイスキーをご馳走になった。

こうしてわれわれは、インド北西部の有名なカイバル峠――トンネルが三七もあるけわしい隘路

――の四個所の関所を難なく越えた。

ジャムルードで日が暮れた。あと一時間たつと、道は通行禁止になり、歩哨は誰何《すいか》せずに発砲するという。道の上に張り出している岩が、鉄砲の狙いをつけるアフリディ族には恰好の銃眼になる。二日前にも、ベランダでタバコを吸っていた一人の兵士が額を撃ち抜かれて即死した。

上りのカーブがついたこの美しいセメント道路も、午前七時から午後七時までは通れるが、夜は死の地帯に変わる。宣戦布告のないひそかな戦闘が続いている。双方とも、毎月五、六人の死者が出る。

「ヘラトからカンダハルを通って？　だいじょうぶでしたか？　ウズベク人が反乱を起こしてるんですよ。知らないんですか」。同夜ペシャワールに着いたわれわれが、そういう不安げな質問を受けたのも、思えば当然のことだった。

しかし、二つの世界を分け隔てているカイバル峠、あの恐るべき鬼門を通過した今は、アフガニスタンももはや思い出にすぎなかった。

*

夜走り、昼間はキャンプを張る。パンジャーブ地方では、この季節の日光は殺人的だから。

標高が増すにつれてようやく涼しさが戻って来る。六月二四日、七台の無限軌道車はカシミール地方にはいる。

インドのヴェニスといわれるスリナガル。川に浮かんだ屋形船、シカラ[4]。ここはイギリス人の将校や官吏が夏の休みに訪れる観光地であり、避暑地である。ゴルフ、ポロ、テニス、ダンス、カクテルパーティー。

われわれにとっては、標高一三〇〇メートルのスリナガルはヒマラヤのふもとというだけのことだ。六月二五日、探検隊はジェラム川の岸にある庭園で目をさました。その野営地は町から少し離れたところにあった。樹齢一〇〇年のプラタナスが影を落としているりっぱな芝生の上、バラの花が咲き乱れる中に、ジャンム・アンド・カシミールの藩侯、H・H・ハリー・シンが提供してくれた貴賓用のテントが一五張ってある。テントは上が二重になっていて、それぞれシャワー室とボーイがついている。この地に滞在中、王はわれわれを賓客、友人として遇してくれるそうだ。

緋のターバンを巻いた五〇人の召使いが、命令を待っていた。しかし、これは飾りでたくさんだ。

ここで演じられている芝居は東洋的な夢幻劇ではない。現実的なドラマだ。ケーブル、酸素ボンベ、パリからボンベイ経由ラホールに送って、今キャンプの片隅に積んである衣服や食料——そういう資材を前にして、われわれの頭を占領している問題は、ただ一つ、どうしてヒマラヤを越えるかということである。

*

アフガニスタンからチベットにかけては、世界で最高の山々が弓なりに連なって、中国とインドを二分している。通り道は三つしかない。第一は、ペシャワールの北方のチトラル地方を進み、インドとワクジル峠およびシナ・トルキスタンを結ぶバロギル・パスを通る道である。第二は、それより五〇〇キロ東のレーを通る道で、これはヤルカンドの南で新疆に出る。第三は、この二つの中間にある道で、スリナガルの近くからはじまり、ギルギットを通る。

ヴィヴィアン・ガブリエル大佐はこの三つを検討したが、そのうち二つはとてもむりだということがわかった。チトラル・ルートは純然たる軍用道路で、インドは、イギリス人と否とを問わず、旅行者がその道を通るのをいっさい禁じていた。またレー・ルートは、夏には隊商がよく利用するが、コースが長く、標高六〇〇〇メートルにおよぶ三つの峠を次々に越えなければならない。結局、ギルギットを通って行くほかない。

「自動車で行けますね」とアールトは念を押した。

大佐はかぶりを振った。それはむずかしい。この道は前世紀の末にイギリス人が開いたものだが、実際は山腹を縫うラバ用の細道にすぎない。断崖の縁を通って氷河の跡の窪みに下り、それから、標高五〇〇〇メートルのところで、タリム盆地とインダス川の流域を結ぶ高い峠をよじのぼるのである。

「この道は、一年のうち八か月は通れないんです。最近ようやく通れるようになったところですよ。今なら、徒歩か馬でかろうじて行けるかもしれませんね」

「カシュガルまでは馬で何日かかります?」

「四五日」

「ほかに反対は?」。アールトはワディントンのほうを振り向いて聞いた。

友人のワディントン大尉は、一か月前からスリナガルに来ていたのである。キャンプの設営や資材の受け取りをしながら、彼は、藩侯《マハラジャー》のポロ仲間であるイギリス人の将校たちとつき合って、二、三情報を集めていたのだ。

「連中の意見は一致してるよ。二日目から、車を捨てなきゃならんそうだ。そのとおりだとすると、徒歩か馬で行くことを考えなきゃならんね。そういう高地をヨーロッパ人が四五日旅行するには、最低五〇〇キロの荷物（食料、防寒服、キャンプ用具、道具類）がいるぜ。絶対必要なものだけでね。とにかく、あっちは何もないんだから。探検隊の現有勢力は二三人だろう。計算してごらん。一一トン半だ」

「ポーターがかつげるのは最大限三〇キロだよ」とペクールがつけ加えた。「駄馬なら六〇キロだ。つまり、ポーターなら四〇〇人近く、馬なら二〇〇頭集めなけりゃならんわけさ。もっとも、それにはおれたちが乗る馬や、専門家諸君が使う器材を運ぶためのポニーははいってない。自動車を持って行くとすると、その倍、ポーターなら八〇〇人、馬なら四〇〇頭はいるね。とにかく、予備の部品とか、キャタピラとか、ケーブルとか、起重機とかも運ばにゃならんからな。ワディントンも言ったように、こんな大軍じゃ沿道の部落で食糧や秣《まぐさ》を補給することはできないね。となると、人数をさらに三分の一ふやして、補給部隊を作らなきゃならん」

「カシミール政府がキャラバンを組むヨーロッパ人の数を五人までに制限してるのも、そういうことがあるからだよ」とワディントンが言った。「探検隊のヨーロッパ人は二三人だから、それだと四班に分けて、一週間おきに出発するほかないわけだね。最後の班がカシュガルに着くのは、理屈から言うと、最初の班から二四日あとになる」

「ほかに反対は？」とアールトは繰り返した。

みんなが黙っていたので、彼は立ち上がった。そして、ガブリエル大佐のほうを振り向いて、

「明日、いっしょに馬で行ってみましょう。コースのはじめの部分だけでも見に。フェラッチにもいっしょに行ってもらいましょう。百聞は一見にしかず、ですからね」

*

「FPCF・DE　FXI。ポワンヨリ、艦隊オヨビベイルート中継。六月一八日貴信拝受。昨六月二五日ハミニ到着セリ。中国軍トイスラム教徒反乱軍ノ激戦地ヲ通過。ペトロト破損シタトラックヲハミニ残ス。修繕デキシダイ、カシュガルニテ合流ノ予定。イスラム教徒ノ大反乱ノタ

メ、前進ハ困難ナリ。　V・ポワン」

この不安な電報を隊長が受け取ったのは、六月二八日の夜、偵察行から帰ったときだった。

電報はもう一通来ていた。アメリカからである。二人の中国人科学者がポワン隊を去ったらしいこと、それから場合により、パミール班の中国入国に困難が生じるおそれがあることを、ワシントンの全米地理学会が内密に知らせてくれたのだ。

「一日のわずらいは一日で足れり《サフィシエント・フォー・ザ・デイ・イズ・ザ・トラブル・ゼアロフ》」。哲学者然とした顔でそう言ったのはウィリアムズである。

とにかく、今ぶつかっている困難だけでもひととおりやふたとおりのものではない。四〇度を越える急勾配、急カーブ、落ちそうな橋、それすらもない急流、狭くて崩れやすい道など。

「通れるよ」とフェラッチは断言した。

みごとな自信である。こういう男なら、進めるかぎりのところまで車を運転して行くに違いない。しかし、特殊な回転装置や駆動装置のおかげで軽業的な運転をやれるとしても、ところによって幅が一メートル三〇しかないような、そういう道を行けるという保証はない。[5]

二九日正午、決定が下った。一週間おきに、三班に分かれて出発する。

アッカン、ヤコヴレフ、シヴェルのA班は、七月二日にスリナガルを出発。ド・ヴァッソワーニュは労務者を率いて遊撃隊を編成し、A班に同行、通りにくい場所を調べ、できればそれを整備して、本隊に知らせ、こうして未知の部分を減らして行く。

B班はアールトが自ら指揮をとる。この班は人数がいちばん多く、七月一二日に出発。ペクール、ウィリアムズ、ジュルダン、モリゼ、ゴッフルトー、それに、フェラッチが選ぶ二台の無限軌道車——車でも通れるということをフェラッチに証明してもらうわけだ——の運転手計四人が、この班に属する。

　オードゥアン＝デュブルイユを班長とするC班は、しんがりとして七月二〇日ごろ出発。この班の役目は、先行グループと後方との連絡をとることである。山岳用の無電機を携行する。

　スリナガル基地の隊長ゲルジェは、財政問題を解決し、パミール班と中国班の連絡を保ち、帰国組を本国へ送還する。パミール班がカシュガルに着いたという知らせを受けたら、はじめてパリへ戻り、それから北京へ行って、そこで探検隊の到着を待つ。

　ヴィヴィアン・ガブリエル大佐はB班に同行する。これほどものわかった安心できる協力者はいない。外国人はもとより、イギリス人にもふだんはほとんど閉ざされているギルギット・ルートがシトロエン中央アジア探検隊に快く開放されたのは、この人のおかげである。

　各班は間隔をおいて出発するから、B班はA班が送り返したポーターと荷馬を使うことができるし、C班もB班のを使うことができる。

　コースの特殊性に応じて装備も補う必要がある。個人の荷物は最少限に切り詰める。食糧も、キャンプ用具も、衣類も、商売道具も、全部合わせて一人当たり三〇〇キロ。荷物は重さとかさの両面から吟味し、みなヤクダン——駄馬の背にぴったり合ったこの地方特製の革の箱——で運べるようにしなければならない。予備の食糧、高地での野営用具、映画や無電の器材、フィルム、乾板、機械の部品、修理道具、救急用品、外科用器具、医薬品等も箱に詰め、重量を計り、番号を打ち、三つの班に分けなければならない。

*

七月一日、H・H・ハリー・シン王の昼食会が夏宮のプラタナスの大木の陰で催され、五〇人ほどが招待された。イギリス弁理公使の館でも豪華なレセプションがあり、シャー・イ・ダグ庭園の散策では、ムガール朝の王宮跡でお茶の接待を受けた。それからキャンプへ戻って箱を釘づけしたあと、最後に殿下たちが主催される特別夜会に列席した。それだけのもてなしにきちんと応じるには、ジェントルマン兼荷造り人足の二重生活をしなければならない。

出発の用意は整った。

一つだけ気がかりなのは、中国でポワンがどうしているかということだった。

七月二日——第一班出発。

七月四日——雨。

七月五、六日——雨、また雨。

山は見えない。北のほうは厚い雲におおわれている。陰気な空からたえまなく雨が降り続く。川は増水。テント生活のゲルジェは汚水につかり、とうとう資料ともども伝馬船に引っ越す。アッカンの連絡によると、A班は三日目から動けなくなっているらしい。

七月七日、一〇時ころ晴れまが見える。しかし、ほんのつかのまだ。キャンプのまわりには堤防があるが、川は増水を続けている。車もキャンプも資材も全部撤去して、一キロ先の道路上に引っ越す。

七月八日。雨は止んだが、ジェラム川は依然として増水。流木やふくれあがった動物の死骸が流れている。ギルギットの駐在官から電報。小川があふれて道が崩れたらしい。

七月九日。雨がまた降りはじめる。とてもむりだから、車を捨てて馬で行きなさい、さもなければ失敗は目に見えている、とアールトはほうぼうから言われる。

七月一〇日。アッカンから電報。四苦八苦の末、四一三八メートルのブルジル峠を越えたよし。峠の積雪は六メートルとのこと。

七月一一日。ペクールの活躍で、第二班も準備完了。アッカンが送り返して来た第一班の馬とポーターはバンデプルで待機中。

晴れ。空とともに未来も明るくなる。

ただし、イスラム教徒の扇動家が信者たちの狂信をあおり立てたというかどで逮捕されたのを特記せねばならない。ヒンズー教徒は圧迫されている。

七月一二日。荷物を満載した三艘の伝馬船が、今夜ジェラム川を下る。一三日の午前中にはバンデプルに到着の予定。そこからはギルギットへの山道がはじまる。

二台の無限軌道車はトレーラーを外した。

ここからは、処女地ならぬ処女道（人が一度も足を踏み入れたことのない道）である。いまだかつて、ここを車が通ったことはない。最初の一日はらくなので、フェラッチは、運転手と二台の車を連れて出発し、日のあるうちにトラグバルに到着するのが得策だと言う。セションとコルセが「金のコガネ虫」号を、ノルマンとル・ルウが「銀の三日月」[6]号を運転する。

ベイルートを発ってからすでに三か月半になる。われわれはすでに、シリア、メソポタミア、ペルシア、アフガニスタンと、総計五五五〇キロを走破した。だが、ここバンデプルからつらい旅がはじまるのだ。未知と神秘と孤独と努力の旅が。

モミ林に消える曲がりくねったラバ路を、苦力《クーリー》と馬がいよいよ一列になって出発する。続いてウィリアムズ、ジュルダン、モリゼ。最後にペクールとガブリエル。

これからが勝負だ。後退は敗北に等しい。

アールトもそれを意識している。最後に馬に乗った彼は、ゲルジェと堅い握手をかわす。そして、馬を急がせ出発する。

その夜、スリナガルで思わぬ事件が起こった。暴動が発生したのだ。イスラム教徒が騒ぎを起こして、ヒンズー教徒の店を略奪し、子供を川に投げ込んだ。マハラジャーの命令で、警官隊が機関銃をぶっ放す。死者一三〇人。ただちに戒厳令がしかれ、集会はいっさい禁じられる。ヨーロッパ人は夜一〇時以降外出禁止だ。

しかし、七月二〇日には、オードゥアン＝デュブルイユほか三人も山にはいる。

この班が携行する小さな無電機で、ポワンの通信をキャッチできるだろうか。ポワンの沈黙は不安の種だ。

六月二九日から二二日間、パミール班と中国班の連絡は完全に途絶えている。

1 日陰でも摂氏五四度。

2 風笛。

3 スコットランドで湖のこと。

4 ゴンドラのように軽い、一、二人乗りのボート。

5 無限軌道車の車輪の幅は、一メートル四〇センチ。

6 「銀の三日月」はオードゥアン＝デュブルイユの車の標識。

第二部　人間の妨害——中国班の記録

アールト班に所属した著者は、ここで、中国班隊員——ウラジミル・ペトロパヴロフスキー氏に心から感謝せねばならない。以下に見られるとおり、ペトロは幾多の劇的なエピソードに巻き込まれたが、中国の言語、風俗に関する深い知識によって、一九三一年夏の中央アジアに繰り広げられたさまざまな事件の謎を解き明かすことができた。中国班の冒険談を、いま正確に叙述することができるのも、この人なくしては考えられない。

著　者

5　黒竜の加護のもとに

南口嶺——張家口——モンゴル人のガイド、グンボ——
百霊廟到着

アールトが西アジアを順調に前進していたその三か月間、大陸の反対側、中国では何が起こっていたのか。ヴィクトル・ポワンはパミール班を迎えに前進を続けていたのか。

四月六日、ポワンは天津を発って、その晩は北京から数キロの黒竜寺に野営した。すでに述べたように、いろいろ気がかりなことが起こっていた。現地の新聞は探検隊に敵意を持っていたし、探検隊に同行するはずの中国人の学者たちもなかなか合流して来なかった。それから、新疆省の主席が、甘粛省には匪賊がたくさん横行しているから、そこを通るのは危険だと知らせて来たのである。主席は旅行の中止を勧めていた。

黒竜寺は、エメラルド色の深い泉から水を引いている池の側にあった。泉の底には銅貨が何枚も輝いていた。

「この銅貨は何ですか」とポワンは尋ねた。

老住職が質問に答えて、黒竜潭は聖山[1]へ行く巡礼たちの最初の宿泊地なので、巡礼はみな、旅の成功を祈ってこの清水に小銭を投げ込むのだ、と説明した。

ポワンもそうした。

現状では、黒竜の加護もまんざらむだとは思えなかったから。

*

しかし、最初はあまり効能がなかった。四月七日には悪いことがたて続けに起こった。何キロも行かないうちに、一台のトラックが脆弱な橋から足を踏みはずし、前輪だけで空中にぶら下がってしまった。一時間たつと、今度は使いが来て、ポワンは北京へ呼び戻された。探検隊を攻撃する新手のプレス・キャンペーンがはじまっていた。町を通るとき、中国の国旗を掲げなかったのはけしからんというのだ。学術団体連合会もそれを口実に、通行許可をあらためて再検討するという。

隊は前進を続けた。しかし、一〇キロほど行くとどうしてかよくわからないが、無限軌道車のキャタピラが割れはじめた。一四個割れ、[2]それでもかろうじて南口のそばの竜虎口という小さな村まで来たが、あとの一七キロはどうしても行けなかった。

シャルル・ブリュル技師は、[3]この異常な故障の原因を発見しなければ、前進は不可能だと判断した。原因はすぐにわかった。急激に圧力がかかりすぎ、ベルトの繊維がすり切れたのであろう。そこで、ベルト車《ぐるま》を分解し、適当に修正した。その仕事のため、北京で三日空費した。

車の故障は直ったが、キャタピラの予備を持たずに砂漠へ突入するのは危険だった。予備のはパリから取り寄せねばならない。アンドレ・シトロエンにすぐ電報を打った。

その間、ポワンは北京で交渉を続け、あらゆる反対意見を論破して、とうとう出発の許可を得た。中国人の学者たちは張家口で合流することになった。

*

「南口嶺を越えれば、カシュガルまで行けますよ」

広々とした北京の郊外を車で乗り回しているヨーロッパ人たちは、みんなそう言っていた。

北京は沖積湾の奥に広がる北直隷《ペーチーリ》平野の一角にある。その平野は北西部で階段状に高まって、モンゴル高原にまで達している。この巨大な階段の一段目は南口嶺、二段目は張家口嶺と呼ばれる。

さて、北京から南口（一〇〇キロ）、張家口（二〇〇キロ）までは、距離こそ短いが、中国でも指折りの難路とされている。昔は岩を削ってこしらえたりっぱな道路だったらしいが、皇帝たちの作った道路や運河などという大芸術品のごたぶんに洩れず、今では荒れ果てた遺物にすぎない。

午前八時、無限軌道車は岩や石のごろごろする曲がりくねった坂道にはいった。延長二〇キロの急斜面に沿って、幾つもの踊り場が段をなしている。

　あたりの地形はまるでパン焼釜のパンのように盛り上がり、ふくれ上がっている。チェンジレバーを第二段から第一段に下げて、その隘路をアタックする。車はググッ、ググッと進む。時速二キロという鈍速だが、それはかまわない。幾つか、誘溝の先がねじれたり、誘導歯車の歯を交換したりしたが、ベルト車を修正したおかげで、キャタピラはよくもった。一枚一枚の金属片が岩の露頭にしっかり食い込んで、ぎしぎし音をたてながら上って行く。正午までに九キロ前進。一時間後、一〇キロ目で、車は大理石の門のある厚い城壁を通過する。[4]

「ここで中華は終わる。この先は夷狄《いてき》の国」と昔中国人は言っていた。

　このぶんなら行ける。

　ごちゃごちゃした岩の集積と車との戦いがまたはじまる。岩のあいだをときどき荷を積んだ動物が通る。

　前進とは、石を運び、石をころがし、崖から押し落とすことなのである。障害物を除き、その穴を埋める。モーリスと運転手たちは、一日で何立方メートルもの石をのけた。疲れを知らぬ人々である。五時ごろ、城壁のぎざぎざの頂部が見えてきた。長城か？　いや、まだ。本物の長城の手前に、小さな城壁が四つ五つあるのだ。

　日が暮れたので、一七キロの地点で車を止め、野営する。翌朝一〇時ころ、けわしい崖にはさまれた二五度の危険な勾配を死力を尽くして上りきると、ようやく一周し終わった巨大な岩塊の背後から、まず凸角堡が現われた。ついで、第一門、[5]前庭、さらに第二の門《天下の関、北門鎖鑰《さやく》》が目にはいった。

　万里の長城[6]だ。

万里の長城

長城は眼の届くかぎり、山にまたがり、谷を下って延々と続いていた。それは、強い地点を利用して弱い地点を防御した遠い昔の軍事技術の傑作である。五〇〇〇キロにわたってぎざぎざの銃眼が続き、声も矢も届く程度の距離を置いて点々と望楼が立ち並び、下にはタタール族の騎馬兵を食い止めるために深い濠がうがたれている。

下り道にかかり、まず段になっている村を横切った。それから、低くてくぐり抜けられない橋があり、その下を掘って通った。次に、トラックが小川の泥にはまり込んでしまった。また少し行くと、中国人の労務者が鉄道の拡幅工事で岩を爆破する用意をしていた。車が通過するというのに、仕事を中断してくれない。自動車隊は土砂の落下を奇跡的に避けて前進した。橋はみなこわれそうで心配なので、慎重に迂回して通った。

　こうした苦労の末、中国班は張家口に到着した。

＊

　張家口で宿営した「開拓者館《パイオニアズ・イン》」は、今では別なことに使っているが、昔はヨーロッパ人向けのホテルとして相当に名の通ったものだったらしい。それは、外モンゴルとの交易がまだ自由にできた第一次大戦直後のことである。当時は、自動車が張家口―ウルガ（現在のウランバートル）間を往復して、ラクダの隊商にとって代わっていた。冬のさ中に、補給も受けず九六〇キロ走るのである。しかし、その冒険を敢行した人々は、毛皮の売り上げで、一度行くごとにちょっとした財産ができた。開拓者館には黄金が流れ込み、人々はあらゆる国の言葉で互いにののしり合っていた。イギリス人、スウェーデン人、ドイツ人、ロシヤ人などの一旗組は、喧嘩になると平気で短刀やピストルに訴えた。

　今では、ソヴィエト政府が外モンゴルとの交通を禁止したので、張家口は中国の田舎町にすぎなくなった。ラクダ道の起点、隊商のさびれた港になってしまった。

「四月二四日にもなって、まだ張家口とはな」とポワンは思った。

　パリから送られる新しいキャタピラを受け取らなければ出発できない。それは彼にもわかっていた。さいわい、その朝届いた電報で、この点の不安は一掃された。

「本日、キャタピラノ新品三〇個ヲシベリヤ経由、張家口ニ送ル。ベルジェガ同行。アンドレ・シトロエン」

　それはいいとして、もう一つ、探検隊に加わる中国人の学者たちが合流してくれなければどうにもならない。団長の褚民誼博士は、自分も協力者たちも五月一五日までは出発できない、と連絡して来た。三週間も待たされるのか。
ポワンの武器は忍の一字だった。待てと言うなら、待ってやろう。

*

今日は主席の主催によるレセプションと昼食会だ。みんな礼装で出席する。紹介、挨拶、微笑、タバコ。うわべは無害な質問。「新疆に入る公式の許可は下りているのですか。無電を使うおつもりですか。アジアからヨーロッパへ無電で通信できるのですか。匪賊を防ぐ武器は、みんなお持ちなんでしょうね」等々。

この公式の歓迎は、どう解釈すべきか。それはじきにわかった。四八時間もたたないうちに、ポワンは中国学術団体連合会に急ぎ北京へ呼び寄せられたのである。また出発禁止[7]だ。

また交渉がはじまった。あげられた理由はまったく口実にすぎなかった。北京をたつとき中国の学者を置いてきぼりにしたとか、橋をこわしたとか、車に中国の国旗を掲げるのを故意に怠ったとか、そういうことは前にも言われたが、今度は、フランス極東艦隊と連絡をとったこと、張家口で閲兵式やアヘン吸引者や《纏足《てんそく》女性》を撮影したことなどが、新聞ではげしく攻撃されていた。

そうした苦情をいちいち検討し、反駁し、忍耐強く、それが事実無根であることを証明しなければならない。張家口へ着いた翌日映画の撮影をしたのは、主席に依頼されたからだ。スペクトのトラックはたしかに橋をいためたが、それは弁償済みである。また、車が三色旗を掲げて走っている写真は、出発前にフォンテヌブローで写したものだ……等々。ポワンは北京へ行き、張家口へ戻り、また北京へ出かけて交渉し、約束し、弁解し、しんぼうし、やっと成功した。

四月三〇日、五月一日、三日、五日……みな忙しい。天津を発つときは急だったから、ろくな準備もできなかった。その残した分をここでやらなければならない。

ブリュルは無電機についた二台の発電機を調べている。レーモンは測量の練習をしている。運転手たちは車の下にもぐって働いている。発電装置の試験もしてみる。

ペトロは通行証や税関や通行税の問題がないときは（すでに彼は六万ドルの冗費削減に成功したのだ）、偵察行の準備をしたり、百霊廟――張家口の次にあるモンゴル高原上の宿営地で、ゴビ砂漠のへりにある――の西に補助的なガソリン供給所を設けるには、燃料がいくらいるか計算したりする。

晩には、こちらではブロート、あちらではブリッジというふうにトランプをする。ブリュルは退屈しのぎに数学の勉強をしたり、五月一〇日に張家口へ着いたテイヤール神父と科学研究の道徳的な意味や上向的進化の可能性について議論をする。レーモンはオサムシやハンミョウの採集からへとへとになって戻って来ると、ベッドの下にありったけの広口瓶を並べて、サソリの子飼いをしようとする。大がかりにはやらないから、と同じテントのピアをなだめながら。

＊

五月一一日。一台の人力車が《開拓者館》の中庭の前に止まり、一人の外国人が下りて来る。もう夜だ。遅参したくだんの男は、闇の中を手探りし、テントの杭にぶつかり、当てずっぽうに名前を呼ぶ。

「モーリスいるか？」

「おまえか、幽霊じゃなかろうな」

「ばか言え。ちゃんと足はあるぞ」

ベルジェである。一四日前にパリを発ち、モスクワ、イルクーツク、満州里、ハルピンをへて、昨日天津へ着き、今朝北京を発って今着いたのだという。

「キャタピラもいっしょか？」

「うん、駅に着いてるよ。明日受け取れる」

「オーバー・チャージだったろう」

ベルジェは笑い出した。長さ二メートルの箱三〇個を、何と《チッキ》で送ったのである。乗り換えのたびに、いちばんしっぽの手荷物貨車に注意して、切り離されはしないかどうかよくよく確かめなければならなかった。おかげで、ベルジェはほとんど眠る暇がなかった。しかし、ロシヤ語や中国語はひとことも知らないグルネル（パリの町）生まれのパリっ子が、それでもどうにかここまでたどり着いたのだ。りっぱではないか。

「おい、キスしよう」

こいつのおかげで助かったのだ。

ベルジェはほかに、フランスからの手紙を持って来ていた。それを知ったとき、みんなそれこそ有頂天になった。新しいキャタピラと修正したベルト車があれば、世界の果てまでだって行ける。組み立てに二四時間……それが済んだら出発だ。

五月一三日。ペトロは百霊廟に向かって、二台の小型トラックで出発した。同行したのはテイヤール神父、レーモン、運転手のショーヴェ。地質学者と博物学者は、その偵察行を利用してモンゴルの調査をする予定だった。

ほかの連中はどうしていたのか。中国人の学者たちが来るのを、今日か明日かと待っていたのだ。相変わらず来ない。一五日の昼間に団長の褚民誼博士が一人だけ現われた。団員たちはまだ準備ができないらしい。

「いつできるんです。明日ですか？」
「三、四日はかかりますね」
「行きますよ」とポワンは言った。「これだけ待てば、もうたくさんです。百霊廟で合流してください」
五月一六日、予定より二〇日も遅れて、冒険隊は張家口を出発した。

南口嶺の次は万全嶺である。これは、モンゴル高原のへりまで行く階段の二番目の段にあたる。起伏がはげしい。中国人は八年前にこの道を整備して、傾斜をゆるやかにしたというが、実際はむしろ逆のようだ。七台の無限軌道車は一二キロ行って高度を一〇〇〇メートル上げ、ようやく標高一五〇〇メートルの峠に着いた。

ここまで来て、みんなほっと息をついた。

埃やこわれた橋や曖昧な微笑はここで終わりだ。崩れた小塔のある、虫の食ったややこしい建築物とも、横柄な警官ともお別れだ。この中国最後の町、張北県では、二年前から盗賊のかしらが市長になっている。ポワンは警戒していた。夜目がきくのでこの盗賊は《山猫》というあだ名だった。

しかし、しばらく前に張学良元帥のおかげで正式に任官し、飼い猫に変じたこの山猫は、われわれを至極丁寧に扱ってくれた。どうぞお通りください、と言う。

最後の耕地を過ぎると、もう天と地のあいだで目をさえぎるものはなくなった。北極圏から来る凍った清々しい風が、雪でまっ白の丘の上を吹き過ぎる。谷は春だったが、高原はまだ冬だ。探検隊は荒地を急いで通り過ぎ、日が暮れるころ、モンゴル最初の野営地セルベンに着いた。

天幕《ユルト》の前で、一人の男が車の通過を待っているようだ。長い服に帯を締め、先のとがった黄色い丸帽をかぶっている。帽子はキツネの皮でできていて、毛皮つきの足をあごの下で結ぶようになっているらしい。男はくしゃくしゃな顔をして笑っている。頰骨のところにしわが寄り、目の色は好奇心に一抹の不安をたたえている。彼は持っていた紙きれをポワンに差し出した。

「こいつはグンボといって、優秀なモンゴル人のガイドだ。中国語もしゃべる。ゴビの横断には、こいつを雇うとよかろう」

ペトロの筆跡だ。……男が手まねではいるように言ったので、ポワンはフェルトのカーテンを持ち上げてユルト[8]の中にはいった。

遊牧民の習慣で武器は敷居ぎわに置く。ユルトのまん中には火鉢のようなものがあり、アルゴル[9]がほかほかとかすかな熱を発散している。細い煙が立ち上り、フェルトの屋根にあけた天窓から外へ逃げる。薄暗がりに目が慣れると、ポワンは火のそばにすわって鉄鍋を見ている一人の老婆に気がついた。グンボの母だ。

そういう場合、モンゴル人は帯にはさんだ自分の木の椀を着物の下から取り出すのである。しかし、ポワンは外国人なので、女主人は自分の椀を丁寧になめ、うやうやしく客に差し出して、お客に出す塩とバターを入れたお茶をその中に注いだ。

そして、何度もうなずき合ってから、三人は顔を見合わせた。話は通じなかったが、お互いに自然な好意を抱いていることはよくわかった。

ポワンがペトロの手紙を見せると、老婦人は立ち上がって、仏像を三つ飾った仏壇から、小さな四角形の青い絹の布を取り出して、息子に渡した。

グンボはそのハタに唇を当て、今度はそれをポワンに渡した。それで契約成立である。この瞬間から、グンボは正式の案内人として雇われ、シトロエン中央アジア探検隊の一員になったのだ。

＊

五月一八日。

草があちこちに現われて、地平線が無限に波打つ広漠たる風景を和らげる。カリフラワー——ヨーロッパなら、さしずめハリエニシダというところか。草むらを通ると、それがさかんにバネにひっかかる——を分けて、快調に進む。

初日は一二〇キロ、二日目には一四七キロ。

カモシカがいる。大きな群れをなして逃げて行く。ポワンはトラックでその後を追うが、フルスピードでも追い着かない。カモシカは時速六〇キロを越える速さでやがて見えなくなってしまう。

「ほら、野馬だ」とドラストル博士が叫ぶ。

この野馬は、実をいうと野生ではない。たてがみを風になびかせ、鼻をふくらませて、広漠たるステップを車と並行に駆けて行くが、実際はみんな印がついていて、ちゃんと持主がいるのである。モンゴル人は正直だから、いまだかつて馬が盗まれたためしはない。土地は広く、しかもまったくの空白だから、通りかかったよそ者は、道の交差点や水場のそばですぐマークされ、ニュースはたちまち広がって、好奇の目が彼をぐるっと取り囲んでしまう。彼が進むにつれて、その範囲は広がって行く。これでは、馬泥棒もすぐ露見してしまうだろう。

ポワンは色あざやかなガンの群れをねらっていたが、グンボの合図で銃口を下ろした。ガンはラマの鳥で、殺すと罪になるのだ。あの中の一羽が仏陀の化身かもしれない。

五月二〇日、午前二時、ヘッドライトに照らされて、がっしりしたシンメトリカルな建築物が闇の中から浮かび上がった。塗りたての白壁の向こうに、建物がテラスのように段をなしている。ファラオ（古代エジプト王）の宮殿か別邸のように見えるが、エジプトふうのこの別荘のまわりには、シュロの木一本はえていない。住んでいるのは剃髪した一群の僧侶である。赤い大きな法衣をまとった彼らは、はじめて見るヘッドライトに目がくらみ、みんなしかめっ面をしている。

二〇〇〇人のラマ僧。

百霊廟に着いたのだ。

*

ここで草原地帯は終わる。ここから西は不毛の地帯だ。地図には、もう何も記入されていない。次の目的地は甘粛省にある中国人の町、粛州である。

張家口でペトロは、補給物資を置きに数か月前に出発したラクダ御者たちに道を尋ねた。御者たちに言わせると、最短コースは彼らが通る隊商路、有名な三徳廟《シャンテミヤオ》[10]を通って、霍碩《クアイチエフ》部の果てしない砂漠を横断するルートだという。車で砂丘を越すのはたやすいが、しかし、そのルートはやめにした。ガソリンがべらぼうにいるからである。ポワンは、砂漠の幅がいちばん狭い所を通ることにした。これから真西へ進み、ガシュン・ノール湖のところでエツィン・ゴル川に出、そこから川を下って粛州まで行くのだ。

そのコースが選ばれたのは一八か月も前から続けてきたペトロの研究のおかげだった。それでも念のため、三日前に包頭から来た中国人を案内に雇うことにした。この男は子供のときから毎年その道を通っているという。

七台の車の前に連れて来られた中国人は、かぶりを振って言った。

「これで砂漠を越えるのかね？」

「そうさ」

「途中、何日も人に会わないよ、ご存じかね？」

「知ってるさ」

「そうかね……でも、あっしは年取った親父と子供を四人食わせなきゃならないからね」

そう言って背を向けたきり、男はものも言わなかった。

グンボはそれを見て、自分が案内しようと言った。そのあたりは、自分もまだ通ったことはないが、途中あちこちの宿駅できっとモンゴル人に会えるはずだ。とくにガイドは必要ない、と言う。

グンボの正直そうな顔を見て、隊員たちも信用した。彼の言うとおりにすることにした。


計算によると、ガソリンを大量に携行せねばならない。五月二一日、車にいっぱいガソリンを積み、いよいよ出発の用意が整った。

その前の日、ケルヴィズィックはラプランシュからの通信をキャッチした[11]。パミール班は今アフガニスタンにおり、正確に前進を続けている。アールトは七月二〇日にカシュガルに到着の予定だという。

ポワンは自分のほうが先に着くつもりだった。それにしても、中国側の学者が来なければ、出発の号令は下せない。車にもテントにも、彼らの席が用意してある。

今はもう、彼らの到着を待つばかりだった。

1　妙峰山。西方の丘陵地帯にある聖山。

2 北京—カシュガル間、往復一万二〇〇〇キロ。それに対して、予備のキャタピラは全部で一四個。つまり、みんな使ってしまったのだ。

3 シトロエン工場の研究所長。探検隊の技術主任。

4 居庸関。

5 八達嶺（八嶺門）。

6 長城は山海関にはじまり、粛州のかなたまで延びて、中国と《夷狄の国》の境界を画している。

7 この禁止命令は意外にも、張家口の役人たちのさしがねではなく、もっぱら、中国学術団体連合会と国民党の反対によるものだった。

8 キルギス人、モンゴル人、チベット人など中央アジアの遊牧民が用いるフェルトの天幕。

9 ラクダの糞を乾かしたもので、燃料に使う。

10 スウェン・ヘディンもここを訪れている。

11 アールトにはポワンの通信が届かなかったが、ポワンのほうにはアールトの通信が届いた。

6　ゴビ砂漠

中国人学者の到着――花崗岩の迷宮――黒ゴビの荒野
――エツィン・ゴル

五月二五日のことだ。

もったいぶった一人の中国人が、ラマ僧やモンゴル人やラクダ御者に囲まれて、孫逸仙[1]の遺訓から引いた三つの名句を白い厚紙に書き記していた。ポワンは、それが中国側の団長の褚民誼博士であることに気がついた。

「いらしってたんですか、博士。何をしてらっしゃるんです？」

書き終えた博士は返事もせず、そのポスターを貼りだした。それから聴衆のほうへ向きなおった。博士は非常に達筆だったので、聴衆はこの文人にしばらく称賛の声を浴びせていた。すると、褚民誼博士の目がぎらっと光った。群衆は急に鳴りをひそめた。

「諸君、諸外国はわが国の富を盗もうとして不平等条約を結んだ。中華民国と国民党は、こうした条約のくびきから必ず祖国を解放するであろう！　中華民国と国民党万歳！」と博士は結んだ。

われわれの計画は、もともと欲得ずくのものではない。それを成功させるため、中国側もフランスへの協力に同意したはずではないか。なのに、のっけからこんな演説をやりだすとはおかしなはなしだ。それだけではない。中国人の学者たちは数時間前に百霊廟に着いていたのだから、フランス側にも到着を知らせて然るべきだろう。だが、ポワンは感情を抑えて、一応平静を装った。双方の紹介が行なわれた。

中国側は全部で八人だった。団長の褚博士は北京にある中仏協会の会長で、レジョン・ドヌール四等勲章を持っており、医学博士[2]、それに、新式の合理的体操法の創始者ときている。四四歳、いい恰幅だ。名刺には、国民党中央委員、中仏学術探検隊長と印刷してあった。

副団長の姚《ヤオ》将軍はサン＝シール（フランスの士官学校）の卒業生で、航空署（署は省にあたる）の次長だった。新疆省主席の金元帥が最近南京政府に送った贈物[3]のお礼を言上しに、蔣介石総統から派遣されたのである。

三番目は、死んだ魚のような目をしたロシヤふうの丸坊主で刁《チヤオ》大佐という。ソ連の陸軍大学の出で、スパイ活動の専門家らしい。刁大佐の任務は探検隊の写真撮影、映画撮影を監督することだった。

四番目はずっと好感の持てそうな男である。褚博士の秘書だ。

次は動物学者で、南京アカデミー会員の何《ホ》氏である。この人は以前、探検家スウェン・ヘディンの友人のフンメル博士といっしょに新疆省で仕事をしたことがあるという。探検隊に参加するという名目で新疆へ帰るつもりなのだ。

六番目の柳《リユウ》氏は植物学者。

容《ユン》氏は中国地質部でテイヤール・ド・シャルダン神父の助手だった人[4]。

最後はジャーナリストの周《チヨウ》氏[5]。この人の仕事はかなり漠然としている。からだの弱い人で、毛皮のえりの外套を着て、ものも言わずにふるえていた。

初対面の挨拶は丁重だが冷たいものだった。みんなは、中国人たちがタバコを吸っているテーブルのまわりに集まった。褚民誼博士はかたどおり米袋と茶の包みをポワンに差し出した。それが済むと、新入りたちの車の割り当てをすぐやることになった。

*

「こっちだって荷物がありますぞ」と褚民誼博士は言った。

　荷物の目録を作ろうとしたモーリス・プノーの前に、中国人の学者たちは台所用品、厚い掛ぶとん、石油ストーブ、米袋、数キロの乾燥野菜、それに石突のあるステッキや編上靴やヘルメット、眼鏡、埃よけマスク等々を四台のトラックから下ろさせた。

　モーリスは地面にすわり込んで、この荷物を全部持って行くのなら自分は出発を拒否すると言い張った。

　運転手たちもほかの隊員同様、炊事係が食糧を積み込めるように、自分の荷物の三分の一を犠牲にしたのだ。いや、運転手だけではない、フランス人の隊員はみなそうなのである。スペクトはフィルムのストックを半分置いて行き、あとからラクダで甘州へ送ることにした。牽引車にもトレーラーにもまず必需品――一台にガソリン一〇〇〇リットル、石油五〇リットル、それにグリス、食糧、水――を積めるよう、個人用の箱も一部はからにしたくらいだ。

　そういう事情をわかってもらおうと、ポワンは陳弁これ努めた。しかし、中国人の学者たちは、割り当てられた座席のスペースを見て、絶望に両手を上げた。

　褚民誼博士は、各省の主席たちに贈る絹のきれや、金紙で「探検隊長褚民誼、フランス団長アールト」と入れた大きな旗をどこへ置けばいいというのか。姚将軍は飾りの軍刀や繻子や蔣介石総統の署名入りの全身像をどこに入れればいいのか。

　そんなことを言ったので、こちらはざっくばらんに訊いてみた。「いったい、カシュガルへ行きたいんですか、行きたくないんですか。ゴビ砂漠を一五〇〇キロも補給なしで行くってことが、どういうことかおわかりですか。荷物と命とどっちが大事なんです」

中国側の学者たちは返事をせずに、車のまわりを回ったり、集まって相談したり、荷物を解いたり、またくくったり、まったく茫然自失の態だった。

ここでテイヤール神父の威厳と権威がなかったら、彼らにわからせることはできなかったろう。五時間も議論したすえ、ようやく彼らも荷物の四分の三を張家口へ送り返す気になった。

五月二四日、日曜、荷積みは最終的に終わり、朝六時三五分に、七台の無限軌道車は百霊廟のラマ僧院を後にして西へ向かった。

同じ日、五〇〇〇キロのかなたでは、アールトがヘラトを出発していた。

*

最初の宿泊地は百霊廟西方二七〇キロの牛水《ウニウス》というところだった。すでに述べたとおり、ポワンの戦術はガソリンをぎりぎりまで節約するという前提に立っていた。これからは未知の地域だし、ゴビの横断では砂丘の難所で相当のガソリン消費が見込まれたので、この若い隊長は念のため、すでに数日前に、二台のトラックで五〇〇〇リットルのガソリンを運び、死のゴビの入口に基地を一つ作っておいた。

百霊廟から牛水までは、先に行ったトラックのタイヤの跡をたどって行った。最初は浅い谷のようなところだった。あちこちに古世代の露頭を見つけたテイヤール神父は、車を止めて化石捜しができないのを残念がっていた。

その日はたっぷり一一八キロ進んだ。東経一〇五度の子午線を通過し、第八標準時地帯から第七標準時地帯へはいったので、時計の針を一時間遅らせた。道のそばにはまだモンゴル人のキャンプがあった。ラマ僧院が二つ、小さい農場も三つ四つはあった。農場は強力な浸透力で徐々にモンゴルに分け入って行く中国人の前進陣地をなしている。

地形はかなり変化に富んでいたが、自動車の通行は可能だった。ぼんやりと青味を帯びた地平線まで波のようにうねる平原を、無限軌道車は数キロも続くカリフラワー——ハリエニシダというところか——を平気で飲み下しながら進んだ。カリフラワーの次はかさかさの泥土、その次はひねこびた草がはえている砂利土。ときには崩れやすい砂の河床を渡り、石ころだらけの峠を上って、再び別の広々としたステップに出る。

昼ごろ、トレーラーのへりで軽い食事をとる。時間を節約するために、いつでも立ったまま食べることにしている。中国人もフランス人も嬉々として、はじめて仲間同士の楽しい食事をする。冷凍肉、ビスケット、バター、イワシ、チーズ、ジャム、コーヒー。

皿を差し出したフランス人たちは、イワシもチーズもジャムも全部なくなっているのを見てびっくりぎょうてんした。菜食主義者と自称する褚民誼博士と刁大佐とほかの二人が、仲間の肉食獣のことなどおかまいなしに、よさそうな品を先に略奪してしまったのだ。

運転手たちは微笑をやめて顔をしかめた。カルルはぐっと唾を飲み込んだ。神父も認めたように、それではせっかくの楽しい食事もだいなしだった。だが、ポワンは円盤投げの選手のように、中国人の鼻先でからの皿を振り回し、この一件を何とか笑いごとで済ませてしまった。

それにしても、ゴビ砂漠の横断には三、四週間かかるかもしれないし、途中のあちこちで羊を買うことも望み薄だったから（今はちょうど、羊の出産期で、ステップでたまたまモンゴル人に会えても、家畜は売ってくれないのである）、今後、そういう事件が二度と起こらないように、食べものは厳密に定量配分し、各自の皿にあらかじめ盛り分けることにした。

もちろん、共同生活にはいるには、東洋人側も西洋人側も互いに妥協しなければならなかった。それもけっして楽なことではなかった。たとえば、最上席を占領した中国人の学者たちは、平気で地面に唾を吐いたり、車の中で靴を脱いだりした。問題は、彼らが礼儀作法を忘れていることではなくて、そういう態度をとるのを一種の特権と考えていることだった。それならこちらにも考えがある。どんな場合にもきちんと礼儀は守ろう、だが、きびしさを失ってはだめだ、とポワンは思った。それを実地に示す機会がたちまちのうちにやって来た。

翌日、姚将軍は、枕もとまで朝のコーヒーを持って来させたうえ、自分でベッドをかたづけるのは嫌だと言い出した。

ポワンはやむをえず言い返した。テイヤール神父だって自分でしている、ボーイは炊事の仕事をするためにいるのだ、戦場で規律の維持が不可欠なことは、軍人なら誰よりもよく知っているはずではないか、と。

五月二六日、その日も例によって石ころだらけの隘路や、涸れた谷川や、砂の円丘や、花崗岩の露頭や、不消化な「カリフラワー」――こいつの恰好は回転放物面の上の山型にそっくりだな[6]、と数学者のブリュルは言った――を通り、午後三時ごろ、牛水に着いた。

粛州までは、もうあと一二〇〇キロだ。

*

牛水の集落は、花崗岩の崖っぷちを流れる川のほとりにある二張りのユルトだった。ここでモーリスは前に運んだガソリンを見つけ、タンクを満たした。無限軌道車の縁板をずらして、そこにガソリン缶を綱でしっかりくくりつけた。トレーラーの泥よけにもそうした。たいへんなオーバー・チャージである。全車輌合わせて、八〇〇〇リットルのガソリンを携帯し、西方に広がる白い砂漠——シャモ[7]——に突入するのだ。スプリングはみんなぺちゃんこだぜ、とバルルデが言った。オーバー・チャージで機械が故障を起こしそうなので、運転手はスピードを加減するよう命令された。

　その準備のあいだ、グンボは一人のモンゴル人とかたどおりタバコ入れを交換し合い、これから通るホイヤ・ヤマトウまで——計算では二〇〇キロはある——の地域について若干の情報を得た。それによると、まず二つの切り立った花崗岩質の山を越え、次に、ラクダも足を折るぐらい狭い岩の隘路を通り、最後に、「隊商で一日以上かかる」高い砂丘をよじのぼらなければならないという。しかし、その老モンゴル人（七〇歳）は、南へ迂回すれば隘路を通らなくても済むし、回廊づたいに砂丘を越えることもできる、と言った。そして、回廊の位置を教えてくれた。

　うまく行くといいのだが。

　嵐が来そうで、ブリュルは心配そうな顔をしていた。雷でも落ちれば、細長いガソリンタンクのようなキャラバンがいっぺんに全滅してしまうのは目に見えている。しかし、テイヤール神父は喜色満面だった。地平線にいわゆる《証拠品》、一〇〇万年にわたる台地の浸蝕の歴史を語る赤土と砂岩と礫岩の大きな層を発見したのだ。

　オーバー・チャージの無限軌道車は、ところどころに窪地のある灰をこねたような砂地の中をはって行った。窪地は赤い砂で埋まって、縁にはぎざぎざの岩がのぞいていた。たそがれ。エンジンの音が深い静寂を引きちぎる。死のゴビの静寂である。

　いささか当てずっぽうに選んだこの道に、ポワンもそれほど確信があるわけではなかった。昼間、海上でやるように六分儀で位置を測ってみると、東経一〇五度三分、北緯四一度九分にいることがわかった。黄河の湾曲部から北西二〇〇キロのところである。道はだんだんはっきりしなくなった。六時ごろ、砂漠の沈黙を破ってかすかなざわめきが聞こえてきた。音はしだいにはっきりしてくる。ラクダの鈴の音だ。最初に気づいたのはグンボだった。音を聞くだけで、視界に現われる前から、どこから来た隊商なのか彼には言い当てられた。砂漠の町はそれぞれ違った鈴を使うので、ゴビでは鈴が隊商の信号旗の役をしている。

　しばらくすると、まっかな夕映えを背にして、貨物列車のように縦につながったラクダの列が稜線の上に浮かび上がった。四〇日前に粛州を出発した隊商だ。

「どこへ行くんですか」

「張家口へ」

　ラクダはまだ、今日の行程の半分しか来ていなかった。[8]ラクダのキャラバンと自動車のキャラバンは並んで止まった。人けのない砂漠の中にとつぜん現われたこの機会を利用して、さっそく手紙を書き、ラクダの御者に渡した。グンボは例によって、御者とニュースを交換し合った。翌日の明けがた、ラクダも御者もすでに消えていた。

　今、隊は細かく切り裂かれた荒地の中を進んでいる。自動車は一台ずつ、平行して走る深い雨谷《うこく》（雨溝）にはいって行く。壁はあまり高くないが、トンネルのように狭くるしい谷だ。夜のとばりが下りるころ、ポワンは九台の車が腸のような細道に数珠つなぎになっているのに気がついた。先頭は絶壁がそびえる峠の頂上で立ち往生している。出口は見つからない。

　その日はあきらめて、翌朝日の出とともに道を系統的に捜すほかなかった。まず、南方の砂だらけの谷にはいってみる。だが、予期に反し、行くほどに、谷は広がるどころかますます幅がせばまってゆく。ダイナマイトで岩壁をうがち、通路を作る。しかし、一キロほど行くと、その隘路は断崖で終わっている。

この迷宮を走り回るのはもうよしたほうがいい。テイヤール神父の説によると、ここは幼年期の谷が走る花崗岩の《岩脈》らしい。

「谷の窪みを伝って行ったって、外には出られないよ」と神父は言った。「先には必ず絶壁があるからね。でも、谷のあいだの稜線は平らだろう。それを伝って行けば、たぶん出口が見つかるんじゃないかな」

しかし、すでにグンボは、少しずつ手探りしながら、スコップとつるはしで広げれば通れる小さな道を見つけ出していた。入念に突き止めたその道は、テイヤールが考えた道と明らかに同じ方向だった。この一致にみんな驚嘆した。

「どうしてわかったんだ？」

「獣の足跡をたどってみたんですよ。水を飲みに行くとき、獣はいつでもいちばん近い道を行きますからね」

こうして、学者の推理と遊牧民の推理が同じ結論に達したのである。夕刻、無限軌道車は迷宮を出て平原に着いた。

＊

中国人の学者たちは、何が起ころうとまるで無関心だった。みんな疲れきっているらしい。この旅行は、彼らが考えていたほど簡単ではなかったのだ。

目を上げると、砂丘の列がすでに地平線を隠してしまっている。進むのも楽ではない。すべてが曖味模糊として敵意に満ちている。

さいわい、グンボが遠方に三頭のラクダを連れたモンゴル人を見つけた。彼は近づいて道を聞いた。

「ホイヤ・ヤマトウまで行きたいんだがね。砂のない道はないかね」

「あそこの青い山の向こうだよ」

それだけではっきりしない。

「道を知ってるかね？」

旅人はラクダに乗ったまま、腕をのばして砂丘のあいだの通路を指さした。そこなら、砂地の幅は五キロしかない。先へ行けば、土はもっと堅くなる。ただし、その通路にはいるときは声を立ててはいけない。悪霊が目をさまして意地悪するかもしれないから。

「で、その先は？」

その先は、南からちょっと西へ寄った方角にどんどん進む。そうして稜線を三つ越える。三番目の稜線の上から見ると、ピークが五つある山が右手に見える。その山の左のピークに向かってしばらく進むと、枯れ木が立っている。枯れ木をさして行くと、小道に交わる。小道の先にユルトがあるはずだ。

「そこで道を聞いたらいい」と彼は言った。

「ユルトまで、どのくらい時間がかかるかね？」

旅人はかぶりを振った。おそらく、相当時間がかかるのだろう。歩くのではたいへんだ。馬ならそれほどでもない。ラクダだと少し落ちるが。

この返事を通訳してもらうと、モーリスは当惑して顎をぼりぼり掻いた。だが、グンボは満足らしかった。情報は正しいに相違ない。事実、そのとおりだった。三つ目の稜線、ピークが五つある山、枯れ木、ユルト——それが次々と見つかった。ユルトの近くの井戸端で、一人の老婆が羊の毛を刈っていた。エンジンの音が聞こえても、七台の無限軌道車が現われても、老婆は振り向きもしなかった。亭主にいたっては、ユルトの中にすわったきり外へ出ようともしない。

「サンバイナ（今日は）」

「アメルヘン・バイナ」

グンボはタバコ入れを差し出して道を尋ねた。モンゴル人は教えてくれたが、自分からは質問一つしなかった。ブリュルはあっけにとられた。

「外国人を見たことがあるかどうか聞いてごらん？」

「ないそうです」

「こういう鉄の馬は？」

「やっぱり、見たことがないそうですね」

「知りたくないんだろうか。われわれが何者で、どこから来て、どこへ行くのか」

いや、知りたいという気は全然ないのだ。

花崗岩の岩脈に閉じ込められたり、砂丘の砂を上り下りしたり、機械が故障を起こしたり、待たされていらいらしたり、そんなことでみんなもうへとへとだった。まったくつらい三日間だった。中国人の学者たちは、もうがまんできなくなったらしい。

ホイヤ・ヤマトウにはわずか五、六個のユルトしかないが、アジアではこれが《交易中心地》と呼ばれている。年中移動している遊牧民は、道々、いろんな必需品を入手しなければならない。こういう交易中心地で、彼らは岩塩や粟や着物用の織物を見つけ、それを自分の羊の群れから取った羊毛や羊の腸や、キツネとかオオカミとかの毛皮と交換するのだ。ゴビでは、そういう小売商店のあるじはみな中国人である。連中は担保を取って金を貸したり、密輸をやったりもする。

皆にせがまれて、ポワンはホイヤ・ヤマトウに半日停車することにした。そのあいだに、中国人に道を聞き案内人を見つけることにしよう。

午前中ペトロは、ハタを買うという口実でここの人たちと近づきになり、政治や商売についておしゃべりをはじめた。次の宿駅のペンテ・トロゴイまでは、まだ一九〇キロもあるらしい。案内人は見つかるだろうか。中国人は、どうかな、と首をかしげた。モンゴル人たちは機械を見て警戒していた。自動車は一日でたいそう遠くまで行ってしまうから、帰るには何日も歩かなければならないのではないか。いくら礼金をはずんでも、モンゴル人は釣られなかった。

そのとき、ペトロは偶然、一二頭のラクダが少し先を通るという話を聞いた。包頭へからで戻る隊商である。

「あんたがたの仲間も、二人席を予約して、いっしょに帰るらしいぜ」と中国人の商人は言った。

ペトロはばかばかしいと思って、気にも止めずにユルトを出た。数歩行くと、レーモンにばったり会った。

「おい、知ってるか？」

「いや」

「ポワン大尉と動物学者の何《ホ》氏が喧嘩したんだ、びんただぜ」

「ばかな……」

事件はほんの数分間のことだった。ポワンは位置を測定するために天体観測をしていた。そこを映画にとってくれと彼はスペクトに頼んだが、そのとき何氏が割り込んでレンズを隠してしまったのである。ポワンは丁寧にちょっとのいてもらいたいと言ったが、動物学者は挑みかかるような顔で腕を組み、胸を張って、一歩も譲らぬ構えを見せた。それを見たポワンは、何氏の腕を取ってカメラの視野からどかそうとした。

「ここはおれの国だぞ、さわるな！」と何氏は叫んだ。

「じゃまなんだ！」

「動かん」

「そうか」

海軍士官は測量器具を移動させ、スペクトにもカメラを少し離れたところへ移すように合図した。しかし、同じことである。何氏はまたまた無礼にも二人のあいだに割り込んだ。ポワンはもう躊躇しなかった。手の甲で一発。動物学者の帽子がふっ飛んだ。

何は泣きながら帽子を拾って、テントに引っ込んだ。彼は「面子を失った」のだ。もうこんなところにはいられないと言う。

レーモンはさらに続けた。「新聞記者の周君もいっしょに行くらしい。二人とも隊商で包頭に戻るそうだ。隊商はこの近くにいるようだし、今日、ホイヤ・ヤマトウを出発するそうだからな」

二人の席は昨日のうちに予約してあったのだから、今朝の事件は前もって仕組んだものに違いない。動機は何か？　旅の苦労、規律に縛られた生活、食糧の配給制、そして困難な先行き、これだけあれば充分だろう。新聞記者は北京へ着いたら、さっそくこの事件を利用するに決まっている。でも、しょうがないではないか。丸くおさめようと仲裁にはいった褚民誼博士も、何氏に面罵される始末だった。

*

六月一日、探検隊は午後二時ころ出発した。二人減った中国人グループは、礼儀正しいがよそよそしかった。次の《交易中心地》ペンテ・トロゴイまでは、まだ二〇〇キロ、もしかするとそれ以上ある。しかも、はじめの五〇キロは水なしだ。黒い砂利の大高原が砂丘のあいだに広がっている。砂といっても、この辺の砂は実にまちまちだ。堅い砂、かたまりかけの砂、柔らかい砂、しま模様の砂。それが、あるときはまばらなオカヒジキで一個所に固定し、あるときは流れ、またあるときは粉になって追い風で舞い上がり、旅人を窒息させたり文字どおり《肺仙痛》を起こさせたりする。

六月二日の明けがた、風が強くなり、疾風に変わった。風は毛布を吹き飛ばし、寝ていた者も起こされてしまった。眼鏡をかけ、シェシュ[9]をつけても、とうてい外にはいられない。みんな自動車の中に避難する。大波にもてあそばれる船のように、車も砂の攻撃を受ける。いま風速計は秒速二七メートルを記録している。それでも何とか出発しようとしたが、たちまちエンコしてしまう。斜めに吹きつける砂は、霰《さん》弾のようにはげしく車体に襲いかかり、幌の布のあいだから侵入し、耳へはいり、とてもがまんしきれるものではない。

砂嵐は三時間続いた。嵐が静まり、風が落ちると、道は跡形もなくなってしまった。

ドアの把手に触れたディールマンは、はげしいショックを受けた。ゴムのベルトやタイヤで絶縁された車の金属部分が、砂と乾いた風で帯電し、人体を通して地面に放電したのである。ディールマンは《良導体》なんだな、とレーモンは言ったが、この冗談にはほとんど反応がなかった。中国人のボーイたちは、ズックのバケツに首を突っこんでトレーラーのタンクの上に腹ばいになったきり、まだ動こうとしなかった。テイヤール神父の手に触れたブリュルも、強い電気ショックを受けた。ジュラルミンの箱を指で弾くと、火花が散った。

「ガソリンにあんまり近づくなよ！」

もっとも、重大な問題が山積していたから、このおもしろい物理実験はいいかげんに切りあげなければならなかった。道が完全に吹き消されたので、あらためて正しい方角を見つけなければならない。唯一の目じるしは、頭蓋骨、肋骨、骹《あくと》（ひざ下）、ひづめ、背柱と全部そろった一頭のラクダの骸骨だった。少し離れたところにもう一つ骸骨があったので、方向がわかった。運転手のゴーチエは、砂漠のオオカミやハゲタカやワシがきれいに掃除したこの骸骨を見て言った。

「隊商用の部品置場みたいだな」

グンボはオボ[10]を見つけて、ますます確信を強めた。井戸は遠くないはずだ。数分後、はたして井戸が見つかった。古い木の水槽、綱、風に飛ばないように大きな石をいくつも載せたヤギ皮の桶[11]。水はなまぬるく塩辛かったが、それでもうれしかった。

ブリュルは暑さや埃にもめげず、出発以来一時間ごと、ときには一キロごとに、ずっと記録をとっていた。それによると、

「八時四五分（一三キロ）、一号車パンクのため停止。九時三〇分（二〇キロ）、テイヤール調査のため、赤土の鋸歯状段丘の前で数分間停止。九時四五分（二一キロ）、無限軌道車に牽かれて、トラックは砂の台地の上り勾配を越える。一一時四五分（三九キロ）、昼食のため井戸の近くに停止。ラクダの新しい死骸あり。自動車が熱くなる。レミリエのトレーラーの車軸を補強。出発のとき、ピアのトラックが腐土にはまり込む」

それから二〇分ほど行くと、砂の中に標柱が立っていた。境界の印である。アラシャン地方はそこ

で終わり、ここからはエツィン・ゴルのトルグート部族の地域になる、とモンゴル文字で書いてあった。その晩、グンボは一人の遊牧民に出会って、からのガソリン缶数個[12]と羊一匹を交換した。自動車隊は外モンゴル（モンゴル人民共和国）の国境沿いに進んでいた。その男も外モンゴルから来たのである。モスクワから輸入した制度を嫌って、逃げ出して来たのだ。

六月四日——ブリュルのノートの続き。

「五時一〇分出発。腐土。トラックを押さねばならない。七時五分（一五キロ）、黄土の窪地に下りたとき、ピアのトラックが車軸まで埋まる。脱出作業。一〇時三五分、トラックが円丘のあいだの隘路で砂にはまり込む。気温上昇。地形は沸騰した湯に浮かぶ泡のようにふくれあがる。一一時三五分（四七キロ）、混沌たる風景、化学薬品のような色。主調は灰色と黄色だ。製鉄所の鉱滓捨場を思わせる。一五時、鉛色の空、きびしい太陽。圧延し、スレートのように剝離した黒い岩のあいだを長時間上る」

六月五日——黒ゴビ。ブリュルのノート（続き）。

「機械の調整と掃除で出発が遅れる。黒い丘のあいだに運転可能な平地を発見。一一時、火山の噴出物のような円錐丘群を通過。ピアのトラックの後部ガソリンタンクに石で穴があく。一四時一〇分、嵐が近づく。とつぜん、砂の竜巻。横なぐりの突風をついて台地を上る。黄色いまだらのある巨大なドームのような丘。先を行く車の轍がたちまち消えてしまう。ポワンは進路を見失い、強風下に道を捜す。車の雲母窓の外を、水のように砂が筋をなして流れる。黄色い水の水槽に潜っているような感じだ」

六月六日、昼ごろ、最後の砂丘群を横切り、探検隊はついにエツィン・ゴルの近傍に着いた。砂丘の狭間《はざま》からとつぜん、思いがけない景色が現われた。大森林、緑の牧場、淡水の湖。黒ゴビは終わり、大オアシスにはいるのだ。ちょうどいいときである。いかに剛の者でも、今はもうへとへとだから。

みんな水浴びをする。澄んだ水の楽しさよ。ポワンは位置を測定した。ハラ・ホトの北二五キロ、粛州の北四〇〇キロ。すでに難関は突破した。笑い声、歌声、みんな有頂天である。

だが、モーリスが《経済状態》を調査したとたん、陽気な気分はいっぺんにふっ飛んでしまった。暑熱でガソリン缶が数個破裂し、四五〇リットル入りのドラム缶にも穴があいてしまった。ガソリンはもう二〇〇〇リットルしか残っていない。車は九台。この分量では二〇〇キロしか進めない。粛州へ行くには、その倍は必要なのに。

1 中国革命のレーニンに当たる人物。国民党の創立者。孫文。
2 博士論文は雌ウサギの膣の律動を調べたもの。
3 南京政府の印章を刻んだ高価な硬玉。
4 彼は、先にテイヤール神父が中国の内陸地方を旅行した際、数年間にわたって、このすぐれた地質学者に協力した。
5 国民党機関紙『国民通信』の正式特派員。
6 カリフラワーの凹みは必ず外を向いていたから。
7 砂漠。《ゴビ》とは、中国でもモンゴルでも小石の砂漠という意味である。

8 ゴビ砂漠の隊商は昼ごろキャンプをたたみ、真夜中までほとんど休まず歩き続ける。そして、ラクダは夜明けまで休息し、夜明けから出発時までは草を食べる。その習慣を守らないと、探検隊はラクダを全部殺してしまうことになる。今までにもそういうことがよくあった。

9 アラブ人が埃よけに使う木綿の長いスカーフ。

10 何かの理由で立ち止まった旅人は、道ばたに必ず小石を積み上げるか、すでにある石の山に自分の分を加えなければならない。その石の山をオボと言い、砂漠の道標にする。オボには宗教的な意味合いもあり、中には神聖と見なされているものもある。

11 ゴビ砂漠の井戸は、遊牧民に固く保護されている。水槽や綱や革桶が盗まれるようなことはない。それどころか、いたんで使えなくなると、誰かがそれを取り換えておく。広大な砂漠のはるかかなたから、そうした道具を運んで来ることも多い。

12 空缶はモンゴル人には貴重品である。井戸の水を汲むには、羊の胃袋よりも空缶のほうがいいのだ。

7　粛州協定

馬一族――中国人学者の陰謀――ポワン、リーダーを引退――明水嶺――新疆省境

六月七日、ポワンは隊の指揮をブリュルに託し、無限軌道車とトラック各一台から成る小グループを編成して、最初の補給基地粛州まで大急ぎで行くことにした。そのあいだ、残留隊も彼のあとをガソリンの続くかぎり前進し、それが切れたら、あとはポワンが旅の継続に必要な二〇〇〇リットルのガソリンを持って帰るまで待機することになった。ペトロとレーモンがポワンに同行し、姚将軍と刁《チヤオ》大佐もそれに参加した。二人の軍人学者は粛州の総督に用があると称していたが、実は、たとえ数日間でも探検隊の分隊を監督する任務を放棄したくなかったからである。

二四時間後、ブリュルも残りの車を率いてエツィン・ゴルの谷をさかのぼった。

エツィン・ゴルのオアシスはうっそうたるジャングルで、緑色の御柳《ぎょりゅう》やニレの若木、小さな湖、森を切り開いた跡などが、周囲の不毛の砂漠と著しい対照をなしている。モンゴル人のユルトや家畜の群れが点在するこの緑の地域は、幅は一〇キロあるかなしかだが、はるか南、粛州の向こうの南山山脈[1]の万年雪に源を発するエツィン・ゴルの分流に平行して、縦に長くのびている。昔は長城の前哨だった望楼が、すでにいくつか現われていた。この地域には遊牧民がおり、ラマ教の高僧を拝んで功徳を積むために、広大な砂漠をものともせずに横断するモンゴル人の巡礼たちにも出会った。

六月一〇日、ポワンの車の轍《わだち》を捜すため隊の先頭にいたグンボとボーイのガオは、平原の向こうから一〇〇人ほどの騎兵隊が疾駆して来るのをまっ先に見つけた。みな小銃を持ち、中国軍の軍服を着ている。そして、たちまちおうへいな口調で尋問をはじめた。

「何者だ？」

「旅行者です」

「車の中にあるのは何だ」

「台所道具とガソリン缶です」

「下ろせ」

グンボとガオはトラックから荷を下ろしはじめた。しかし、隊長ふうの男はなおも質問を続けた。

「おまえたちだけか」

「いえ、あとから車が六台来ます」

「どんな車だ？」

ガオはふんぞり返って、

「軍の装甲車だよ。新疆の主席のところへ公務で行く外国人を運んでるんだ」

「武装してるのか？」

「どの車も機関銃が二丁ずつあるぜ。小さい大砲を持ってるのもある」

この返事はかなり事実を曲げたものだが、匪賊の頭目にはききめがあった。彼は考え込んでしまった。

「荷物を積んでもよろしい」。それから、ガオの方を向いて、「大兄、ピストルとナイフをお貸しいただけないかな」。

ガオは言うとおりにした。即座に言うことを聞かなければ、棍棒か鉄砲で一発やられないともかぎらない。

そのとき、本隊が現われた。六台の無限軌道車の堂々たる縦列である。匪賊たちは一瞬狼狽した。本隊の連中は危険も知らずにすぐ車から下りて来て、この不意の出会いをすっかりおもしろがっているようだった。スペクトはカメラをすえて、地方色豊かなそのシーンの撮影をはじめた。ほかの隊員も、当惑している見知らぬ男たちの鼻先にめいめいコダックを構えた。

匪賊の一人が腰につるしている《ミッション・ナイフ》に最初に気がついたのはバルルデだった。相手がたが怪しげな目つきで自分の騎銃を見つめているのを知ったバルルデは、用心のため、クラクションを二度鳴らして出発の合図をした。これは適切な処置だった。匪賊たちは最初の狼狽から立ち直りかけていたし、放っておけば五分とたたぬうちに攻撃の火ぶたを切り、探検隊に奇襲をかけて武器を奪おうとしたに相違ない。

*

六月一一日、本隊は天倉村に着いた。このあたりは中国人が開墾している。粛州までわずか一五〇キロだが、ガソリンが尽きたので、ポワンが戻るのを待たねばならなかった。三日間というもの、奇妙な機械に乗って砂漠から現われたこの新来の客たちはたいへんな騒ぎをひき起こした。見物人はひっきりなしに詰めかけて来た。ずいぶん遠くから来た者もいる。中国人はモンゴル人よりもずっと物見高い。みんな、無電車のキャビンで無電を操作しているケルヴィズィックを魔術使いだと思っていた。ケルヴィズィックはこの停止を利用して外界と連絡をとった。一二日の晩に、パミール班がカブールに着いたというアールトの無電をキャッチした。北京からも暗号電報を受け取ったが、暗号表がないので、ブリュルにも解読できなかった。一三日の午後九時、ヘッドライトの光が地平線に見えた。ポワンがガソリンを持って帰って来たのだ。

「で、粛州はどうだった？」

ポワンの話によると、馬《マ》歩《プ》芳《ファン》将軍は非常に歓迎してくれたらしい。主席は馬を貸してくれ、官人たちも挨拶に来たという。ただ、姚と刁の二人だけは将軍に門前払いを食わされて、気分を害しているそうだ。町はほんの一週間前に支配者が変わったばかりで、状況は依然微妙らしく、探検隊の予備のガソリンもあやうく徴発されそうになったが、粛州にいた忠実な李[2]がよく隊の利益を守ってくれたらしい。

しかし、上機嫌だったポワンも、ブリュルが渡した電文を解読すると、たちまち顔色を変えた。それはフランス公使館を通じて送られてきた新疆省主席のメッセージだった。いわく、

「新疆省主席ハ、南京政府ノ代表ガフランス学術探検隊ノ長デアルコトヲ奇異ニ思ウ。通行許可ヲ与エラレタノハフランス人ノ隊ノミデアルコトヲオ忘レナク」

ポワンはブリュルをわきへ呼んで、

「褚民誼博士に知らせなきゃな」

褚民誼博士は怒るかもしれない。しかし、話してみると、彼はそれほど怒った様子もなく、この電報はうそだ、そんなものを自分は無視する、と静かに言い切った。

六月一五日、七台の無限軌道車は粛州の厚い城壁をくぐった。詰めかけた群衆を車輪やトレーラーから引き離さねばならなかった。補給物資は無傷だった。ジョーは意気揚々と瓶を振り回して、「ブドウ酒だ！」と叫んだ。勝利の実感が湧いてきた。

これでやっと、ゴビを横断したわけである。

*

前にも述べたように、粛州の町は支配者が変わったばかりだった。町は最近、馬歩芳将軍の軍隊に占領された。将軍は自分のいとこで、馬騏《マチ》将軍と甘粛省主席馬鴻賓《マフンピン》将軍の甥にあたる馬仲英《マチュンイン》将軍をそこから追い出したのである。

この馬氏というのは何者か？　中国人が陝甘とひとまとめに呼んでいる甘粛、青海、寧夏、陝西各省は、住民の大部分がトゥンガン（東干）人である。トゥンガン人は中国人とアラブ人ないしトルコ人の混血で、イスラム教を奉じている。この人種はよく騒ぎを起こし、中国人は昔から非常に手を焼いてきた。清朝の皇帝たちは、トゥンガン人を現地で選んだ首長たちに統治させるのが得策だと思った。こうして馬一族が支配権を握り、陝甘地方の文武の重要ポストを残らず独占した。

粛州の最近の騒ぎも、同族内の争いからきたものだった。いとこ同士の対立というのは、単なる表向きにすぎない。馬仲英将軍は新疆省を征服して、そこにイスラムの帝国を建設したいという野心に燃えていた。しかし、家族会議はそんな計画は無謀だと言い、隣の省[3]で軍司令官をしている若いいとこの馬歩芳を除いて、あとの老人たちはみなそれに反対した。甘粛省の北西回廊（甘州、粛州、安西の町々）を支配する馬仲英は、この半年間、一九三一年夏に単独で新疆省を攻撃するための準備をしていた。しかし、兵隊もそういるわけではないし、自分が留守にすると、あの計画にまっ先に反対した叔父の老将軍馬鴻賓が自分の領地を占領するおそれがあった。そこで、後方の安全を確保するため、いとこの若い馬歩芳に頼んで、自分の領地を占拠させたのである。

だが、馬歩芳が隣の省へ侵入する——いかに友好的な形でも——には、何か正式の口実がなくてはならない。そこで馬仲英は、いとこと秘密協定を結んだうえで、わざと国境紛争を起こした。馬歩芳は待ってましたとばかり、反徒の烙印を押されたいとこを討伐に行く許可を中央政府に求めた。実際には討伐などやりはしなかった。馬歩芳の軍隊は、馬仲英が新疆省境に兵力を集結できるように、北西回廊に進出したにすぎないのだから。これが、シトロエン探検隊が粛州に到着した一九三一年六月の事件だった。

粛州に到着（6月15日）

ポワンは着くなり、この政治的混乱を知らされた。安西と星々峡——この二個所には、食糧品とガソリンをストックしてあった——を通る街道も、これではとても安全とは言えない。新疆へ攻め入る準備をしている馬仲英将軍は、ヨーロッパ人の到着をおそらく歓迎しないだろう。ヨーロッパ人は無電機を持っているし、この連中に見られるとろくなことはなさそうだから。

　そういう微妙な情勢についてポワンがブリュル、ペトロと話し合っているとき、警察署長がやって来た。単なる儀礼的な訪問だったが、ポワンはさっそく、この感じのよさそうな老官吏に意見を聞いてみた。

「皆さんがたなら、全然心配ありませんよ。政府の賓客なんだし、こういう争いごととは無関係ですからね。でも、念のため、馬仲英に知らせておいたほうがいいんじゃありませんか。電報でも打っておきなさい……」

　ポワンはすぐそうすることにした。出発は明後日の予定だが、それまでに返事をもらえるだろう。

「うまく行くといいが……」とペトロはつぶやいた。

　中国人の学者たちの態度に、彼はかなり不安を感じていた。姚将軍と刁大佐は、ポワンがガソリンを持ってブリュルたちを迎えに行っているあの三日のあいだに、馬歩芳と会うことに成功していた。よほどしつこく頼んだらしい。姚は例の蔣介石総統の全身像[4]を贈り、南京政府が甘粛軍に武器を供給することもありうるなどと言ったようである。探検隊の話もしたに違いないが、どんなことを言ったかはペトロにもわからなかった。おそらく、ありったけの悪口を並べたのだろう。事実、粛州到着以来、中国側の学者たちは、食べつけた料理のほうがいいと言って、食事も外でし、ほかの隊員とは別の生活をしていた。

　到着の翌々日にあたる六月一七日の夜、不意に馬歩芳将軍が自動車隊を訪れた。その態度は、前とは打って変わっていた。出発を禁止し、アンテナをすぐ取りはずせと言い、旅券の提出を要求し、探検隊が所持する武器の目録を今晩中に作れ、などと言い出した。

　こんな非常処置を急にとるのは、どういうわけか？

「せめて、中国側の電信局からフランス公使館へ電報を打たせてください」とポワンは言った。

「どうぞ」

　北京のフランス公使館にあてた至急電報（三倍額）をすぐボーイの李に渡し、電信局へ持って行かせた。局員はそれを受け取り、規定の受領証を出したあと、この電報はここで留めおきだ、と李にこっそり言った。そういう命令を受けているのだ。

「そんなら、どうして受領証なんか出したんだ？」とポワンは言った。

「生活がかかってますからね」。李は無邪気に答えた。

「それなら、やりようによりゃ、検閲だってごまかしてくれるな」とペトロは言った。「よし、おれが個人的に中国語の電報を打ってみる。省主席の馬鴻賓のやつに、出発させろって言ってやろう」チップをうんとはずんだので、電信局から戻った李は、すぐ打ってくれたと言った。翌朝、さっそくそれが証明された。馬鴻賓の返事が届いたのである。


「粛州ニゴ到着ノヨシ、オメデトウ。新疆ヘゴ安着ヲ祈ル。ナオ、行路ノ安全ニツキ地方当局ニ指示セシユエ、ソチラニ問合ワセラレタシ。　小弟　マ」

*

どうなっているのか。

はっきりしているのは次の二点である。
一、地方総督の馬歩芳は、現状では、安西へ行く街道を通るのを許可しそうにない。
二、上官の馬鴻賓の電報を見せれば、彼も出発するなとは言えまい。ただし、車が別の道を通り、紛争地帯を迂回するならば、である。
それにしても、その別な道というのを見つけなければならない！

グンボが連れて来たラクダ御者のポ老人は、道を知っていると言う。ハミ生まれのこの老人は有名な隊商がしらで、その道を一七回も通ったことがあると言う。だが、ガソリンはまに合うだろうか。そのルートだと、安西や星々峡——そこにガソリンのストックがある——で補給するわけにいかない。

ボーイの李が口をはさんだ。

「ハミのストックだって当てになりませんよ。ぼくが聞いたところだと、ハミでも大事件が起こりそうだっていいますからね[6]」

　この警告もなおざりにはできない。とすると、トルファンまで補給がなくても行けるようにしなければならぬ。九台の車で一一〇〇キロ走る。ガソリンは一万リットル用意した。

　あとは出発の許可を待つばかりだ。馬歩芳将軍に会見を求める。すぐ会えた。態度もきわめて友好的である。省主席の電報が功を奏したのだろう。先日のいざこざなどまるでなかったかのようだ。

「まっすぐ北へ行って、安西の町を通らないいんなら、わたしも反対はしませんよ。おととい街道を通るのを禁止したのは、皆さんのためを思ったんです。地方当局は皆さんの安全に責任を負うって、旅券にも書いてあるでしょう？　皆さんが馬仲英につかまりでもしたら、わたしの責任ですからね。あいつはどんなことでもやりかねませんよ。皆さんの車をさっさと徴発して、私用に使うに決まってます」


　キャンプに戻ったポワンは大喜びで、出発準備を急げと命令した。そして、一応の礼儀として、李に贈物を持たせてやった。モーゼル拳銃に実弾二〇〇発、それと双眼鏡である。普通、こういう贈物はたいへん珍重されるのだ。ところが一時間後、李が血相変えて戻って来た。

「たいへん《ビッグ・チェンジ》だ、マスター」

「また何か起きたのか？」

「まるで乞食扱いですよ。一時間も待たされて、そのあげくに門前払いです。将軍のやつ、包みもあけないんですからね。おれは金持だから贈物なんかいらないって、取次ぎのやつに言わすんですよ[7]。それから、明日は出発しちゃならんて言ってました」

誰かが妨害したに違いない。

夜九時ごろ、ドアを叩く者がいる。一人の男がそっと台所へはいって来た。

「誰だ？」

「友だちです……商人ですよ」

李はそう答えたが、数分後、何か謎めいた様子でポワンにそっと合図をした。ペトロといっしょに台所へ来るようにというのだ。台所には参謀長がじきじき来ていたのである。参謀長はまわりくどい言いかたで、こんな話をはじめた。「わたしは昔大病をして、生きる喜びも味わえなかったことがあるんです。この辺の医者にかかっても、ひどくなるばかりでした。そのとき、お国の医学を学んだお医者さんが薬[8]をくださいましてね。おかげで病気はすっかりよくなりました。わたしも恩知らずにはなりたくありませんから、将軍がなぜ皆さんの出発を妨害するのか、ほんとうのわけをお話ししようと思います」

そして、ひと息ついて、

「中央政府の要人が三人、この探検隊にはいってますね。その連中が、皆さんの旅券を全部無効にするように、南京へ電報を打ったんです。自分で馬歩芳にそう言ってましたよ。省主席からは、出発させるようにと指示が来ています。馬歩芳はどうしていいかわからないんです。指示には従いたいけど、にらまれるのはいやだし。中国人の隊員が妨害するのを止めさせなさい。そうすれば馬歩芳だって、引き止める理由はなくなりますよ。ちょっと読んでごらんなさい」

そう言って彼は一通の手紙を差し出した。ペトロは一読してぎょうてんした。馬歩芳のところへ来た手紙で、中国側団長褚博士の印が押してある。

「アールト氏と中国学術団体連合会の契約書の写しを同封します。これをお読みになれば、探検隊の中国人隊員とフランス人隊員の役割は、はっきりおわかりのことと思います。しかし、出発以来、外人たちはこの協約を少しも守っていません。

一、第一四条B項の一、写真および映画の件。

二、第五条A項、中国人団長の特権に関する件。

なお、もう一つお伝えしておきたいことがあります。フランス側の隊長プアヌ（ポワン）は、二日も歩かなければ人里まで出られないへんぴな場所で、中国の動物学者何氏に重大な侮辱を加え、同氏を《砂漠のまっただ中》に放逐しました。同僚の味方をした新聞記者の周氏も同じ目にあいました。外人たちはこちらより数も多く、武器もまさっていましたので、われわれもあえて介入できませんでした。この不幸な仲間たちはどうなったのでしょうか。飢《かつ》えて死んだか、匪賊にやられたか、それはわたしにもわかりません[9]。

外人に無電機の使用を禁じられた貴下の措置に、わたしは敬意を表します。この愛国的な行為によって、国の威信を傷つけるおそれのある情報の発信が阻止されるばかりでなく、それなしには正規の収入を奪われる中国の電信局の利益が擁護されることになります。

以上の事実は、すでに政府にも通知済みです。いずれ、政府の指示がお手もとに届くでしょう。それまでは、探検隊の出発を阻んでください」

参謀長の説明で馬歩芳の態度はよくわかった。わからないのは褚民誼博士をはじめとする中国側の学者の態度である。旅行を続けさせまいとする彼らの真意は、いったいどこにあるのだろうか？　前に、中国人学者の新疆入りをウルムチの省主席が拒否しているのを知らせたとき、褚民誼博士はそんな電報はにせものだと言ったけれども、内心ではそれを重大視しているに違いない。ポワンはそう思った。

　中国人の考えかたからすると、フランス人だけが前進して自分たちが取り残されるというのでは、自尊心が傷つけられる。それでは《面子《めんつ》》が立たない。褚民誼博士とその同僚のみならず、中央政府の威信にもかかわるだろう。

　ポワンは長いこと考えていたが、結局、褚民誼博士と姚将軍に面談を求めた。

「この手紙は、あなたが馬歩芳将軍に出したものですね」

「そうです」と褚民誼博士は答えた。

「探検隊を足止めするのは、あなた自身の経歴を傷つけることになるとは思いませんか。褚民誼博士、あなたは中仏協会の会長で、レジョン・ドヌール四等勲章もお持ちのかたじゃありませんか。それから、将軍」と、今度は姚のほうを向いて、「あなたはサン＝シール士官学校を出てから、ずっと中仏友好政策を主張して来られたはずですね。ここでしていることは、それと矛盾すると思いませんか」

　褚民誼博士は自分の立場のむずかしさを滔々と説明した。しかし、ポワンははっきり言った。

「新疆省境でむずかしい問題が起こっても、とにかく仲間割れだけはよそうじゃありませんか。新疆入りに成功するにしても、省境で隊長が来るのを待つにしても」

　褚民誼と姚は明日返事をすると答えた。

　その返事は協定の案文という形をとることになった。

「左に署名する中仏学術探検隊代表間の友好的な協定により、以下のとおり決定する。本日、一九三一年六月二〇日より、

一、アールト隊と合流するまで、ブリュル氏が臨時にフランス班を指揮する。
二、無電機の使用に関しては、姚将軍が電報の送受いっさいを監督する。電信局のある地方においては、通信途絶の場合を除き、現地の電信局を利用する。
三、フランス、中国両班のうちいずれかが新疆入りを拒まれた場合、全隊は省境に待機する。別行動はとらない。
四、旅行途上に起こった従来の不祥事はすべて水に流す。隊員に不満がある場合には、北京へ帰還した後解決する。
五、探検隊の進行は褚民誼博士とブリュル氏の合意に基づいて決定される。
六、今後途上で起こるいっさいの事件は、当事者自身に代わって、両班長、褚民誼博士とブリュル氏がそれを解決する。
七、この協定には三人の中国側隊員——褚民誼博士、姚将軍、刁大佐——および三人のフランス側隊員——ポワン、ブリュル両氏、テイヤール・ド・シャルダン神父——が署名する。

これを証明する。以下署名……」

ポワンは何も言わずに署名した。自分の指揮権を譲り渡すことが旅行を続けるのに必要ならば、やむをえない。時間は貴重なのだ。

六月二〇日の晩、最後の荷積みも終わった。二一日の朝、砂漠の道をハミへ向かって出発した。あぶないところだった。二四時間後、馬歩芳は上官の馬鴻賓将軍から伝達された南京政府の指令を受け取ったのである。それは、探検隊を直ちに停止させ、旅券を取り上げ、全隊員を北京へ護送せよというものだった。

あとで知ったことだが、馬鴻賓は親切心からこの命令を自分のところにしばらくあたためておいたらしい。[10] 馬歩芳が命令を受け取ったときは、すでに後の祭りだった。探検隊はポ老人が教えてくれた道をとって、すでに砂漠のまん中にいたのである。

*

新疆省境の明水嶺までは四〇〇キロあった。それを五日で走破した。実際に行って見てわかったことだが、ポ老人が言ったことは実に正確だった。谷は広く、峠も上りやすかったし、教えてくれた水場と水場のあいだの距離も彼が言ったとおりだった。ところどころ柔らかい腐土があったが、地面はおおむね堅かった。ゴビのこの部分は、感じもゴビ東部ほどすさまじくなかった。水も多いし、馬鬃山《マチユンシヤン》[11]（馬のたてがみ）には牧草が豊富で、カモシカ[12]、ヤギ、ロバ、野馬など動物もいろいろいた。

しかし、牧畜や狩猟に適したそういう土地に、ほとんど人がいないのは奇異な感じがした。粛州のオアシスから明水嶺までの全行程中、われわれが出会ったのはモンゴル人の小さなキャンプ一つだけだった。

六月二六日早朝、城壁の跡と崩れた四つの塔がある古い砦の前に着いた。これは昔明水嶺を守っていた堡塁に違いない。あの峠は中央アジアの一つの要衝だったのである。東ゴビからの道はすべてここに集まり、あるものはバルクル、グチェンを通ってジュンガリア方面へ行き、あるものはハミ、トルファンを通ってタリム盆地へ向かっていた。

砦のそばに泉があった。[13] 泉のそばには、平らに削った杭が地面に突き刺さっていた。表に何か漢字が書いてある。

「西へ行くな。危険。ラクダを山陰に隠して待て」

明らかに最近のものらしい。どこかの隊商がしらが仲間に知らせるために書き残しておいたのだろう。住む人もないこのあたりでは、そういう《砂漠の新聞》でニュースが広まって行くのである。いささか謎めいているが。

ままよ、運を天に任せよう！

岩の急斜面に囲まれたその丸い台地は、きれいな円形劇場のような形をしている。まわりの山は階段座席のように盛り上がっている。谷川の河床に沿った道を伝って、隊はそれから山の切れ目にはいって行く。両側の山々はしだいに迫り、しだいに高まって、西のほうの狭い隘路をはさんでいる。隘路の両側にある二つの大きなオボが空に浮き出して見える。

先頭の車が稜線にたどり着くと、とつぜん視界が開ける。視野をさえぎるものはもう何もない。モンゴル高原はそこで終わるのだ。名ごりの急斜面のかなたには、遠く霧にかすむ果てしない大平原が見える。新疆だ。道は今、平原に続く下り道を走っている。無限の空間を飛ぶように車は全速力で駆け下りる。たちまち砂塵が舞い上がり、車は目隠しされてしまう。

夕方、峠から八〇キロ下ったところで、前を行く隊商に追い着く。荷箱にシトロエンと書いてあるのを見て、みんな唖然としてしまう。それは、部分品とエンジン用の石油と食糧一三八箱を七一頭のラクダに積み、二月一一日に包頭を出発してハミへ向かった第五キャラバンである。

「もう四〇日も前にハミに着いてるはずじゃないか。どうしてこんなに遅れたんだ？」

隊商がしらは、包頭出発はどうも日が悪かったらしい、と言った。日がいいとか悪いとか、そんなとんちんかんなことを教えたのは老道《ラオタオ》（道教僧）である。とにかく、出発したとたん、隊商は《鬼》に出会ってしまったのだ。ついてないのは、みんなこの《鬼》のせいである。ラクダを数頭《置いて》[14]来ざるをえなかったのも、荷積証と書類全部と予備の塩を紛失したのも。

「荷物は全部あるんだろうな、せめて?」

「全部あります」

「何か知ってるか? ハミの様子を?」。隊商がしらは、峠を通るときに警告を読んだと言った。でも、まさかこの荷物は略奪されまいと思ったから、かまわず進んだのだという。鉄や石油では食べるわけにはいかないからだ。

もっとも、ポ老人は隊商がしらに、自動車の跡をたどって二日進んだら、念のためそこで止まっているように、と言った。危険な場合には、そこへ人をやって、通る道を教えてやるというのである。

前日、雪におおわれたカルリク・ター[15]の峰々を見ながら一〇六キロ走破して、六月二八日、ハミのオアシスのへりにある最初の村[16]に着いた。村は燃えており、人影もなかった。

二人の纏頭《チャントウ》[17]が血相を変えて車のほうへとんで来た。恐怖のため、はじめは何を言っているのかわからなかったが、ようやくペトロに話が通じた。へたな中国語である。

「あっちへ行くな。西へ行くな。戦争が……」

言葉だけでは足りないと思ったのか、纏頭は夢中になって拳と拳をぶっつけ合わせた。

「でも……、誰が?」

「みんなだよ。みんな戦争してるんだよ……」と彼らは繰り返した。

そうなのだろう。ほんとうに戦争をしているのだろう。今ははるかかなたに、大砲の鈍い響きと機関銃のパチパチいう連続音が聞こえた。

新疆も、近代文明の恩恵を知らないわけではないらしい。

1 リヒトホーフェン山脈。

2 ペトロが見つけた通訳兼ボーイで、粛州までキャラバンで補給物資を運びに行っていた。

3 青海省（ココ・ノール）。

4 自筆の献辞が書いてあるが、受取人の名前は記入されていない。姚がそこに馬歩芳の名を書き入れた。

5 辺境の電信局にいる中国人局員の給料は、局の収入でまかなっている。粛州は戦争状態で、軍用電報が優先されていたから、局の収入はゼロだった。一般人の至急報というのは、思わぬ授り物だったのである。

6 李の言うとおりだった。ハミに着いても、そこに置いてあったガソリンはなかった。軍当局に徴発されてしまったのである。

7 中国人の礼儀作法からすると、贈物をつっ返すというのは、交渉が決裂したということだった。

8 白檀の丸薬。

9 実際は、鉄道の終点の包頭に着いたという何氏の電報を粛州到着後に褚民誼博士は受け取っていたのである。

10 三年前にペトロは、当時西寧府の師団長だった馬鴻賓に、個人的なことで力になってやったことがある。いつかわたしの感謝の気持をお見せする機会があるでしょう、とそのとき馬老人は言っていた。

11 マチュンシャン（馬鬃山）という名前は、その連峰にはまさに打ってつけだった。遠くから見ると、狭い谷が平行に走っていて、実際馬のたてがみにそっくりだったから。

12 正確にはガゼラ・スブグットゥローサ。このカモシカは四、五頭の小さな群れをなしている。張家口西方の草原地帯にいるカモシカ（グットゥローサ）の場合には、群れといってもずっと大きい。

13 明水（澄んだ水）の泉。明水嶺の名はこれにちなんだもの。

14 迷信深いラクダ御者はラクダが途中で死んだとは言わない。いつも「ラクダを路上に置いて来た」と言う。

15 カルリク・ターはトルコ語で《雪の山》のこと。

16 イコチュー。

17 東トルコ人。中国人は「纏頭《チャントウ》」と呼んでいる。「頭にターバンを巻いた者」という意味。

8　未知の新疆

戦場に着く——中国人とイスラム教徒——ポワン、急ぎウルムチへ——トルファンの七月一四日

村から出たところで、九台の車はくぼんだ道に止まった。

前方で戦っているのは誰か？　中国正規軍か、反乱を起こしたイスラム教徒か、それとも匪賊か。褚民誼博士も判断がつかないと見えて、車から中国国旗を下ろし、フランス国旗だけ掲げておくことに何ら反対しなかった。スペクトは手まわしよく、車の屋根にカメラの三脚をすえつけた。センセーショナルなニュース映画をとれるかもしれないと、彼はすっかり張り切っていた。柳氏はもっと冷静だった。中国人の隊員たちはみなそうだが、この人も、一部のフランス人が小銃に弾をこめているのを心配げに見ていた。彼に言わせれば、武器は隠し、攻撃されたら無条件降伏をするのがいちばんだという。

再び前進をはじめる。ポワンは斥候になり、双眼鏡を手にトラックの前部にまたがった。鉄砲の音が近づいて来た。乗り手をなくした一頭の馬が道を横切って全速力で駆け去った。最初の角を曲がると、二〇〇メートル先の地襞の中で、一〇〇〇人ほどの兵士が稜線に向かって小銃を乱射しながら駆け回っているのが見えた。稜線の上にはあちこちに騎兵が群れをなしていた。自動車隊が近づくと銃撃戦はやんだ。兵隊はみんな、その場に釘づけになってしまった。[1] その状態が数分続いた。やがて五

人の兵士が本隊から離れて、停止している車の方へ歩み寄って来た。中国軍の制服を着ている。まだずいぶん距離があるのに、兵士の一人が軍帽を脱いで最敬礼をした。

「チュン・ファ・カオ・シャ・トゥアン（中仏考察団）ですか？」

「そうです」

「それはそれは、よくいらっしゃいました。星々峡へお着きになるのを、何か月も前からお待ちしておりました」

「どうしたんです？　誰と戦争してるんですか？」

「イスラム教徒の犬ども（当時、中国国軍は、自分たちに敵対するイスラム教徒をこう呼んでいた）ですよ。大佐殿がお話しします。ここにいてはいけません……前進してわたしたちと合流してください。ここは危険ですよ」

　自動車隊のとつぜんの出現を中国軍は利用したようだった。中国兵は散開したまま、いまや稜線を占領していた。そこにはすでに赤や黄色の連隊旗が立っていた。近づいてみると、すさまじい光景だった。道は人や動物の死骸で埋まり、おびえた子供たちはひっくり返った荷車の下に隠れていた。一人の女が瀕死の夫のそばで泣き伏していた。死んだ戦友たちのポケットをあさり、それから大急ぎで靴をかっぱらう中国兵もいた。綱をつけたまま、つまずいて倒れるラクダが続出した。たいていは荷鞍もはずれ、積み荷が地面に散乱していた。ラクダは狂乱して繋綱を引っ張り、鼻孔を引き裂いて金切り声をあげた。地面には空の薬莢や弾筒が散らばっていた。

「医者はいませんか」

　だが、すでにドラストルが小規模な救護所を開設していた。ドラストルと看護人の役を買って出たテイヤール神父は、たちまち三〇人ほどの軽傷者に取り囲まれた。重傷者も運ばれて来たが、これは手のつけようがなかった。みんな出血でまっ青だった。纏頭《チャントウ》が使うダムダム弾は恐ろしい傷を作るのである。出血多量で死ぬ者がいちばん多かった。

そうこうするうち、現場に着いた分遣隊長の張《チャン》大佐が、探検隊に正式の挨拶をするため近づいて来た。彼の話によると、連隊は星々峡の省境を守っていたが、イスラム教徒の重圧を受けてそこを撤退し、ハミへ退却中なのだという。中国軍はハミに全勢力を集結しているのだ。

「ハミのすぐそばですから、この辺は安全だと思ってたんですがね。待伏せに引っかかりましたよ。道の両側からやられました[2]」

大佐のまわりでは、中国兵もフランス人に混じり、口をぽかんとあけて話を聞いていた。とつぜん、ブリュルのすぐうしろでパアーンと銃声がした。ブリュルは飛び上がった。銃を背負った一人の兵士が引き金をおもちゃにしていたのだ。

「ばか野郎！」と大佐は言っただけだった。

大佐が話を続けようとしたとき、また猛烈な銃声が聞こえた。左翼で攻撃が再開したのだ。肩のくぼみに盲管銃創を負った一人の大尉は、医者の手当ても受けず、戦闘に戻るのを急ぐあまり、ポケットから古いナイフを取り出して、肉を切り裂き、鉛の弾丸を取り出した。ドラストルが傷口にヨードチンキを塗っているあいだにも、その将校は部下のほうを向いてどなっていた。

「チャオ・ニ・マ（あっちへ行け。早く戻れ）！」

そしてすぐ、自分も部下の後を追って稜線上へ駆け上がって行った。

そのとき、イスラム教徒の騎兵隊が突撃をはじめた。それはここからもはっきり見えた。しかし、今度は中国軍のほうが優勢だった。機関銃が適当に配置され、大砲も砲座にすえられていた。予期せぬ抵抗を受けて騎兵は退却した。だが、突撃に興奮して抑えがきかなくなったのか、中の一人は中国軍の防御線を一気に突破してしまった。たちまち馬が倒された。乗っていたイスラム教徒はころげ落ち、あっというまに中国兵が飛びかかって、彼を地面に押えつけた。二人の兵士がまず青竜刀で彼の両腕を切り落とした。次に、まるで羊のように腹を裂き、まだ暖かい内臓に肱まで腕を突っ込んで、纏頭の心臓と肝臓を引き抜き、トロフィーのように高々とかざした。それからもう一人が首を切り落とし、長い黒い髪をつかんで石投げ《フロンド》器のようにぐるぐる振り回し、空中に放り投げた。

こうして、ジンギス汗やチムールのときから変わらぬ中央アジアが、西洋人の前に現出した。

そのとき、一人の騎馬兵が、肱を張り、足を開き、背にした鉄砲の銃身にうなじを叩かれながら、早駆けで登場した。フランス人の前まで来ると、落っこちるように馬から下りてひざまずき、平身低頭した。

「エル・ウじゃないか」とペトロが叫んだ。

「安心してください、マスター。《連中》には見つかりませんよ」

「何のことだ？」

「ガソリンです！　地面に埋めておきました」

そう言いながら、兵士は小銃を地面に投げ出した。それから、軍帽や弾薬筒もはずし、軍服も脱いでしまった。中国の苦力《クーリー》に早変わりすると、彼は車に近づいて、ポケットからボロを取り出し、風よけをみがきはじめた。

「前におれが使ってたボーイだよ」とペトロは説明した。「隊商を連れて、星々峡までガソリンを輸送して来たんだ」

「誰にも見つかりませんよ」。エル・ウは懸命にみがきながら言葉を続けた。「村から撤退する前に、大きな穴を掘って、缶をみんな埋めておきましたから。隠し場所を知ってるのは老道《ラオタオ》だけです。わたしはそのあと、むりやり兵隊にされちゃったんですが、やっぱり娑婆《しゃば》のほうがいいですね」

そのとき歓声が上がった。増援部隊の先鋒が分遣隊に合流したのだ。これでハミへの道が開かれた。午後五時、前進開始。無限軌道車はすぐ軍隊を追い越した。おもしろいことに、この歩兵部隊は全員、四頭のラバに曳かせた巨大な荷車に乗って進軍するのである。[3]しかし、今は騎馬の偵察隊が側面を守っていた。

午後九時ごろ、探検隊は町の城壁の下に野営した。ショーヴェと李を連れてトラックで先へ行ったポワンは、すでに地方当局と連絡をとっていた。

*

ハミの町は大騒ぎだった。軍の輸送隊や隊商のラクダや馬や武装した兵士などが街路を埋め、店はみんな閉まっていた。電柱には反徒の首と心臓と肝臓がさらしものにされていた。半開きのドアから、あちこちにイスラム教徒の心配そうな顔が見えた。雨上がりで道は下水だめのようだった。

町は熱にうかされたように防戦の準備をしていた。入口には防御工事が施されていた。だが、衙門《ヤーメン》には秩序と平静が保たれていた。平定総主事と軍司令官を兼ねる朱《シュ》大人は、すぐポワンに会ってくれた。

痩軀《そうく》で威厳のある八二歳の老人だった。寄る年波でからだは弱っているようだが、きらきら光る目は、けっしてへこたれることのない活力と堅固な意志を表わしていた。旧派の官人たちは、漢の時代から今にいたるまで、長城の外に住む夷狄[4]を統治するために、そういう威厳を保ち続けて来たのである。この老人もその一人だった。丁寧な言葉で、彼はポワンに語りかけた。

「悪いときにいらっしゃいましたね。纏頭のやりかたはまるでそそっかしい子供です。こちらはいま守勢ですが、じきに全部平定してお目にかけますよ。でも、皆さんには多少ご不便をおかけするかもわかりませんね」

ポワンは、アールト隊長がまもなくカシュガルに到着するので、探検隊には、彼を待たせないように急いで前進を続けることが肝要なのだと答えた。

「わたしにはお引き止めする権利はありません。ウルムチの主席もお会いしたがっていることですし、ここまでいらしったんですから、これから起こる困難もたぶん乗り越えられるでしょう。でも、是非とも行くと言われるなら、わたしとしても、あなたに忠告する義務があります。あなたがたはこの家庭争議には関係ないのですから、ペイ・シル公とお会いになるといいですね。たぶん、有益な情報を教えてもらえますよ」

朱大人はひと息入れて、それから、

「聞くところでは、探検隊に中国人が何人か加わっているそうですね。名前は知りませんが、有名な学者なんでしょうな」

立ち上がって謁見の終わりを告げながら、彼はつけ加えた。

「その学者たちに、できるだけ早く会いたいのですが」

旅を続けるためには是非相談にのってもらえと言われたこのペイ・シル公[5]は、ハミから五〇〇メートルほど離れたイスラム教徒街に住んでいた。この人は、一六九八年からクムル王国[6]を支配した王家の末裔だった。

この人の祖父に当たる賢王シャー・マスドが死ぬまでは、クムル王家は清朝に服属してはいたが、その領土内では完全な独立を保っていた。自ら租税を徴収し、武力を保持し、司法をつかさどって、住民に対する生殺与奪の権を握っていた。中国革命（一九一一年）後、新疆省の主席はこの特権をなくし、クムルの纏頭の半独立を廃して、国王の専制を中国人の行政に変えようとした。シャー・マスドが死ぬと主席は世継ぎのナザル王子をウルムチに招聘した。国事を議するためという口実だったが、王子が来ると、主席は彼を投獄してしまった。同時にハミでは、中国人の官吏たちが地方行政を手中に収め、大減税を公約した。

　公約を信じたイスラム教徒らは服従したが、やがて、中国の官僚政治の悪弊は耐えがたいものになった。税率はたしかに前より下がったが、税務署員が収穫や家畜の価値を不当に高く査定するため、租税負担は結局のところ前よりずっと加重されたからである。

　それだけではない。イスラム教徒らは昔からずっと紛争の裁定を国王に任せていたのに、今では中国の裁判所を相手にしなければならなくなった。法律が変わったこと、言葉が通じないので訴訟手続がわからないこと（通訳は数が不足していた）――そうしたことからさまざまな誤解が生じ、みな不平満々だった。

　しかし、民衆の憤激がその極に達したのは、何といっても中国兵の悪事のせいだった。ナザル王子が捕えられてから数か月後に、クムルのイスラム教徒は大挙反乱を起こし、畑を捨てて山中にこもった。

　強力な武器を持つ中国兵と単独で戦う自信はなかったので、彼らはトゥンガン人[7]の馬仲英将軍に援助と保護を求めた。馬仲英はちょうど新疆を侵略しようとしていたところだった。この合作は願ったりかなったりなので、彼は早速とびついた。四〇〇〇人の兵を率いて、彼は安西・ハミ間五二〇キロの砂漠を越えた。そして、探検隊がハミに到着したちょうどその日に、馬仲英軍の前哨は纏頭と合流したのである。[8]

　ナザルの息子のペイ・シル公は、ウルムチにいる父に害がおよぶのを恐れて、一斉蜂起に表向きは加わらなかった。

　この人は決断力も気概も乏しいひ弱な若者だった。権限は何もなく、何一つ請け合おうとはしなかった。

「今夜使いを出して、皆さんが大事なお客さんだということを、途中の住民に徹底させましょう」

　あとに残った隊商の安全を計るためには、中国政府から通行証をもらうように、と彼は言った。それに自分の名刺を添えるだけでいいだろうというのだ。

　明水嶺の向こうで追い越した隊商は、今ごろ危険地帯に近づいているに違いない。その隊商が無事かどうかは、探検隊にとって死活の問題だった。ラクダ隊には、帰りの旅に必要な車の部品があったからである。

　ペトロは、自分がグンボとポとハミに残って何とかしようと言った。二台のトラックのうち、クラッチ・ケースが割れているやつをここに残しておいてほしい。それを修理してから、四、五日遅れてトルファンで隊に追い着くつもりだ、と。

*

　出発の前日、朱大人は探検隊全員を衙門に招いた。みんながお茶を飲んでいるあいだ、将軍の顧問の阮《ユアン》氏は褚民誼博士をそばへ呼んでこう言った。

「庭をごらんになりませんか。りっぱなものですよ」

　阮氏は、花や木や砦の貯水槽を兼ねている小さな池を見せてから、こうつけ加えた。

「ウルムチの省主席からあなたについて指令が来ました。誤解だとは思いますが、とにかく命令です。[9]
一、至急フランス人を、カシュガルではなくウルムチへ向かわせよ。
二、中国人隊員を逮捕し、所持品をあらためよ。
三、所持する書類は、すべて検査のためウルムチの主席へ送付せよ。
四、検査の結果が出るまで、彼らを厳重に監視せよ」
彼はさらに言葉を続けた。

「しかし、朱将軍は愛国者です。外人の面前で皆さんのような要人を逮捕するのは、国の威信にかかわると思ったんですね。このことは誰にも言わないでくださいよ。でも、知っておかれたほうがいいでしょう。ウルムチへ着いて、どうするか決められる際に参考にしてください」

探検隊は七月一日にハミを出発した。粛州で李が予想していたとおり、前もってハミに置いてあったガソリンのストックは、将軍の必要のため《借り上げ》られて、石油しか残っていなかった。トルファン[10]まで行けるだけのガソリンを粛州で用意しておいてよかったと思った。

ペトロは予定どおりハミに残った。すでにポ老人は隊商を迎えに出かけていた。ペトロはグンボと町の民家に落ち着いた。そして仲間の出発を見送った。

「さようなら、四日もしたらトルファンで追い着くよ」

*

隊は護衛なしだったが、ペイ・シル公の通行証があるから、纏頭側の前線も無事通過できるはずだった。それでもポワンは心配だった。自動車には中国人の学者がいる。それから——とくにまずいことには——朱が押しつけてきた何とかいう大佐[11]が飛び入りで加わっている。ウルムチの主席のところへ行く大事な使者らしい。こういう人がいると、探検隊の厳正中立という性格も怪しくなる。イスラム教徒側の前哨で紹介状を出してもうまく行くかどうか。

その日は何ごともなく過ぎた。カルリク・ター連山に平行するオアシス群に沿って、一二〇キロ走破した。ハミ—トルファン—アクス—カシュガルを結ぶ有名なルート（天山南路）に沿ったシナ・トルキスタン特有の地質構造——中央アジアの大溝——が、ここではじめて現われた。北方には、万年雪をいただく峰々の整然たる連なり。それから、急流に押し流された砂利や小石からなる不毛な斜面（幅約三〇キロ）。次は地下水脈のある黄土地帯で、開墾され、人の住むオアシスの列を作っている。幅は二〇キロから四〇キロまでで一定しない。最後に、南のほうには、いろいろな名前（ロプ・ノール、タクラマカン）で呼ばれている砂漠の大きなくぼ地が、チベット高原の急坂まで続いている。

最近数か月の戦争でこのオアシスは荒廃し、かつてはにぎやかだった村々にも今は人っ子一人いない。扉ははずれ、暖炉はこわされ、庭は荒れ果てている。その光景は砂漠以上に陰惨だ。それだけ残っている電柱は、しんから未開のこの地域についに根を下ろせなかった近代文明のひ弱さを、雄弁に物語っている。

纏頭の反乱軍の哨兵にはまだお目にかからないが、この辺にいるに相違ない。用心したほうがいいので、日没に車を止める。廃墟と化したサンタオリンツ[12]（三道嶺子）の村のそばで野営。明りをつけずに夕食をとったが、中国人たちはかなり神経過敏になっていた。ふだんは用心などしないのに、今日だけは自発的に夜警をはじめる。探検隊の武器携帯にふだんは反対していたのに、今夜だけは騎銃を貸してくれなどと言う。

真夜中、彼らは、騎馬兵がキャンプのまわりをうろついていると言ってポワンを起こした。ポワンとしたら、粛州協定で中国側はもう自分の権威を認めていないのだから、有効な決定を下すのは褚民誼博士の仕事だと答えることもできたろう。しかし、彼は中国人たちに、車の中に隠れていなさいと言っただけだった。

「ぼくが歩哨に立とう」

しかし、纏頭のほうも近づこうとはしなかった。明けがたには姿をくらましてしまったらしい。中国人の学者たちはほっと胸をなで下ろした。だが、それもつかのまだった。出発するとまもなく、いちばん手前の稜線の上に、太陽を背にした二〇人ほどの騎兵の影が浮かび上がった。

顔つきはよくわからない。ただ、ずんぐりした小馬のたてがみと、叉柱のついた鉄砲の銃身[13]が、カフタン（裏毛つきの外套）を着た長身のからだの前にくっきりと浮き出していた。

李といっしょに先頭を進んでいたポワンは、すぐ車を止めた。小銃を手に車から下り、数歩行ってから、これ見よがしに銃を地面に置き、再び騎兵のほうへ進み寄った。向こうでも、白いヤギ鬚をはやした隊長らしい男が、馬を下りて、ポワンと同じしぐさをした。

「サールマ・アレクム」

「サールマ！」とポワンも答え、口に手を当てて、通訳がいなければわからないと告げた。彼は李を呼んだ。李は中国語でぺらぺらと説明しだした。老人はそれをさえぎって、

「兵隊《チリク》[14]か？」

李は否定のしるしに、はげしくかぶりを振った。

「フランス人《ファ・クオ》だ[15]」

そしてペイ・シル公の名刺を差し出した。

二国語の会話では多くを期待できない。唯一の取りえは短いということだ。その点、名刺は言葉より効果があった。

「マー・サラーメ（お大事に）！」

老人は仲間を整列させて、車を通してくれた。大征服者ウイグル族の後裔で、今は中国人からわずかな独立を守る最後の者となった、そのいかつい顔の騎兵たちは、あけぼのの紅《くれない》に色どられながら、稜線にいつまでも立ち尽くしていた。

＊

道はいまや平原を離れ、砂漠に突出しているボグド・ウラ山系をよじのぼって行った。峠に近づくにしたがって、道は巨大な岩塊にはさまり、やがて狭いリャオトン（瞭墩）の隘路《あいろ》に着いた。峠の上（一三五〇メートル）でまたつかまった。武装した男たちがまたまた通せんぼしている。今度は中国兵である。鎮圧軍の最前線だ。ハミの大佐は落ち着きを取り戻し、通せと命令する。自動車隊は軍隊式の敬礼を受けながら、堂々と通過して行く。

二〇キロほど下ったチ・コ・チン・ツ（七角井子）に新疆軍の司令部があった。師団長劉将軍以下一万人。大佐はポワンに別れを告げた。チ・コ・チン・ツに残り、ここから電報で省主席に報告を送るのだという。自分を無事送り届けてくれたのは、とりもなおさず中国への助力である、そのことは必ず主席にもお伝えする、と大佐は約束した。

ポワンも電報で主席に挨拶を送った。褚民誼博士も同僚に囲まれながら長い電文を書いた。

チ・コ・チン・ツから道は二つに分かれている。左へ行けばまっすぐトルファン、カシュガルへ、右へ行けばウルムチへ。

ポワンは左の道をとった。

「どこへ行くんですか、この道は？」と姚将軍が心配そうに言った。

「トルファンからカシュガルですよ……予定のコースでしょう」

「ええ？　ウルムチへは行かないんですか」

「帰りには必ず寄ります」とポワンは答えた。「アールト隊長が主席に挨拶するときには……」

チ・コ・チン・ツの円谷から出るには、あと二つ峠を越さねばならなかった。ようやく越すと、果てしない平原が目の前に広がっていた。トルファンの低地である。

一三五〇メートルの峠から四七〇メートルの最初のオアシスまで下りた。チクタム（斉克塔木）だ。その次はピチャン（闢展、三二六メートル）、さらにルクチュン（魯克沁、一四九メートル）、そして終点はマイナス二六メートルのトルファンである。

遠く天山山脈の峰々が北方に連なるこの桶のような盆地は、さながら焦熱地獄だった。下るにしたがって、暑さが増した。日陰で摂氏四〇度なら、この地方ではしのぎやすい部類にはいる。寒暖計の水銀はぐんぐん上り続けた。摂氏四五度、四八度、五〇度。追風がもうもうたる砂塵を上げ、車を完全に包んでしまう。みんな窒息しそうになる。道の上の穴や轍を隠していた灼熱の灰、粉のような埃が自動車に巻き上げられ、不透明なカーテンのようにゆっくりと舞い下りて来る。

ピチャンでやむなく停止。水を飲むためだ。村の入口で群衆が車を取り囲む。長い白シャツに刺繍したずきんをかぶった住民たちは、メロン、スイカ、おいしいブドウなどを提供してくれる。この人たちも中国人だが、ハミ地方とは砂漠で隔てられているから、動乱の影響はこうむっていない。

果樹園、ブドウ畑、庭園、家畜の群れ、商店、市場、きらきらと水の流れる灌漑用水……砂漠の乱暴な攻撃にたえず脅かされている肥沃な小島の、平和で安楽で眠ったように無気力な生活……

七月五日正午、中国班はトルファンに着いた。カシュガルまであと一三〇〇キロ、順調に行けば二週間で行ける。

しかし、そうは問屋がおろさない。到着の日、ポワンは金主席から公式電報を受け取った。全員急いでウルムチへ戻れ、という命令だ。もちろん中国人の学者もいっしょに。

「トラック一台で行くよ。ショーヴェに運転してもらおう。三、四日したら帰って来る」。とポワンは言った。

中国側の三人のリーダー、褚民誼博士、姚、刁両氏がポワンといっしょに出発した。

ボーイの李が通訳になった。このことあるを予期して、李はすでにハミで、「中仏探検隊秘書李玉《リュ》齢《リン》」という名刺を作っておいたのである。

＊

隊を指揮していたブリュルはポワンから明確な指示を与えられていた。「主席はきみらをウルムチに来させようとしてあらゆる手を使うだろうが、おれの署名のある命令が届かないかぎり、ここから動かないようにしろよ」

七日過ぎた。待ちぼうけのつらい日々だった。暑さでみんなぐったりしていた。新鮮な食物に数週間もありつけなかったあとで、急に果物やメロン[16]を食べ過ぎたものだから、そろってひどい赤痢を起こした。それに、みんな出発したくてじりじりしていた。何もかも不安の種だった。ポワンは何をしているのか。アールト隊はどこにいるのか。ペトロはどうしたのか。そういえば、ハミを出てからペトロの消息はない。

七月一四日、トルファンの県長《シュアンチャン》（郡長に当たる）がブリュルを訪問した。これまでずっと親切にしてくれた人である。今日がフランスの祝日だということを県長も知らないわけではなかったので、わざわざクリミア産のシャンペンを四本下げて来た。いっしょに昼食をして行ってもらったが、なぜか県長は当惑顔だった。

ブリュルは彼にしゃべらせようとしたが、植物学者の柳の通訳で県長が言うことといったら、気温のこととか、四年前にトルファンを襲った大雨のこととか、そんなことばかりだった。

蓄音機で『ラ・マルセイエーズ』をかけながら、フランス大統領と新疆省主席の健康を祈って、みな祝杯をあげた。

「カシュガルへ！」とモーリス・プノーが叫んだ。

そのときである。県長はポケットから二通の電報を取り出したのだ。

「不本意ながら、嫌な役目を果たさなければなりません。

第一に、皆さんの旅券をあらためさせていただきます。

第二に、武器は全部こちらでお預りします。

第三に、荷物の中身を細かく調べさせていただきます。

第四に、至急ウルムチへお発ちください」

たちまち陽気な気分はふっ飛んだ。ブリュルは抗議しようとした。

「何のためですか、これは？」

県長は答えた。主席は、ハミの当局から電報で探検隊員が国の威信を傷つける戦乱の情景を写真や映画に写したという報告を受けて、非常に怒っているらしい、と。

ハミの当局は非常に丁重だったし、それにハミ—ウルムチ間の電信は現在不通だから、その電報を主席に打ったのはチ・コ・チン・ツまでいっしょに来たあの大佐しかいないはずである。しかし、あの将校は探検隊に命を助けられたのを心から感謝していたのだから、そんな口実を使って、新疆の大ボスがフランス人に悪感情を持つように仕向けるはずはない。それでは、いったい誰の仕業なのか。

ポワンといっしょに出発して、今はウルムチにいる三人の中国人学者としか考えられない。

トルファンの県長は、すでに次の電報を開いていた。それは、革命記念日おめでとうという褚、姚、刁連名の祝電だった。祝いの言葉に隠された皮肉を、ブリュルは見逃さなかった。疑惑はたちまち確信に変わった。

七月一六日昼ごろ、疾風のような勢いで、運転手のショーヴェが中国のトラックでやって来た。トラックには兵隊が乗っている。たちまち仲間に取り囲まれたショーヴェは、ブリュルにポワンの手紙を渡した。

「みんなすぐウルムチへ来い。ただし、町にははいるな。城外に野営して待て。　V・ポワン」

1　あとで知ったことだが、イスラム教徒の騎兵隊は無限軌道車を見て、新疆政府の装甲車が大砲（トレーラーのこと）を牽引していると勘違いしたらしい。スペクトの三脚も、遠くから見ると機関銃に似ていたらしい。

2　この部隊は砂漠を二二〇キロも行軍し、へとへとに疲れていたので、大佐も側衛を置く必要があるとは思わなかったのだ。

3　広大な砂漠をしばしば横断する新疆の兵士たちは、たいてい荷車で輸送される。

4　長城外に住む人々は、中国人を漢人と呼んでいる。

5　中国人やモンゴル人や纏頭のあいだには、西洋と同じような貴族の位階制がある。

6　クムル王国の版図は、東はモンゴル高原から、西はトルファンの近くまでのび、北はカルリク・ター山脈に接し、南はチョル・ター砂漠に達していた（トルコ語でチョルは《砂漠》、ターは《山》の意）。

7　中国人のイスラム教徒。

8　一孤樹で中国の輸送隊を攻撃したのは馬仲英の前衛部隊だった。一八三ページ参照。

9　四か月後に、阮氏自ら、この会談の内容を探検隊員に話してくれたのである。

10　ハミの西四五〇キロ。

11　ハミの町は首都との連絡を断たれていたので、朱将軍はこの機会を利用して、大佐を主席のところへ送り、依然危機的なこの状況を報告させたのである。

12　トルコ語ではタランチ。この地方の村々は、中国語とトルコ語と二つ名前がある。そのため、地図を読んだり、報告を調べたりするのは、時として非常にわずらわしい。

13　反徒の大半はカルリク・ター山地に住む職業的な猟師であるが、みな鉄砲の銃身に叉柱をつけ、照準台代わりにしている。

14　トルコ語。

15　中国語。

16　トルファンやハミのメロンはトルキスタンでは名高い。しかし、肥料は人糞だし、成熟を早めるためにわざと穴をあけたりすることも多い。

第三部　なせばなる――中央アジア

9　抵抗キャンプ

中国班ウルムチに行く――金元帥の政策――山高帽の男
――無電機と蓄音機――ギブ・アンド・テーク

ポワンの手紙を持って運転手のショーヴェが来たので不安はだいぶ和らいだ。みんなに取り囲まれ、矢つぎばやに質問を浴びせられて、ショーヴェはさばききれないほどだった。

「で、ウルムチはどうだ？　お屋敷住まいか？」

「映画へ行ったか？」

「手紙は持って来たか？」

ショーヴェの話では、町もパリとは比較にならないらしい。暇がなく、まだ娯楽施設には行っていない。それに、自由に出歩くわけにはいかないのだ。散歩をするにも監視がつく。中国人の客扱いはとても変わっていて、どう見ても矛盾だらけだ。

一〇日前、ポワンは祝砲と捧《ささ》げ銃《つつ》に迎えられて、主席の衙門で催された特別昼食会に正式に招待された。席上、主席閣下は探検隊のすばらしい成功をたたえた。食事は三時間以上も続いたが、終わりに金元帥は、カシュガル旅行の成功を祈って乾杯の音頭をとった。

その盛大なレセプションから帰ると、三人の中国人学者は、自分たちはウルムチでアールトの到着を待つつもりだと言ったので、ポワンはすぐにトルファンへ戻る準備をした。しかし、トラックを駐車してある宿屋の内庭の門をあけようとしたが、着剣した二人の歩哨が道をふさいで通してくれない。

数分後、山高帽をかぶった——新疆では風変わりなスタイルだ——一人の人物が息せき切ってやって来た。

「新疆省外務委員の陳《チン》です！　もう二、三日ここにいてほしいと主席が言っておられます。是非ともお話ししなければいけない重大問題があるそうです」

話は長びくかもしれないから、話し合いをはじめる前に探検隊が全員ウルムチに集まることを主席は強く希望しているという。

「ここへ来ても意味ないんですがね」とポワンは答えた。

「閣下の厳命です。よくお考えください。まず、武器をいただきましょう」

そして、番兵を戸口に残して帰って行った。

「朝は捧げ銃に迎えられ、晩は監禁さ。わかったかね」とショーヴェは言った。

それからは毎日毎日、朝に夕に秘書が来ては、ポワンに考えが決まったかどうか聞くのだった。仲間たちから離れ、アールト隊長からのたよりもなく、外との連絡もとれないという状態で、若い海軍大尉は、こういうどうにもならない状況がいつまでも続くのにただやきもきしていた。一〇日目、自由を奪われてどうすることもできず、すっかり腹を立てたポワンは、やむなく、全員七台の無限軌道車とともに急ぎウルムチへ来るように、と指示したブリュルあての私信を持たせて、ショーヴェをトルファンへやったのである。

中国班はウルムチで囚人になれ、ということだ。

＊

ブリュルは出発の準備を急がせた。

将来のことは不安だったが、誰もみな、こんな盆地から出たい、こんな酷暑の大がまから逃れたいという一心だった。翌日、朝のうちに、（トルファン周辺の）赤い焼けつくような砂岩の山頂へ着き、北の方に青い山なみを望むと、みな解放されたような気がした。しかし、ボグド・ウラ山脈へとりつくには、もう一度坂を下りて果てしない砂礫の斜面を横切らなければならない。夕方、標高九〇〇メートルのところでひと息入れた。

病人（まだ赤痢患者が数人いた）は快方に向かっていたが、ただ、運転手たちが頼りにしていたギュスタヴ・ケグレス[1]だけは相変わらず危険状態だった。真夜中に、医者がブリュルを起こした。

「ケグレスが心配だ」

ドラストルの診断では急性盲腸炎だという。

いますぐ手術しなければならないわけでもないから、医療車に病人用の寝台をしつらえて、できるだけ用心してウルムチまで連れて行くことにした。ウルムチで詳しく診察しよう。

もう一つ大事な問題があった。

武器はトルファンの官憲に申告して封印されてしまったが、軽機関銃が二丁だけ残っていた。[2]コンテがトレーラーの下に隠していて、発見を免れたものだった。

しかし、ショーヴェはその隠しかたでは安心できないと言った。

「ウルムチの連中はきみが考えてるよりずっと抜け目がないよ。それに、あそこのボスはロシヤ人の運転手を雇ってるからね。そいつら、全部どけて調べやがるんだ。椅子のクッションまでな。ガソリンタンクさえ調べるんだぜ」

「どこかに埋めたらどうだ？」

それがよかろうということになった。だが、中国人の監視人やトラックに乗った護衛兵たちが気づかぬように、こっそりやらなくてはならない。翌日、無電車が故障したという口実を作って、後日わかりやすい隠し場所に三人で急いで穴を掘った。

昔からの荷車道は、ボグド・ウラ山脈の最後の峠をよじのぼり、それからジュンガリア高原に下って行く。

ジュンガリアに出れば道もよくなろう。峠の反対側のふもとのダハンチェンに着いたとき、ケグレスの容態が悪化した。湿布はひっきりなしに取り換えているのに。

「氷がほしいんだがな」とドラストルが言った。

ショーヴェは、ウルムチまで行けば氷があるのを知っていた。そこで、自分だけ大急ぎで出発した。本隊は、病人を休ませるために停止した。

さいわい、少し涼しくなった。ジュンガリア高原は海抜一〇〇〇メートル、タクラマカンの熱風を山がさえぎり、気候は温暖だった。さわやかな風が背の高い草を波打たせていた。今までと打って変わって空も青く澄みわたり、すがすがしい、きりりと引き締まった空気の肌ざわりは、南の砂漠の灼熱した靄を忘れさせた。中央アジアのもう一つの面である。それでも広大であることに変わりはないが、さほどすさまじいものではない。海が海岸から遠ざかるように、ステップ地帯はたちまち広がって、山から遠ざかって行く。

病人連れなのでゆっくり進む。夕方、氷を持って帰るショーヴェと出会い、とある小さな鹹湖のそばで野営をした。ウルムチまであと八キロだ。

「ポワンはどうしてる？」

「会わせてくれないんだ」

抵抗キャンプ。左からポワン、ブリュル、テイヤール神父

町へ近づくべきか、待つべきか。ポワンは「城外に野営せよ」とはっきり指示している。しかし、医者は断固として言った。「ケグレスを収容する場所がいる」。中国人の監視人も、ウルムチには家が一軒用意してあると請け合った。

七月一九日、午前八時、誰も来ないのでブリュルは車を前進させた。城外にさしかかると、馬に乗った男が現われて、止まれという合図をした。シャツ一枚で、帽子もかぶらず、髪は逆立ち、額には玉の汗が光っている。ポワンだ。しかし、まるで人が変わってしまったようだ。

「バック。ついて来い！」

中国人の監視人は文句を言ったが、かまうことはない。隊長の案内で車はまた町から出、城壁を迂回して、とある寺院のそばの小さな森の中に停止した。そこは丘の上で、町全体が見渡せた。

「タイヤをはずせ！　走行装置を分解しろ！」

「なぜだ？」

「元帥が使えないようにするんだ。徴発したがってるからな。町へはいったらおしまいだ。あぶないところだったぜ。理由はあとで話す」

一〇分後に中国人の歩兵が一個中隊駆け足で息を切らせてやって来たときには、七台の車はすでにタイヤをはずされてしまっていた。兵隊の後からは、お偉がたがやって来た。外務委員の陳氏、警察署長、守備隊長、公安部長、税関長、電信局長、車庫主任に二人のロシヤ人運転手。褚民誼博士と姚将軍も加わっていた。

「市内の予定の場所にお泊まりください。閣下もそう言っておられます」と陳氏が口を切った。

ポワンはとてもだめだという身ぶりをした。

「残念ですが、運転手が病気で動けません」

ポワンは代表団について来るように合図した。寺院の中には折りたたみベッドが四つ並んでいて、赤痢で衰弱したレーモンとレミリエとニュレが横たわっていた。とくに、まっさおで痩せ細ったケグレスは誰が見ても重態だった。

「運転手はお貸しします」と陳氏はがんばった。

「あいにく自動車も動かないんです」

案の定、相談を受けた二人のロシヤ人運転手も、タイヤの組立ては自分たちの手にある、と投げてしまった。

キャンプ中をしらみつぶしに探索してから、役人たちは帰って行った。目を放すなというのだろう、守備隊長は車の周囲に大ぜいの着剣した兵士を見張りに残して行った。

これはもう露営ではない。囚人のキャンプである。

＊

金主席の態度はまったく非論理的に見えた。[3] 何か高度な利害からそうしているのだろうか。だとしたら、それは何か？

新疆省は二〇〇年前にはチベット、インドシナ、ビルマのような国々を含んでいた広大な中国植民地帝国の唯一の残存部分である。ところで、フランスの二倍の面積があるその省には、一四の異なる人種が住んでいる。その地方を治める中国の官人たちは、多少の誇りをこめて、こういう事実を強調する。なぜなら、農業移民を奨励する政府の努力にもかかわらず、中国人はもっぱら少数の役人、軍人、商人から構成され、現地人に比べるとその数はごく少ない――五パーセント――が、それでも賢明に、こういう雑多な民族をしっかりと統治して来たからである。それは武力によるよりも、中国人の精神的な権威によるものだ。しかし、一九一一年の辛亥革命で中央権力が倒れてからは、こうした支配も維持しがたくなった。中国本部に広がった無政府状態が新疆省に波及するのを防ぐためには、孤立化政策をとるほかなかった。楊《ヤン》前主席も、その後を継いだ金主席も、そのことをよくわきまえていた。結果は、それが正しかったことを証明した。中国本部が内乱で荒廃し、道には匪賊が横行し、地方当局者が私服を肥やすためにとりたてるかって気ままな税金で物資の流通が麻痺しているときにも、新疆では馮玉祥《フエンユウシャン》が一九二八年に侵略[4]を企てたにもかかわらず、これまでのところ内乱は一度もなく、道路は安全で、匪賊のことも耳にしなかった。商業は国内関税に妨げられることもなく、全省を通じて自由に営まれていた。

一八世紀後半の有名な乾隆帝の治世からこのかた、中国はこのような平和と繁栄を味わったことがなかった。そういう状態を維持するためには、何よりもまず、西洋渡来の自由主義思想、孫逸仙が説いたあの議会主義が広まるのを阻止しなければならなかった。議会主義は中華民国のさまざまな活力を単一の民族主義精神にまとめ上げるのではなく、逆にそれらを分解させるという働きしかしていなかったから。

そういう新思想が新聞や私信や旅行者がもたらす情報で省内に浸透するおそれもあったが、賢明な暴君だった金主席はこの基本的な問題をいとも簡単に解決してしまった。印刷物でニュースが広がるのを防ぐため、衙門にストーブをすえつけて、外来の新聞、書籍を全部燃やしてしまったのである。住民の知的欲求を満たすには『新疆公報』があれば充分だった。手紙はすべて封をあけ、検閲した。電報の場合、その毒性を取り除くには、配達ないし発信を一か月遅らせればそれでよい。残るは中国人の旅行者である。まず、省内に出入りする許可を得るのがたいへんで、大半の者はそれでいや気がさしてしまった。省境を越えるのを許された者も、みなこと細かに調べられ、なお用心のため《観察》下に置かれた。

外国人の旅行者に対しては、ことのほか慎重だった。とくに危険視したわけではないが、概して迷惑千万だし、旅行の目的もみんなうさん臭かった。ある者は、仏像を掘り出すために、一〇〇〇年前の町の廃墟を訪れたいと言う。キリスト教徒が仏像に興味を持つはずはないから、これは宝捜しをするための口実ではないか？　また、あるスウェーデン人は、ロプ・ノール湖の現在位置を確かめたいなどと言う。この湖は一四〇〇年のあいだ、中国の古地図にある場所よりも一度（緯度）南にあったが、今はまたもとの場所に戻ったらしい[5]。だが、こんな問題がスウェーデン人にとってそれほど重大なことなのか？　さらにある者は、けわしい山に登ることが唯一の目的だなどと言い、なぜかと聞くと、高さを測るためだ、自分と同じイギリス人が三人、同じ目的で世界一の高山に登ろうとして、最近インドで死んだ、などと答える。ばかばかしい。うそに決まっている。

それに比べれば、元帥がフランス探検隊の目的を理解できるものと認めたことは確かである。自動車や無電機を使っていることは、《科学的》というのが偽りでないことを証明していたし、また、大実業家が探検の責任者になっていることは、その旅行が器材を売るというまったく明瞭で筋の通った動機から出ていることを示していた。

さて、新疆省は、省内の交通を改善するために、まさにこの機械を必要としていたのである。省内といっても砂漠をはるばる越えて行くわけで、今のままでは遅いし、手間がかかってしかたがない。砂丘を越えられる自動車と強力な無線通信所があれば、行政の仕事も容易になるし、省の隅々にまで目が届く。さらに、重装備の探検隊がゴビ砂漠の横断を企てたことは、新たな危険と同時に、新たな展望を開いてくれた。危険というのは、鉄壁と思っていた省境を急襲で突破されるおそれが生じたことである。展望というのは、商品の販路を広げて、ロシヤの経済的な支配からある程度脱することができるという魅惑的な未来図だった。

そういうことをいろいろ考えたあげく、主席も一九二九年には、アールトが求めた通行許可を与えることにした。そして、協力と支援を約束した。いかにも中国人らしい丁重な態度だったが、それも本心から出たものだった。

態度が変わったのは、一九三一年の四月、北京の駐在員に、中国人の学者の一隊がフランス隊に加わるということを知らされたときからである。中国人の学者が来るとは、まったく寝耳に水だったのだ。

問題はややこしくなった。出発延期の理由を見つけなければならない。ハミ地方で一部のイスラム教徒が反乱を起こすと、金元帥は、「甘粛省境の荒蕪地に無数の匪賊[6]がいる」ことを理由に、電報で旅行の中止を勧告した。しかし、フランス探検隊はその警告を無視した。数日後、元帥は、探検隊がすでにゴビ砂漠を通過しているのを知った。それと同時に、隊に加わっている中国人は学者ではなく、政界の要人であり、とくにリーダーの褚民誼博士なる人は国民党の中央委員会書記で、党細胞（党支部）を視察しに新疆へ行くと新聞に発表していることも知ったのである。姚将軍、刁大佐という軍人が二人いることも、元帥の不安を増すばかりだった。そこで、二度目の電報を打ち、中国人は主席の許可なしには省内にはいれないのを知らせるとともに、ハミの朱将軍にあてて、彼らを省境で足止めするように指示したのである。

だから、探検隊が命令を無視して全員（中国人もフランス人も）トルファンに着いたと知ると、主席は怒り心頭に発した。「即刻、やつらをここへ連れて来い。徹底的に調べてやる」

最初に四人来た。その連中は盛大な歓迎を受けた。偉い人物にはその地位にふさわしい敬意を表するのが礼儀だから。国家のため、食後に首を切らねばならない客であっても、閣下は必ず特別の宴席に招待したはずだ。

まずは礼儀、仕事はその次である。

ただ元帥は、フランスの若僧が自分の命令にそむいたのを認めるわけにはいかなかった。だからこそ、カシュガル旅行のご成功を祈りますなどと言いながら——これは単なる儀礼だった——片方では着々と手を打って、彼の出発を阻止し、まるで囚人のように止めおいて、ほかの隊員を至急ウルムチへ来させたのである。

全員がウルムチへ来たうえで、主席はこの外人たちにどういう条件で旅行の続行を許可するか検討するつもりだった。

中国人隊員の場合、事情はさらに複雑だった。その連中を中国本部へ送り返す前に、新疆へ来たほんとうの目的をつかんでおくほうがいい。彼らの説明は信用できなかった。褚民誼博士は、自分の国をよく知るために旅をするのだと、愛国的な言を吐いていた。姚将軍は、公務で、中華民国主席蔣介石元帥の記念の軍刀と自署の肖像をお届けするために来たのだ、と言っていた。ただ、刁大佐という人物には、金元帥も心配するよりむしろあきれてしまった。言動から察するに、この参謀本部付大佐というのは、何ら恐れるにおよばないおそまつきわまる軍人らしい。

「こういうむてっぽうな冒険がどんなに危険か、出発前から申し上げたはずですよ」と元帥はやや陰険な言いかたをした。

「閣下から一度ならず賜わった賢明な御忠告には、深く感謝しております」と褚民誼は答えた。「普通ならばもちろん、おおせのとおりにしていたはずです。しかし、愛国的な理想からしても、旅行中に生じたある種の疑いを閣下に御報告するために、いかなる危険を冒してでも旅を続けることが、わたしどもの義務となりました。その疑いはますます深まるばかりです」

　主席はもっと詳しく話すようにと言った。褚民誼は続けた。

　探検隊の目的を、自分もはじめは純学術的なものと思っていた。しかし、そのうちおかしいなと思いはじめた。粛州でポワンは、主席からも地方当局からもハミは危険だと警告されておりながら、革命騒ぎが起こっているその地方をどうしても通るのだとがんばった。そして、行く前に、反徒の首領馬仲英と無電連絡を試みている。それから一週間後、ハミの反乱地帯のまっただ中で、ポワンはペイ・シル公の仲介で、今度は実際にイスラム教徒反乱軍と接触した。そこから想像するに、纏頭の蜂起とフランスの政策は関係があるのではないかと思う。しかも、ご承知のとおり、探検隊のほんとうの隊長ハ・エル・デ氏（アールト）も、西方のイスラム教諸国、シリア、イラク、ペルシア、アフガニスタン、カシミールを全部ひとわたり回ってから、やがて新疆にはいろうとしている。

　褚民誼は大まじめでつけ加えた。

「こうしたことから推測されたのは、フランスがアジアで親イスラム政策をとり、中国から新疆を切り離して、イスラム教徒の独立国を作ろうとしているのではないか、ということです。ですからわたしは、粛州に着いたとき、若干の事実を南京政府に知らせるべきだと思いました。探検隊から旅券を取り上げて、護衛つきで国境まで連れて行くように要請するためです」

元帥は非常におもしろい話だと言った。

「しかし、地図で見るとあんなに遠くにある豆つぶみたいなフランスが、そういうとっぴな野心を持つのはおかしいじゃないですか」

それでも、探検隊の旅券を取り消すという通知が昨日実際に南京からあったので、元帥はこうつけ加えた。

「ご安心なさい。フランス人はもうここで策動する余地はありません。あなたがたのお役目も成功裡に終わったとお考えになっていいのです。南京にはもっと大事な仕事がおありでしょうし、あなたがたも帰りを急いでおられることと思います。ロシヤ当局も、シベリア鉄道でお帰りになれるよう便宜を計ると言っています」

そして、褚民誼博士に立ち直る暇も与えず、閣下は続けてこう言った。

「旅費のことはご心配なく。わたしが持ちますから」

この最後の会見の結果は、要するに双方にとって満足すべきものだった。褚民誼博士とその同僚たちは、《面子》を保ちながらこの仕事――それは正直、困ったことになりそうだった――から手を引けたし、元帥としても、何のために南京から派遣されたのかわからないこのやっかいな密使どもを難なく追っ払うことができたからである。[7]

金元帥は、探検隊の旅券が取り消されたことは聞いていたし、護衛つきですぐ国境まで連れて行けという命令を受けてもいたが、なかなか実行しようとはしなかった。

　前にも言ったように、彼は前から近代的な器材の必要性を感じていた。ところが、それがとつぜん、絶対不可欠なものになったのである。イスラム教徒の反乱が広がって、形勢は予断を許さなかった。ハミと首府は完全に連絡を断たれてしまった。向こうで何が起こっているのか、皆目わからない。治安回復のため派遣した部隊も、チ・コ・チン・ツから先へ進めないでいる。ゴビを越えて来たこの無限軌道車があれば、夏にはラクダも通れない[8]チョル・ター砂漠を通り、敵の戦線の南側を迂回して、短時日でハミまで行けるだろう。さらに、参謀部付の移動通信局があれば、元帥がじきじきに作戦指揮をとることもできる。[9]

　この器材をウルムチに持って来させて徴発するために、金元帥はポワンを一週間も監禁して圧力をかけたのである。ポワンが譲歩し、探検隊がトルファンを去ってウルムチに向かったことを知るや、元帥は直ちにポワンを釈放し、すぐ命令を出して、ウルムチでは城内の軍用車庫に探検隊を泊まらせることにした。しかし、くさいと思ったポワンは、先に述べたように、大胆にも城外にキャンプを張り、罠を逃がれて、元帥の最初の策略の裏をかいたのである。

*

　仲間と合流し、多少とも自由を取り戻したポワンは、八日間も隔離されていたあとだけに大喜びだった。安心すると再び希望が湧いて来た。われわれはウルムチで足止めを食っている。しかし、いずれここからも出られるだろう。[10]

　さいわい、時間の余裕はあった。ただ、三週間も中国班のたよりを受け取っていないアールトに、もしかするとだいぶ遅れるかもしれないということを知らせる必要がある。それは容易なことではなかった。トルファンに着いてから、探検隊は無電機の使用をかたく禁じられていた。こっそり通信するわけにもいかない。モーターは音がするし、一人の文官——外務委員陳氏の代理——に指揮された武装兵が監視する中で、アンテナを張るわけにもいかない。

そのうえ、ウルムチにある中国側の電信局は、電報をいっさい受け付けるなと命令されていたのである。

さて、陳氏はほどなくフランス人のキャンプを再度訪れた。七月二一日、彼はロシヤ産トロッターの二頭立て馬車に乗り、繻子の靴に例の山高帽といういでたちで現われた。

外交官がにこにこして愛想がいいのは、必ず何か悪いことがある前兆だということを、ポワンは先刻承知していた。陳氏はお茶を飲んでから一〇分ほど、福建茶の効能書をさかんに並べ立てた。湖南の赤い茶は冬に適していて、腹を暖めるが、福建茶は暑いときに腹を冷やしてくれるなどと。それからいよいよ、

「ところで、元帥から伝言があるんです。南京政府は皆さんの旅券を取り消しました。皆さんを国境まで連れて行けという命令が来ています」

そして、ひと息ついて、

「でも、まだ脈はあります。閣下だけが、ご自分の権限内でどういう措置をとったらいいか決められるわけですから」

彼はちょっと咳ばらいした。

「皆さんの車……とくに無電車ですが、これは、軍の参謀部に備えつけておくと、首府と作戦地域の連絡をとるうえにたいへん便利なんですがね。あの車に運転手を一人つけて提供していただけると、元帥はお喜びになると思いますが」

「そんなことはできません」

「でも、車と無電機を三台ずつ持ってきてくださる約束だったでしょう。わたしたちは、それをいただきたいと言ってるんです」

「約束は守りました」とポワンは言い返した。「その器材はフランスから天津へ送って、今はここへ来る途中ですよ。三週間前に涼州を出たと聞いていますから、交通が再開すれば必ず受け取っていただけるはずです」

「なるほど。でも、今すぐいるんです。情勢は切迫してますからね」

「無理ですよ」とポワンは繰り返した。

「わたしたちはフランス人ですから、反乱だろうと、内乱だろうと、お国の軍事作戦に加わる権利はありません。わたしにできるのは、元帥に小型の携帯無電機をさしあげることぐらいです。それでも役には立ちますよ」

陳氏は、この初会談の結果を元帥に報告すると答えた。そして、帰りぎわにこうつけ加えた。「後悔なさいますよ。お宅の隊長のハ・エル・デ（アールト）さんも、新疆入りが無理だと知って、あきらめられたようですね。回れ右をして行ってしまわれましたよ」

*

陳氏がわざとむぞうさに言ったその言葉は、ポワンの不安をいやがうえにもつのらせた。アールトが自分を見捨てたりするはずはない。それはよくわかっている。しかし、ヒマラヤを越えても、新疆入りができないとなれば、いかにアールトでも手の打ちようがないではないか。

どうしたらいいか教えてくれそうな人は、ウルムチじゅう捜してもたった一人しかいなかった。デンマーク国籍のヨーロッパ人で、新疆の中国側郵政委員をしているキルケゴール氏である。この人は心から歓迎してくれた。

「チャンスがあればわたしもご援助するつもりです。でも、どうしてソ連領事にお会いにならないんですか？」

「どうしてです？」とポワンは尋ねた。

「ここでほんとうに勢力があるのはソ連だけですからね」

ソ連が口添えしてくれるなどということは、ポワンにはとても信じられなかった。前にも言ったとおり、一年前にモスクワ政府は、探検隊がロシヤ・トルキスタンを通るのを禁止したではないか。

ソ連総領事のスミルノフ氏はたいへん慇懃《いんぎん》だった。新疆省当局に働きかけてさしあげたいのは山々だ、と言う。ただ、残念ながら、モスクワの命令がなければどうすることもできないのだ、と。

「モスクワへ電報を打てるように斡旋していただけませんか？」

スミルノフ氏はあくまで慎重だった。中国の電報はどうもあてにならないと言う。

「でも、パリ経由でモスクワへ連絡なさったら、政府も喜んでご援助すると思いますよ」

かくなるうえは是非もない。なんとしてでも外と連絡をとって、この状況を知らせることだ。キャンプのまわりには兵隊が見張りに立って、無電機の使用を妨害している。もはや、とるべき手は一つしかない。力に対しては策略をもってすることだ。

*

金元帥が思案の末、最初の贈物を受け取る決心をしたということを、ポアンは折よく聞かされた。昨日、陳との話に出た六〇ワットの携帯用小型無電機のことである。ところで、その機械を使うには、まずウルムチにある大型の送信機と合わせなければならない。中国人の《技術者》たちはとても手に負えないと言っているから、調整をやれるのはケルヴィズィックしかいない。

　このチャンスをつかまえられるかもしれない。仕事に取りかかる前に、まずケルヴィズィックは、香港に碇泊中のレグルス号が聴取に当たっている時間を選んだ。あとは《波長をまちがえる》だけである。彼はまんまとやってのけた。口をぽかんとあけながらまわりで見ている中国人の通信士たちは、そのペテンに全然気がつかなかった。

　……ＦＰＣＧ……ＦＰＣＧ……ＦＢＱＲより……ＦＰＣＧ……ＦＢＱＲより[11]……

「出た」とケルヴィズィックはつぶやいた。「レグルス号だ。呼んでるぞ」

　……ＱＰＣＦ（貴方あての通信多数あり）……ＱＳＡ？（出力いかが）……ＱＲＫ？（受信状況いかが）……ＱＲＵ？（用件は何か）……

　ケルヴィズィックはキーに人差し指を当て、ツー・トンをやりながら今や夢中になって応答していた。

「ＦＢＱＲ……こちらはＦＰＣＧ……ＴＦＣ（中継たのむ）」

　しかし、レシーバーをまたあててみて、彼はたちまち気がついた。こちらの応答は向こうに聞こえていないのだ。レグルス号は相変わらず同じ呼びかけをしている。ＱＳＡ……ＱＲＫ……ＱＲＵ？……このはげしい問いかけは、小型無電機でもキャッチできた。しかし、出力六〇ワットでは、六〇〇キロも遠方で聞き取れるほど大きな声で答えることはできない。

　車にある五〇〇ワットの大型通信機でなければ、とても通信できそうにない。しかし、あれは兵隊が番をしている。かまうものか。何とかしてやってみよう。

七月二三日、夕食後、テントの中でポワンは皆の意見を聞いた。ブリュル、モーリス・プノー、コンテ、カルル、ケルヴィズィックの五人が、まるで陰謀家のように彼のまわりに集まった。探検の未来と成否がかかっている。中国人の目をかすめて、大型無電機で送信しなくてはならない。アンテナを隠すのは簡単だが、モーターの音はどうするか？

「それだって……カムフラージュできるよ」とモーリスは言った。

ブリュルも賛成した。コンテが意見を述べた。いい考えがあると言う。ケルヴィズィックがキャビンに隠れて送信する。問題は兵隊の注意をそらすことだ。そいつはカルルがやる。

「音楽会でも開くんだな」

「よし」とポワンが短く言った。明日準備、明後日の晩決行だ。

キャンプはほぼ真四角なポプラの茂みの中にあった。その林の西側には小さな寺院があり、延長約三〇メートルにおよぶ他の三辺は一二本の杭で仕切られていた。杭には綱が張ってあって、二〇人のフランス人を中国人の群衆から保護していた。

キャンプのまん中には無電車が置いてあった。無電車の車体は二つに仕切られていた。前のほうは運転手と乗客が乗るキャビンで、仕切りの戸をずらせば、送信機と受信機が置いてある、いわゆる無電室へ行けるようになっていた。この第二のキャビンには独立の出入口があり、後部の金属製のドアが外へ向かって開いていた。

ふだん、無電技師のケルヴィズィック一等水兵は、仕切りの戸をあけた自分のキャビンでキーをたたいた。必要な電流は車のそばの地面に置いた発電機から供給された。発電機は導線で無電機と連結していた。

『テスカトリポカ』から2年

直木賞受賞第1作

幽玄F

佐藤究

空と、血と。

天才パイロットが戦闘機Fと共に辿る、数奇な運命とは――

●定価1870円(税込)
ISBN 978-4-309-03138-5

河出書房新社 〒151-0051 東京都渋谷区千駄ヶ谷2-32-2
tel:03-3404-1201 http://www.kawade.co.jp/

幽玄F

佐藤究

少年は、空を夢見、空へ羽ばたく――日本・タイ・バングラデシュを舞台に「護国」を問う、圧巻の直木賞受賞第一作。

▼一八七〇円

夢分けの船

津原泰水

幽霊が出ると噂される風月荘七〇四号室を舞台に、「音楽」という夢の船に乗り合わせた人が奏る、切なくも美しい著者最後の青春小説。

▼一九八〇円

ウミドリ　空の海上保安官

梶永正史

消えたタンカーを追え。B級映画のような言葉を遺して死んだ内通者。中国マフィアとある宗教団体の繋がりを摑んだ海保は……。

▼一九八〇円

夢幻（ゆめまぼろし）

曾野綾子

最初期の短篇を中心に貴重な発掘作品の数々、初の単行本化！　短篇の名手として知られ、作家生活七〇年、曾野文学の新たなる魅力に迫る！

▼一九八〇円

モモ１００％

日比野コレコ

モモの退屈な日常に彗星のごとく現れた、トリックスター・星野。愛すべき文体で綴られた、命綱代わりの恋の哲学。文藝賞受賞第一作！

▼一五九五円

煩悩

私たちはほとんど一つだったのに、どうして――？　過剰に重ねる描写が圧倒的熱量をもって人間の愚かさをあぶり出す、しかし、今はその配置を変えなくてはならない。これではあんまり目につきやすいし、音もやかましすぎる。発電機を回す二サイクル機関のバンバンいう音やキャビンにつないだ導線で、どんなにばかな中国人でも、ははあ、無電機を使ってるな、とすぐに勘づいてしまう。そこで、コンテは考えた。二台の発電機は前車軸の下に隠し、送風機の動輪とベルトで結びつけて、自動車のエンジンで回転させる。導線はシャシの下をはうわけだから、外からは見えないだろう。ブリュルやモーリスもその案に賛成した。二四日にはそのとおり準備された。

「うん、でも……」とブリュルは考え込んだ。「夜だっていうのに、なぜコンテがエンジンをかけるのか、連中は怪しむだろうな。なんて答える？」

そこへカルルが口をはさんだ。無料音楽会という案に彼はあくまで固執していた。

「ピック・アップですって言やいいじゃないか。電蓄の音量を増すには電気がたくさんいるんだ。音楽会は野天でやるんだぜ……答は簡単さ。『音楽会には電気がいるんで、エンジンを回してるんです』って言やいいさ」

そのコンサートにはもう一つ利点があった。これだと満艦飾にできる——お祭りのときはそうするものだ——つまり、木から木へ綱を渡して小旗を飾り、ついでにアンテナ線も張ってしまおうというわけだ。そもそもはヴィクトル・ポワンが考え出した海軍士官の思いつきである。二四日の夜、ケルヴィズィックが手近のポプラのてっぺんによじのぼり、いちばん上の枝に動索の滑車を取りつけた。機を見計らい、それでアンテナを張るわけである。

二五日の午後には準備万端整った。めいめいいろんな役を割り当てられた。コンテは二台の発電機をすえて、通信機と電蓄の増幅器の両方に電気をひけるようにした。小旗はぱたぱたとはためいていた。中国人の歩哨は何も気がつかない。ただ、《青い男》というあだ名の陳氏のスパイだけは、何かおかしいなと思ったらしい。

「なんですか、その旗は?」

「第三共和国の一〇〇年祭ですよ」とカルルは平然と答えた。

午後八時、薄暗くなった。ケルヴィズィックはすきを見て車の中へもぐり込み、仕切り板をずらした。無電室にはいった彼は、光が外へもれないように、すきまというすきまを念入りにふさいだ。コンテはカーテンに隠れて運転席につき、始動機をかける用意をした。ポワンもキャビンにはいった。彼の役は通信士の合図を運転手に伝えることだ。できるだけ音をたてないように、ケルヴィズィックはポワンとの連絡に細紐を使うことにした。一回引けば「スタート」、二回引けば「アクセル」、三回引けば「ストップ」である。

八時半。

電蓄とピック・アップが車のそばにすえられた。テイヤール神父と博物学者のレーモンは、レコードを取り換える役だった。ラウド・スピーカーはできるだけ遠く、ブリュルのテントのそばに置かれた。兵士たちはそこで音楽を聞き、カルルが準備した出し物を楽しむという寸法である。カルルのまわりには医者とモーリスと運転手が全員控えていた。

八時三八分、紐が一回引かれた。スタート! エンジンがうなりだした。暗闇の中でレコードが鳴りだした。

「聞かせてよ、愛の言葉を……」

同時に、キャビンではモールス符号が。

「ＦＢＱＲ……ＦＰＣＧより……ＱＴＣ(至急)……ＦＢＱＲ……ＦＰＣＧより……」

紐が三回引かれた。「ストップ」。ケルヴィズィックは聞き取りに回る。しめた!……みんな聞いている。天津でも、香港でも、上海でも……フランス艦隊の全艦、ワルデック・ルソー号、レグルス号、それに重慶のフランス無線局でも。

波長を変えるごとに、違ったコール・サインが聞こえた。レグルス号からは六通の電報が中継されて来た。これがいちばんはっきり聞こえた。

「いま一度、やさしい言葉を……」

中国兵は皆、この魔法の板と、女の声が出て来るこの《じょうご》を見つめていた。目を丸くして。《青い男》も驚いて口をぽかんとあけていた。

「しまった！」とブリュルがつぶやいた。

歌手がささやく愛の言葉の拍子を取るように、パチパチとへんな雑音がする。ツーツー……トン……ツーツー……ツー……トン……モールス符号の調子がメロディーにも乗り移ってしまったようだ。運転手たちもみんな気がついた。こうなれば、リフレーンを合唱し、わめき、踊って、レコードの音を消さねばならない。

「聞かせてよ、愛の言葉を……」

そのあいだにケルヴィズィックは、レグルス号に通信を送った。短い言葉を何度も繰り返して。

「FBQR、FPCGヨリ。北京フランス公使館へ。ウルムチカラ動ケヌ。アールト班ヲ迎エニ、カシュガルへ車ヲ三台派遣デキルヨウ、斡旋タノム。主席ハ車ヲ徴発スルトイウ。ワレ、囚人トシテ一〇日間監禁。　ヴィクトル・ポワン」

ケルヴィズィックは急に不安になって、通信をやめた。ウルムチの電信局がこの通信をキャッチするかもしれない。そこでこうつけ加えた。

「ＦＰＣＧヨリＦＢＱＲニタノム。通信ハ呼ビ出シナシニ行ナワレタシ。犬ガイル[12]」

午後一〇時。

「皆様、コンサートは終わりました。……ご静聴ありがとうございました」

中国人たちにカルルはうやうやしく頭を下げた。エンジンは止まり、レコードの声もやんだ。コンテはのんきに両手をポケットに突っ込んで、散歩でもしているように、仲間のところへぶらぶらやって来た。

「連絡は？」

「とれたよ」とコンテは答えた。「レグルス号から、波長二七メートルで受信したって、いま知らせて来た」

*

時は七月末。ウルムチにいるわれわれフランス人の状態は、正直に言って実に曖昧なものだった。探検隊はもう正規の証明書を持っていなかった。南京政府が旅券を取り上げ、探検隊から法的な地位を奪ってしまったので、金元帥のところへ合法的に代表を送ることもできなかった。何よりもまず、旅券を再度有効と認めてもらわなくてはならない。そのために動けるのは北京のフランス公使館だけだ。

公使館はすでに動いていた。それはまちがいない。七月二九日に、ケルヴィズィックは例の手で、ウィルダン氏[13]から次のような連絡を受けたのである。

「七月二五日ノ貴信拝受。アールトニ知ラセタ。必要ナアラユル手ヲ打ツツモリ。法外ナ誤解モイズレ解消スルハズ」

不安はすでに希望に変わっていた。公使館の支援は必ず功を奏するだろう。それに、元帥の態度も変わったように見えた。最近は探検隊のメンバーを招いて盛大な昼食会を催したりしている。フランス側ではいつでも中国人にサービスする用意があったし、そんなところからいくつかの友人関係もできた。ドラストル医師は無料で診察をし（一人の大臣には手術さえした）、ポワンは探検隊の技術を提供して、ウルムチにある大型無電機を修繕してやった。

八月七日、吉報が届いた。

「ＦＢＱＲヨリＦＰＣＧへ。中国政府ハ貴班ガカシュガルマデ前進シ、アールト班ニ合流シテ、トモニ北京へ帰ルコトヲ許可シタ。南京政府ハスデニ新疆当局ニ必要ナ指示ヲ与エタ。円満解決オメデトウ。　ウィルダン」

こうして事件は解決した。新疆当局にすぐ知らせてやれば時間の節約になるのだが、残念ながらそれはできない。これでは、通信を秘密に聞いていたことを白状するに等しい。[14] やはり、元帥が正式に通知してくれるのを待つほかはない。二日たった。音沙汰なし。三日目に陳氏がキャンプにやって来た。

「急いで出発の準備をなさるように、と閣下が言っておられます」

とうとう来た！

しかし、陳氏は言葉を続けた。

「すでにご存じと思いますが、中央政府の決定に従って、皆さんはできるだけ早くこの国から退去なさらなくてはなりません。ロシヤ国境のチュグチャクまで、護衛つきでお送りします」

また何ということだ。

新しい指令はまだウルムチに届いていないのか？　そんなことがあるだろうか？　翌日、キルケゴールがそうではないと教えてくれた。

「確かな筋から聞いたんですが、元帥は皆さんについて、南京からの指令を受け取ったようですね。内容は好意的なものですけど、《お宅の中国人学者》が新疆省から出て行かないかぎり、元帥はぜったいそれを皆さんに知らせたりしませんよ。フランス人の隊員にカシュガル行きを許可したら、同じ探検隊の中国人の隊員を送り返す口実がなくなってしまいますからね」

「まだ国境まで連れてってないんですか。どうしてです？」

「もう少しの辛抱ですよ。ソヴィエトのビザがまだ下りないんです」

われわれは辛抱した。二日後、褚民誼博士、姚将軍、刁大佐、その秘書、それから柳氏が、キャンプへ来て別れを告げた。中仏の学術協力はこれで終わった。

さようなら。今度こそ、われわれも出発できるだろう。いや、まだだ。金元帥はまるで話に乗ってくれない。会見を申し入れてもみんな拒否である。キルケゴールがそっと耳打ちした。「元帥にりっぱな贈物をなさい。前に送った六〇ワットの無電機は力が弱いし動かないって言ってますよ。たぶん、通信士の連中がこわしちゃったんでしょう。元帥がほしがってるのは、大型の無電機と車三台ですよ」

「元帥に言ってくれませんか。大型無電機と車三台なら、いま粛州まで来てるんです。反徒がいて、それから先は来られないんですよ。われわれにはどうしようもないじゃありませんか。元帥だって、そんなことぐらいわかってるでしょう」

「それは知ってます……反徒のかしらの馬仲英は、こんな資材を絶対に通さないってことも。いや、それをぶん取ろうとねらってることもね[15]」

ポワンは最後の努力を試みた。

「元帥に言ってください。アールトには力があります。新疆入りができたら、粛州に止められてる器材の代わりに、別なのを送ってもらうようにしますよ。必要なら、ベルリン、モスクワ経由で届けてもらいましょう[16]」

その努力もむだだった。元帥はたえずいろいろないやがらせをやった。毎日、陳氏はキャンプにやって来て引っ越しを迫った。彼が勧める引っ越し先は、蚊の多い沼地だった。ポワンは拒否した。陳氏は監視兵を増員した。そしてある朝、五〇〇ワット無電機の主要部品を引き渡せと言い出したのである。

「こっそり通信してますね。知ってますよ」

ケルヴィズヴィックはキャビンから送信用真空管や蓄電池や電流計や格子抵抗を次々とはずした。それでも受信送信は相変わらずやっていた。ケルヴィズヴィックは交換部品を渡しただけだったのだ。翌日、陳氏はキャビンの外側の戸を封印してしまった。羽目板をずらしてはいれるということを知らなかったのだろう。

ときどき耳寄りなニュース――南京政府が再度指令を発したとか、駐仏中国公使館が仲介の労を取っているとか、モスクワ政府がウルムチの駐在員に、探検隊が中国当局と折衝するのを援助するよう命令したとか――をキャッチしたが、それでもみんなだんだん不機嫌になっていった。そのうえ、ケグレスの病状がまた悪化した。自由のなさ、不安、強制的な無為の生活——そうしたことが皆の苦しみを増大させた。テイヤール神父までいらいらしはじめていた。「この冗談は長すぎるよ。時間のロスだ」

実際、フランス地質学会の元会長で、ニューヨークやロンドンの学会にも名の通ったこの高名な地質学者は、北京でしていた大事な研究[17]をわざわざ中断して中央アジアへ来たのである。それは、毎晩繰り返されるコンサートで、博物学者のレーモンといっしょにレコードの取り換えをするためではないのだ。

探検隊と同じく、金元帥にもそれなりの苦労があった。いや、あちらのほうがもっと深刻だったのである。ハミ周辺のイスラム教徒の反乱は非常に拡大して、新疆における中国の宗主権すらあやうくなっていた。作戦地域から来るニュースはみな惨憺たるものだった。

馬仲英——このわずか二〇歳の将軍を、中国人は「よたもの」と呼んでいた——はハミを包囲し、多量の軍需品が集積されていたバルクルの砦を奪取して、それから、チ・コ・チン・ツに駐屯する中国軍の本隊に襲いかかった。カルリク・ター山脈とボグド・ウラ山脈のけわしい峠を夜越えて、劉将軍の陣を夜闇に乗じて包囲し、八〇〇〇人の兵隊を殺戮したのである。中国側の将軍は、自軍の全滅を知って自殺した。ハミが抵抗しなかったら、反徒はウルムチへ勝利の進軍をしたはずである。

新たな兵力を集結して敵に当たるため、元帥には時が必要だった。部隊は省内の各所からやって来た。中国人あり、満州人あり、タジク族あり、アンディジャーン族あり、キルギス族あり、白系ロシヤ人までいた[18]。そういうのが、チュグチャク、クルジャ、カラシャール、ヤルカンド、さらにはカシュガルなど、いたるところからかけつけた。しかし、非常に遠方から来るので、どうしても時間がかかった。

八月一五日ごろ、そういうばらばらな部隊はようやく作戦地域に集結をはじめた。しかし、首府ウルムチとこの新しい軍隊とは容易に連絡がとれなかった。ただ一本の電信線は、毎朝修理するのに、その日の夜には、きまって何者かの手で切断された。ポワンが贈った無電機は、早速軍司令部へ運んだが、まだ使用できなかった。前線と連絡をとることが緊急の必要事だというのに。

八月二〇日、意を決した元帥はポワンを衙門に招いた。

「南京政府は皆さんの旅券を取り消しましたが、わたしはアールト隊長の新疆入りを許可します。ただし、それには条件があります。電気技師を軍に提供して、前線との無電連絡を確保してください」

「必要ならわたしが行きましょう」とポワンは同じような調子で答えた。「それには二つ条件があります。一つはアールトを迎えに、車四台でカシュガルまで行かせていただくこと。もう一つは、戦線を横断してハミまで行き、助手のペトロを救出させていただくことです。消息不明で心配ですから。[19]交換条件ですよ」

「考えてみよう」

一週間考えてから、元帥はポワンの条件を基本的に受け入れた。しかし、それをどうやって実行するか決めるためには、もう一週間必要だった。

*

ケルヴィズィックとポワンがはじめて救援要請の無電を打ったあの記念すべき七月二五日の晩から、すでに四三日たっていた。駆引きと談判と秘密の通信に明け暮れした四三日間。北京のフランス公使館、フランス政府、南京政府、モスクワ政府などが、一人の中国人、一介の省主席の気まぐれを抑えるために、こもごも仲介の労をとったその四三日間……


一九三一年九月六日、ポワンはケルヴィズィックとショーヴェを伴って、東の反乱地帯へ向かった。

四台の無限軌道車は、すでに新疆へはいったアールトを迎えに西へ向かった。

ギブ・アンド・テークだ。

同じ日、ウルムチに残った隊員たちは、陳氏のたび重なる懇請に負けて、とうとう場末の家へ引っ越した。

いみじくも《抵抗キャンプ》と名づけられたこの小さな森から、ついに出て行ったのである。

1 有名な技師アドルフ・ケグレスの甥で、無限軌道車の推進機を発明した人。

2 半年後、探検隊が黄河の湾曲部で匪賊の襲撃を受けたとき、これが役に立った。

3 一九二九年には、金元帥も旅券を交付して、全面的かつ最大限の援助をすると約束していたのだ（三八ページ参照）。

4 通称クリスチャン元帥。張作霖の手で中国本部を追われ、甘粛州に侵入して、新疆への勢力拡大をはかった。

5 中国の古い地図では、タリム川は明らかに東へ向かい、支流のコンチェ・ダリヤと合流して、北緯四〇度四〇分のロプ・ノール湖（楼蘭湖）へ注ぐことになっている。

しかし、一八七六—一八七七年に、ロシヤの探検家プルジェワルスキーはタリム川が南へ曲がっていること、それにロプ・ノールも地図より一度南に寄っていることを発見した。

そこで、これはロプ・ノールとは別の湖だという仮説がたてられた。スウェン・ヘディン博士は、一九〇〇年の探検旅行でこの問題を解決し、中国の古地図は正確だ、これは同じ湖が移動したのだ、と発表した。昔のロプ・ノールの湖底に泥土が堆積したため、タリム川とコンチェ・ダリヤの流れが変わり、北方に新しい湖ができたというのである。

今日では、この新しいロプ・ノールにも泥がたまったため、タリム川の支流のコンチェ・ダリヤは昔の河床に戻って、ロプ・ノールを再び以前の場所に帰してしまった。この移動は一九二一年に起こり、一九三〇年にヘディン探検隊のノリン博士がそれを発見した。この地方の水系がそういうふうに時々で変化することは、非常に重要な意味を持っている。アジア横断の大ルートもそのために変わって来るからである。四世紀以前には、シルク・ロードは敦煌から楼蘭を通ってクチャに達していた。四世紀以後になると、その辺は通れなくなり、キャラバン・ルートははじめ砂漠の南、後には北を迂回した。しかし近年、楼蘭地方は再び生命を取り戻した。砂漠はうっそうたるジャングルに変わり、いにしえのシルク・ロードも再び通行可能になった。

　スウェン・ヘディンは、ロプ・ノールの周期的移動を、周期一五〇〇年の振子の振動にたとえている。

6 五七ページ参照。問題は甘粛省の匪賊ではなくて、おひざもとの新疆省で起こったイスラム教徒の反乱だった。しかし元帥は、そんなことを知らせる必要はないと思ったのだろう。

7 この会談については、後に、元帥側近のある役人から聞いた。

8 そのことは、三か月後にペトロが身をもって証明した。反徒に包囲されたハミから逃がれるために、彼はこの道をとったのである。

9 ウルムチには二つの無電機があった。一つは長波だが、故障して動かなかった。もう一つは短波で、毎日ムクダンと交信していた。

10 海外伝道会のゲブリアン猊下も、出発前パリでこう言っておられた。「中国では急いでもむだですよ。旅行者は急ぐと、けっして目的地に着けませんよ」

11 ＦＰＣＧは中国班のコール・サイン、ＦＢＱＲはフランス極東艦隊の通報艦レグルス号のコール・サイン。

12 呼び出しなしで送信するというのは、あらかじめ受信者と連絡を取らず、向こうが聞いているのを確かめずに送信すること。それならば、こちらから送信しなくても確実に受信できる、とケルヴィズィックは考えたのだ。

13 ウィルダン氏は北京駐在フランス公使。駐日大使に任命されたド・マルテル氏の後任である。

14 送信も受信も数週間のあいだ秘密裡に行なわれた。中国の唯一の大きなお祭り（正月）は二週間も続くのだから、小旗を飾ったフランスのお祭りがこんなに長く続くのを見ても、中国人は変だと思わなかったのだろう。

15 この懸念は的中した。三か月後、馬仲英将軍は安西（粛州の西）の町で無電機を没収してしまった。機械は、西寧府にすえつけられたが、よく動いて、みなご満悦らしい。

16 この苦境を聞いたアンドレ・シトロエンは、中央アジアではりっぱな贈物一つが全員の旅券にも匹敵することを思い知らされた。八月七日、彼はポワンに電報を打ち、新しい自動車三台と無電機二台をパリからベルリン経由でチュグチャクに送ったことを知らせた。

17 《中国地質調査隊》に加わったテイヤール・ド・シャルダン神父は、ロックフェラー研究所のブラック博士と協力して、ホモ・シナントロプス・ペキネンシス（北京原人）の発見に貢献した。

18 と言っても、今はやむなく中国市民になっている。

19 ペトロは包囲されたハミの町に閉じこめられたきり、七月一日からちょうど七週間消息不明だった。

10　ヒマラヤ攻撃

パミール班に戻って――カシミール最後の眺望――ポワンのＳＯＳ――ヒマラヤの苦難――フンザとナガル――最後のアーリア人

さて、ここで、七月一二日にバンディプールで別れたアールトの一行に戻ることにしよう。アールト隊はヒマラヤという恐るべき障壁を二台の車で越える準備をしていた。

スリナガルから来る道は、バンディプールより五キロ先のソナルワイン橋まで続いていた。道の両側には稲田が広がり、農夫たち――平原の農夫にお目にかかるのは、これが最後だ――が群れをなして、泥田につかり、上体を二つに折り曲げながら歌を歌っていた。パディ[1]の売り値は五キロで一ルピーにすぎないが、それでも、この泥と暑さの中で彼らは幸福そうだった。昔父親たちはポーターとして強制的に狩り出され、多くは疲労と窮乏と寒さのため、ギルギットへ行く道でのたれ死にした。そういう農奴の生活に比べれば、今のみじめな暮らしのほうがずっとましなのだ。そういう仕事を免じてもらえるのを、アラーに感謝しようではないか！

彼らはそんなことを考えながら、ばかでかい人馬の列が遠ざかって行くのを見ていたに違いない。北へ向かうこの大キャラバンのポーターは、ほとんどみんなグライスの連中――ダルト人とカシミール人の混血で、粗野な山岳部族――だった。ここは彼らの故郷である。ここまで来て、彼らはアストルの連中と交替する。アストルのポーターは次にバルチ族ないしラダク族と交替し、最後にフンザの連中が荷をかつぐわけである。

ソナルワイン橋を渡ってから、アールトの一行は今一度、ここで終わっている荷車道を振り返った。道には最後のプラタナスが影を落としている。馬は早くもラバ道の小石にひづめの音を響かせていた。道はたちまち野ブドウの中に消え、最初の急斜面につけたかき傷のように、五〇〇メートル上方に再び姿を現わしていた。

モミとヒマラヤ杉が発散する高地の香りをはじめて吸って、みんないささか酔い心地だった。ヒマラヤははじめ、ヨーロッパのアルプスを少し壮大にし、横にのばしたような感じだった。大きく息をしながら、われわれは誇らかに、その山なみへ分け入って行った。視界はどんどん広がって、しだいにカシミール渓谷の全景が開けていった。湖。インドの熱砂との境目に広がる青い花綵《づな》。美しい平野の景色はとばりのような斜面の背後に少しずつ退いて行き、もう一度振り返ってみると、もう影も形もなくなっていた。一地方全体がとつぜん消え失せたのである。それとともに、一定の水準の文化が。その陰険な消えかたには、みな胸を締めつけられた。まるで脱走のようだ。

皆の目は、今、北の空の流れる雲を追っていた。空には、靄にかすんだモミの巨木がそそり立っている。靄が晴れると、別の山々が現われ、その上にはもっと高い峰々がそびえていた。二台の無限軌道車であそこまで分け入るのだ。夏至ごろの豪雨で、小道はところどころ不通だという。

行けるだけ行ってみよう、とアールトは思った。

*

二台の自動車でそこを越えるというのは、とにかくはじめての実験である。それにはあらかじめ一つの困難が予測されていた。テンポの違う二つの歩度を同じキャラバンの中で調整し、規則的で持続的な馬の歩みを、止まったり故障したりする機械の歩みに合わせるにはどうしたらいいか。

それにはどうしても、いろんな操作をし、予防措置を講じ、いろんな試行をしてみなければならない。それは、隊商の輸送というよりは、むしろ偵察や踏査に近い。

コラグバルより手前の二日目の行程で早くもフェラッチをはじめ運転手たちは、腕の力かジャッキの力であらかじめ操作しなければ車を通せないような、とてつもなく曲がりくねったいくつかのジグザグのカーブにぶつかった。たちまち、アールト隊のスピードが落ちた。しかし、その翌々日グライスの手前で、上からは見えないが急流がごうごうと吠えている峡谷にさしかかったとき、もう進行の予定は完全に狂ってしまった。

最初の橋である。

車は二トン。橋はその重みに耐えられるだろうか。この疑問に答えられるのは、橋を建設したインド人の技師だけである。おりよくその人が、カシミールの藩侯《マハラジャー》から探検隊のもとへ派遣されて、現場に来合わせていた。さっそく尋ねてみたが、橋の強度に関する彼の意見は橋そのものよりもさらにあぶなっかしかった。二時間がかりで計算して、それでもなお、自信がなさそうに鉛筆をなめていた。フェラッチはかんかんになってしまった。あて推量で彼は考えた。車からできるだけ荷物を下ろせば渡れるだろう。

「さあ、行こう！」

車を三〇メートルのケーブルでつなぎ、笛の合図で作戦を開始した。人命はたいせつにしなくてはいけない。そこで、運転手を乗せず、からのまま車を橋に接近させた。自動車は橋のまん中まで来たが、右に寄り過ぎ、欄干に触れて止まってしまった。現地人たちは綱を引き続けている。弱い橋はみしみしと痛ましい音を立てた。

「止めろ！　やめ！　ストップ！　誰かハンドルを切れ！」

現地人にわからせようと思ったら、その命令をヒンズー語で叫ばなければならなかったろう。そんなことをするよりも、フェラッチは自分で命令を実行した。三段とびで彼は車のところまで行き、落ちついた手つきでその向きを直した。こうして無事に橋を渡った。これが最初の橋である。キリク峠へ着くまでには、まだ四五の橋を渡らねばならない。

＊

峰こそ高いが、このあたりにはまだ青々とした森があった。ペシャワールからここへ狩猟に来たイギリス軍の将校たちは、スコットランドの広大な狩猟地をなつかしがっていた。三六六〇メートルある最初の峠[2]のてっぺんでも、まだ、粗末な毛織物を着た牧童が四、五頭のインド水牛の番をしているのが見えた。あちこちの山小屋からは青い煙が立ち上り、その匂いが漂っていた。道はまた下りになり、別の谷にはいる。雪崩で倒れたモミの巨木がころがっている斜面には、去年の雪が灰色のまだらになって残っていた。

一時間後、今度は日陰から日なたへ出、急流の左岸から右岸へ移る。高度が増すにつれて気候も変わり、方向を変えると全然別な国へ来たような感じがする。グライスの近くでは、イギリス人の若夫婦がキャンプをしていた。ご亭主はニジマスを釣り、奥さんは水彩画を描いていた。休暇を過ごすには恰好の場所だ。ニガヨモギの花が咲いている小さな谷にはひなびた別荘が何軒か建っていた。そこを通り越すと再び山が迫り、道は岩の裂け目に分け入って行く。そこを二日ほど行くと、西洋サンザシ、ヒナゲシ、キンポウゲ、スイートピーなどが咲き乱れる《幸福の谷》がもう一つある。これでカシミールともお別れだ。

　こうして、バンディプール出発後五日間に、アールトは一〇〇キロ進んだ。スピードが上がらない最大の理由は、橋が七つもあったことである。まず荷物を下ろし、対岸に定点を決め、人身事故を防ぐため二本の紐で遠隔操縦をしながら、エンジンを止めた無限軌道車を綱で引っ張る。橋を渡ったら、また荷物を積む。こんな作業で、隊全体が何時間も足止めを食った。人間も馬も、それでよけいに疲れてしまった。

　しかし、とにかく前進はしている。

　たちまち道はせばまり、岩ですっかりふさがれてしまった。その岩を、苦力《クーリー》の一隊がどうにかこうにかどける。カシミールの村人たちはあっけにとられていた。機械やキャタピラや予備の車軸まで輿《こし》のように四人がかりでかついで行く。その奇妙な行列を、彼らはぽかんとしてながめていた。

　しかし、こんな苦労はまだ序の口である。アールトがそのことに気がついたのは、ブルジル峠のふもとに着いたときだった。この峠はヒマラヤの最初の支脈の西のはずれにあって、標高は四二〇〇メートルである。

　ここでいきなり、生の世界から死の世界へ飛び込んでしまった。牧場は小石に、野の花は雪に変わった。七月というのに左右の雪は四、五メートルに達し、あいだの道もさだかではなかった。馬が三頭、胸もとまで雪に埋まってしまった。唐鍬とつるはしで堅い雪の中に柵のようなものを作れば、峠の上まで一二時間で行ける、とフェラッチは踏んだ。しかし、下を流れている水で下部をけずり取られ、氷が橋状になっているところがある。そこをよけるには、一歩一歩確かめて行かなければならない。《最低速度》で登頂がはじまった。時速一キロ。この高さでは（空気が稀薄なので）エンジンの力が五三パーセントも減り、気化状態も思わしくなかった。肺の呼吸と同じである。夜明けの氷霧はどこかへ消え、みなはげしい陽光に目がくらんだ。頭は割れそうに痛んだ。雪はゆるんで、ますます歩きにくくなった。

だんだん傾斜がひどくなった。油断もすきもあったものではない。二台の車はいっときも目を離せなかった。へたをするとすべり落ち、自分の重味に引きずられてずっと下の雪のポケットに飲み込まれるおそれがあった。後の車を操縦していたノルマンなどは、何度も冷や汗をかいた。四五度の傾斜で車がかしぎ、あやうく下へ《突っ走り》そうになる。キャタピラの金属板が雪に食い込むように、崖の肩にすべり止めの畝を作らなければならなくなった。こうして垂直の山腹にしがみつきながら、二台の車はどうやら通過した。

時間はどんどんたっていった。この人里離れた高地に二台のエンジンの音が峰から峰へこだましたようなことはかつてなかったに違いない。これは勝利だ。勝利であると同時に、山嶺の荘厳な静寂に対する侮辱かもしれない。実際、この広い円谷では、好天は一種の休戦だった。まわりには、高くのびた氷の斜面が五〇〇〇メートル余の高さで天空を切り裂いている。道ばたには、去年の冬のいけにえたちがころがっていた。数か月前の大吹雪で埋まったラバや小馬の死体が、夏になってその残骸を現わしたのだ。峠を上りきる少し手前に、巨大な足場を組んだ山小屋があった。何か観測所のような感じがする。冬にこの峠を通るサリコルの郵便配達夫たちの避難小屋である。足場の高さから推測するに、大きな鍋底のようなこの場所は、ひどいときには一五メートルから二〇メートルも雪が積もるらしい。

午後六時、ようやく上へ着いたとき、みんなもうへとへとだった。運転手たちは、その場で横になろうとしたが、現地人はどうしてもうんと言わなかった。七月でも、峠の上には吹雪が荒れて、寝てしまった無謀な人間や動物を数分間で凍死させることも珍しくないのだ。

ブルジル峠を過ぎると、もう一木一草もなかった。道は一〇〇〇メートルほど下って、ラダクとバルティスタンの隘路にはいる。そこにもあばらやが数戸あって、甲状腺をはらした顔色の悪い人々が住んでいた。

ゴダイの部落の二キロ手前まで来たとき、アストル川に張り出した狭いバルコンの上で、セションはとつぜん、左側のキャタピラが宙に浮いたのを感じた。谷の側は、もう足がかかっていない。彼は顔色を変えた。

絶壁上で宙に浮いたキャタピラ

「フェラッチ！……落っこちる」

「動くな……」

しかし、ここで動かずにいるのは、よほど冷静でなくてはならない。さいわいセションのところからは見えないが、大きな穴があいて岩棚全体がはげ落ちそうになっていた。それを見てフェラッチはぞっとした。二トンの車がまだ落ちずにいるのは、奇跡としか言いようがない。しかしフェラッチは、その原因を穿鑿《せんさく》しようとはしなかった。とにかく、破局が起こる前に、何とか手を打つことだ。さっきまではまだ、土を運んで来て作った道が、支壁のような大きな石で支えられていた。しかし、壁は崩れ、道の半分はなくなってしまった。堅い地面の上にいるのかどうかセションが心配しているようなので、フェラッチは腹ばいになって確かめようとした。しかし、口をついて出たのは罵声だった。

「ちくしょう、パイプが！」

パイプはするするとポケットからとび出して、危険なダイビングをはじめた。フェラッチはそれを目で追った。パイプはトンボ返りを打ちながらぐんぐん落ちて行った。最後に一回はね返り、そのまま二〇〇メートル下方の谷川にのまれてしまった。

「おい」とセションはもう一度尋ねた。「どうなんだ、下は？」

「なんにもないぜ」

山の中の冗談である。もっとも、その日の損害はパイプ一個で済んだ。五時間にわたってかなりややこしいウインチの操作をしたあげく、ようやく堅い地面を踏むことができた。セションはこの事件をいつまでも忘れられなかった。二日後の七月二一日、二台の無限軌道車がアストルへはいり、長太鼓の響きや高い笛の音、そして現地人の歓声に迎えられたときにも、まだそれを思い出してふるえていた。

ヘイグ元帥の子息である一人のイギリス軍将校が、この珍現象を双眼鏡でながめていた。

＊

七月二五日――オードゥアン＝デュブルイユの班[3]のラプランシュは、小型無電機のランプをつけて、目をすえ、受信機のスイッチに手をかけながら、いつものように波長二七メートルで聞いていた。

「何か聞こえるか？」

彼はかぶりを振った。

「うん……ジャヴァだ。全然だめだな！」

夜が来た。何もかも闇にかき消えてしまった。山も、また、近くに山があるという威圧的な感じも。夜は二七〇〇メートルの高さすら忘れさせてしまった。第三班は今夜ペシワリの避難小屋に泊まっている。この班は最後尾なので、まだブルジル峠を越えていない。先行のアールト班に合わせて進むのである。

一室しかない山小屋の中では、オードゥアン＝デュブルイユが風よけランプの薄明りで、ポーターに渡す支払い伝票をあらためていた。とつぜん書類が飛び散った。外では、谷底の激流がごうごうと音を立てている。ラプランシュがいきなり戸をあけたのだ。やや興奮ぎみである。

「ニュースだ……ポワンのニュースだよ。今キャッチしたんだ！」

三人の男が起き上がって、一度にしゃべりだした。「どんなニュースだ？　早く話せ！　いい知らせか？」

「あんまりよくないんだ」とラプランシュは答えた。

「まあ、読んでみろ……」

鉛筆で四行。抜けたところもある。みんなその紙切れをのぞき込んだ。「ＦＢＱＲ、ＦＰＣＧより。北京フラン……館……」

「北京公使館を呼び出したんだ。気象が悪くて、番号は聞こえなかったが」

「いいから読めよ」

「……ＦＢＱＲ、ＦＰＣＧヨリ。北京フラン……館へ。ウル……カラ動ケヌ。アールト班ヲ……

ニ、カシュガルヘ……三台派遣……斡旋タノム。主席ハ車ヲ徴発……ワレ、囚人トシテ……日間監禁……ヴィクトル・ポワン……ＦＰＣＧヨリＦＢＱＲニタノム。通信ハ呼ビ出シナシニ行ナワレタシ。犬ガイル」

急いで地図を見る。

ウルムチは天山山脈の北で、予定のコースからはずれている。ウルムチに用事はないはずだ。自分の意志で行ったのではあるまい。予定のルートをとれないのか？　どうしてだろう？　正規の旅券があるのに、どうして車を徴発されるのだろう？　囚人だって？　いったいどういうわけなんだ？　連絡して来るところを見ると、釈放されたのか？　ＦＢＱＲとはなんだ？

「レグルス号のコール・サインだよ」とラプランシュが説明した。「フランス艦隊の通報艦さ。香港に停泊してるんだ」

「犬がいる……か」とオードゥアン＝デュブルイユは読み返して言った。

「聞いてるやつがいるってことさ」。ソヴァージュが別な言葉で言い直した。「スパイされてるんだ。きっと、厳重な監視がついてるんだろう。だから、ケルヴィズィックは用心して《隠語》を使ったんだよ」

四人は考え込んでしまった。

アールトに知らせるか？　でも、アールトはもうアストルを発ったに違いない。つかまえるとすれば、ギルギットに着いてからだ。何日もかかる。

半開きの戸口からは、相変わらず谷川のごうごういう音が聞こえた。二〇人ほどのポーターが野天のたき火のまわりに集まって、炎のほうに身をさしのべていた。鈍い水音とその人声で四人のフランス人は、ここは人里離れたペシワリの山小屋なのだということをあらためて思い起こした。小屋は山の肩部のくぼみにある。そして、この山自体が、延々と連なる山なみの中の目立たぬ一点にすぎないのだ。

シュレールは聞いていないかもしれないから、スリナガルにいるゲルジェにも知らせたほうがいいだろう。

明日第三班は、ここからいちばん近い電信局のあるミニマルグを通る。そこで両方に、中国班のこのＳＯＳを知らせてやろう。とにかく、助けを求めているのだから。

＊

アストルから先はむりをしないほうがいい、とアールトは言われていた。

「通れやしませんよ！」

地理に明るいイギリス軍の将校たちは、みんなそう言っていた。小川の水で少しずつ浸蝕される凍土の台の上に乗ったアストルの村は、ボルト代わりの数十本のポプラの木で地面に止められ、二つの峡谷の合流点の上に張り出していた。崩れ落ちないでいるのは永遠の奇跡、アラーの神の気まぐれであろうか。それでも、ここには一〇〇人ほどの人間が、石壁の小屋で暮らしながら、数アルパン（一アルパンは約一エーカー）の小麦畑にしがみついていた。

毛織りのぼろ服を着、丸くふくれたきたない羊毛の切れ端を頭に巻いているこの山人たちは、どんよりした日で二台の無限軌道車を見つめていた。生気のないその視線は、まるで、大空も広い空間も奪われた囚人のようだった。何の因果か、こんな土地に生まれた彼らは、キュクロプス（ギリシア神話中の一眼の巨人）の国にやって来たピグミー（小人族）のように生きて行くほかなかったのであろう。見るのは深い谷、高い峰、聞こえるのは急湍《たん》のとどろきと雪崩の重い響き。まわりの大自然は禁制の網を張り巡らしている。

　自動車で来たりしたら山の神がご立腹になる。ここから先は車ではとても行けない――そんなことをこの山人たちも言っていた。

　事実、アストルから向こうは谷もひどくせばまり、両側の山々もますます高くなって、わずかに残っていた空さえもなくなってしまいそうだった。アールトは実地検分のため、七月二二日の朝、フェラッチと馬で出発した。アストルからダスキンまでの四〇キロのあいだには、通れないところが数個所あると言われていたので、その偵察に出かけたのである。一一キロ行ったところで二人は立ち止まった。最近の豪雨で上のほうの土がゆるみ、崖道の一角は谷底まで押し流されて、土砂崩れの跡しか残っていなかった。その巨大な山津波で、道は一〇〇メートルにわたってぶった切られていた。山からすべり落ちたぐしゃぐしゃな土は三〇万立方メートルもあろうか。馬のひづめが小石に当たると、石は四〇〇メートル下の急流へころげ落ちて行った。

「自動車を軽くせにゃならんな」とアールトは言った。

　たしかにそうだ。サリコルの隊商でも、ここを通るときは、馬の鞍をはずして、荷物は人間がかつぐほか手はないのである。

　アストルを出ると、道は急に折れ曲がり九十九《つづら》折《おり》の急坂になった。無限軌道車は文字どおり、荒海にもまれる小舟のようだった。カーブのところは四分の三がた崩れていて、とても通るどころのさわぎではない。そこで、無限軌道車を腕で支えながら、谷底の川のところまで下った。ここならとにかく平らである。しかし、ヒマラヤにあるような青年期の、浸蝕が現に進行中の谷では、崩れやすくて斜面が危険なのと同様に、谷底も土砂に埋まって通れない。岩をてこで動かし、あるいは大槌で《はがし》ながら、一メートルずつ前進した。そのやりかたは運転手のコルセが教えてくれた。裸で汗をかきかき、コルセはアストルの人々に、足の指をつぶさずにハンマーを使う方法や、《岩の筋》を見つける方法などを必死に教えていた。

夜になった。ぶっつづけに五時間汗を流して、やっと六・四キロ進んだ。

次の日の明けがた、岩また岩の中で、足もとに、しぶきを上げるアストル川の轟音を聞いていると、アールトも、フェラッチも、四人の運転手も、内心みな、巨大な岩壁に囲まれたこの谷底から車ではい出すのはとてもむりだという感じがした。しょせんは竜車に向かう蟷螂《とうろう》の斧だ、ばかげた意地は張らないほうがいい。しかし、頭の上にのぞいている空がしだいに明るくなり、日の出とともにペクールが苦力《クーリー》の一隊を連れてアストルから戻って来ると、再び希望がよみがえった。現金なものである。あと三時間苦しい道作りをやれば、その先は川に沿ったよい砂の道が一キロほど続いている。

その一キロを過ぎると、次はまた崩れやすい断崖である。道の整備で午前中はつぶれてしまった。岩棚は狭すぎるので、まず堅さを調べ、次に板と土でそれを広げなければならない。こうして一メートルずつ、全長一・五キロにわたって、左右の二つのキャタピラの下になんとか道らしきものをこしらえた。そしてついに、あの一一キロの地点に来た。アストルでもわかっていた例の山崩れの跡である。車を止めて、完全に分解しなければならなかった。

二五日の朝、すでに骨組みだけになっていた二台の車を、最大限三〇キロの荷物に分解した。午後二時ごろ、焼けつく太陽の下で、ばらばらに解体された車の部品が六〇メートルにわたって地面に並べられた。変速機、後車軸、差動機、前輪、ブレーキ胴、キャタピラ、遊滑車などが展示品のように並んでいた。フェラッチたちはもう準備を済ませ、あとはアストルからポーターが来るのを待つばかりだった。やっと来たポーターは、すでにへとへとになっていた。

一〇人、二〇人と群れをなして、彼らは長談義をはじめた。半分以上がずらかってしまい、あとの

車の分解。作業するフェラッチ、見守るアールトとペクール

者も地面にべったりすわり込んでいた。ヒンズー語がわかるのはヴィヴィアン・ガブリエル大佐——この人の経験は非常に貴重だった。とにかく、滞在二〇年のベテランだから——だけだったから、交渉でもおのずからこの人が仲裁者の役をした。大佐は提案した。賃金を倍に上げ、一人二ルピーずつ払うこと。荷物を軽くし、一往復を三往復にすること。

フェラッチはばらばらになった車を見て悲観していた。しかし、アールトはへこたれなかった。《忍》の一字である。

二六日早朝、賃金が倍になると聞いて、ポーターが一五〇人もやって来た。ル・ルウとセションが一人一人に荷をかつがすと、彼らはあとからあとからぐしゃぐしゃな土砂にアタックして行った。越えるのはわずか一〇〇メートルである。しかし、ちょっと動いてもぐらぐらするのに、ちゃんとバランスをとり、しっかり足場を固めるのは並たいていのことではない。コルセに言わせると、こういう土砂崩れの跡は、荷を下ろした馬でも「渦巻形」にしか上れないという。たちまち、先頭から後尾まで、みんなはげしくあえぎだした。しかし、今さらやめるわけにはいかない。ちょっと行ってはひと息入れるので、列には一〇メートルごとに切れ目ができた。かじ取りハンドル、車体の断片、車軸、ライト、ボンネットやクランク・ケースの一部。その他五〇ばかりの機械類が、次々と苦しげに上下しながら、階段の段が崩れてなくなったような、浸蝕が生んだそのけわしい回廊を上って行った。峻烈な太陽の下で、この金物を運ぶ苦力《クーリー》たちは、ボロの上着を裸の肩にあてがっていた。その一〇〇メートルを越え、割れ目の向こうの堅い地面に着くと、疲れきったポーターたちは、ペクールの前にへなへなとすわり込んでしまった。ペクールはセションとノルマンの手を借りて部品を一個所に集めた。

仕事は朝の六時にはじまり、晩の六時に終わった。一二時間、五往復。二台の無限軌道車は一二〇人の背骨に載せられて割れ目を通った。

*

翌七月二七日には車を組み立て、二八日にはダスキンへ向かって一八時間で八キロ進んだ。もう秩序もへちまもなかった。

馬に乗った人、荷を積んだ馬、歩いて行く人、ポーター、それに二台の無限軌道車——車などというものがかつて通ったことのないこの地方では、無限軌道車の存在自体がすでに異常だった——そういう要素で構成されたキャラバンは、今ではばらばらに解体し、一つ一つの要素がそれぞれ別個な速さで進んでいた。道幅が狭いので、遅れた者を待つことはできない。止まれば、道はふさがってしまうから、馬に乗った人は次の宿駅まで先に行き、そこで荷馬や、さらに遅れてポーターが少しずつ追いついて来るのを待つしかない。一日、二日、ときには三日も待つことがあった。馬糧もだんだん減ってゆく。その辺には、ほんのひと握りのライ麦で命をつないでいる少数の腹をすかした住民しかいないのだから、ルピー銀貨を出したところで何も手にはいるわけではない。

一人一人が孤立無援の状態で、どんなものでも食べ、どんなところにも寝た。無情な太陽は稜線の背後から高く中天に上り、岩を過熱し、たちまちのうちに日陰をせばめた。頑強な男たちも、今では暑熱と渇きで衰弱していた。ここは巨大な鉱滓捨場のようなところである。ストーブの灰落としに落ちる燃えがらのように、谷底には小石が積もっている。谷といっても水無し川で、湧き水ひとつあるわけではない。

モリゼはまっ先に赤痢にかかったが、それしきのことで大事な仕事をやめるわけにはいかない。カメラをかついだ現地人を連れて、相変わらずてくてく歩きながら、意地になって写真をとり続けた。一枚また一枚とあらゆるアングルからとりまくる。この地獄の光景を後世の旅行者に知らせてやろうとするかのように。

ようやくダスキンに着き、七月二九日にはドイアンまで足をのばした。ウィリアムズの馬はそこで死んだ。

ドイアンから先は、最近の嵐でまだ何もかもめちゃくちゃらしい。断崖の一角がアストル川に崩れ落ちて、流れの向きも変わってしまったという。ドイアンを発つ前にここでも実地検分をして、この思わしくない情報を確かめてみなければならない。アールトは出発した。

「後から来てくれないか」と彼はフェラッチに言った。

後から来い？　だが、命令に口答えは許されない。フェラッチの一行は三〇日に出発した。またまた四つの急坂を上り、一つの急流を渡渉し、一二の急カーブを曲がり、崖道を五〇〇メートル人力で直し、計八時間。相変わらず汗と渇き、太陽とサンドフライ。[4]はじめの元気はどこへやら、まさに絶望的な戦いだった。岩と機械とのすさまじい格闘である。昼ごろには、五人ともふらふらだった。水が一リットルあれば、寿命が一年縮まってもいい……

「何だ、来たのか？」

ようやくつかまえたアールトは、馬の手綱を引いて歩いていた。こちらが誰だか、最初わからなかったらしい。

「後から来いって言ったじゃないか」とフェラッチは答えた。「だから来たんだぜ」

「馬でだよ、フェラッチ！　後から馬で来てくれって言ったんだ。……きみ一人で。めちゃくちゃだなあ！」

アールトは五人をやさしく見つめていた。五人とも、みんな抱きしめてやりたいくらいだった。

*

八月二日。車はインダス川の渓谷の平らな道を快調に走っていた。三日間、あの混沌たる光景の中で悪戦苦闘したあとだけに、これは信じられないことだった。あんなところにぶつかると、自然を愛するなんて殊勝な気持はなくなるな――ウィリアムズはそんなことを言っていた。あの壊乱で、山はその威厳すら失ってしまった。ずうたいばかり大きくて意外に脆弱なあの山に、われわれは軽蔑すら感じるようになっていたから。

それにしてもみんな、この自動車登山が実際何の役にも立たないことを知っていながら、それでもがんばり通したのである。あの執念から、今や、まがうことない栄光が生まれていた。

腹がずったり、ひっかかったり、一メートルもすべったり、その場で回転したり、カーブが急なところでは牽引鉤やローラーがはずれたり、滑車で巻き上げられたり、ケーブルで支えられたり、さらには、ハッツ＝ピルの岩山に血痕のように感動的なペンキの跡を残したりしながら、あちこちがへこんだこの二台の車は――あえて言う――今や二つのシンボルとなったのだ。一二〇〇時間もフルに回転し続けたエンジンは、今でも元気いっぱいだった。その息の長さは現地人の苦力《クーリー》を驚かせ、世界で最も閉ざされたこの土地に、すばらしい伝説を生み出していた。とにかく、通ったのだ。だからこそ、ケーブルをやたらと引っぱって手に血がにじんだアストルのポーターたちも、崩れかかったカーブを四九回も直したすえ、ようやくラムガットを過ぎ、巨大で混沌たるあの迷宮から抜け出したときには、みな勝ちどきを上げたのである。

その三日間というもの、アールトもフェラッチもセションもコルセもノルマンもル・ルウも、岩のくぼみにすわってほんの数時間寝たきりだった。しかし今、八月二日の夜明けの景色を見ていると、みな、苦労のしがいがあったという気がした。隊はいまや、月光を浴びた広い平坦な峡谷を進んでいる。谷の両端には、氷の幽霊のような二つの山がどっしりと立ちはだかり、この世のものとは思えないほど高くそびえている。後のはナンガ・パルバット（八一二六メートル）、前方のはラカ・ポシ（七七八八メートル）だ。

ナンガ・パルバットのバラ色の峰にとつぜん光がさしたとき、疲れきった縦隊はちょうどブンジの果樹園にはいった。それから二日後、さほどの困難もなく、隊はギルギット入りをした。前の日から、待ちくたびれた住民たちは到着の時をうかがっていたらしい。

ギルギットには、自動車の作りかたを知る者など一人としていなかった。だから、道はたちまちやじ馬でいっぱいになってしまった。埃の中を駆け回る者、子供のように肱で顔を隠し、ただつっ立ったまま笑っている者。子供たちはボンネットの上によじのぼり、五〇メートル先まで運んでもらって大喜びだった。五〇メートル乗ったら、次の子供と交替するのである。たいていの人は地面にしゃがんで、車輪がどうして回るのか調べたり、キャタピラの動きにつれて回転装置が移動するのを目で追ったりした。驚嘆と歓喜があふれていた。老人たちは顔じゅうにしわを寄せて、しきりにうなずいていた。まだがんじょうな一人の老人は、ついに平伏してしまった。

ギルギットとスリナガルのあいだの山を、もうじき、こういう鉄の機械が規則的に往来するようになる。自分も死ぬまでには、向こうの谷間の国々が見られる——老人はそう思ったのであろう。楽天主義者なのである。

＊

「フェラッチを呼んでくれ！」

アールトは、いま受け取ったオードゥアン＝デュブルイユの通信を読み返した。中国班がウルムチで足止めを食ったとすると、二つの自動車隊が合流するのは不可能だ。とすれば、こちらだけフンザやナガルの峡谷に分け入って、カラコルムの急坂をよじのぼっても無意味である。そんな軽業《かるわざ》は、いつまでにやれると断言できるものではないし、暇がかかってしかたがない。しかし、中国班は一日千秋の思いで救いの手を待っているのだ。

「フェラッチ、お別れだ」

「いや、行けるところまで行くつもりだよ。アールトさん、おれの隊はだいじょうぶだ」

「フェラッチ、ポワンから知らせがあったんだ。新規まきなおしだよ。計画を変えなけりゃ。へたすると、新疆へ入れてもらえんかもしれん。そうなったら骨折り損だからな」

フェラッチの日記から

「八月七日。ここで探検は終わる。隊長は今夜出発。さようならを言おうとしても、胸がいっぱいで言葉にならない。隊長も必死に感情を抑えているようだ。馬にまたがり、さっさと行ってしまう。五人でそれを見送る。隊長は振り向いて合図をする。そして、岩陰に消えてしまう。次に会えるのはいつか」

二度と会えないのだ、フェラッチよ。

*

ギルギット[6]から数キロ下流に、山の壁を削った大きな裂け目が口をあけている。カンジュト渓谷だ。[7]その谷の水源は、インド北端とシナ・トルキスタンを結ぶ峠の近くにある。

気むずかしく近づきがたいこの地方一帯は、ヒマラヤでも高峰のうちにかぞえられる高い山々のひだに隠されて、四〇年前まではまだ山賊の出る危険な場所だった。そこは、いまだに独立を保っているフンザとナガルという二つの小国に属している。その辺の部族は略奪を好み、前世紀の末までは近隣の住民の恐怖の的になっていた。

入口はカンジュト渓谷とギルギット川の合流点しかない。そこを通って、この昔の山塞に分け入って行く。峡谷は狭くて、一日じゅう日がささない。しかし、八月の熱気が赤みがかった岩からさかんに発散されるので、この谷の日陰はギルギットの燃える太陽よりもはるかに蒸し暑い。昔の氷河が溶けた泥土の上で、首を垂れた馬は一歩行くごとによろめき、ときどき、息がつまったかのように立ち止まってしまう。乗り手は馬から下りて、手綱を引くが、今度は人間のほうが、反吐のような土から発散する熱気に当てられて、急に胸がむかつき、足元がおぼつかなくなる。

谷の奥へ向かって北へ四〇キロほど進み、花崗岩の崖道を通ってナガル王国にはいる。崖縁の道の崩れた個所には、丸太とそだで応急の修理がされている。国境の表示は、南京錠をかけた透し格子の門である。錠をあけ、門を押し、中にはいる。そういう防備を子供だましと思ってはならない。これは皮肉なのだ。なぜなら、錠をこじあけたところで、中へはいれるわけではないのだから。旅人がそのことに気がつくのは、そこからさらに進み、道が急に東へ折れて、とつぜん、五〇キロ先にフンザとナガルの二つの村——フンザはカンジュト川の右岸、ナガルは左岸——を発見するときである。

深い谷で隔てられているとはいえ、同じ台地の狭い台座の上にのっかったこの二つの小王国は、互いに向かい合い、首府同士も顔と顔をつき合わせている。案の定、ともにイスラム教徒からなる両国民は、昔から互いに犬猿の仲である。宗派が違うからだ。ナガル人はシーア派で、酒を飲まない。彼らはフンザの連中を異教徒とみなしている。フンザ人はブドウ酒で酔っぱらい、コーランの権威を認めず、お祈りや断食もいいかげんにして、実利的な関心から、アガ・カーンを教長とするイスマイル派という奇妙な派に属している。

二人の君主——部族のかしらと言ってもいいし、土地の人が言うようにミールと呼んでもいい——は昔から憎み合いながら、互いに友好関係を保ってきた。独立が脅かされると思ったときは、憎しみも忘れて手を握った。事実、一八九一年にデュランド大佐の率いるイギリスの遠征軍がこの地方を最後的に平定するまで、彼らはいつでも連合して外敵を撃破していたのである。

しかし、一九三一年八月の今日は、彼らもアールト隊の通過を興味津々と待ち受けているだけだった。英雄時代は終わったのだ。昔のように隊商から略奪したり、旅人を奴隷にしてカシュガルやシナ・トルキスタンの町々へ売りとばしたりすることはもうできない。道路は実際上インド政府の管理下にあって、二人のミールも今では年額いくらという補助金をもらっている。役人と同じである。その代わり、彼らはカシミールの藩侯《マハラジャー》に、臣従の印として貢物を納めねばならない。フンザのミールは毎年、砂金[8]二〇オンスと馬二頭、犬二匹を納める。ナガルのミールのほうは、砂金一〇オンスとアンズ二籠だけでご勘弁願っている。

二人のミールのうち、われわれ外国人の一行をとりわけ鶴首して待っていたのは、まちがいなくフンザのミールの方だった。たくさんの荷物を持ってこの国を通る外人たちには、ポーターや小馬が必要になる。カラコルム地方の運輸を独占している小国王にとって、それが臨時の収入源になるのはいたしかたなかろう。時代が変わり、山賊が商人と化しても、お客が餌食になることに変わりはない。

フンザの国境と首府のあいだには、郡役所のあるマユン、ヒンディ、アリ・アバドという三つの村が並んでいた。村には堅牢な石造りの家が軒を連ねていて、われわれフランス人の目を見張らせた。八月は果物の季節で、収穫したアンズが平らな屋根の上に干してあった。張り出した崖道の上からながめると、まるでルイ金貨をいっぱい盛った鉢のようだった。

*

「ほう。……スリナガルへイギリスの友人を訪ねてから、もう一九年になるかのう」

フンザのミールはからだを揺すって哄笑した。この人は、いささか窮屈そうなピンクのネクタイをしめ、頭にはこの国独特の帽子をかぶっていた。それは白い毛糸でできた一種のベレー帽で、縁のところが小さく丸まっている。ミールの横には、洋服を着、鹿子色の革の長靴をはいた推定相続人の息子が控えていた。つやのあるバラ色の肌をした地主貴族《ジェントルマン・ファーマー》で、ブロンドの豊かな口髭を指でひねっている。

「ヨーロッパ人にそっくりですね」とペクールは笑いながら彼に話しかけた。

相手は少しも動ぜずに、フンザの人間はアレクサンドロスの後裔です、と断言した。

マンドリン、ドラ、それからクラリネットのような楽器に合わせて、ミール専属の踊り子の少年たちが、優雅に腕を上げてくるくる回ったり、鬘《かつら》の編毛をもてあそんだりした。美しい褐色の鬘はカシュガルの女性の髪の毛である。故人の両親から買ったのだ。

次に、四人の男が猛然と飛び出して来て、手を打ち鳴らし、古い戦の歌を高唱し、思いのままに隊商を略奪できた昔を呼び起こした。

ワシの巣のように高いバルチットの城のテラスから見ると、静まり返った周囲の景色は、まるで幻覚のように壮麗だった。年老いた大地はいどむように隆起している。氷に閉ざされたその巨大な構築を双眼鏡でながめ、切り立った岩壁を見わたすと、風と寒さと雪と重力が作り出すあまりにも非人間的な光景に、いささか辟易せざるをえなかった。

「いかがかな、ウイスキーをもう一杯」と王は勧めた。

宴会は終わりに近づいた。アールトはりっぱな贈物をフンザのミールに進呈した。陛下はそれをご嘉納になり、翌日召使いたちにやるつもりだったお金もいま自分に渡してほしい、とおおせられた(よく気がつく人だ)。

「それから、あの連中じゃが……」

ミールはそれとなく数人の人物を紹介する。されたほうは最敬礼だ。

「これは国でも有数の名士たちじゃから、あなたがたからじかにチップを受け取るのを許すといたそう」

*

バルチットを過ぎると、たださえ狭いカンジュト渓谷はさらにいっそうせばまって、絶壁のあいだには谷川が一つ流れるだけの余地しかなくなった。こんなところに道があろうとは思えなかった。だが、そこにも一本の道が、ところどころ電線と重なり合いながらのびていた。けれども、この地方は地盤がまだ固まらず、不安定で、太古の混沌たる状態をいまだにとどめていたから、崖崩れで道がいつ断ち切られるかわからなかった。もう小馬は通れず、荷物は人の背で運ばれた。

小石や岩が雨あられと降ってきて、急いで通らねばならないような場所があちこちにあった。前でも後でも、上でも正面でも、いつも何かが崩れ落ちていた。

道はしだいに高くなった。バルチットのはずれにある大麦やトウモロコシの小さな畑も、いつしかずっと下になってしまった。非情な鉱物質の世界の中を、道は上へ上へと上って行く。一一キロ先のアタアバッドには、やせ細ったポプラの木がほんの数本あるきりだった。そこを過ぎて、さらにグルミット、パースー、カイバル、ギルチャ。こういうフンザの最後の部落は、みな数アルパンの耕地にしがみつきながら、巨大な絶壁や流出した泥で、外界とはまったく隔絶していた。部落同士の連絡さえなかった。

一五〇人のキャラバンはあくまでも前進した。フンザの人々は三〇キロの荷物を軽々と背負っていた。とがった岩の上を、おおかたははだしで歩いていた。蹠《あし》を置くだけの幅しかない狭いジグザグ道を隊列は蛇行して行った。

八月一六日、谷川にかかった最後の橋を渡る。橋は、カバの小枝を編んで作った三本の綱でできている。その一本の上を歩き、あとの二本を手すりに使うのである。渡るときは胸がどきどきした。

八月一七日、ついにミスガルに着いた。カラコルム山脈がヒンドゥークシュの支脈に癒着している複雑な迷宮のまん中である。

電話線もここで終わりだ。

この辺に住むひと握りの山岳部族は、最後のアーリア人種だった。そこは別な世界の門口なのだ。

1 インドの原住民が常食とする安米。

2 ラジンガン峠。

3 アールト隊の第三班で、八日遅れて進んでいた。

4 砂蠅。蚋《ぶゆ》とも呼ぶ。

5 この長距離レースを走り抜いた二台の車のうち、「銀の三日月」号は、この壮挙を記念するためギルギットに残された。もう一台の「金のコガネ虫」号は、フェラッチたちが分解して持ち帰り、今はフランスのシトロエン博物館にある。

6 ギルギットでイギリスの駐在官トッド氏のお世話になったことを、パミール班の隊員はみないつまでも忘れないだろう。インド旅行中にはどこででも、客人に対してイギリスが示す伝統的な厚意が遺憾なく発揮された。

7 フンザ川とも呼ばれる。

8 フンザ川は砂金で名高い。原始的なやりかたをする村民ですら、川の砂から金を採取できる。

11　世界の屋根の上で

キルギス人の国――はじめて見る中国人――パミールの渓谷――ついに平野へ

新疆はすぐそこだ。公式には入国の権利もある。しかし、非公式に知らされたところによると、国境を越えても、あちらの住民は中国当局の命令で、外人と接触してはならないことになっており、住民の援助や食糧の補給は期待できそうもないという。

アッカンとヤコヴレフとシヴェルは、そろそろ待ちくたびれていた。ミスガルへ一番乗りしたのに、あれから二週間、カラコルム山脈とヒンドゥークシュ山脈という二つの巨人にはさまれたこの寒村で、待ちぼうけをくわされている。

八月一七日についたアールト班も、しかたなしに待っていた。無電のおかげで、探検隊は依然外界との接触を保っていた。スリナガルに残ったゲルジェを通じて、アールトはパリのアンドレ・シトロエン、北京のウィルダン、ウルムチのポワン、ワシントンのラ・ゴルス博士、カシュガルのイギリス領事など、この共同の事業の成行きを見守っている世界じゅうの人々と連絡を取っていた。

さて、八月二〇日までに受け取ったあらゆる情報を総合して、ゲルジェは状況を次のように説明した。

「南京政府は一か月あまり前に旅券の発行を取り消した（理由はわからない）が、最近また、旅券を有効と認めるようになった。

南京政府は新疆省主席に、アールトの入国とポワンのカシュガル旅行続行を許可するよう厳命した。

主席はいまだにその命令を無視している。

そういう態度を取るのは、約束の資材が届いていないからであろう。

この資材（自動車三台、無電機三台）は四月三日に天津を出たが、新疆省境でイスラム教徒反乱軍の手に落ちた。

それを聞いたパリのアンドレ・シトロエンは、すぐにそれと同じ資材を、モスクワ経由でウルムチへ送らせた。

ムラバイの指揮するラクダ六〇頭、小馬六〇頭のキャラバンは、アールトを迎えにカシュガルを出発したが、どこかで足止めをくってしまったらしい。

イスラム教徒の反乱はハミ地方一帯に広がっており、ペトロが二か月来いるその町（ハミ）は依然として包囲されている。

しかし、ポワンは希望を捨てていない。こういう困難は遠からず解決されるはずだと言う」


季節は移って行く。もうじきブルジル峠は雪で埋まり、山道を引き返すことはできなくなろう。待つのは九月八日までが限度である。それが過ぎたら、引き返さねばならない。行けば途中でエンコしてしまう。

八月二七日、第三班が合流した。二〇〇人のポーターがミスガルに集まったわけだ。食糧も底をつき、危機的な状態になった。

二八日の真夜中に、ミスガルの郵便局員がとんで来た。至急報である。ギルギットにいるイギリスの駐在官が、カシュガルにいる同僚から知らせを受けて、アールトにこう通知して来たのだ。ムラバイのキャラバンは、アールトと合流しに、タシュクルガンにある中国の哨所を越えて、ベイクまで前進する許可を得たらしい。

どういう組み合わせで、錠前の数字が見つかったのか。それはアールトにもわからなかった。しかし、とにかく歯止めが動き、ドアが少しあき、中国への道が開かれたのだ。

＊

数珠つなぎになった人と動物の列が、ハアハア言いながら最後の斜面を上って行く。景色はしだいに趣きを変え、フンザの深い峡谷や奇岩怪石、カラコルム山脈のとがった峰々などは、いつしか穏やかな感じの谷に席をゆずる。峰はしだいに丸みを帯び、急湍もチョロチョロした流れに変わる。水源が近いのだ。空気は稀薄になり、透明な雰囲気があたりに漂う。ライト・ブルーの空に刷毛でさっと描いたような雲がいくつか、頭上はるかに流れて行く。ついに万年雪が現われる。一歩行くごとに稜線は少しずつ低くなり、空が広がって行く。ここは世界の屋根だ。

一四キロほど西へ行ったところに、ワクジル峠を通ってアフガニスタンへ行く別の道が開けていた。この峠は、探検隊のはじめの計画では欠かせなかったところだから、ついでに行ってみることにした。そこはキリク峠よりもっと高い。

再び出発である。

峠から一〇〇メートルほど下りた海抜五〇〇〇メートルのところに、眠ったような小さい湖があった。陽にあたって虹の七色に染め分けられた水面には、大きな氷板がダイヤモンドをちりばめたように燦然と光っていた。六〇〇〇メートルを越える峰々に取り囲まれたこんな高い盆地の中に、凍らない水があるのは珍しい。この湖は、地図にものっていなかった。それに気がついたのは、たぶんわれわれが最初だろう。一年のうちほんの数日を除いて、あとは雪に埋もれているに相違ないから。

ワクジル峠のとある岩の上に、消えかけた字で国境の表示があった。アフガニスタン、ロシヤ・トルキスタン、シナ・トルキスタン……

壮大で不確実な、まさに理想的な入口である。あるのはただ、延々たる斜面に積もった雪ばかり。この寂寥としじまの中に、ときおりモルモットの短い鳴き声が聞こえる。

「タリム川とアム・ダリア川の分水嶺だな。グレート・ディヴァイド（ロッキー山脈の分水嶺）さ」とアッカンが言った。

厚い氷河の堆石の中から、水が湧き出しているのが見えた。水はここで生まれ、われわれの足もとで左右に分かれて行った。二本の細い流れのどちらを取らせるかは、ここでは小石一つで自由に決められる。一つの流れはアラル海に、もう一つはゴビ砂漠に向かうのである。

二つの峠の下で、インドの道とアフガニスタンの道が合流し、中国への道を作っていた。そこに小さな野営地があった。

この分水嶺は人種の境目でもある。アーリア人の世界はここで終わり、いにしえのトルコ人、モンゴル人からなる別な国がはじまっていた。定住民族は遊牧民族に席をゆずり、コシュベルから先はすでに中央アジアだった。

ゆるやかな傾斜をなして氷河のすそまで続いている広い、草のはえた谷間に、フェルトのテントが三つあった。まわりでは、獣が草をはんでいた。人が数人、じっと立ちすくんだまま、われわれが来るのを待っていた。

頰骨が出っぱり、まぶたにしわが寄った彼らの顔は、あっけにとられたような一種の物珍しさと、はげしい驚きしか示していなかった。もっとも、びっくりしたのはわれわれも同じだったが。男たちは羊の革の帽子をかぶり、羊の革の長靴をはき、羊の革の服を着ていた。女たちはこちらに向かってほほえみかけた。みな美人とは言えないが、その微笑はわれわれを困惑させた。ベイルートをたって以来、素顔を見せたイスラム教徒の女に会ったのはこれがはじめてだったのである。ある者は、白い綿布で作ったターバンをかぶっていた。おしゃれな女は、それに螺鈿《らでん》のボタンや鈴を縫いつけ、さらに、飾り紐や房飾りをあしらって、その上からショールのように、刺繍をした厚手の布をかぶっていた。錦上花を添えるのは、角製の宝玉、毛で編んだ首飾り、鉄のイヤリングなどという奇妙な装身具である。高原の書割りの中で、そういういきな田園詩はいささかもって驚きだった。

このあたりは遊牧生活の発祥地である。ここにいるのはキルギス人で、フェルトのテントはユルトと言った。

*

すでにコシュベルでも、一つの問題が起こっていた。運搬である。フンザの人々には、この先の外国領まで行く権利はないのだ。途方もなく広いこんな国で、そういうことを言い出すのはおかしいのだが。

「手におえんよ、インド人てやつは」とシヴェルは言った。

たしかにそうだ。ヴァキ人（ワハン谷地方の住民）たちは明日ミスガルへ帰ると言ってきかない。アッカンはすでにキルギス人たちと新しい料金についてかけ合っていた。今まで人間の背で運ばれて来た荷物は、これからみな、高地の輸送機関であるヤクの背に積まれることになるらしい。

モリゼは心配そうだった。

「ヤクだって！　五万フランもする機械を、見ず知らずの獣にかつがせるわけにゃいかんよ！」

　そこで彼に、いちばんみごとなヤクを見せてやったが、モリゼの不安はつのるばかりだった。ヤクというのはおかしな反芻動物である。こわばった短い四つ足をふんまえて、身じろぎもせず陰気につっ立っているさまは、何かグランド・ピアノのような感じがする。何にでも使える動物である。荷をかつぐによし、車を引くによし。肉は食べられるし、角（半リットルははいる）をコップ代わりにして、その乳を飲むこともできる。糞は燃料になり、しっぽはハエ追いうちわになる。キルギス人はヤクの鼻の孔に綱を通し、四角いがっしりした鐙《あぶみ》を使って乗り回す。一度綱を通されてしまうと、ヤクはもうどうしようと自由である。コシュベルでは、ヤクを一頭二五ルピー（二五〇フラン）で売っている。すぐにでも使えるしろものである。

　カシュガルから来るムラバイのラクダと小馬のキャラバンに、アールトはベイクで会えるものと思っていた。しかし、ベイクまでの短い旅にも、ヤクは最低六〇頭はいる。

　そうした話し合いは、野天の、ネズの木を燃やしたたき火のそばで行なわれた。九月初旬。日なたでも気温は三度である。ただ、風はない。インド人のボーイのアミラーは、ラクダ用の鈴を鳴らして、昼食の合図をする。アフガン人のボーイのカウスは、一人ずつ別々の小さな膳に皿やスプーンやフォークを並べおえる。藩侯《マハラジャー》の食堂がどれほど贅を尽くそうとも、野趣に富むこの自然の舞台装置にはおよぶまい。海抜四四〇〇メートル、四つの帝国が相会する広い高原の草っ原で、われわれは食事をしているのだ。

　南のほう、ジュルダン博士のまうしろには、インドの入口を扼する恐るべき障壁が連なって、カラコルム山脈の鋸歯状の鋭い峰がそびえている。膳に肱を突いたオードゥアン＝デュブルイユは、北のほう、うねうねと果てしなく続く雪をいただいたドームをながめている。ロシヤ・パミールの高原である。食事のあとの一服。アフガニスタンの国境から吹いて来るかすかな西風でマッチの火が消えないように、手で囲いながらパイプをつける。足もとに落ちたゴッフルトーのフォークは、中国の土に突き刺さる。

この途方もなく大きな枠組の中で、さまざまな人種が互いに混じり合わずに暮らしている。インド人のターバンはキルギス人のふちなし帽やフンザの《チャラプ》とはっきり区別される。苦力《クーリー》たちの賑わい、鞍を下ろした馬、荷鞍をはずしたロバ、枷をはめられてふうふういっているヤク、もう誰のものでもない共同の空の下で青い煙を上げているあちこちのたき火――そうしたものがこの谷間で一つの美しいシンフォニーを作っている。このまばらな住民の中で、高原の稀薄な空気を吸いながら、われわれはみんな自由を満喫する。

*

タクドゥムバシュ川の平らな広い谷に沿って、われわれは馬を走らせていた。砂利と牧草。二つ三つ、軽い巻雲が漂っている空の下に、住む人もない空白地帯が広がっている。

一人も中国人にお目にかからないこんな《無人地帯《ノーマンズ・ランド》》を、中国と言えるだろうか。

さきほど、カラ・タシュ（黒い石）を通ったとき、アンディジャーンのずんぐりした馬に乗った案内人――国境地帯の酋長《ベグ》の一人だった――が言ったところによると、キジル・ロバトのソヴィエト軍哨所は、チルカ・ダリア川に沿って馬でほんの三時間ほどのところにあるらしい。しかし、この通路は実際上誰のものでもない。誰でも、こうして馬を走らせて行けば、ここを征服した気になれるのである。

インドもまだ近い。それに気がついたのは、夕方、ミンタカ・アクサイに野営をしたときだった。

腰帯に「メイル・ランナー」[1]のしるしをつけた一人のヴァキ人が、われわれが出発してから二日目にミスガルで受信した最近の電報をアールトへ届けにやって来た。その電報をもって、道なき道をつたい、ミンタカ峠[2]を八時間で越えてきたのだ。

「反乱地帯ニ無電機一台設置。カワリニ、車四輛ニテ貴下ヲ迎エニ行ク許可ヲ得タリ。今夕、ケルヴィズィック卜出発。　V・ポワン」

ウルムチから打った無電をスリナガルでゲルジェがキャッチし、ミスガルの郵便局に電報を打った。そして郵便局の人が、手紙と同じような形で、速達でここまで届けてくれたのである。

これで手はずは整った……海抜四八〇〇メートル、テントの下で過ごす夜がこれほど寒くなかったら、今夜はみな、唇に微笑を浮かべて寝入るところだが。あいにく、中国とインドの境、このミンタカ・アクサイの隘路には、非常にいやな風が吹いていた。それに、ヤクは扇風機のようないびきをかいた。[3]

この動物はてんからのばかだった。翌日、ゴッフルトーは気がついた。横隊で行進するとき、ヤクはおもしろ半分に、わざと互いにけんつくをくわしたりするのである。おかげで、食糧の箱が一〇もこなごなになってしまった。こうなると、ヤクのキャラバンというのは文字どおりぶちこわし作業も同然だった。とかくするうちに、いよいよムラバイの登場である。

シベリア・ブリアート人で、三十何年も前から新疆に住んでいるムラバイは、約束どおり九月六日、ベイクに来ていた。ひどいロシヤ語だったが、ヤコヴレフにはなんとか通じた。

何か変わったことは？

ムラバイは、われわれがここまで来るとは思っていなかったらしい。隊長（アールト）の班はヒマラヤ山中で全員雪崩にやられたと言われていたから。

「誰がそんなこと言ったんだ？」

ムラバイはかすかに笑った。とつぜん無数のしわが寄り、顔は古い羊皮紙のようにくしゃくしゃになった。ヤコヴレフは追っかけて、

「中国人かい？」

西洋人というやつは、いつでも言葉で黒白をつけたがる――ムラバイはそう思ったに違いない。何も言わず、毛皮のひさしのついたビロードのふちなし帽の下で、ただ静かに笑っていた。はたせるかな、そこから数歩のところに、綿入れの部屋着を着、布靴をはいた一人の小男が、球帽をぬいで、しきりにおじぎをしている。手には、赤い紙に墨で名前を書いた名刺を持って。ムラバイは通訳をした。

「このかたが、お役に立ちたいと言っておられます」

テーブルクロスの代わりに絹のスカーフを地べたに広げ、その上に茶碗が数個と羊の焼肉を盛った大皿が並べてあった。

「こんなおもてなししかできなくて、たいへん申しわけない、と言っておいでです。でも、この国は貧乏ですからね」

「いや、お気持だけでありがたいですよ」とアールトは答えた。

布靴の男は、霰《あられ》に打たれたリンゴのようなあばた面を深く深く下げた。これは、われわれに会いにベイクへ派遣されて来たタシュクルガンの郡長の名代だった。

中央アジアで会ったはじめての中国人である。

*

移植された珍しい人種の見本のように、キルギス人のあいだに立ち現われたこの人の姿を見て、新

疆はやはり中国なのだ、とうなずかれた。ただ、中国と言っても、ここは辺境の植民地である。そのさい果て、ここから北へ三日の距離にあるタシュクルガンも、町というよりは国境の監視哨とでも言ったほうがいい。もっとも、その国境というのがまるで曖昧模糊としているのだが。

ここは二、三時間ですまそう、とアールトははじめ考えていた。郡長《アムバン》のところに短い儀礼的な訪問をするだけだ。

しかし、向こうはわれわれを待ち構えていた。数人のサリコル人がたちまち馬の手綱を取ってイスラム教徒居住区のむさ苦しい路地のあいだを案内しはじめた。行く先は山の手の、城砦のように防備をほどこした公邸である。

先頭を行くアールトのそのまた前を、親指と人差し指で名刺をつまみ、聖体のパンのように捧げ持った式部官が進んで行く。門の前まで来て、一人が手をたたくと、腐蝕した二枚の木の板――それが入口なのだ――がしずしずと開く。荒れ果てた中庭の奥に、さらにいたんだ第二の門がある。それも開く。だが、まだまだである。最後の門が開いて、ようやく奥殿が現われる。ソフト帽をかぶり、あちこちボタンのとれた古いカーキ色のドルマン（肋骨のついた騎兵用の服）を着た一人の男が立っている。郡長だ。彼はおじぎをし、喜びを抑えきれないといった顔をして見せる。

「富貴なお国から、はるばるこんなむさ苦しい国へ、よくお越しくださいました」

彼はわれわれの手を握りしめ、はいっておすわりくださいと言う。茶菓やタバコだけでなく、家と国全体と自分の心を、彼はうやうやしく捧呈する。捧呈するようなふりをする。機関銃が待ち構えているのではないかとびくびくしていたわれわれに！

「閣下、中国的な礼の伝統をひいたこのおもてなしには、まったくお礼の申しようもございません」

「困りましたな。そういうことをおっしゃられると、どうしていいかわからなくなります」

キャンプの茶会にお招きしたい、と言うと、彼はすっかり恐縮したような顔をする。身にあまる光栄です、でも、そのかわり皆さまも、明後日昼食にお招きいたしたいという、わたしの身のほど知らずなお願いをいれてくださらなくてはなりません。そうでなければ、もったいなくて、とてもお受けいたしかねます。

「ちくしょう」とアールトはつぶやいた。「いつまでいられると思ってやがるんだ」

　しかし、時間の価値などという観念は西洋人にしか通じない。急ぐということは、すでに、礼儀に反することのように見える。できるだけ早くカシュガルに着いて、心配している仲間を安心させてやる——フランス人にとっては、たしかにそれが至上命題かもしれない。しかし、中国人にそれを勘づかせるのは悪趣味である。それを口に出したりするのは、許すべからざる無作法なのだ。微笑と渋面が隣合わせになっている社交儀礼の覆いに、最初のひびをいらせることになる。この招待は断われないな、とアールトは思った。

　食事は、孫逸仙の肖像と、絹に書いた数枚の書を飾った殺風景な部屋で行なわれた。食卓にはたくさんの大皿がのっていて、それからめいめい自分の皿へ取るように、と言われた。はじめは明らかに、食欲よりも好奇心のほうが強かった。はしの使いかたを練習しても、実際にそれを使おうという気は起こらなかった。しかし郡長と、もう一人、税関長と軍司令官を兼ねる老官吏の誘いはますます急になった。気味が悪くて手を出さずにいるのを遠慮と受け取ったようなふりをして、二人はあちこちのラヴィエ（オードブルの皿）や皿やサラダ鉢からいちばんいいところを取り分けて、まわりの人の皿に山と盛るのだった。

「請《チン》……請《チン》……（どうぞ、どうぞ）」

フカのひれ、ナマコ、アヒルのレバーのグリル、犬のソーセージ——もちろんみんな貯蔵品である。しかし、タシュクルガンでは、それがたいへんな貴重品なのだ。とにかく、中国本部からはるばるキャラバンに運ばれて来たのだから。いやでも食べないわけにはいかない。

「カン・ペー……カン・ペー……（乾杯、乾杯）」

ウィリアムズはいやがった。彼はアメリカ人で、当然禁酒家だったから（当時、アメリカには禁酒法が施行されていた）。しかし、抵抗してもむだだった。ものすごい毒薬のような高粱酒の杯を、いやでも干さねばならなかった。干した杯には、たちまちまたつがれた。

「カン・ペー……カン・ペー……」

一時間たった。ジュルダンは二五杯目だったが、まだしっかりしていた。しかし、モリゼの顔は火のように赤くなった。ペクールは目がすわってきた。ヤコヴレフは頭から足の先までブルブルふるえだし、アッカンはげらげら笑い出した。そのとき茶碗の飯と、顔をふくための蒸しタオルが出た。少し飯でも食べれば、胃の腑に火がついた感じはおさまるだろう。蒸しタオルのほうは、どうにもいただけない。ところが、タオルは使いながら、飯には手をつけないのがきまりだという。

「なぜだい」とオードゥアン＝デュブルイユが訊いた。

飯を出すのはただのしきたりで、「まだ足りないかたはご飯でも召し上がれ」という口上の代わりなのである。だから、飯に手をつけるのは最大の無作法なのだ。

最後に、隣の部屋でお茶とハタンキョウとフスダシウの実（ピスタチオ）とゴマが出た。音楽を通じて親睦をはかるつもりなのか、シヴェルが蓄音機を鳴らした。だが、蓄音機なら郡長も持っていた。ロシヤから輸入したラッパつきの古いやつだが。

「ハ……ハ、ホ……ホ」

最年少の秘書がぜんまいを巻き、レコードが回りはじめた。とたんに、その場にいたフランス人はいっせいに起立した。この反射作用に、中国人たちはあっけにとられた。どうしたのです？　さあて、どう言ったらわかってもらえるか。のみこませるには、たいへんな時間がかかりそうだ。たぶん何世紀も。ヤコヴレフは最初ムラバイに、『ラ・マルセイエーズ』とは何かをロシヤ語で説明しようとした。しかし、このシベリア・ブリアート人は、国歌という観念などかけらも持っていなかった。

「一種のお祈りだな」とヤコヴレフはなおも言った。「フランスの人が歌う御詠歌《ごえいか》だよ……」

「ハ……ハ……」

それを聞いた郡長は腹をかかえて笑い出し、腿をぴしゃぴしゃたたいては、床につばを吐き散らした。接待がこんなにうまくいったのははじめてだ。フランス人というこの迷信家は、実に変わったやつらだ。軍司令官はすかさず、二台の蓄音機に決闘させよう、と言い出した。音の高いほうが勝ちなのだ。

酒で頭がぼんやりし、タバコの煙で息が詰まって、われわれの抵抗はしだいに弱まっていった。

「ハ……ハ……」

タシュクルガンの中国人一二人が、部屋に押しかけて来た。窮屈そうな恰好で、苦虫を噛みつぶしたように黙りこくっているこのフランス人の小グループを、彼らはじろじろ見回した。フランス人の中では、ゴッフルトー一人ががんばっていて、中国歌謡の金切り声を圧倒するために、手持ちのレコードを総動員していたが、やがて戦い疲れて、この音響合戦で西洋文明の名誉を守る仕事をジョゼフィン・ベーカー（歌手）一人に任せてしまった。

＊

タシュクルガンの先、海抜三五〇〇メートルのところから、馬の列は蛇行しはじめる。川のない広々とした谷。雲一つない空を、左右から大波のような山並みがふさいでいる。はるかかなたに、六〇〇〇メートル、六五〇〇メートル、七〇〇〇メートルというパミール山脈の氷の尾根がのぞいていた。ここは道をさえぎるものもない静かなサリコル高地である。

一日四〇キロのスピードで、われわれは先を急いでいた。スリナガルでは初心者だったシヴェルも、今ではカウボーイそこのけの大胆な騎手になっていた。皆と同じく、彼も胸を広げて、軽い空気と果てしない空間と未知の世界に酔いしれていた。起伏の背後に、ときどき、崩れた岩がるいるいと重なる円谷が開けた。岩は見るからにすわりが悪く、今にも崩れそうでひやひやした。早駆けする人馬の列が、移動する地平線とばかでかい空間を支配している。小石に当たる馬のひづめが、深いしじまをかき乱し、その処女地に汚点をつける。ここに生きものがいるということからして、何か冒瀆のような感じだった。

九月一二日。いきなり秋が冬に変わった。目がさめたとき、キャンプは雪に埋もれていた。自記気圧計によると、高度は四〇〇〇メートル。傾斜がほとんどないこの高地の谷間では、そういう急変も風土の変化より、むしろ気圧の変化からくるのだろう。その朝、ウルグ・ロバト峠を越すために、われわれは手さぐりで出発した。上って行くあるかなきかの傾斜は、霧と雪と空の中に没している。見渡すかぎり白一色で、薄日がまぶしく反射する。サングラスをなくしたソヴァージュは、非常な苦痛を訴えだした。いささか奇妙な屈折現象に、最初に気づいたのも彼である。東のほうのかなり高いところにある太陽は、くすんだ暗い空に散光しか放っていない。だが、雲の切れ目をとおって、陽光はほぼ水平に西へ走り、厚い白雲に当たって斜めにはね返り、下の雪を照らしている。スクリーンのほうが光源よりも明るいのである。だから、目がくらんだのも太陽のためではなくて、その反射光のためだった。影も逆向きにできた。

　四二三〇メートルの峠の上では、暑さと寒さがかわるがわるにやって来た。みな、額に汗を流しながら、からだはぶるぶるふるえていた。反対側へ二〇〇メートルほど下りると、雪が消えてステップが開けた。スバシである。

＊

　スバシにはキルギス人のユルトが三つあったが、それは村でも遊牧部族の集団でもなく、いたのは一家族きりだった。アッカンが教えてくれたとおり、巧みにできたその住いはもっぱら動植物から材料を仰いでいる。骨は木、壁はフェルト、ボルトはヤクの革を固めたもの、綱はラクダの毛。下は円筒形で上は半球だから、どんな突風にあってもびくともしない。

　谷間には、日干し煉瓦を積んだ建物があちこちにあった。遠くからは村の家並みのように固まって見えるが、よくよく見るとただの墓だった。永い流浪の生活を終えた遊牧民たちは、このえも言えぬ非現実的な書割りの中で最後の眠りにつくのである。

　そのあたりは湖が多い。あらゆるものが二重に見え、上にも下にも空がある。小カラ・クル湖畔を行く隊商は、水底に、ラクダの花飾りや小馬の装飾帯をさかさまにつける。あちらには、澄んだ水鏡の上に、虚像とは言え、その清らかさもなんら実物に劣らないムスター・アタ（山々の父）の頂が横顔をのぞかせている。

　その先のバシ・クル湖の近くにも、たくさんの湖が光っている。中天に吊り下がったように、あるいは自分の影を尻に敷いたように、ほかの山々が水面に浮かんで見える。砂丘のバラ色の砂が、新しいアラベスクでそれを飾る。

この楽園がサリコル渓谷の終着点だった。そこから先は煉獄である。ゲズの隘路だ。しかし、けわしい岩壁が両側にそびえるその迷路からびっこをひきひき出ると、空をふさいでいた断崖もしだいに遠のいていった。

驚くではないか。

灌木がある。感激したウィリアムズは写真をとった。一と月前から、みんな木というものにお目にかかっていない。一時間後、前哨のような最初のポプラが現われた。次は楊柳の群れ、その次は野バラ。トカイでは、農家のニワトリの声で目をさました。定住民の住居を見たのは、これがはじめてである。

今は、空もだんだん低くなっていった。ペクールは時計でも見るように高度計をのぞいていた。二二〇〇〇……一八六〇……一二四五……目の前には光の深淵が開けていた。狭い谷から解放されて水勢の落ちたゲズ川の流れが、今ではのびのびと身を横たえて、河床を捜しながら思いのままにうねっていた。一日にその川を一六回も渡った。それでもみんな上機嫌だった。急がねばならない。瀬が深すぎるところでは、ラクダがひき船の役をして、ロバをひいてやった。ロバのしっぽには羊がつながれた（道々キルギス人に贈られた羊が、今では一五頭もいた）。

高度八〇〇、五〇〇、三〇〇……。

急げ、急げ！　蹄鉄がはずれて、馬はびっこをひいているが、それでも坂を下りて行く。下りの連続だ。山並みが依然地平線を閉ざしているが、それも今では桃色の花崗岩の壁にすぎない。それもまた、だんだん低くなってゆく。稜線が傾く。一つの壁を回ると、また次の壁が現われる。そして、またその次が。

とつぜん、馬が自分から走り出し、小高い丘に駆け上がる……。

「おい、荷車だぞ」とシヴェルが叫ぶ。

ヒマラヤ、カラコルム両山脈の隘路やパミール高原の峡谷に、われわれは六五日も幽閉されていた。そして今、すばらしく平坦な、無限に広がる平野へようやく出たのだ。平らな道、水平に広がる展望、村々、ポプラのカーテン、楊柳、ヤマグミ、豊かな耕地、ブドウ園、トウモロコシ、大麻、油菜、アワ、甘口のメロンの畑、クジャク草、日傘……星座が残らず見える空。そして、霧のかなたにはカシュガルがある。

1　徒歩の郵便配達夫。

2　キリク峠と並んで、インドのこの地方とトルキスタンを結ぶ峠。

3　一九世紀に驚嘆すべきアジア紀行を書いたユック神父も、すでにヤクのことを《うなる牛》と言っている。

12　アクスの出会い

カシュガルの知事――モーリスの日記――最初の抱擁――アクスの少女

さんさんと日の降りそそぐカシュガル郊外の澄みきった秋の朝。さい先がいいぞ。このぶんなら、歓迎されること請け合いだ。とにかくここは、地上でいちばん住みよい国というではないか。《ちょうどいい時期に》いらしった、今はメロンが五スー、籠に詰めたこぶし大の大きなモモや雛鳥が一フラン、牛乳もひと壺三スーです、とムラバイも言っていた。

まさにエデンの園である。

しかし、そこには泊まるところがない。

「市の建物はむさ苦しくて、とてもお泊まりいただけるようなところではございません。まことに恐縮ですが、《庭園》に野宿していただけませんか」と道台《タオタイ》（知事）は言っていた。

その《庭園》というのは、蚊の群がる沼地だった。そこでアッカンは、延々五時間もかけ合って、ようやく、城外の家具一つないあばら屋に泊まる許可を得た。われわれの《アパルトマン》は中庭に面していたが、ラクダと小馬がその庭をたちまち掃きだめに変えてしまった。

「水はどこだい」

「どこにもないさ」とウィリアムズ。「おれたちもそのうち、善良なイスラム教徒になるんだな。砂で沐浴して、石鹸の代わりにお祈りをするってわけさ」

彼は熱いコーヒーを湯呑みにつぎ、ひげそりブラシをそれに浸して、茶色い泡を頬に塗りたくっていた。

それに、この空気といったらない……星やユルトのフェルトの下で幾晩も過ごしたあとで、急ごしらえの寝室のほこりっぽい床の上で眠るのは、たまったものではなかった。吐き気がした。

朝早く町へ撮影に出かけたソヴァージュとモリゼが、九時ごろに手ぶらで戻って来た。

「だめだ。ついてないよ」

どうもさい先が悪い。話によると、兵隊がカメラの前へ立ちふさがって、脅かすのだという。今では、武装した二人の番兵が戸口を見張っていた。羊のような群衆が見るみるふえて、道という道をふさいでしまった。どうしたのか。事情を説明してもらわなければ。

長靴をはき、ひげをそり、顔を洗って着換えをしたアッカンは、一一時に来ることになっている弁護士兼公式通訳のパン・シ・ル氏を待っていた。アールトも部屋を出て、駐屯軍司令官と郵便局長が来るのを待った。

道台が来るのは正午の予定だった。

＊

抜刀した一五人の騎兵がつむじ風のように駆けて来て、古ぼけた一台の馬車に道をあけた。濃緑色に塗った馬車の車体には、空色の絹が張ってあった。ラッパが鳴った。白い繻子の礼装に、刺繍をした絹のケープをまとった人物が、聖骨箱のようにそっと車から下ろされた。道台である。まず紹介。みんなぴょこんとおじぎをする。

敵か味方か。

西洋人というやつは、何でもはっきりさせないと気がすまない。しかし、かすかなあいそ笑いを浮かべたこの細面の顔の上に、何かを読み取ることはとてもできない。何かしらゲームが行なわれているのはたしかだが、ルールがわからなくてはどうしようもないではないか。アールトは口をきった。

「閣下にお伝えください。こんなにそまつなおもてなししかできないのは、非常に残念です、と」

道台もこの国の貧しさをわびて、かたがた、新疆まで苦しい旅を敢行した遠征隊の勇気に敬意を表した。

お茶が出た。こうやって外交辞令が次々とスローテンポで取り交された。それが種切れになると、みんな黙りこんでしまった。ハタンキョウやカボチャの種を爪でむく音が、かすかに沈黙を破っていた。両方とも、互いに観察し合っていた。片一方の不信感、もう片一方の気づまりは、やがて微笑だけでは隠せなくなった。

「シトロエン大探検隊の隊長さんに申し上げるように……」

道台はまぶたを伏せて静かに話した。しかし、巧言令色の背後から、いきなり禁令が毒矢のように飛んできた。だぶだぶの服を着た、教会人のように温厚なこの人たちは、ウルムチにいる省主席からきびしい訓令を受けていたらしい。「探検隊に学術調査をさせてはならない、映画の撮影はもとより、写真をとることも禁止せよ」と。アールトは抗議した。

「これまで集めた記録は、非常に資料的な価値があるものなんです。道台さんに申し上げてください。帰国したら、この記録を世界じゅうで発表し映写するんですよ。こういうアジア大陸の全体図の中で、新疆だけブランクだなんて残念じゃありませんか」

しかし、ウルムチからの命令につべこべ言ってはならない。拒否がはっきりすればするほど、儀礼はますます巧緻の度を加えた。パン・シ・ルは最後にこう言った。

「閣下は、探検隊の目的が高尚なものと確信して、皆さんを晩餐に招待しておられます」

こうして再び微笑の花が開いたとき、一人の書記がペクールの背後に現われて、全員の旅券を出させ、ひと目見て、これは無効だ、事務所でよく調べさしてほしい、と言い出した。

おせじを言うのもなんくせをつけるのも、みな笑いながら、同じ無表情な調子で言うのである。しまいには、言葉の意味も訳の正確さも疑わしくなってきた。

*

「クチャニ到着。元気。資材モ良好。車四台デ二二日アクスニ到着ノハズ。　モーリス・プノー」

してみると、中国班からもう五〇〇キロそこそこしか離れていないのだ。中国ではじめて受け取ったこの電報が、それを証明している。一日平均三五キロずつ行けば、一〇月五日ごろにアクスで中国班と会える。ラクダの御者もそれを請け合ってくれた。だがそのためには、一日もロスせずに、すぐ出発しなくてはならない。しかし、旅券がないときている。

翌日、吉報が舞い込んだ。「ソチラニ向ケ前進スル」。翌々日には、それが幻滅に変わった。「アクスカラ先へ行クコトハ禁止。ココデ鶴首シテ待ツ」

そういう奇妙な転変にも、われわれはもう驚かなかった。カシュガルへ着いて以来、びっくりすることばかりだったから。まず驚いたのは、中国へ来たつもりなのに、まわりにはイスラム教徒しかいないことだった。英語では東トルコ人（イースタン・タークス）、ロシヤ語ではサルト人、中国語ではチャントウ（纏頭）と呼ばれるこの辺の人たちは、綿《めん》の着物を着、小さな球帽をかぶって、このオアシスの住民という以外、国籍の観念などまるでなかった。自分のことも「カシュガーリク」、カシュガルの者、と呼んでいた。

カシュガルに住む六人のヨーロッパ人の一人であるイギリス総領事フィッツ＝モーリス氏は、この連中をくそみそにけなしていた。

「雄々しさなんて、かけらもない連中ですよ。中国人がほんのひと握りの兵隊で抑えてるんです。暮らしがあんまりらくなんで、理想なんてなくなっちゃうんですね」

総領事に言わせると、カシュガルは月一〇〇フランでもりっぱに暮らしてゆける世界で数少ない町の一つだという。

領事館のテラスから見ると、下は文字どおり桃源境だった。畑や庭園や果樹園や、菩提樹、アカシア、楊柳、プラタナスなどの群れが見渡すかぎり続いている。北には天山山脈、南には、遠くパミールの高い峰。

約束の地である。しかし、誰にとってか？

イギリス領事館の近くにソヴィエトの領事館があった。この二つの監視哨はほぼ向かい合わせになっている。どちらの影響力が勝つか。いや、影響力などというものがそもそもあるのか。

一九一三年に、ロシヤ軍はこの一帯を占領しようとした。ツァーリの代官はタシュクルガンに陣取った。道台はかってにやらしておいた。だが三月後に、闖入者は奇病にかかって死んでしまった。毒殺とも言われている。それで黄色人種は、やすやすと地位を回復した。

その話をしたフィッツ＝モーリスは、一人でうなずきながら言うのだった。

「もうじきわかりますよ、中国人てやつが」

しかし、日一日とつきあいが深くなるにつれて、われわれにはますます彼らがわからなくなった。

もっとも、カシュガルの役人たちは、外交の《奥の手》を使って、一人ずつみんなこちらの味方につけた。とにかく、あらゆる手を尽くさなければならない。

そういう袖の下が取引きを有利に運ばせたのであろう、探検隊は交渉八日にしてついに旅券を手に入れた。九日目には、狩猟用の武器と弾薬を返してもらった。しかし、小銃はみな鉛で封印され、薬莢はいちいち数を調べられていた。

それに、無経験なわれわれが一人で出発してはあぶないというので、騎兵一〇人からなる中国人の護衛隊がつくことになった。一人の《監察官》が命を受けて、アクスまでわれわれに同行した。武装した護衛隊をつけたのは尊敬のしるしだとか、案内人もお役に立つはずだとか、道台は陳弁これ努めていたが……

尊敬というのは実は監視であり、案内人というのはスパイにすぎなかった。しかし、カシュガルをあとにした九月二六日には、われわれも誰一人文句を言おうとは思わなかった。

最後のジャンプをして、アクスで待っている仲間と合流する——こちらの望みはもはやそれだけだった。

*

ウルムチにいるヴィクトル・ポワンが、ようようの思いで、アールトを迎えに車を四台送る許可を省主席からもらったのは、たしか二〇日前のことだった。

その合流班には、モーリス・プノーの指揮する四人の運転手が加わっていた。クロヴィス（五、六世紀のフランク族の王）というごたいそうな洗礼名を持つバルルデ、沈着冷静なピア、あだ名を《二頭筋の男》というゴーチエ、それから、運転手兼賄い係、兼日曜詩人で、ジョーという名で通っているレミリエである。陳氏は運転手だけで行くべきだと言ったが、結局、カルルとテイヤール神父もこの特別部隊に参加することになった。ロシヤ語のできるカルルは通訳[1]として入れてもらったが、宿なしの旅がらすだったテイヤール神父は、旅券リストの《帳簿のからくり》を利用しなくてはならなかった。

それに、陳が無理やり押しつけた中国人の監察官とコックの宋《ソン》と纏頭の案内人を加えて、総勢九人になった。

ウルムチ―アクス間、距離九五四キロ、日数一八日。一日平均五三キロ。モーリスに言わせると、この辺では記録的なスピードだという。

モーリスの日記

ウルムチ、九月六日――午後五時。ポワンが町からとんで帰る。旅券をさかんに振っている。いよいよ出発だ。四三日前から、われわれはこの日を待っていた。

ウルムチから二〇キロのところで、とつぜん暗くなる。四台の自動車で囲った四角い地面に、各自ベッドをしつらえて就寝。

夜、夢を見る（ふだんはけっして見ないのに）。オルヌ県（フランス北西部）の家へ帰って、草の上に寝ころがっている夢。小さな子牛がわたしの髪の毛をむしゃむしゃ食べ、首に息を吹きかける。ついに目をさます。どうしたのだ。なるほど、額のほんの一寸ほど上に馬の顔がある。ベッドのあいだを騎兵が巡回している。パトロールだ。向こうはわけを話し、わびを言う。われわれを纏頭の反徒とまちがえたらしい。

九月七日――トルファンとトクスンの分岐点までは、万事順調。二《ふ》た月前にも通ったので、この道は知っている。そこから山がはじまる。四〇キロにわたって、ガレ場またガレ場、ガレ場の連続。カシュガルへ行く道が全部こうだったら、とても着けやしない、とクロヴィスは言う。

九月八日――ひどい暑さだ！　海面下一八〇メートルだから、暑いのはあたりまえさ、と神父の説明。

九月九日――石ころ。上り坂。上るにつれて、石が大きくなる。それでも国道らしい。もっとも、荷車ならかつかつで通れもしよう。足が高くて、車軸と地面のあいだは一メートルもあるから。だが、われわれはそうはいかない。通るには、ある程度道をならさなくてはならない。穴を埋め、岩のかたまりをどける。二キロ行くのに一〇時間かかる。ほんとうの名前（マナン・ショゼ・ダバン峠）は覚えられないので、みなここをトクスン峠と呼んでいる。

九月一〇日――兵隊がいる。何千人も。反乱を鎮圧しにハミへのぼって行く増援部隊だ。監察官が将校と立ち話をする。「カラシャールを通るんだと、その《荷車》じゃたいへんですよ」と将校は言う。

「わたしの車も、柴束を使ってやっと渡ったんですが、やっぱり二、三台は沈んじゃいました。でも、心配することはありません。待つんですね。一、二か月すれば、水はなくなりますよ」。一と月待てとは！　いっそ一年と言ったらどうだ。

日が照りつける。相変わらず兵隊の群れ。こんな砂漠の行軍でどうしてへたばらないのか、不思議になる。もっとも、みんな半裸で、装具は荷車に積んである。休憩になると、みな道ばたの地面にすわって、シラミをとっている。

九月一一日――沼地をよけるために、饅頭の案内人は長い回り道をさせる。それでも、沼地を全然通らないわけにはいかない。無限軌道車は難なく通るが、トレーラーは車台まで沈んでしまう。引き上げると、泥が何トンもくっついてくる。カラシャールでは、住民が大騒ぎだ。纏頭やモンゴル人がスズメの群れのように寄って来る。自動車を見るのは生まれてはじめてらしい。

ガソリンのストックはまだ手つかずに残っている。通行の許可をとる。それで渡河がなければ、言うことはないのだが。

九月一四日——三日がかりで渡船を修理し、桟橋を作る。準備完了。乗船。ところが、纏頭の船頭がのっけからへまをやらかしたため、小舟は横倒しになり、水につかってしまう。先頭の無限軌道車が水深六メートルの川底まで沈まなかったのは、奇跡としか言いようがない。それからは、舟の操作もこちらでやることにする。

九月一五日——夕方、ゴーチエの無限軌道車が火を出した。ガソリンがタンクから漏れたのだ。ほかの車を避難させ、みんな消火器にとびつく。まるまる五分間、気違いのようにポンプを動かす。二人の隊員は腹ばいになって車の下へもぐり込み、下から攻撃をかける。あとの三人は上から。やっと鎮火して、顔を見合わしたときには、みんな死人のようにまっさおだった。コニャックを一本あけさせる。

「みんないっしょに飲めるんだから、まだいいのさ」とピアが静かに言う。それにしても、前後もわきまえずガソリンタンクの下へもぐり込むとは、正気の沙汰ではない。[2] 爆発したらどうなるのだ！ガソリン四〇〇リットル！　おわかりだろう！

九月二二日——一六日クチャに到着。埃をかぶって、みな粉屋のような風体。ガソリンタンクを二つ修理するために、とある中庭に陣取る。だが、やじ馬が多すぎて仕事にならない。纏頭が何百人も押しかけて来る。門を閉めると、壁によじのぼる。屋根という屋根に鈴なりの見物人。家主はカルルをつかまえて、もみ手しながら言う。「ねえ、いい考えがありますよ。明日は市《いち》の日だから、中庭へはいるのに入場料をとったらいい。車を見るだけで一両[3]、さわれば二両てなぐあいに」。五〇〇〇両はいる、と彼は請け合った。「パリ、ケー・ド・ジャヴェル一四三番地のアンドレ・シトロエン氏に、手紙で頼んでみるんですね」とカルルはすまして言った。

二〇日にクチャを発ち、二一日ムザルト河畔に着く。川は四本の流れからなり、いずれも幅は広く、水は深い。氷のような雪どけ水がすさまじい勢いで流れている。馬が通れる浅瀬も、車では通れない。纏頭たちは、何頭もロバを通して、浅瀬をもう一つ見つけてくれた。深みにはまるとロバは足をとられ、背が届く近くの浅瀬まで流される。浅瀬を調べるにはそれがいちばんいい。

翌二二日、アクスに到着。今日の埃はすごい。こんなにひどい埃は見たことがない。雪が積もったように足は膝までもぐる。ラジエーターの下部が、船のへさきのように埃を押し分けて行く。木は枯れて、まっ白だ。

九月二四日――アクスから先へは行くなと言われる。しかし、旅券はカシュガルまで有効なのだ。散歩一つするにも、必ず兵隊が二人つき添う。一人は前、一人は後。カルルの説によると、この監視は、ハミの状況が住民に話されるのを防ぐためらしい。

九月二六日――アールト氏から最初の電報。マラルバシまで迎えに来てほしいという。テイヤール神父は出発できるよう当局とかけ合っているが、どうにもならない。いらいらする。監視はいっそうきびしくなった。

一〇月八日――一二日たった。連中は今日着くはず。今朝、起きがけに、アールトと署名のある通信が届いた。「午《ヒル》ニ着ク。小馬六〇頭、ラクダ三〇頭」。カルルは昨日からそわそわしていたが、今朝になるともういない。事情を知っているジョーの話によると、昨日一人の纏頭がカルルを尋ねて来たらしい。「娘がひどい病気で、死にそうなんです。何とかしてくれませんか」「おれじゃだめだが、向こうから来る中には医者がいるよ。馬を貸してくれたら、連れて来てあげよう」

ずるいやつだ、カルルめ……

＊

一〇月八日、明けがた。

さえぎるものもない晴れわたった大空の下を、一行一二人は馬を急がせて行く。馬はもうへとへとだ。自分を乗せたまま、こいつは最後の数キロを走り通せるかどうか、ソヴァージュにはそれすら心もとない。午前九時、馬にひと息つかす。実際、こんな早駆けははじめてだ。オスランボイ。アクスまであと二〇キロ。オードゥアン＝デュブルイユは地図を広げる。これで一〇回目だ。

「昼ごろには着くな」とペクールが言う。

「賭けようか」とシヴェルがいらだたしげに叫ぶ。「一一時には着くぞ。全速力で、ありったけふっ飛ばせば」

アールトは微笑して、

「おいおい、シヴェル、落ち着けよ。おとなしく、みんないっしょに行こうぜ。やつらに会うのもいっしょだ。自分がいちばんはじめに見つけたって、みんなが思えるようにな」

「すまん……」

そのとき、アールトの腕をつっついて、アッカンが口をはさんだ。

「見ろ、あれ……」

馬を止めたわれわれは、みんなアッカンが指さすほうを見た。黒点が一つ。見るみる大きくなってゆく。左へ移動し、それからまっすぐこちらへ向かって来る。

「馬に乗った纏頭だろう」とシヴェルが言った。

「ばか言え」とモリゼが興奮して答えた。「そんなの、見たことあるか。乗馬ズボンと長靴をはいて(彼は目がいいのだ)、カーキ色の半袖シャツを着た纏頭だなんて」

馬上の男は腕を上げ、合図か投げキッスのような身ぶりをした。そして帽子を振った。いろんな問いが湧き出たが、みな喉につかえて言葉にならない。

「カルルだ」ととつぜんアッカンが叫んだ。「おれの助手だよ。カルルだよ……」

ここまで来れば、明るいブロンドのひげも、眼鏡も……笑みを浮かべた顔も、はっきり見分けられる。その笑みに答えて、こちらでも、同じような一二の微笑の花が開く。あと五〇歩……数メートル手前で、カルルは馬から飛び下りた。

「アールトさん、来ました」

「一人か」

喜びで、彼は口ごもった。

「一人……まあね……ほかの連中は向こうにいますよ。アクスまで、あと三五里[4]です。みんな、迎えに来たかったんですが、どう言ったらいいか……中国人が……つまり、監視されてるんです。わたしだけこっそり来ました。話のわかる纏頭が、いよいよって時に馬を貸してくれたんでね。で、そちらは……」。彼はもう、自分が何を言ってるのやらわからなかった。「いかがですか」

一二の声が同時に答えた。

「元気だ」

九〇日間のできごとを、わずか四〇分でどう説明できよう。アールトは、要点だけ話してくれと言った。そこでカルルはとりとめもなくしゃべり出した。ゴビ砂漠を車で行ったこと、中国人の学者がまるで敵対的で、終始彼らに妨害されたこと、粛州協定を結んだこと、戦闘のまっただ中に飛び込んでしまったこと、ペトロが反徒の包囲するハミの町に残っていること、ポワン隊が主席の命令でウルムチに抑留されたこと、中国人の禁をおかして無電連絡をするために、いろんな手を使ったこと……

「みんな元気か」

「みんな、ええ。ただケグレスが……盲腸炎で……」

アクスの出会い

もう一つ川を渡る。あと一〇キロ。あと五キロ、あと二キロ。八八日にわたる行軍の最後の一五分である。馬の足の下から、金色の埃が舞い上がる。道には青い陰がさし、小川がそのわきを流れている。腕まくりをして小川の岸で釣糸を垂れていた一人の男が、釣竿を放り出し、万歳をして駆けて来る。

「みんな来たか、とうとう……ずいぶん待ったぞ」

「神父さんじゃないか……」

首っ玉にかじりつく。われわれはみな馬から下り、手綱を取って歩きだす。

「モーリス！」

向こうにいた小男が、喜びのあまりベレー帽を宙に放り投げ、いっさんに駆けて来る。近くで見ると、半年前に比べて白髪が目立つ。そのあとから来るのは、《黒の探検》

とアフリカ旅行の古つわもの、クロヴィス・バルルデ、ピア、レミリエの三人だ。

「やあ、ゴーチエ」

ソヴァージュは『結婚行進曲』を口ずさむ。纏頭たちはその情景をただぼんやりとながめている。何のことやらわからず、やたらとひげをなで回しながら。

「モーリス、それで」とアールトはためらいがちに聞いた。「まだ先なのか」

「キャンプか。すぐそこさ」

「じゃ……どこだい」

運転主任は、ああそうか、と思った。そして目くばせした。

「そこの中庭さ」

約束どおり、四台の車がそこにあった。工場から出て来たばかりのような、真新しい、ぴかぴかした車が。探検の成功を示す四つの強力なシンボルが。

「シンボルだって！」とモーリスは抗議した。「それじゃ、まるで煙みたいなもんじゃないか。ひどいぜ」

革のクッションをさして、彼はさわってみろと言った。そして、ジュラルミンのハッチをあけ、中からスーツケースを取り出した……

「待て待て、まだあるんだ……」

アーケードの下に、クローム鋼の食器がまちがいなく一九組、燦然と並んでいた。ぴかぴかのテーブルクロスには、バラや緋色のカーネーションが飾ってあった。オードブル、ローストチキン、いためた馬鈴薯、サラダ、クレーム・ランヴェルセ（型に入れて焼いたクリーム）、コーヒー、コニャック……

「腹がへってるだろ」

だが今は、胸がいっぱいで食事も喉を通りそうにない。

アジア大陸の両端からトンネルを掘り進み、いま白日のもとで相会したように、われわれはまぶしげな顔を見合わせていた。

「お食事の用意ができました」とレミリエがおごそかに言った。

*

「ドクター、ケレンのチューブはもうからだぜ」

アッカンは鉗子で傷口を開いている。看護婦代わりのシヴェルは、言われたとおりにチューブをあける。モーリスは懐中電灯で局部と医師の手を照らす。ヤコヴレフは麻酔係だ。

うるしのような闇夜で、纏頭の農家の中庭にあるキャンプは星明りぐらいでは見分けられない。ただ、大きな木のベランダの板敷に、明りをともしたアールトの部屋の窓が四角い光を投げていて、その中に、地図をのぞき込む隊長の影がくっきりと浮いて見える。

そのベランダの隅を、ジュルダンはさっき手術台に改造したのだ。ほこりまみれのスーツケースから、彼は封印した箱を次々と取り出した。中には、ベイルートで消毒した器具類がはいっている。キャンプ用の折りたたみテーブルの上に、彼は腸線《カットグート》やてぐすのチューブ、湿布、ヨードチンキとアルコールのビンなどを用意した。

救急外科である。今から手術をしてもどうなるかわからんということは、少女の両親にも知らせておいた。しかし、手術をしなければ、この肝膿瘍は発達して腹の中で口をあけ、命取りになりかねない――そのことを医者は何とか説明しようとした。

手術とは何かわからないながら、父親も母親も信用してくれた。アクスの少女は麻酔で寝てしまった。その安心しきった表情は、ベルヴィル（パリ市中）あたりの少女と変わりはない。

ジュルダンは膿瘍を切開した。洗い、拭き、指で探り、予想どおり、肋骨のあいだを通っている深い口を見つけた。まさしく肝膿瘍だ。そこで《瘻孔》の中に、ゴムの太い排膿管を突っ込む。

「ドクター」ヤコヴレフは心配そうに繰り返した。「ケレンのチューブはもうからだぜ」

「ケレンをくれなんて言ってやせんよ」。ジュルダンは平然と答えた。

今は包帯を巻いている。巻き終えると、すぐに少女は目をさました。

闇の中に不安が重たくのしかかっていた。ウィリアムズが黙りこくっているのも、みんな仕事を中断しているのも、そのせいだ。

「どうだい」。顔をひきつらせながらソヴァージュが訊いた。

「申しぶんなしだ」とジュルダン。

しかし、手術後の処置も重要だ。われわれは明朝アクスを去る。包帯を毎日取り替え、排膿管を点検しなければならないのに。

「管は五日だけつけておくこと」[6]とジュルダンは言う。「五日目に、よく手を洗ってから、ゴム管を抜いて、傷口をアルコールで洗うこと。それから、湿布と包帯をする」

アッカンがそれをペルシア語に直し、家主のマハムウドがペルシア語をトルコ語に訳した。こうして、二人の口を借りて、医師は不幸な父親に、これからは子供の命がおまえ一人にかかっているのだということをわからせようとした。

「出発する前に見に来るがね」

*

医師は、その晩もう一度少女を見舞った。そこは荒壁を塗ったあばら屋の、ろうそくで照らされたひと間きりの部屋の中だった。少女はわら布団もなしに、地面へじかに寝かされたまま、もうすっかり目をさましていた。

少女は医者の顔を覚えていた。遠い国からはるばるやって来て治療をしてくれたその外人に、彼女はにっこりほほえみかけた。

1 トルキスタンではロシヤ語がひんぱんに使われる。
2 けなげなことではある。
3 一両は二フラン。
4 約一五キロ。
5 塩化エチル。
6 それ以上つけておくと、後出血を起こすおそれがある。

13　トクスン峠

ペトロの救援ならず——ウルムチで待つ——ペトロの話、
ハミの攻防戦——アールト、ポワンに会う

こうして、パミール班と中国班の前衛ははじめてアクスで合流した。だが、アールトを迎えに車を四台送るのを金主席が許可したのは、ある重要なサービスと引き換えだった。読者もご記憶と思うが、ポワンは、新疆軍の司令部と首府とが無電で連絡できるようにする、と約束していたのである。ギブ・アンド・テークだ。

だから、モーリスがアクスに向けて出発した九月六日に、ポワンは、反乱地帯の周辺を固める中国軍の本拠地タ・シ・トゥ（大石頭）へ行くために、逆方向の東へ向かった。同行したのは運転手のショーヴェ、ボーイ兼通訳の李。前から軍に備えつけてある六〇ワットの小型無電機を修理するために、ケルヴィズィックも連れて行った。この無電機は、中国人がやったのでは全然鳴らないのだ。

二日後、現場に着いたケルヴィズィックは、鳴らない理由をすぐつきとめた。無電機は谷のはざまにあったからである。電波がこれほど伝わりにくい場所はない。急いで地形を調べたうえ、無電機を開豁な場所へ移して、ケルヴィズィックは一時間後にウルムチと交信をはじめた。機械は快調だった。三日目に、ポワンは総司令官張将軍の前にまかり出た。

「無電機はちゃんと動きます。わたしのつとめは終わりました。主席と取り決めたとおり、これからハミへ行ってみようと思います。仲間のペトロが、あすこに七二日前から抑留されているんです」

「そんな話聞いてないな。あんた、護照《フチヤオ》をお持ちか」

ポワンは主席のサインのあるハミ行きの特別旅券を差し出した。張はそれを取ると、見もせずに引き裂いてしまった。

「省を治めるのは省主席だ。しかし、ここではわしが命令する。わしがいいと言うまで、あんたはここにいなさい」

ポワンは返事をしなかった。しかし、昨日から怪しいと思って、一応の準備はしておいたのだ。仲間は全員、門の前の、エンジンをかけっぱなしにしたトラックの中で待機している。ポワンは飛鳥のように窓から飛び出して、ステップによじのぼった。そのまま、振り向きもせずに、フルスピードで走り出した。三キロ先にある中国側の前哨を越すと、その先はもう人っ子一人いない。

トラックはいま無人の地を走っていた。両軍の前線のあいだだから、鼻歌まじりというわけにはいかない。纏頭の反徒の最初のピケットがどこかその辺にあるに違いない。

「ストップ」

地図を見る。チ・コ・チン・ツはここから西へ三キロのところだ。

「最初の水場だな」とショーヴェが言った。「あすこで会えるぜ、やつらに」

ところが、チ・コ・チン・ツへ来てみても、纏頭は一人も見えない。いるのは中国人ばかり、正確に言えば中国人の死骸ばかりである。これが劉将軍の軍隊の変わり果てた姿なのだ。[1] この地方の暑さと乾燥でミイラと化した何千の腐肉。緑がかった蠟人形。二か月前から、目はハゲタカにくり抜かれている。その恐ろしさは骸骨以上だ。

チ・コ・チン・ツを過ぎて、トラックは峠の上り坂にかかった。スピードがぐっと落ちる。傾斜は急で、砂は柔らかい。両側の岩壁が、しだいにせばまりながら頂上まで続いている。相変わらず人影はない。

ブス……ブス……ブス……

とつぜん、弾丸が飛んで来る。三発。すでに二発は、トラックの後部に命中した。もう一発ははずれて、土煙をあげる。

「回れ右！」

上りより三倍も速く駆け下りる。またまた地図。

「左へ曲がって、ピチャン（闢展）と大砂漠を通ってハミへ行くか」

「それもいいけど」とショーヴェ。「ただ、ガソリンがそんなにないんだ。道は長いだろう」

ポワンは憂鬱になった。ペトロのことはあきらめるほかない。

ウルムチへ戻るには、当然タ・シ・トゥを通らなければならない。つまり、もう一度張将軍の手に落ちるわけである。将軍は——はたせるかな——たちまちトラックに停止を命じた。彼はポワンに向かって、散歩はおもしろかったかね、と皮肉な調子で尋ね、小型無電機がまた故障したから、帰って来てくれて大助かりだ、と言った。

故障したのはあたりまえである。また谷底へ移したのだから。

「どうして場所を変えたんです」

「戦略的な理由だ」。張はおごそかに答えた。「あまり前すぎたのさ。兵隊にもしものことがあってはいかんからな。移すときは後方へ移してくれ」

ケルヴィズヴィックはその晩すぐ、連絡がとれるようにしてやった。しかし、兵隊のキャンプは彼らのまわりを輪のように取り巻いていた。ポワンは監視されていたのである。今度はもう逃げられそうになかった。

　しかし、彼は翌日脱走した。電光石火の早わざで、兵隊はあっけにとられていた。銃をとったときには、もうトラックの姿はなかった。

　その夜のドライブは見ものだった。四人の逃亡者の背後で、中国側の哨所が打ち上げる警戒ののろしが空をあかあかと照らしていた。数キロ先にある後衛部隊のキャンプは、「フルスピード」でつっ切った。泡をくった兵士たちは、右往左往していた。夜襲と勘違いしたのだろう。いっきに五〇キロ駆け抜けて、最初の村に着いた。軍用ガソリンの貯蔵所である。

「総司令官の命令だ。五〇リットルの缶を一つ。急いでくれ」

　集積所の番人はおじぎをしてガソリンを持って来た。

　午前二時、大きな町の城壁がヘッドライトの光に照らし出された。新疆の隊商の宿場町、グチェン・ツ（古城子）である。門は閉まっていた。

「あけてくれ」

　中国語で返事が聞こえる。

「夜はあけない。鍵は市長のところだ」

「市長を起こして、言ってくれないか。総司令官の命令で、技術顧問さんが急いでウルムチへ行かれるんだ。重要任務で」

　李はとっさに、そのせりふを考えついたのである。これが「開け、ゴマ！」の役をするかどうか。三〇分たった。錠前ががちゃがちゃ鳴って、門があき、六人の兵隊を連れた将校が現われた。どうなるか。

　将校は詫びを言った。「お待ちになりましたか。でも、夜になると、鍵がいつも市長の枕の下にあるもんですから」。もう一つの門まで、彼は自ら技術顧問氏を護衛して行った。その門もあけてくれた。

トラックは再び疾風のように走り出した。ウルムチに着いたのはその日の晩だった。

ポワンは、この脱走の一件について、たちまち陳氏に文句を言われるものと覚悟していた。しかし、その疑い深い外交官は何も言わなかった。二日後、彼はまったく別ないいがかりをつけられた。

海軍大尉ポワンは前線で反軍宣伝を行ない、無電機の修理を拒否した、というのだ。かかる行動のために、小官は彼を「送還」せざるをえなかった[2]——張将軍は報告書の中でそう言っていた。厳重な監視下にあった三人のフランス人が二度までも司令部から脱走し、ガソリンを徴発したうえ、この地方でも最も豊かで最も警戒厳重な町の門を、夜中にまんまとあけさせた——そんなことをもし認めたら、張将軍の「面子《めんつ》は丸つぶれ」だったろう。

*

ブリュルやドラストルやレーモンたちは、二か月来身動きもならず、隊長を迎えにカシュガルへ行く喜びも奪われて、例の《抵抗キャンプ》を出てからは、まったく孤立した生活を送っていた。世の中から取り残されたような感じだった。新しいキャンプは「ファクトリア」、つまりウルムチの旧ロシヤ租界にあった。

ブリュルは部屋に閉じこもり、鎧戸《よろいど》も閉めきって、もうほとんど出て来なかった。ポワンが帰ったとき、彼は紙をちらかした大きな机にすわり、朝から三八本目のタバコをふかしながら、仕事に没頭していた。

「ただいま、ブリュル。何か変わったことは？」

「今朝、四分《ぶん》曲線を書く方法を発見したよ。定規とコンパスだけでね」。彼は顔も上げずに答えた。

「そのほかには？」

「何も」

中庭のユルトに住んでいた（家が狭くて、全員ははいれないのだ）ドラストルは、中国風俗のドキュメントと称するものを組別にアルバムにはっていた。それは、《哈大門《ハタメン》》のタバコの箱にはいっている小さな絵だった。まわりの地面の上には、コータンの絨毯、キツネやヤマネコの毛皮などが山をなしていた。卵の籠や若鶏のつがいや米袋が門のそばに置いてあった。門には雌羊がつないである。

「患者の贈物さ。断われなくてね。昨日なんて、雌牛を持って来るって言うんだ……」

みんなすっかり退屈していた。監視もひどくなった。一挙手一投足が見張られている。中庭には四六時中軍人や民間人がいっぱいいたが、みんなスパイだった。二週間もすると、ポワンはとうとうがまんできなくなった。夜、もう一度馬で抜け出して、野生のヤギや野羊を撃ちに行った。そして、天山山脈の雪線のあたりで、カザック人に混じって、まる一週間、存分に羽をのばした。淳朴で客好きなカザック人は、ワシのとりかたを教えてくれた。中世のヨーロッパではタカ狩りをしたものだが。

帰ってみると、ウルムチの空気は前よりさらにひどくなっていた。フランスからの手紙もなければ、誰の消息もわからない。アールトのも、モーリスのも、ペトロのも。ペトロはどうしたのか。中国人にもそれは全然わからなかった。七月初旬以来、彼らもハミのニュースに接していない。知らないうちに、包囲され、占領され、略奪されてしまったのかもしれない。水場は反徒に押えられて、徒歩であれ馬であれ、砂漠を横断した飛脚はまだなかった。

張将軍の部隊もいまだに攻撃を開始していない。

＊

一〇月二一日——午前三時。誰かが戸をばんばん叩く。

「おおい……あけてくれ」

ポワンがベッドから飛び下りた。

「ペトロだ」と彼はケルヴィズィックに叫んだ。「声でわかる。あけてやれ。驚いたな……」

「鍵はどこかな……」

「鍵なんかいいよ」

懐中電灯の光の中に、日焼けして頬がこけ、目の落ちくぼんだ顔が戸口に現われた。

「ペトロ、ペトロじゃないか……」

ポワンはパジャマのまま、両腕を大きく広げた。

「どうやって来たんだ。一人か……歩いてか」

「グンボといっしょだ。トラックで」

「ええ？　トラックがあったのか。じゃ、クラッチ・ケースが戻ったんだな。キャラバンも」

「いや、キャラバンはだめらしい。クラッチ・ケースも、ほかの荷物も」

「じゃ？」

「で、新しく作ったのさ。おれじゃないんだ。さいわいハミに、めったにお目にかかれないようなすご腕の鍛冶屋がいてね。神技だな。ハンマーで鉄のクラッチ・ケースを作ってくれたんだ。前のより三〇キロ重いけど、がっちりしてるぜ、請け合うよ」

「どうやってハミから出て来たんだ。早く話せよ。包囲は終わったのか」

「いや、まだだ。でも、話してると長くなるな。おれ、腹ぺこなんだ。何か食わしてくれ」

中へはいった。まず手はじめに、ペトロは牛乳を二本たて続けに飲んで、それから、卵を六つ使ったオムレツをたいらげ、さらに羊の股肉にかぶりついて、あっと言うまに、骨だけ残してきれいに食べてしまった。ポワン、ブリュル、ドラストル、ケルヴィズィック、みんなまわりでそれを見ていた。アップル・パイの残りをたいらげ、三杯目のコーヒーを飲んでから、ペトロはほっとため息をついた。

「実際、いいものを食ってるな。高粱のパンやラクダの死骸の肋《あばら》肉とは大違いだ。いや、それだって、毎日食えるわけじゃないんだぜ。帰る前ごろには……」

「はじめっから順を追って話せよ」とブリュルが言った。「別れた日から。あれはいつだったたっけ……」

「六月三〇日だ。そろそろ四か月になるな」とペトロは答えた。

そして話を始めた。

ペトロの話

「きみらが行ってから、おれは町へ帰った。総司令官の朱将軍の命令で、ハミじゅうでもいちばんきれいな家に泊まらされた。ヨルバルスっていうイスラム教徒のお大尽の家さ。きみらも覚えてるだろうが、案内人の柏はキャラバンを捜しに行っていた。行くときに、こう言いつけておいたんだ。『キャラバンを全部連れ戻すことができなかったら、荷物を砂に埋めて、ラクダを送り返すんだ。ただ、どんなことがあっても、一三三番の箱だけは持って帰れよ』って。その箱にクラッチ・ケースがはいってたのさ。おれは柏ってじじいをすっかり信用してた。アヘンの密輸をやってたほどの男だから、撃ち合いのあいだを通っても、うまくやってくれるに違いないってな。

だから、三、四日もすればクラッチ・ケースは必ず戻る、それで出発できる、とふんでたわけさ。町のまわりには、纏頭《チャントウ》の斥候がうろつきだしていたけど。

馬に乗ったその纏頭を見て、中国人は城門を閉めちまった。銃眼にかじりついた守備隊がひと晩じゅうパンパンやってた。あくる日になると、驚いたな。反乱軍の馬仲英将軍の使いで、二人の纏頭が手紙を持ってやって来たのさ。城を明け渡せって言うんだ。手紙を読んだ朱将軍は、目の前でかた一方の使者の首をちょん切って、もう一人にこう言った。この首を馬仲英のところへ持って帰れ。そうして、返事はもらえませんでしたって言え。

あくる日になっても、柏は相変わらず帰って来ないんだ。その晩、ものすごい騒ぎで目がさめた。銃声と砲声と獣みたいな叫び声が入り混じってね。どうしたんだ。

家主のヨルバルスが言うには、『中国人、臆病です。暗闇がこわいので、鉄砲撃つ』。下男が見物に屋根へ上ったが、たちまち悲鳴を上げてころがり落ちた。流れ弾が腕に当たったんだ。

そこで、グンボと二人で天窓から見てた。河床と城壁の西側の斜堤が見えた。曳光弾の光で、まるでまっ昼間みたいだった。城壁のすぐ下には誰もいないんだが、向こうのやぶの中や農家の塀の陰で、何千という火がちかちか光ってるんだな。反乱軍が銃眼をねらって撃ってるのさ。中国兵は顔を上げることもようできない。

いきなり、斜堤目がけて突撃がはじまった。先頭ははしごをかついだ百姓服の連中だ。[3]はしごを城壁へ立てかけようとしてる。こいつらは、あとから来る突撃隊にむしろ押されてるような恰好だった。突撃隊のほうは、鬼頭刀《クイトウタオ》を持ったほんものの兵隊だ。馬仲英麾下のトゥンガン兵さ。

ユウ……っていうかん高い、長く尾を引いた鬨《とき》の声が、五〇〇〇人の喉からほとばしるんだ。すると間髪を入れず、守備側がタア……って、喉の奥からものすごい声を出すのさ。弾丸をくぐって、はしごがいたるところに立てかけられた。どのはしごからも、まるで赤ザルみたいにすばしっこく、反徒が駆け上がって来るんだな。あとからあとから、執念深く。

自然な本能かもしれないが、中国兵は鉄砲を放り出して、槍や斧を振るったり、上から岩を落としたり、目つぶしに火のついた麻屑を投げたり、敵の顔に手榴弾をぶつけたりしだした。手榴弾ていっても、興奮して安全装置をはずすのを忘れちまうもんで、石の代わりにしかならんのだな。その戦いかたを見てると、さすがは漢の子孫だと思ったよ。

鉄砲や大砲の音はぴたっとやんじまった。聞こえるのは、からだとからだがぶつかる音や、刀剣のふれ合う音、それに悲鳴とどなり声だ。ときどき、ピストルの乾いた音が聞こえる。トゥンガン兵はあちこちで銃眼に取りついた。槍を突き通されたり、手をちょん切られたりして、落ちて行ったのも多いけど、たちまち代わりが現われるんだ。戦闘はもう城壁の上まで来ていた」

「ヨーロッパの中世と同じだな」とポワンが合いの手を入れた。

「そうでもないんだ。というのはな、そのあわやっていうとき——おれも正直、中国軍の負けだと思ってたんだ——今までウンともスンとも言わなかった一丁きりの機関銃が、急に目をさましたのさ。みんな気が転倒して、それまでは忘れてたんだろう。トーチカの中のその機関銃が掃射して、斜堤の上の敵兵を一人残らずなぎ倒しちまった。斜堤はたちまち死骸の山さ。攻撃は失敗だ。その晩、もう三回攻撃があったけど、だんだん弱くなるいっぽうで、どうってことはなかったよ。次の日は静かなもんさ」

「中国軍はどうして打って出ないんだ？」

「やりゃやれたろうな。たいして危険もなかったろう。反徒の馬仲英がトゥンガン兵を全部引き連れてバルクルへ出撃する用意をしてることは、朱将軍もシャーマニズムの呪師から聞いてたんだ。二日もすると、ハミのまわりに残ってる纏頭はほんの一〇〇〇〇人くらいになったらしい。これで、中国軍の六〇〇〇人の守備隊を封鎖するっていうんだからな。ただ、朱のじじいは、呪師もそいつの情報も信用していなかったんだ。罠にかけられるんじゃないかと思ったんだな。でも、おれとしては、ここを出て、キャラバンと柏じいさんのことを調べに行く絶好のチャンスだと思った。西門の守備隊を指揮してる大佐に会いに行って、双眼鏡をプレゼントしたら、すぐ、城外へ出るのを許してくれた。それだけじゃない。帰ったときにも門をあけてくれるって約束してくれたんだ。そいつはありがたかったな」

「で、実際帰れたのか？」

「うん。ただし、一週間後だ。町から出たら、たちまちつかまって、反乱軍の司令部へしょっ引いて行かれた。そこで聞いたんだが、ちょうどその日にバルクルから帰って来た馬仲英が、例のキャラバンをつかまえて、ラクダを徴発したうえ、御者を全部奴隷にしちゃったらしい。箱を返さんだけならまだしも、やつは、おれをどこかの山ん中へ送るように命令しやがった。そこで羊飼いをやらせるって言うんだ。ケマル大佐っていう人と知り合いにならなかったら、おれはいまでも羊の番をしてるところさ。その大佐は、もとトルコの近衛将校で、反乱軍の参謀長をしてる人だけど、さいわいおれをそばへ置いてくれてね。

おれはもうハミへ帰りたい一心だったよ。ハミにはグンボもいるし、トラックもあるんだから。もうだめかと思ってたら、急にチャンスができた。攻撃につぐ攻撃で、町は降伏寸前だったんだな。だが馬仲英は、交渉の申し入れがあったのに、軍使を送ろうとしないんだ。前にやった軍使がどんな目に会ったか、覚えていたからな。そこで、

『わたしが行きましょう』と買って出たわけだよ。

よかろう、ということになった。その日すぐ、トゥンガン人の騎兵を護衛につけて、おれは反乱軍の前哨まで連れてってもらった。それから先は一人で行くわけさ。白いハンカチを振りながら。城壁の銃眼ていう銃眼から、銃口がおれに向けられてるのが見えた。西門まであと一〇メートルってときに、兵隊が二、三人飛びかかって来て、おれを馬から突き落としやがった。中の一人は鉄砲を構えて、もうおれをねらってるんだ。そのとき、門があいた。大佐が覚えていてくれたんだな。おれをねらってる兵隊を、大佐は足で蹴っとばした。弾は空へとんでった。やっぱり、双眼鏡の贈物はむだじゃなかったわけさ。

おれは朱大人の官邸へ連れてかれた。ちょうど作戦会議の最中でな、地区司令官の四人の大佐と、民兵の指揮官と、兵站部の責任者が来てた。みんなおれに質問攻めさ。ようやく、将軍がテーブルを叩いて、静かにさした。

『あんた、馬仲英に会ったのか』

『ええ』

『二一の若僧だっていうのは、ほんとうかね』

『ほんとうです』

『諸君』。朱はみんなを見回して、こう言った。――二人の兵隊に肱を支えられながら、やっこさん立ち上がってね。苦しそうだったが――『諸君、わたしはとって八一になる。ごらんのこの髪は、馬仲英が生まれるずっと前から白かったわけだ。諸君は町をあけ渡せと言われるのか。あんな青二才に、あんな若僧に……あんな賊倭子《チエイワチエ》[4]に……』

この言葉は利《き》いたね。『好守《ハオシユ》、好守《ハオシユ》（ヒヤヒヤ）』。みんな、将軍に降伏を進言したのが恥ずかしくなったらしい。

『最後まで戦おう』。これはもう異口同音さ。

ただ、あとどれだけ持つかが問題だ。そこで兵站部の責任者が発言した。それによると、人間が食うものはまだ二か月分あるけど、馬糧はもう底をついたらしい。

『守るだけじゃしょうがない』と朱は言うんだ。『城壁から出て、攻撃をかけなくちゃ。町の外には、麦が立ち枯れしとるよ。カラスの餌にしとく気かね。提案がある。諸君のうちでいちばん先任の熊《シュン》大佐が、一つ出撃してみたらどうだ。大佐の勇猛をもってすれば、成功疑いなしだが』

みんな、その賢明な案に賛成した。ただし、熊大佐を除いてな。

『身にあまる光栄に存じます。できれば、いますぐにでもいたしたい』。熊大佐はこう遠慮がちに言うんだ。

『広い場所なら、一回の突撃で勝てるはずです。ただ、ご存じのとおり、市の防衛でわたしは大役を仰せつかっています。反徒はいつでもわたしの地区を攻撃して来ます。困りましたな。わたしはむしろ、出撃の指揮は杜《トウ》大佐に取っていただくのがいいかと思いますが』

杜大佐は恐懼感激のていだった。武人冥利に尽きるとか何とかね。ただこう言うんだ。『遺憾ながら次の点に、最高会議の皆さまはご注意いただきたい。わたしが指揮しているのは騎兵連隊ですから、歩兵のように戦うことはできません』

張《チャン》と石《シー》っていうあと二人の大佐も、こんな命令はわたしごときにはもったいないって、あわててご辞退申し上げた。一人は、無能な老兵ぞろいで、みんなアヘンをやってるからって言うし、もう一人は、若い新兵ばっかりで、経験が足りないからって言うんだ。

『じゃ、わしが行きましょう』。そう言ったデブの男は知事兼民兵の隊長さ。

地方人が！　みんな腹をかかえて笑い出した。『あんたが指揮するのは、洋服屋と食料品屋と八百屋ぐらいなもんだろう』
知事の顔を立てるために、朱将軍が割ってはいった。
『諸君がみな一身を捧げる覚悟でおられることは、ようくわかった。ありがとう。ただ、これは重大な問題だから、軽々しく決めるわけにはいかんな』

ハミの城壁

散会になったんで、おれは家へ帰った。グンボはおれを見て喜んだけど、トラックの修理にいる例の部品を持ってないって知ると、とたんにしおれちまった。困ったことになったって言うんだ。

『纏頭が町を占領したら、皆殺しですよ。占領しなかったら、みんな飢え死にです。徒歩や馬じゃ、絶対に砂漠は横断できません。それなのに、トラックは病気ときてる。どうすりゃいいんです』

おれはせいぜい慰めてやったよ。

『クラッチ・ケースを別に作ろうよ。鉄とコークスと鍛冶屋があればできるんだ。見つけてくれないか』

鉄もコークスも鍛冶屋もあるもんか。みんな国防のために徴発さ。

こうなれば、増援部隊の到着だけが頼みの綱だ。中国兵は、必ず来ると思ってるらしい。それにみんな、ハミの高い城壁にすっかり安心しきっているんだな。とにかく、いくら反徒が攻撃をかけても、みんな失敗してるんだから。

それだけに、二週間後にトゥンガン兵と纏頭がもう少しで町を占領しそうになったのは驚きだったよ。奴ら、地雷の黒色火薬に火をつけて、城壁に突破口をあけたのさ。朱将軍の顧問の袁《エアン》て人が、心配そうな顔でやって来たっけ。

『ヨーロッパには、町が包囲されたとき、城壁の下に地雷坑を掘るのを防ぐ方法がありますか』

『もちろんありますよ』と言ってやった。

『どういう方法ですか』

クラッチ・ケースのことを思い出して、おれはこう答えた。

『わたしは今、鉄とコークスと腕ききの鍛冶屋を捜してます。それを提供してくださったら、城壁を地雷坑から守ってあげますよ』

よろしい。そこで三日間、中国兵に塹壕《ざんごう》を掘らした。城壁のまわりに、地下水の水面よりもっと下まで。反乱軍はポンプを持ってないから、その塹壕より下は掘れないんだ。地雷坑が水浸しになって、黒色火薬が使えないんだな。

おかげで鍛冶屋が見つかった。そいつに、クラッチ・ケースの一三個の破片を見せてやったんだ。鋳物はもう一度熔接するわけにいかないから、こいつは直しようがない。ただ、前のクラッチ室とそっくり同じ形の鉄の覆いみたいなものを作って、もとどおりに並べた破片をそれで止めとくことはできるだろう。

そいつは言うんだ。

『やれるでしょう。わしの本職は錠前のほうだが、もとは鍛冶屋でね。おやじも爺さんも鍛冶屋だったよ』

大柄の、がっしりした男だった。腕まえはじきにわかったが、とにかく、熱い鉄を蠟みたいに自由自在にこねくり回すのさ。ハンマーを振り上げて、ものすごい勢いで振り下ろすんだが、まったく正確無比だ。あれだったら、女のからだの上で鎧の型取りをすることだってできそうだな。一週間で覆いはでき上がった。誤差は一ミリの一〇分の一もない。次は、もとのクラッチ・ケースの破片をその鎧装にボルトとリベットで止めることだ。穴のあけかたは中国式で、それだと一日一つしかできん。三〇もあるわけだから……」

「たいへんだったな、ペトロ」とポワンが感きわまって言った。

「ま、とにかく、四〇日でトラックは直った。脱走の道具はそろったわけだ。ただ、どうやって逃げるかだな」

ろうそくの光がしだいに弱まった。

「さあ、寝よう」とペトロは言った。「あとは明日話すよ」

しかし、みんな続けてくれと言ってきかなかった。

*

「一〇月はじめ、きみらが出発してから三月たっても、おれは相変わらずハミにいた。馬仲英は四三回も攻撃をかけたけど、どうしても町を占領できなかった。もっとも、守備隊の兵力も六〇〇〇人から二五〇〇人に減っちまった。食糧難もますますひどくなった。馬やラクダやラバ、つまり、犬を除いてほかの動物はみんな、とっくの昔に食っちまった」

「どうして犬は食わないんだ」とレーモンが訊いた。

「不浄だって言うんだな。小麦粉がなくなって、兵隊の食糧は高粱の粉が一日に五〇〇グラムきりだった」

「それを食べたのか」

「おれはハトを食ってたよ。夜、懐中電灯を持って、屋根裏にいるやつをつかまえるんだ。中国兵の糧食でおれが生きてけるわけはないじゃないか」

「じゃ、連中はどうしてたんだ？」

「アヘンで持たしてたのさ。城壁の上の歩哨が、みんな小さなアヘン・ランプをわきに置いてるんだ。夜になると、銃眼に沿って、その赤い灯が延々と続くんだよ。守備隊が全員麻薬患者ってわけさ……夢みたいな話だろう。

　朱大人の老いの一徹でまだ抵抗は続いてたけど、士気はもうガタ落ちさ。

　籠城がはじまってから、ウルムチへ合計一六人も使者を送ったが、一人も帰って来ない。朱大人には、毎日苦情の雨さ。だいたい、将校連は投げちゃってるんだ。『もうだめです。一〇月の末には高粱もなくなります。降伏するほかありません』と、こうさ。

　そこで、反乱軍の陣営へ使節を送ったんだ。イマム（イスラム教の僧侶）と、あと二、三人名士をそろえて。帰って来たのはイマム一人だった。無条件降伏、それが馬仲英の回答さ。

　そのころ、袁氏がまた訪ねてきた。最初のときよりもっと沈んだ顔をして。

『一一月一日までに増援部隊が来なかったら、一巻の終わりです。この状態をどうしてもウルムチに知らせなきゃなりません。行ってくれませんか』

『でも、反乱軍がもうウルムチを占領してたら？』

　袁は、そんなことはないだろうって言うんだ。ただし、これは希望にすぎん。外で何が起こってるかは、誰も知らないんだからね。目と鼻の先にいる敵の陣形でさえ、ちゃんとつかんでる将校はいないんだよ。

袁は、どうしても行ってくれって言うんだ。

『お望みのものは、何でも提供します。将軍もそう言っておられる』

『生きた捕虜が二人ほしいな』。おれはそう言ってやった。『自分で尋問してみたい』

『よろしい、その権限を差し上げよう』

そこで、捕虜を買ったわけさ。こうやったんだよ。おれは知ってたんだ。反乱軍が昼間占領しているある塹壕が、夜になると兵隊二人だけになるってことが。そこで、四人の中国兵にたのんで、夜襲をかけてもらったんだ。鉄砲を待たずに、短刀だけ持って。うまくいったら三〇〇〇両（約六〇〇〇フラン）やるって約束してな。

『塹壕は一〇〇メートル先だ。あそこへ行って、二人の兵隊に猿ぐつわを噛まして、ここへ連れて来てくれないか。怪我はさせるなよ』

あくる日、二人の纏頭を連れて来た。それを尋問して、いろんなことがわかったよ。一つは、ウルムチもトルファンも占領されていないってこと。もう一つは、ハミのまわりにはごく少数の部隊が警戒線を張ってるだけで、それも、中国軍がここから出るのを防ぐためにすぎないってことだ。

こいつはいけるな、と思ったよ。夜、ここを出て、そっと敵の戦線を通り抜ける。夜があけたら隠れて、あくる晩また動きだす。チョル・ター砂漠へ出て、反乱地帯の向こう側にあるトルファン行きのルートを見つけ、トルファンからさらにカシュガルへ行く、これがおれの計画だったのさ」

「おれたちがカシュガルにいると思ってたのか」とブリュルがため息をつく。

「そうさ」

＊

「籠城がはじまってから一〇九日目の一〇月一六日の夜に、提供してもらった一個中隊の兵隊が、町の北側の城壁に抜け道を作ってくれた。とにかく連中にとっても、この冒険が頼みの綱ってわけだから、作業も必死だったよ。黙々とやるんだ。煉瓦を手ではずして、一つずつ運んで、城壁の下へ置くのさ。午前一時に準備が完了した。朱大人が別れの挨拶を言いに来てくれた。小箱に入れた古い金時計を差し出して、

『これは信頼の印だ』って言うんだ。

それから、コニャックをひと瓶と、堅くなった古いパンを一二ポンドくれた。これがせいいっぱいなんだな。

総勢四人だ。将軍の特使の袁氏、グンボ、イスラム教徒の案内人、それにおれさ。脱出には町の北側を選んだ。いちばん静かだし、それに昼間調べておいたんだが、道が低い砂丘のあいだを通ってるんだ。砂は柔らかいが。予定の時刻に、南側でものすごい一斉射撃が起こった。それが出発の合図さ。敵の注意をそらす、エンジンの音を消す、そういったねらいもある。あたりはまっ暗闇だ。穴や砂のくぼみにはまらんように、グンボが地形を探りながら前を歩いていった。柔らかい土の上をゆっくりゆっくり二〇〇メートルほど行った。堅い土が現われるのが待ち遠しかったよ。あと五〇メートル、あと三〇メートル……とつぜん、右手に銃声が聞こえた。あっと言うまに、今度はトラックが砂にはまっちまった。ちくしょう……そこでエンジンを止めて、スコップで車輪を掘り出した。一五分たって、また出発だ。今度は土も堅い。待ってましたってわけさ。そのときグンボが、前方に人影が見えるって言うんだ。あいつは実に目がいいんだな。饅頭のパトロールだった。すぐさまヘッドライトを

つけて、フルスピードで突っ込んだ。向こうの馬は目がくらんで、腰を抜かしやがった。おかげでゆうゆう通れたよ。一五分もすると、町からだいぶ離れたが、相変わらず反乱地帯のまっただ中だ。日が上った。北には、反乱軍がたてこもっている山が見える。つまり、馬仲英軍の主力はおれたちの前方にいるんだ。南のほうには、鎖のようにつながったオアシスがあるが、そこは依然反徒が占領している。大砂漠へ出るには、それを突っ切らなくちゃならない。そこで、石ころだらけの台地を一気に西へ飛ばした。四八キロ。それから隠れて、夜になるのを待った。夜闇に乗じて道路を突破するんだ。双眼鏡で見ると、道路にはまだ部隊が動いている。

　夜になった。いよいよ出発だ。真夜中に、ライトを消して小さな堡塁の前を通ったとき、犬の鳴き声が聞こえた。そのとき哨兵が出て来たら、もう終わりだったろうな。夜が明けるころ、窪地を出たら、目の前は一面の砂また砂だ。砂漠だよ。

　ようやく助かったってわけだ」

*

「案内人の話だと、ここから二〇キロほど南へ行くと《三厄道》っていう道に出るはずだった。ハミとトルファンをつなぐ旧道だが、八〇年前から廃道になってるそうだ。飢えと渇きと、旋風を起こす悪魔と、そういう三つの厄病神がいるんで、旅人も恐れをなして寄りつかないらしい。

　二〇キロ。三〇キロ。四〇キロ。どこまで行っても、道の跡なんかありゃしない。あるのは、傾斜した柔らかい砂ばかりさ。トラックの車輪の跡がこんなに深くつくようじゃ、とても引き返すわけにはいかない。無限軌道車でもなくちゃ、こんな坂、上れるもんか。もう一〇キロ行ったところで、トラックが砂の穴にはまっちまった。それで四度目さ。出るのにまる二四時間かかったよ。まだ、ぱさぱさのパンが六ポンドに、水がふた瓶残ってる。でも、もうへとへとだ。イスラム教徒の案内人も、やっぱり疲れてたんだな。地面にすわり込んじまった。上体がゆらゆら揺れてるんだ。

『おお……ああ……』

『おまえ、オアシスの列から南へ二〇キロ行ったら、道路にぶつかるって言ったな。もう倍も来たぞ』

『おお……ああ……』

『方向がわかんなくなっちゃったんだろう』。グンボが静かにそう言った。

　おれは、案内人のカフタン（毛皮の裏がついたマント）をつかんで、こづき回してやった。

『この野郎、じゃ、どうして言ったんだ、道を知ってるなんて』

『おお……ああ……』

　案内人のやつ、手をついてあやまってな、言うことがふるってる。自分はその道を知らないが、おやじによく聞かされたんだと。でも、結局泥を吐いた。

『あれは嘘です。ハミから逃げ出したかったんで、出まかせを言ったんです』

　それから三日間、あてずっぽうに捜し回ったよ。砂丘、塩水の沼、窪地、浸蝕でできた卓状岩のあいだでトラックが迷子になっちまう老年地形の迷路。三日目の晩に砂嵐が起こってね、あやうく埋まっちまうところだった。もう一人当たり湯呑み半杯の水しかないんだ。あとはラジエーターの水だけさ。

　四日目に、グンボが腕をのばして、

『ほら』

双眼鏡をのぞいたけど、おれには何にも見えん。でも、やつには見えるんだな。オボ[6]が。《三厄》

の旧道だ。もう一時間行くと、荷車が通るトルファン行きの街道に出たよ。晩には、反乱地帯を出てから最初の村にたどり着いた。もう水一滴、パンひとかけらもなかったが、とにかく助かったんだ。それが昨日のことさ……」

＊

一〇月二三日――ペトロのおかげでハミの窮状を知った金元帥は、反乱軍の戦線を是が非でも突破して、ハミの囲みを解くように、張将軍に命令した。

もうこうなったうえは、ポワンとペトロに護照を出すのを拒否するわけにはいかない。今日ようやく、アールトを迎えに行く許可が下りた。しかし、アールトもどんどん近づいている。ウルムチで受け取った最初の電報によると、一〇月八日にはアクスでモーリスと合流したらしい。クチャを通ったという知らせもあった。

運転台にはショーヴェ。ポワンはそのわきにすわっていたが、もうじっとしていられなかった。若い海軍大尉の感激は、時とともにふくれ上がった。七か月前から待ちに待った瞬間が、いよいよやって来るのだ。もうすぐそこなのだ。自然の障害を乗り越え、砂漠を横断し、人為による妨害を押し切り、気まぐれな運命の裏をかいて、ついに今……

七か月前にパリのオペラ座広場で打ち合わせたとおり、中央アジアの一点で落ち合う……まるで夢のような話だ。

「あいつ、おれに何て言うだろう。おれも何て返事したらいいかな」

「たぶんカラシャールで会えるだろう」。トクスン峠の累々たる岩を見ながら、ショーヴェは計算していた。彼は玄人《くろうと》なのだ。「この中を《航行する》には、最低一二時間はかかるぜ。ばかばかしい

トクスン峠。アールト隊との合流

……この道は前にモーリスが通ってるんだ……」

だがとつぜん、目をこらして、

「まさか……おかしいな……」

目をこする。蜃気楼か。信じられない。

「見ろ、一〇〇メートル先……」


一〇〇メートル先の、崩れた岩のあいだから、一台の無限軌道車が出て来たのだ。車のわきには、背の高いまっすぐな人影が見える。

ポワンは両腕を広げて駆け出した。

あの顔、あの目、見覚えがあった。今は声も聞こえる……

アールトの声だ。

「万歳。ポワン、ありがとう」

1　一九二ページ参照。
2　愚劣な非難である。ポワンはもちろん何のことやらわからなかった。中国人が「面子」をいかに重んじるか、ヨーロッパ人には想像もつかないからだ。
3　これは、馬仲英が強制的に狩り集めた甘粛省の中国人で、奴隷扱いされていた。
4　この単語（文字どおりに言うと、チェイは泥棒、ワ・チェは赤ん坊）は訳しようがない。朱はとっさの思いつきで、この単語を発明したのだが、次の日には全軍の兵士が、軽蔑をこめたこの隠語ふうのあだ名で馬仲英を呼ぶようになった。人情の機微に通じているこの老官吏は、祖先崇拝からくる中国人の敬老精神に必ず伴う若さへの軽蔑の念を利用して、まんまと部隊の士気を高めたのである。

5　スウェン・ヘディンが「嵐の砂漠」と呼んでいるこの低地では、空気力学的な特殊条件から、往々ものすごい旋風が起こる。

6　六三ページ注⑽参照。

14　ウルムチの罠

アールト、金元帥と会見——隊員の生活——ウルムチのヨーロッパ人——昼食会——寒気の襲来——サレスの到着——解放の旅券

合計三一人。われわれはウルムチの、同じ一つの食卓についている。足して一つ——こんな名文句をアールトは考え出した。

隊員の中にはまだ面識のない人も多かったから、感想を話し合うことはとりもなおさず、互いに知り合うことでもあった。アジアを見る目は人によって違っていた。色あざやかな、絵のように美しい光景——アジアとはそういうものだと思っていた人は、黄金のドームやモザイクの話に夢中になり、モンゴル人の庭園にあった樹齢一〇〇年のプラタナスを思い浮かべ、ヒマラヤの峡谷や雪や眠ったような湖をなんとか言葉で言い表わそうと苦心していた。

「で、《世界の屋根》は？」とレーモン。

「最高の田園交響曲だよ」とソヴァージュは感激の面持ちだ。「わが生涯のうるわしき詩だな」

モーリスはうなずきながら、

「きみらはよかったな」

彼が語るのは、もっぱら、湿地、風、砂、ラクダの骸骨、切られた首などである。まさに悪夢の七

か月だ。

しかし、難関はすでに突破した。新疆でこのとおりいっしょになれたのだし、六週間後には北京へ着くのだから。

楽天的なその場の空気から一人だけ離れて、アッカンは気がかりな様子だった。研究の性格からして、アッカンは、テイヤール神父や青年博物学者レーモンのように、道々、豊富な資料を集めることはできなかった。シナ・トルキスタンの遺跡（キジルの洞窟、ショルチュクの僧院）では、考古学的な調査が全面的に禁止されていた。トルファン地方でもそうではないかと、彼は心配だったのである。ここには「音に聞こえたゴビの死都」（カラ・ホージョ、ベゼクリク）があるというのに。

「あそこでは、どうしてもやらしてもらわなきゃ。そのために来たんだもん」

アールトは、心配するなと言った。

「元帥に会えば、きっとうまく行くよ。もうすぐ全面的な許可が下りるさ」

*

ウルムチへ着いてから二日後の一〇月二九日、新疆省主席兼地方軍総司令官金樹仁元帥閣下は、フランス探検隊長ジョルジュ＝マリ・アールトを引見された。

銅のベッドが一つ、マホガニーの肱かけ椅子が六つある接見室に通されたアールトは、山高帽をひざに置いて仏像のように身動きもしない外務委員の陳氏に会った。五分後、ドアがあいて、弾薬帯を腹に巻きモーゼル銃を肩にかけた一二人の衛兵が壁ぎわに並んだ。

「ツィン・リ（気をつけ）！」

元帥はごく質素なカーキ色の軍服を着ていた。飾りは、階級章にあたる三つ星だけだった。

アールトはその顔をまじまじと見た。ほかの人間であれば驚きや興味や好奇心を表わすはずの筋肉が、その黄色いしわだらけの顔では全部麻痺しているように見えた。皮膚はこめかみのところでつづまって、半眼のまぶたを両側へ引っ張り寄せている。皮膚は骨に密着して、仮面のような感じだった。

陳は最敬礼をした。アールトは立ち上がった。

「チン・ゾ……チン・ゾ……（どうぞ、おかけください）」

仮面の背後の目がはすかいにきらっと光り、訪問客に肱かけ椅子のある場所を指した。

お茶が出た。それからタバコ。部屋へはいって来た通訳は、まるで審判官のようにつっ立ったまま、じっと待っていた。アールトは、何か言わなければと思った。

アールト（英語で）――元帥にお伝えください。新疆の首都で、この広大な国を賢明に、しっかりと、模範的に治めておられるおかたとお会いできて、わたしがどれほど光栄に存じているかを。それからもう一つ、これほど雑多な要素からなる住民のあいだに秩序と平和を保たせるため、元帥がたえず発揮しておられる輝かしいご稟質《ひんしつ》に、感嘆の念を禁じえないということを。

通訳（中国語で）――この外人は閣下に敬意を表すると言っております。

元帥――タイ・コ・チ（恐縮です）！

通訳（アールトのほうを振り向いて）――閣下は非常に恐縮しておられます。そして、こう聞いておいでです。地方当局は職務を怠ることが多いのですが、道の悪いこの貧乏国を旅される皆さんがたに充分便宜をおはかりしたでしょうか。

ふだん無口なアールトは、ほんの二、三語でそんなに多くのことが言える中国語にすっかり感心してしまった[1]。

アールトは答えた。

「新疆に到着以来、非常に有効な援助と、非常に手厚い歓待を受けて来ました。前に、小さな誤解が一、二あったのは事実ですが、そんなことはわたしももう忘れております。閣下にもお忘れいただきたいと存じます」

通訳（中国語で）――外人探検隊長は、部下の若さと無経験から来たいざこざを詫びております。

再び長い沈黙。そのまにお茶を変え、別なタバコを持って来る。

アールト――パリを発つ前から、いつか閣下にお目にかかれるものと存じまして、閣下のお名前を刻んだこのささやかな献上品を用意いたしました。ご嘉納いただければさいわいと存じます……

そう言ってポケットへ手を入れたとき、それまで彼の動作を見守っていた一二人の衛兵たちは、いっせいに自動拳銃の銃床をつかんだ。

「……これはフランスで指折りの職人が作ったものです」。そう言いながらアールトは小箱をあけた。中には、木の葉のように薄くて軽い金の時打時計がはいっていた。何時何分何秒までわかるのである。

「何だ」

驚いたのか、元帥はまぶたを上げた。

通訳――この外人は時計を持参いたしました。

元帥はその時計を受け取り、見もせずに、肱かけ椅子の背後に立っている一人の衛兵に差し出した。

通訳の解釈によると、その動作は、閣下が贈物にいたく心を動かされ、それを相互の友好の印と見なしておられる、という意味らしい。

アールトはいまこそとばかり、要求事項を書き並べた覚書きを読み上げた。いわく、探検隊に隊としての集団的な旅券を交付していただきたい。いわく、考古学者や映画技師の活動を許可していただきたい。いわく、全員に通行の自由を与えていただきたい。

「チェ・シェ・シェン・モ（何のことだ）」

通訳――陳情書です。

「官房にまわしとけ」

謁見を切り上げて、金元帥はそそくさと立ち上がった。

通訳（アールトに）――閣下はあなたのご訪問に感謝しておられます。そして、こういう行政的な問題は地方政府の所轄機関で検討するはずだ、と言っておいでです。

「ツィン・リ（気をつけ）！」

元帥はアールトを三番目の中庭まで送って来た。これは非常な尊敬の印なのだ。

「どうだったい」。アールトがキャンプへ戻ると、アッカンが心配げに訊いた。

「どうって……別に。ろくすっぽものも言わんよ」

「要求は通ったかい？」

「はっきりノーってわけじゃないんだが……とにかく、やつが受け取ったのは贈物だけさ。まるで貢物みたいにな……見もしないで[2]」

*

意味のない儀礼とお世辞の交換が一週間も続いたが、《地方政府の所轄機関》が動いているようには見えなかった。それどころか、九日目には元帥から昼食会への招待が来た。催しは一一月一五日の予定だから、とりもなおさず、出発が一一月の半ば過ぎまでのばされるということだった。

もっとも、ヤコヴレフは、友好的な雰囲気を作るためにあらゆる努力を惜しまなかった。

「これじゃ絵かきじゃない、おみやげ箱だ」と彼はぶうぶう言っていた。

彼のデッサン集は役人たちの感嘆の的になり、みんなヤコヴレフに自分の肖像画をかいてもらいたいと言いだした。来る日も来る日も、古馬車に乗って、彼は町中をあちこち走り回った。劉氏の家を出て、李氏の家へ寄り、それから楊氏の家へ行く、というぐあいだった。

そして、こういう儀礼的な絵にうんざりして、夕がた帰って来るのだった。

ウルムチには中央アジアでもめったにお目にかかれないいろんな人種のタイプが見られただけに、ヤコヴレフは残念でならなかった。ジュンガリアから来たモンゴル・トルグート人の平べったい丸顔、青緑色の琺瑯《ほうろう》のような目をして、ちぢれたひげをはやした纏頭、キツネの毛皮がついた黄色い絹のふちなし帽をかぶるカザック人の赤いつやつやした肌、陰険な感じのトゥンガン人の群れをかき分けて行くいばりくさった満州人。バザールのごったがえしの中には、そういう種々さまざまなタイプがいた。

「まさに未知の遊星だな」。アンドレ・ソヴァージュはつらそうだった。カメラの使用を禁止された彼は、映画にとったらさぞよかろうと思う絶好のシーンが一歩行くごとにみられるこの町の中を、二人のカメラマンといっしょに、ポケットに手をつっ込んだまま、ただ歩き回るほかなかったのだ。

「ほら、見ろよ。あの中国人のコック。蒸したヌン（卵入りの麵）の束で手品みたいなことをやってるぜ。野天で。……あの塩売り。秤で石（岩塩）をはかってる。……あの囚人。二人が鎖で首と首をつながれて、物乞いをしている。……あの道教の寺はどうだい。地獄にゃ、緑色の帽子をかぶった悪鬼がうようよしてるぜ。……奇想天外だな……奇想天外そのものだよ……」

カザック人が歌を歌うところをトーキー・フィルムでとろうと思ったこともある。盛装した七人の歌い手は、すでに準備を完了していた。シヴェルは変調器を調節し、モリゼはファインダーをのぞいていた。

そのとき、中国人の警官が六人も中庭に現われたのだ。

「トゥエイ・プ・チ（失礼）」

そう言って、彼らはやにわに歌手たちを警察へしょっぴいて行った。何かの嫌疑らしい。哀れな歌手たちは即決で一人二両（四フラン）の罰金を言い渡され、厳重な警告を受けた。

「《あいつら》のとこへ行っちゃならん」

われわれはよほど危険な人間と思われていたらしい。

*

モミの枝を飾り、提灯をつるした広間で、今宵、地質学者でスウェン・ヘディン探検隊の隊員だったノリン博士がウルムチの外国人居留民を招いてお別れの会を開いた。舞踏と茶菓と立食用のテーブルを用意したこのささやかな催しに、こちらからも数人の隊員が招待された。

とある農家の納屋で外套を脱ぐ。そのクロークには纏頭が一人控えている。《出発の幸運に恵まれた》ノリン博士が、客を招じ入れる。

「博士、もう旅券は下りたんですか」

「もうって……一年以上も待たされたんですよ」

「一年ぽっちで……よかったですなあ」

羨望の吐息をもらした眼鏡の男はイヴァン・ゴメルキンといって、ウルムチでいちばん金持のヨーロッパ人だった。毛皮商で、ブライトシュヴァンツ[3]の輸出を独占しており、しかも自動車置場の支配人を兼ねている。

「自動車置場っていいますと?」とオードゥアン゠デュブルイユが訊いた。

「元帥の軍用自動車置場ですよ。八〇台あって、そのうち二〇台動けます。高率ですよ。修理工場がいかにいいかっていうことですね……だから、ゴメルキンはなくてはならぬ人物なんです。連中も儲けたいだけ儲けさせておくわけですよ。ただ、これには条件がついてましてね。新疆にいつまでもいなきゃならんのです」

あちこちに群れができた。向こうには、奥さん連と二、三人の若い娘さんが壁ぎわに控えていた。ノリン博士が紹介してくれた。「アントノフ夫人（ショーヴェは赤くなる）……ヘッチェス夫人（ケルヴィズィックはフォックス・トロットを踊りませんかと言う）、ヒルデブラント神父さん……」

ソヴィエト革命の副産物であるたくさんの白系ロシヤ人、三人のドイツ人、イギリス人と結婚したフィンランド婦人、われわれも親しくしているデンマーク人のキルケゴール夫妻、それにわれわれ数人のフランス人——それだけの人間が今宵この辺境でヨーロッパを代表していた。小さな壇の上でバラライカをかき鳴らす三人の楽士がマズルカの演奏をはじめ、客たちは二人ずつ組んで踊りだした。思うだにぞっとするようなさまざまの不幸を背負った亡命者の男女たち。彼らの身の上話には、時として神秘の霧がかかっていた。いまドラストルと踊っている金髪のヘッチェス夫人は、ラクダに乗ってゴビ砂漠を二度までも横断したという。ハンブルクのある商会から派遣されて六か月の予定で新疆へ来たドイツ人の小柄な技師は、帰国の許可が下りるのをもう二年間も待ち暮らしている。

「グラッド・トゥー・スィー・ユー、ウィリアムズ（あなたに会えてうれしいわ、ウィリアムズさん）」

トルグートのニルギドマ王女である。ジュンガリアのモンゴル人だが、北京育ちで、フランス語、英語、ロシヤ語がぺらぺらだ。この人はいまの国王の妹にあたるが、結婚し、そして離婚した。こんなことを言うのである。

「ウルムチは、生活程度が低くっていやになっちゃうわ。連れてってくださいません……パリへ帰りたいわ」

「なんでぐずぐずしてらっしゃるんです」

「旅券よ」

みんな多かれ少なかれ、自由になる日を待ちこがれている。もっともこの人たちは、まだ希望を失っていない。だが、この町にはもう一つ、人に見向きもされない落ちぶれた別種の西洋人が隠れている。数人の知らない小商人、刷毛を作って糊口をしのいでいるポーランド人の一家、中国人に宝物を盗まれるのが心配で、部屋に閉じこもったきり動こうともしない帝政時代のロシヤ領事。もっとも、心配は無用なのだ。領事は気違いで、宝物というのも幻にすぎないのだから。

アールトはそういう話を黙って聞いていた。その顔を、われわれはじっと見ていた。考えていることは同じだった。

「この罠から抜け出さなくちゃあ」

*

一一月一五日、金主席は役所の離れで探検隊員のために昼食会を催した。ヨーロッパ式の食卓には、金色をした銅の飾鉢が置かれ、その横には、鶏《とり》で作った肉ゼリーの皿が四つ、それに無数のコニャックの瓶と、ごてごてしたケーキと、花と果物が並んでいた。この傑作は、食堂のおやじから閣下の御用料理人に出世したあるロシヤ人が作ったものだ。そのコックは毎日曜日、元帥のお客のために純儀礼的なこういう標準料理を作るのである。

同じ数のヨーロッパ人とアジア人を集めたこの男だけの昼食で、まず驚いたことは、西洋式に一人ずつ交互にすわるのではなくて、主人側と客側が向かい合わせにすわることだった。チェスをはじめる前、双方の駒が盤の両側に並べられるように、食卓の片方には一六人の白人が一列にすわり、もう片方には一六人の黄色人種が並んですわった。

その日、どこか見えないところからこの三二人の会食者を観察する人がいたら、きっとその人は、二つの人種が絶対に通じ合えないということを確認したに違いない。この相違は、年齢の違いのようにどうにもならないものだ。

表情たっぷりな顔をして、袖口のきっちりしたラシャの上着を着たわれわれフランス人は、世界の歴史の中では、どう見てもまだ青二才だった。

一方、われわれの前に光線を背にしてすわっている一六人の官人ときたら、およそ年齢をはかることすらできない。この人たちの生活は、西暦紀元がはじまる前から続いている。テーブル越しに投げかける微笑にしても、まるですり減った古銭のようで、これでは感情のいかなる交流も成り立ちようがない。

彼らの中では、おととい戻った朱大人が上座にすわっていた。彼はウルムチで凱旋将軍として迎えられた。とにかく、包囲下にあったハミの町はひとえに朱将軍の執念で持ちこたえ、おかげで張将軍が兵力を集中して、反徒の戦線を突破することができたのだから。負傷した馬仲英は南東の安西へ向けて退却し、全軍ともども甘粛省へ引き上げざるをえなかった。今年はもう、侵入の危険はなさそうである。[4]

肱かけ椅子にからだを埋めた元帥は、目を半ば閉じ、口をあけたまま、相変わらず例の仮面をかぶっていた。仮面には、うわべだけの儀礼的な表情が浮かんでは消えた。聞いてもいないのにうなずいたり、見もしないのに目をやったり、わかったようにも見えないのにあいづちを打ったりし、タバコをたて続けに吸っていた。先が硬玉でできた長い管に、火のついたタバコを詰めて、お供の者が差し出すのである。

もっとも、全員の会話はついになかった。席の並びぐあいからして、話は別々に分かれてするほかなかった。一方はフランス語で話し、もう一方は中国語で話していた。ただ、ペトロの通訳で両方のあいだに多少意見の交換が行なわれたのは、アールトと元帥がそれぞれ短いスピーチをやったときだった。当面の問題に触れることは慎重に避けながら。

大成功を収めてまだ日の浅い朱大人だけは、大きな声でしゃべりまくっていた。話しているうちに夢中になり、元帥にものを聞くのに、おい金、などと呼び捨てにしたりした。新疆のこの強力な支配者を同輩として扱うことを、ほかの連中に証明するためだ。

ロシヤのポートワイン、ウォッカ、カシス、コニャックなどを、われわれはおおいに賞味した。そうしてみんな少しずつ愉快になり、この気分を保つためにちょっとした遊びをはじめた。指の遊び。マッチ棒の遊び。負けた者には酒を飲ませる。

だが、気づまりな感じは残っていた。たぶん、一人一人の背後にモーゼル銃を持った護衛兵が控え、新疆では人の生死が気まぐれやちょっとした陰謀しだいでどうにでもなるということを思い起こさせていたからであろう。誰よりもいちばん不安そうなのは元帥だった。前任者の楊主席も、二年前、これと同じような食事の席で暗殺されたのだ。それも護衛兵たちの目の前で。

三時間にわたる宴会が終わったとき、アールトは陳氏を通じて、お返しに近々一席設け、元帥と高官がたをお招きしたい、と申し入れた。

「主席はたいへん感激され、喜んでご招待をお受けすると言っておられます。日取りは今月の二九日に決められました」と陳は答えた。

「そんなに遅く！　その前に出発するつもりだったのに」

「お急ぎになることはないでしょう」と外交官はにこやかに言った。「ここがお気に召しませんか。それに、閣下はたいへんご多忙で、招待に応じられるのは日曜しかありません。来週の日曜はつまっていますから、再来週の日曜までお待ちいただきたいのです」

ウルムチを出発するのは一二月まで延期だった。

*

アールトはそういう時間のロスがだんだん心配になりだした。合計すると、もう三か月の遅れである。はじめの予定では、時候のいい九月に中央アジアを横断するつもりだった。ちょうど炎暑の夏が過ぎ、吹きっさらしのこの地方ではまことにもって恐ろしいあの酷寒が訪れる前である。しかし、予定が狂った以上、いわゆる《冬の陣》の用意もしなければならない。

車も探検隊の資材も、もともと暑さに耐えるようにできていて、寒さは勘定に入れていなかったから、エンジンを寒気から守ること、車体のすきまをふさぐこと、特別の装置で機関部を暖めることなどがどうしても必要になった。また、飛行機用の非常に薄いリンネルでできた探検隊のテントでは、とても寒さを防ぐことはできなかった。この辺では、原住民もフェルトのテントで寝るのである。そこでストーブを作った。

防寒着の問題も起こった。冬のゴビの寒さは、シベリアの寒さ以上に耐えがたい。持参のシャクルトン[6]や、革の服だけではまに合わなかった。それに毛皮の裏をつけてもいい。しかし防寒具としては、脂肪をたっぷり含んだ羊の皮に太刀打ちできるものはないのだ。これは、どんなに高価な毛皮よりも暖かい。

そこで、羊の皮を買い込んで来た。それを裁断し、縫い合わせ、服を作った。この北極服を完璧ならしめるため、さらに、毛皮で裏打ちした長靴、手袋、ふちなし帽をこしらえた。考古学の助手のカルルは、ここでもたいへん重宝だった。仕立て屋や靴屋のように、彼は寸法をはかってくれた。

「で、食糧は？」

ハミに置いておくはずだった食糧のストックは馬仲英将軍にとっくの昔に略奪されてしまったから、帰りには、一三〇〇キロ東の粛州まで行かなければ、食糧のストックはない。そこで、何キンタル（一キンタルは五〇キログラム）というモルタデル（ボローニア産のソーセージ）やヌン（卵入りの麺）や米、さらにサヴトルグ[7]では、ソヴィエト政府が新疆に輸出しているカニの缶詰を買い込んだ。

予定外のこの買物は非常に高くついた。探検隊はたちまち金欠病にとりつかれた。たしかに、元帥にたのみ込む手はあったろう。協定に基づいて、元帥は、天津で自分の口座に払い込んでくれるなら、必要な資金を地方通貨で調達しよう、と言ってくれていた。しかし、その操作はややこしかったし、元帥が押しつけてきた換算率（二両で一銀ドル）はあまりにもこちらに不利だった。

商人の中にも、お役に立ちたいと内々言って来る者がいた。

この人たちの店は、たいてい、天津にある親会社の代理店にすぎなかった。その多くは、一枚の小切手と引き替えに、二つ返事で金を出してくれた。しかもここでは、一ドルが五両以上になるのである。

「自分の国の通貨を信用していないんですか」

「信用はしてますよ……ここの通貨で金の地金を買うことだってできますさ。でも、その金を中国本部まで届けるのは、容易なことじゃありませんからね。普通、清算のために向こうへ送るのは品物ですよ。ただ、今年はどうしようもありません。反乱で、隊商は一つも東へ行けませんから」

天津で払うわれわれの小切手は、だから、彼らの役に立ったのである。

＊

談合に談合を重ねたが、交渉は一歩も進まなかった。アールトが要求したのはごく簡単なことだった。つまり、

一、トルファン周辺の遺跡で、アッカンと映画技師と画家が仕事をするのを許可すること。

二、仕事や健康上の理由からフランスへ帰らなければならないブリュル、ケグレス、ジュルダン、カルルの四人に旅券を交付すること。

三、探検隊全部を対象とした出国旅券を交付すること。

この三点について、アールトは中国側の原則的な同意を得ていた。陳は言うのだった。承知しました、元帥は必ず許可されるでしょう、出発できるようになりますよ。

「いつ？」

「すぐに」

しかし、はっきり何日とは言わない。そのうち、一一月も残り少なくなってしまった。

もう今では、冷たい風がウルムチの通りに砂塵を巻き上げていた。寒暖計の水銀はぐんぐん下がった。零下八度。やがてある朝、零下一四度まで下がった。

フランスからの便りもなく、外界のニュースもとだえ、活動不能に陥った隊員たちは、明日を待つという憂鬱な営みに精根をからし、古い手紙を読み返したりしながらスロー・モーションで生活していた。運転手たちもすっかり元気をなくしてしまった。彼らの中には、ウルムチ生活四か月という古つわものもいた。それでは、いくら陽気な性分でも、隊の蓄音機にかけるレコードのように調子が狂ってしまわざるをえない。

牢獄に監禁されたように、われわれはアジア大陸に幽閉され、大洋から三〇〇〇キロも離れたその心臓部で足止めを食ってしまった。これほどまでに海が自由と解放のシンボルだったことはない。

一一月二〇日の晩、みんなが夕食の席につこうとしていたとき、スポーツ・ウェアーに脚絆《レギング》、双眼鏡といういでたちで、多少ボルドー訛りのフランス語を話す見知らぬ旅人が、とつぜんはいって来た。天から降ったか、地から湧いたか。

「アールトさんですね、ジャック・サレスと申します」

それに続く説明を聞いて、みんな啞然としてしまった。

「今年の九月にパリへ注文された三台の車と資材をお持ちしました。アンドレ・シトロエン氏から、よろしくとのことです。手紙もあります。五三日前のものですから、そう新しくはありませんが。でも、喜んでいただけると思って……」

自動車三台に予備の部品、無電機三台——まさしくこれは、ミスガルにいたころ、アールトが電報で注文しておいたものである[8]。

「荷箱が四二個にパイプ類が三組です」とサレスは言った。「パリから、ベルリン、モスクワ、ノボシビルスク、チュグチャク経由で来ました。五三日かかって。それ以上早くはできませんでした」

彼はあやまった……

「話してくれませんか、ちょっと……」

「いや、簡単なことですよ。九月一八日にパリを発って、四〇日目にセルギポールに着きました。キルギス草原の最後の鉄道駅です。

そこで自動車を下ろし、荷箱はトラックに運ばせて、チュグチャクの中国国境まで行きました。わたしはロシヤ語ができるもんで、そこまではかなりうまく行ったんです。でも、中国人相手ではそうもいきません。フランス探検隊はまだウルムチにいるかって訊くと、返事はこうなんです。《フランススキー》かね。とっくの昔に行っちゃったよ。もう誰もいやしないぜ。

どうせ、行きゃわかることだと思いましてね、さしあたり、四二個の箱を荷車で転送しました。わたし自身は、すぐ三台の車で前進するつもりでした。中国人は『カ…カ…』って言うんです。こっちも『カ…カ…カ…』って言ってやると、何となくわかったような気になっちゃいました。運転手が二人必要でしたが、それもなんとか見つけました。一人は時計屋でこの一一年間、運転したことがないって言うんです。もう一人は錠前屋で、こいつは、生まれてから一度もハンドルを握ったことがありません。簡単な手ほどきをしてやって、すぐ出発しました。九〇〇キロ、沼地と川のものすごい悪路だって、さんざんおどかされましてね。出発して三六時間目に、寒波の第一陣に見舞われました。あくる朝になると、動き出すのがたいへんなんです。クランク・ハンドルを二本も折っちまいました。始動機に凍った泥がついてるんですね。しょうがないから、分解して洗いました。次の日には、片っぽうの運転手が前の車軸をねじ曲げちゃうし、もう一人のやつは荷車とぶつかって、フロント・ガラスを割っちまう、惨憺たるありさまでした。それでも、とにかく前進しました。荒地をまた三五〇キロ。車軸もスプリングも、いやラジエーターの下部さえ、粉に埋まってるような恰好で、エンジンももう埃を吸い込むだけなんです。雨でも降るといいんですが。ある日、夜どおし雪が降りました。おかげで、道はいっときよくなりましたが、たちまち雪どけで、車は次から次へ泥にはまってしまいました。マナスでは、フロートが一つパンクしましてね。何とか修理しましたが。もうウルムチはすぐそこです。あと三〇キロというところで、車を一台捨てるほかなくなりました。車軸がねじれてたやつです。それから一五キロ行くと、二番目の車が泥にはまりました。牛がいないもんで、引っ張り出すこともできません。そこで、三番目の車に乗って来たわけです……」

「どこにあるんですか、その車は」とアールトは訊いた。

「すぐそこですよ……八キロ先。そこから歩いて来たんです」

「なぜ？」

「車が動かなくなっちゃいましてね」

「なぜ動かないんです？」

「それがわかってたら、歩いて来はしませんよ」とサレスはため息まじりに答えた。

＊

サレスの三台の車は、無限軌道車でウルムチへ引いて来て、修理のうえ、数日後金元帥に献上した。そのあくる日、アールトの要求のうち二項目が受理された。《フランス隊》の旅券と《トルファン隊》の旅券が両方交付されたのである。

《フランス隊》のブリュル、ジュルダン、カルル、ケグレスは二四時間内に出発した。オードゥアン＝デュブルイユの率いる《トルファン隊》（アッカン、ウィリアムズ、ヤコヴレフ、ソヴァージュ、モリゼ、シヴェル）は、一一月二三日に遺跡へ向けて旅だった。廃墟での調査と《死都》の映画撮影は許可が下りたが、原住民を一枚でも撮《と》ることは厳禁された。「生きものはいっさいだめです」と陳氏は言っていた。

一一月二八日、サレスが言っていた四二個の箱が届いた。元帥も自分の資材を受け取った。たぶんそのせいであろう、翌日昼食に呼ばれた元帥は、アールトに「ご成功を祈ります」などと言った。

今度は閣下が探検隊の客になった。

しかし、ウルムチの習慣では、国家の元首というものは自分の御用料理人がこしらえ、自分の護衛兵が給仕する食物だけを自分の食堂で食べることになっている。主人側には、したくを見るために一時間前に宮殿へ行く権利と、あとは勘定を払うという特典しかない。

宮殿から戻ったアールトは、縦も横もばかでかく、印《いん》をやたらとべたべた押した、いかめしい官用封筒を受け取った。中には大きな型の薄紙がはいっていた。元帥の護照《フチヤオ》である。それには、こんな意味のことが書いてあった。

「新疆省主席兼国境方面軍総司令官ハ、
コノ旅券ニ関シ、左ノ如ク宣ス。
仏国旅行隊長アールトハ、
隊員二六名、自動車九台ヲヒキイ、トルファン、ハミ、粛州及ビ草原地方へ赴カントシテ、旅券ノ交付ヲ（余ノモトニ）懇願シキタレリ。ソノ要請ヲ容レ、ココニ護照ヲ発行ス。
軍当局及ビ警察ガ通過ヲ容易ナラシムルヨウ、諸賢ニオカレテモ、コトサラニ事件ヲ起コシ、マタ禁制品ヲ持チ運ブ等ハ慎シマレヨ。サスレバ、処罰サルコトナカラン。

外務委員
署名―陳

民国二〇年
一一月二八日

主席兼総司令官
署名―金樹仁

コノ印章ニ誤リナキコトヲ証明ス

署名――徐文平」

「解放の旅券だ」とアールトは言った。[9]

彼は思い浮かべた。広漠たる天地を、明日からの幸福な遊牧民の生活を、行く手に横たわる未知のアジアを。

胸いっぱい息を吸おうと窓をあけはなしたアールトは、ユルトのフェルトや車の屋根の上に、もう厚く、白いものが積もっているのに気がついた。

雪だ。

1 ほんとうは、この中国人が模範的な通訳だったということである。訳すのではない、解釈していたのだ。主人には外国人が言ったことの要点だけを伝え、元帥の短い返事には美辞麗句の飾りをつけて。

2 贈物はかならず赤い紙に包まなくてはならないということを――むりもないが――アールトは知らなかった。中国人の礼儀からすれば、贈り主がいる前でもらった贈物を調べるというのは、絶対に許されないことだった。

3 生まれる前に母親の胎内から取り出した子羊の皮。

4 一九三二年の春に、馬仲英の率いるイスラム教徒が再び侵入し、カシュガルにいたるまで纏頭の全面的な反乱が起こった。これを書いている今、ウルムチを含む多くの町が略奪され、一部破壊されたということが伝えられている。金元帥は逃亡し、新疆の政情は混沌としている。

5 楊主席は誰からも敬愛されていたが、当時外務委員だった親友の方氏がたくらんだ陰謀の末、一九二九年に暗殺された。方もすぐピストルで射殺されたため、この犯行の実をつみとることができなかった。当時一介の将軍だった金は、その混乱を利用して官印を手中に収め、自ら主席を名乗ったのである。こうして国の支配者にのし上がりながら、自分も暗殺の危険を感じた金主席は、もう宮殿から一歩も出ず、三〇〇人の護衛兵にとり巻かれて生活していた。

6 シャクルトンが探検に着て行った型の服。

7　ソヴィエトの店。

8　二五五ページ参照。

9　アールトはウルムチを発つとき、新疆で収集した資料とコレクションの一部をパリへ持って帰ってくれるようサレスに託した。サレスの帰国も波瀾万丈だった。荷車は雪にはまって動かなくなり、代わりに橇を使った。それから、すさまじい寒さ。途中でサレスは、三人の匪賊に襲われた。匪賊たちは荷箱の検査と称してやって来たのだが、サレスは相手の馬をピストルで二頭倒し、賊の混乱を利用して難なく逃げのびた。ウルムチを一二月一日に発って、一か月後にはセルギポールへ着き、そこから鉄道を使って、モスクワ経由で一月一九日パリへたどり着いた。箱の鉛ははがされ、錠前はもぎ取られ、口はたがねで切り裂かれていたが、とにかく、中にあったたくさんの荷物は無事だった。ソ連では洗いざらい検査され、ひっくり返されたが、なくなったものは一つもなかった。ジャック・サレスはその精力と執念で、困難な任務をみごと成し遂げたのである。

15　バーミヤンとゴビの死都

往時の中央アジア——バーミヤンからウルムチまでの遺跡——アッカン隊、トルファンで活動

ジョゼフ・アッカンが《黄色の探検》に加わったのは、アジア大陸を横断する仏教東漸の大ルートの一つをシナ・トルキスタンまでたどろうと、アールトが考えていたからだった。

この有名な考古学者は長年、仏教の研究に携わってきたが、それまで自分の目で実地に見たのはアフガニスタンとインドと日本に限られていた。西暦最初の数世紀に仏教芸術が栄えたその出発点がアフガニスタンであったとすれば、仏教が今でも国教である日本はそれの到達点である。この探検はアッカンにとって、興味津々たる遺跡を訪ねながら、インドに源を発するその神秘的な大河——それは西暦最初の数世紀にわたり、中央アジアの不安定な騒然たる文明に「平和と理想主義と自己放棄を教える定着剤」となったのである——の流れをたどるまたとない機会だった。

もちろん、その道に沿ってゴビの砂の中に散在しているオアシスは、すでに一九世紀の末から、ヨーロッパの多くの学術調査隊によって確認され踏査されてきた。ヨーロッパだけではない、日本の探検隊も一度来ている。発掘がたびたび行なわれ、写本や彫刻や壁画がいくつも出土した。しかし、グリュンヴェーデル、オルデンブルク、フォン・ルコック、コズロフ、ポール・ペリオ、オーレル・スタイン卿などが考古学、言語学などの領域であげた重要な成果にもかかわらず、調査の余地はまだ無

限に残っていた。

調査の許可が下りないのではないかとジョゼフ・アッカンが心配したのも、また、許可が下りるや、いっときも早くトルファン周辺へ出かけたいとあせったのも、理由はそこにあったのである。

西暦前四世紀までの中央アジアの状態は、まだよくわかっていない。東の中国文明、南のインド文明、西のイラン文明——この三大河川文明は大洋のような砂漠によって互いに隔てられていた。核のないこの巨大な細胞の北辺には、今日インド・ヨーロッパ人種と考えられているいくたの遊牧部族が住んでいた。それはスキティア人、サルマティア人などと呼ばれていたが、実は「トゥラン人」で、ダレイオス（ダリウス）やクセルクセスの定住的なアカイメネス帝国をペルシアに作ったあのイラン人といとこ同士の関係にあった。

アレクサンドロスが破竹の勢いで兵を進め、その征服で中央アジアの歴史を古代ギリシア・ローマの歴史と関係づけたのは、西暦前三三〇—前三二五年だった。五年間に、彼はアカイメネス朝のペルシア帝国を倒し、ソグディアナ（いまのロシヤ・トルキスタン）、バクトリア（アフガニスタン北部）を占領し、インドの北西部とパンジャーブを支配下に置いた。

政治的には、マケドニア人もこの大偉業を永く役立てることはできなかった。アレクサンドロスが死ぬや、インドはたちまち彼らの支配を脱した。それにしても、この征服によって、高部アジアの西境は以後二世紀半にわたりヘレニズムの影響を受けるようになった。

この政治的、宗教的な共生現象はどういう形で発生したのか。考古学は今日、資料を片手にそれを説明してくれる。今わかっているところでも、アレクサンドロスの後を継いだギリシア人の王、いわゆるセレウコス朝や、さらにその後のデメトリオス、エウクラティデス、ディオドトス、エウテュデモスなどギリシア人の小君主たちは、しだいに衰えつつも、とにかく西暦前五〇年ころまでバクトリアと北インドの一部を支配していたらしい。

ところで、インドは前々から、バラモン教と仏教という二つの顔を持つ神政国家だった。ギリシア人が自分たちの権威を固めるために、この二大宗教のどちらかと和解しようとしたことも、充分に考えられる。

カースト制を守るバラモン教徒は、賤民《パリア》とみなしたこのギリシア人の申し出を受けつけるはずはなかったが、一視同仁をたてまえとした仏教徒のほうは、ヘレニズムとの一種の政治的同盟を受け入れることができた。インド・アフガン地方一帯で見つかった貨幣やさまざまな文書からも、そのことは裏づけられる。記録によると、パンジャーブ地方のギリシア人の王メナンドロス（パーリ語ではミリンダ）は、仏教徒のいう《無我》、つまり、あらゆる情念、あらゆる利己心の源である《我》を滅却するという問題について、仏教の大僧正たちと語り合ったという。

この哲学的な対談が行なわれたのは、西暦前二世紀の中ごろであろう。それも長くは続かなかった。やがて、流動的なアジアではしばしば起こる住民の地すべりにより、ギリシア人はアレクサンドロスの遺産を最後的に手放さざるをえなくなった。

侵略者は北から来た。その先祖は例のスキティア人で、だから彼らもインド・ヨーロッパ人種に属していた。この民族[1]はもと、中国西部の辺境地帯、今の甘粛省のあたりにいたが、やがて、近隣の蛮族匈奴の手でそこを追われた。匈奴のほうはトルコ・モンゴル人種だった。

西へ逃げたこの月氏、つまりスキティア人は、おそらく定住的な分子を途中のオアシスに分封させながら、徐々にソグディア、バクトリアへ達し、やがてインドの北西部へ侵入して、マケドニア人の子孫をしだいにそこから追い出した。ギリシア人に代わっていまやこの地方に腰をすえ、インド・スキティア人の名で呼ばれたこの遊牧民は、先祖からの遺伝によるのか、既存の文明の枠組をつとめて保存しようとした。それだけではない。彼らはとことんまで仏教に改宗してしまった。

　こうして二世紀足らずのうちに、インド・スキティア人の大王朝（クシャーナ王朝）が建設された。その王朝のいちばん有名なカニシュカ王は、今のロシヤ・トルキスタン、アフガニスタン、カシミールの一帯に君臨した。この強大な君主は釈迦牟尼の教えに帰依し、聖者となり、宗教会議を招集し、経典を編纂させた。「仏教のクロヴィス」と呼ばれるのも、むべなるかなである。

　芸術もそれなりに、ギリシア人、ついでインド・スキティア人と仏教徒のインド人との和合を表現している。ギリシア人の芸術家がインド人にまず教えたのは、木造建築を石造に変えることだった。彼らはこうして古来のインド芸術に新たな息吹きを与え、仏像の発生を促した。仏教では個の滅却こそ最高の善であるから、当然、仏陀の形象化はこれまでやられていなかったのである。寛衣《ペプルム》をまとった晴れやかな無髯のアポロ。それと同じ姿態で、仏陀は当時――言うなれば――はじめて仏像として具象化された。

　この宗教的な形象には、ギリシア的な造形とインドの精神的な特異性とが混じり合っている。この数世紀アジアで支配的なものとなっている仏像の型が、ここに姿を現わした。改宗熱に浮かされたカニシュカやインド・スキティア人の皇帝たちは、各地に布教師を派遣した。その布教師らが、中央アジアの道に沿って、ギリシア・仏教芸術が生んだこの聖像をゴビの果てまで運んだのである。

＊

　しかし、蛮族の波は依然北方から押し寄せていた。四世紀に匈奴の帝国が解体し、新たな地すべりが起こった。トルコ・モンゴル人は中国に侵入し、黄河から北の全土を手中に収めた。また、白匈奴、あるいはエフタリートと呼ばれた一団は、巨大な群れをなして移動を開始し、ソグディアナ、バクトリア、さらにはパンジャーブをも占領した。この蛮族の首領たちは聖像破壊者で、手当たりしだいにあらゆるものを打ちこわした。まさに《インドのアッチラ》である。彼らはインド・スキティア人を追放し、その僧侶を殺し、鉄火によってすべてを破壊し尽くした。インド・アフガン地方でこの大打撃を受けたギリシア・仏教文明は、それから三世紀後には、もはや東トルキスタンのオアシスにしかその面影をとどめていなかった。

タリム盆地の独立した小民族――クチャ王国、カラシャール王国、トルファン王国――の歴史は、実に奇妙なものである。彼らはもともとインド・ヨーロッパ系だった。兄弟のインド・スキティア人のように冒険的な移住を続ける代わりに、彼らは生活可能な場所に住みついて、そこから動こうとしなかった。しかし、非常に遠い血のつながりからか、彼らは西方のイラン人と再び関係を持つようになった。物質文明に必要なものは、ペルシアの化粧品や香水にいたるまで、ことごとくソグディアナの隊商から受け取りながら、一方、貴族層が要求する神秘的な超脱を仏教の布教師から得ていたこのクチャ人、カラシャールやトルファンの住民たちは、広大な砂漠の中のオアシスに、六、七世紀も続く輝かしい文明を打ち立てた。

七世紀になると、彼らは身の危険を感じて、強大な隣人たちとさかんに関係を結ぼうとした。東では唐代の中国人、西では、そのころエフタリート人を追い払った西トルコ人。両方とうまくやろうとした彼らは、結局、両方の朝貢国に甘んじた。しかし、どちらかに決めねばならない時が来た。そのときトルコ人について中国人を敵に回したのが、失敗のもとだったのである。

《天子》の軍は彼らを撃破し、それらの小民族に致命傷を与えた。ギリシア・仏教文化は二度と立ち上がれなかった。ウイグル人[2]のおかげで、それは紀元一〇〇〇年ころまで余命を保ったが、今度はイスラムの強力な攻勢に会って、ひとたまりもなく消えてしまった。カシュガリアやタリム盆地のオアシスは最後的にイスラムに改宗し、以降この地域はシナ・トルキスタンと総称されるようになる。

しかし、中央アジアという巨大な坩堝《るつぼ》の中で、仏教は触媒の役を演じた。ギリシアやイランの影響を一身に受けた仏教は、すでに中国へ浸透し、やがて朝鮮、日本に達して、古代世界すべての文明を相互に結びつけたのである。

＊

《黄色の探検》の旅行家たちより一三世紀前に、敬虔な仏教徒だった中国人の玄奘法師は、中国からインドまで中央アジアを横断した。その旅程とわれわれの旅程とは、方向こそ逆だが奇妙な一致点がある。中国の古都西安（今の陝西省にある）を出て、彼はゴビ砂漠を横断し、オアシスをたどってソグディアナにはいり、そこからバーミヤンへ下って行った。

ところで、一九三一年の五月に、日本から最近着いたジョゼフ・アッカンが探検隊員と再会したのも、ほかならぬバーミヤンだった。アッカンは、かつて調査を行なったこの土地を、今度は待ち合わせの場所に使ったのだ。アールト隊といっしょに中央アジアまで歩をのばす壮大な発掘旅行の出発点にしたのである。

サマルカンドからインドへ下る隊商の絶好の休憩地であるバーミヤンは、かつては、アレクサンドロスの帝国の東半分と西半分、インドとギリシアを結ぶ「聖仏路」の途中に位置していた。

絶壁に彫った二つの巨大な仏像を前にして、アッカンは、まだ残っている波形の髪や、ギリシアふうに肩にはおった僧衣に、われわれの注意を促した。

「まるでヘレニズム彫刻だろう、なりはでかいけど」

そして、洞窟を飾る壁画を示して、この博学な考古学者は、仏像ができてから三世紀後に、ここの

バーミヤンの大石仏（Torsten Pursche / Shutterstock.com）

芸術家たちが別の文明——ササン朝時代のイラン文明——からいかに多くのものを借りてきたかを教えてくれた。

「蛮族に追われて、ギリシア人の王たちが一掃されると、ペルシア帝国と接触していたインド・スキティア人の後継ぎたちは、ごらんのとおり、絵師の坊主に装飾上の新しい規範を押しつけたわけだ。ひらひらしたリボンとか、装身具とか、壺とか、王冠とか……仏陀の両側に家ごとにまとまって進んで来るあの王族たちも、みんな、半月や球をのせたササン時代のかぶり物をつけてるだろう……仏様も《飾りつき》だ……」

最後に、彼は奥の院の入口で、丸いイノシシの頭の浮彫りが天井を飾っているのを指さした。ヤコヴレフも認めた。

「ケルマンシャー[3]の近くのタク・イ・ボスタンの壁画に出てきたペルシアの王様の着物の飾りにそっくりだな」

*

しかし、あれから四か月後、カシュガルを過ぎてさらに東へ向かったわれわれは、歴史的な仏教ルートを通りながら、最初の七日間はイスラム的な情景にしかお目にかかれなかった。砂漠の砂と岩の中に点在する小さな緑の島々を結ぶこの道を、通るのはみなトルコふうの住民ばかりだった。薪を積んだロバを追う男、毛皮のふちのついた丸帽をかぶり、緑、ピンク、あるいは白のベールを垂らした女。お下げに編んだ髪の毛を頭のまわりに巻きつけたおもしろい恰好の少女たちが、花が咲いたようにとつぜんぱっと現われたりした。

八日目の一〇月三日、天山山脈の外縁に沿って進んでいたとき、アッカンはようやく右手に、すっかり摩滅して砂中にほとんど埋もれた片岩質の控壁を指さした。いにしえの仏教都市トゥムシュクの廃墟である。

アッカンは数人の隊員といっしょにそちらへ行きかけたが、中国人の監察官――カシュガルの知事は、この男をむりやり探検隊に同行させたのだ――はそれを制止した。

「学術活動は厳禁です」

「学術活動」とは何か。発掘がいけないことはわかっている。しかし、見学することすら禁じられているとは考えられない。だが、中国人は言うのだった。「許可されているのは、寄り道をせずにさっさと歩くことだけです」

しかたがないので、そのまま歩き続けた。途中の部落には、日干し煉瓦を積み、柳やポプラの枝で屋根を葺《ふ》いたあばら屋が並んでいた。砂と埃。発育の悪い色あせた御柳《ぎょりゅう》の背の低い茂み。柳の植わっているくぼんだ道、苦土《にがり》を含んだ鹹湖。ステップと道の割り石。アクスに着くまで、われわれが見たギリシア・仏教芸術は、何とこれだけだった。

*

一〇月一四日、キジル村の近くに着いた。アクスからこちらは、ラクダと小馬のキャラバンの代わりに、乗り物は四台の無限軌道車だった。車は新しい器材やフィルムを満載し、けっこう快適だった。アッカンは内心わくわくしていた。キジルの洞窟[4]は、すでにフォン・ルコックやオーレル・スタインやペリオが訪れて調査しているが、アッカンにとってもここは特別に興味があった。トゥムシュクのように、何も見られずに素通りさせられたのではたまらない。さいわいアクスで、新しい《案内人》が例の中国人監察官と交替した。それに、偶然モーリスは、トレーラーの車軸の修理をするために、そこで車をストップさせた。洞窟は、キャンプから歩いて二時間のところにあった。アッカンはほかの四人といっしょに洞窟を見学に行く許可を得た。監察官もそれに加わった。ノートをとったり写真を写したりしないよう、監視するためである。

洞窟は小さな谷の底、ちょうどバーミヤンの洞窟と同じように、色づいたポプラの若木が幕のようにおおう柔らかな感じの崖に口をあけていた。その足もとには小さな部落があった。そこの柳とナツメの木とヘビノボラズのあいだで、《現在》は眠り込んでいるように見えた。

しかし、ひとたびお堂にはいると、《過去》が新鮮な姿で目の前によみがえり、われわれは光の中を行くような感じがした。あらかじめつるはしで形をとった内壁に、土と粘土を層状に塗り、その上を石膏でおおってある。いずれも一〇〇〇年以上前のものだ。その皮膜の上に絵がかいてある。仏陀の一代記である。アッカンは例のごとく、さかんに蘊蓄《うんちく》を傾けて説明してくれた。涅槃《ねはん》の仏陀、虹のむつきに包まれた仏陀、白象を御す仏陀。それから、仏の化身をめぐる無数の伝説。貧乏で、一つかみの塵しか神に捧げられなかった少年が、その善行の報いとして、後にアショーカ大王となったという話。サルが木の蜜を残らず取って、それを仏陀に捧げた話。「和」を説いた人の崇拝者たちが喧嘩をしたりしないよう、形見を皆で分けた話。大きな二十日鼠が、母をなくした赤ん坊を自分の乳で育てた話。双頭のワシ、ガルダにナギ（蛇の女王）がさらわれる話。

「これは、ユーピテル（ジュピター）がガニュメーデースをさらう話をガンダーラふうに直したものさ」とアッカンが解説してくれた。

　しかし、キジルの絵師たちは伝説の図解ばかりしていたのではない。彼らは自分の時代をも絵にしている。燦爛たるクチャの騎士たち、「きれいなうりざね顔に、長くとおった鼻筋と弓形の眉を持つ同族の兄弟たち」が、壁の上によみがえっていた。鉄の鎧を着た騎士――この上品なクチャの領主たちを見ていると、ルネ・グルッセの雄弁な文章[5]が思い起こされた。

「……ある者はササン風に鎖帷子《かたびら》をひざまで垂らしている。しかし、鎖帷子はたいてい肩と胸郭をおおうだけで、腹部は固定されないたくさんの帯を合わせた胴鎧で守られている。クチャの剣、十字架状の細い柄《つか》と、球状、きのこ状、あるいはユリの花状の柄頭があるあの長いまっすぐな剣には、われわれもすでに見覚えがある。これは、ヨーロッパの騎士たちが両手で振り回し、前後左右に斬りまくったあの長剣と同じものだ。しかも、鞘や柄にはみごとな細工が施されている。バラの模様、星の模様、箱形、花形、いずれも高貴な領主たちの趣味のよさを示している……

　……最後に、クチャの貴婦人たちが登場する……みな信仰熱心で、寄進が好きで、仏陀の祭壇のまわりに詰めかけた彼女たちは、まったく世俗的な優雅さをこういう場所にまで持ち込んでいる。彼女らは前を通る。胴をしめつけ、からだの線をくっきりと見せる豊かなコルサージュ。それは喉の両側で開いていて、三角形をしたクチャ独特の大きな返し衿《えり》になっている。引裾のある長いローブは、それが流行なのか、ふっくらと下がり、朝顔形に広がっている。衿や帯やコルサージュとローブのへりには、メダルや真珠や花の飾りのあるトカラふうの飾り紐がついている……

……ジャケットは乳白色、衿は薄青で、そのふちは紫褐色。ローブは白地に紫がかった縞模様。コルサージュは、オリーブ色でふちが白いのや、黒地に白と緑の模様がついたのや、白地に黒い模様のや、金のふちがはいった青いコルサージュに、黄色い縞がはいった緑やライト・ブルーのローブ、というのもある……これは一三〇〇年前、ゴビ砂漠のまん中で、今は死滅したある人種の美しい貴婦人たちが身に帯びていたいにしえの色、昔日の装いである……」

「ここに八日間でもいられたらなあ」。アッカンは叫ぶように言った。「これだけの材料がありゃ、独創的な本が書けるんだが」

八日どころか、八時間すらいられなかった。許されているのは《散歩》をすることだけである。人種も外貌もヨーロッパ文明と妙に似ているこのクチャ文明の遺跡を拝むのは、たぶんわれわれが最後であろう。浸蝕と、もう一つ、洞窟という洞窟をほじくり返し、そこに埋もれているはずの宝物をむなしく捜し回るトルコ人。

今でもすでに色あせているこのすばらしい壁画は、五〇年後にははたしてどれだけ残っているか。

*

一〇月二〇日。晴、温暖無風。ショルチュクだ。この遺跡を訪れるのも、われわれが最初ではない。

「どうだい、いいじゃないか、朝から考古学とは」

アッカンは先に立って、すでに小高い丘をよじのぼっていた。土は柔らかかった。最初にぶつかった廃墟の群れは、練土の壁で仕切られたすごく狭いいくつかの小室だった。昔の僧房である。泥の腰掛けと戸口があるだけで、雨に洗われ、風にむしばまれ、歳月に摩滅したこういう住居は、それ自体さしておもしろいものではない。

　しかし、この僧房のそばにはお堂があった。それも、びっくりするほどたくさん。アッカンは言った。

「玄奘はトルファンから来る途中でここを通ったんだよ。彼の言によると、この地方には僧院が十《とお》ほどあって、坊主が二〇〇〇人ほどいたらしい。ほら、このお堂はみんな同じ形をしてるだろ。玄関は歳月と浸蝕でやられて、おおかた跡形もないが、それから、仏像を置いてある本堂。回廊があって、信者たちが仏像のまわりを歩けるようになっているのさ」

　そのお堂のいくつかはすでに発掘済みだったが、一部はまだ手つかずで、壁沿いや、あるいは隅のほうに、高浮彫りの仏像の跡がくっきりと見えた。仏像を支える木の止めねじを差し込んだ穴しか残っていないところもあるが、仏像そのものの形がある程度見分けられる個所もあった。その形は実に均斉がとれ、みごとな調和を保っていて、歳月に色あせながらも、美というものが常に持つ物言わぬ雄弁をいまだに失っていなかった。

　それらの作品にはイランの影響が顕著だが、ただ発想は古典的だった。着物の波形の垂れ、頭の巻き毛、人体構造の手慣れた扱いなどから見て、その点はまちがいなかった。

「六世紀から八世紀だな」とアッカンは言った。

　彼が教えてくれたように、それらの仏像は、アシの骨で胴や腕や足を支え、その上に泥と藁を混ぜて塗ったものである。外側になるほど、藁の刻みは細かくなっていた。

　十字架から下ろされたように、数人の人物に腕を支えられた老人の半身像があった。そのそばの半ば崩れた丸天井は、今でもはっきりと頭上に弓形を描いていた。残った部分はたいへんがんじょうに見える。今でも満々たる自信をもって、砂漠の風と砂の圧力、さらにはものすごい温度差[6]に打ちかっているこの建物は、いったいどんな材料でできているのか。

それは泥と日干し煉瓦、それに、さわるとぼろぼろ落ちる一種の練土《ねりつち》である。ロマネスク様式のようにきれいな半円を描いた丸天井が、そまつな内部構造をさらけ出している。当時の建築家が使った材料は、アシと柳の枝にすぎない。それを弓状に曲げて、この天然のセメントの《骨組》にしたのである。それが一五〇〇年もたちながら、いまだにもっているのだ。

お堂からお堂へ、みんなアッカンのあとについて、崩れた岩が散らばっている円丘を幾つもよじのぼった。

「おや」。ジュルダンが身をかがめて言った。「頭だぜ」

前にも横にも後にも、ひざの様式化された卵形がまだ残っている足や、アカンサス葉飾りや、軒蛇腹の破片や、そろえた指が長くのびて神秘的な熱情をたたえている手の切れ端などがころがっていた。

身をかがめて拾うだけでよかった。どの顔にも驚愕と喜びがみなぎった。それからもう一つ、憎悪である。中国人の監察官がそばにいたからだ。何かを拾うのは学術活動にならないだろうか。

「一〇分間で籠一杯は集まるな」。アッカンはそれだけ言った。二週間もいたら、博物館のひと部屋がいっぱいになる。

彼は多色塗りの小さなトルソを手にしていた。腰のまわりの帯の取りつけがギリシアふうの波形を打っている。ながいことそれを見つめていたアッカンは、やがてトルソを中国人に差し出した。

「さあ。絶品ですよ。ウルムチの主席がこういう遺跡に関心を持たれ、保存法を講じてくださるといいんですがね」

監察官はそれをポケットにしまいこんだ。ヤコヴレフは、地中から顔を出している一本の足を見つけたところだった。ナイフ、それからハンカチで、彼は用心しいしいその泥を落とした。優雅な足の形が現われた。

「人さし指のほうが親指より長いな」とジュルダンが言った。アカデミックな彫刻はみんなそうだ。

この足を置いて行くのは……ほんとうに口惜しい。ヤコヴレフはそれをもう一度拭いて、監察官にうやうやしく差し出した。たちまち中国人は、そういう出土品をいっぱいかかえ込んでしまった。


洞窟をまだ見ていなかった。ここの洞窟はバーミヤンやキジルのほど重要ではないが、それでも壁画の跡が見られる。毀損したのが大部分である。犯人は憎悪にもえたイスラム教徒か、憐憫にかられて一部を救い出した考古学者か。

しかし、残っているのも何という美しさだろう。

「ほら……そろそろ中国やチベットの影響が現われてくるぜ」

アッカンはチベットふうのケープと中国ふうの面を見つけた。それが出てくる絵は、同じ神秘的な理想の中にありとあらゆる文明が一つに混ざりあったような感じだった。ササンふうの真珠飾り、衣装の装飾に見られるイランの影響、姿態に感じられるギリシア古典主義ふうの処理、まぶたが厚ぼったい肉感的な顔にあるインド的な官能と風情、さらに、無数の腕を持つあのシバにはタントラ教[7]すら流れ込んでいる。

少し先の、無傷に残った天井を飾る花模様に、われわれは目を見張った。その新鮮さ、その生き生きとしたたたずまいは、フランス中世のつづれ織を飾る花模様にまさるとも劣らなかった。からまり合った蓮の茎が作る仕切りの中で、何体もの仏が瞑想にふけっている。天上に開いた蓮の花は、波打つ水に根を下ろし、水の中には小さなカモが戯れている。アッカンがおもしろそうに指摘した。

「あのカモ、目は中国ふうだけど、全体の線はササンふうだな」

　彼はまた、たけり狂って敵を八つ裂きにしているある魔神のうちに、ずっと後に日本の画家が発明する閻魔《えんま》大王の原型を見たりした。

　幻想と色彩と神秘的な力――砂に埋もれたこの洞窟の中で、われわれはそれを一歩行くごとに見いだした。人間の詩心が残した比類のない記念物。今ではそれもぼろぼろな思い出の品にすぎないが、しかし、はかない命とはいえ、とにかくそれらは永らえて、ある日、さながら新鮮な泉のように、われわれ二〇世紀人の感動を呼びさましたのだ。いまだに感じられる過去の霊感の息吹きを掻き乱さぬように、われわれは急に声をひそめた。

　数日後ウルムチへ着いたとき、金主席がこんな過去の遺物に何の興味もないことを、われわれは悟らされた。そんなものより、テンの皮や自動車や武器や無電機のほうがよかったのである。それでも主席は、ショルチュクから出たギリシア・仏教的な古美術品を、われわれが監察官から買い戻すのを許可してくれた。それだけの親切心は持ち合わせていたのだ。この品々は、いまパリで展示されている。

*

　トルファン王国は七世紀には、中央アジアで最も枢要な国の一つだった。ベゼクリク、ムルトゥク、センギム、カラ・ホージョなど、かつて栄えた一群の場所がそれを証明している。

　先にも述べたとおり、アールトは一一月二〇日に、オードゥアン＝デュブルイユの率いる学術調査隊をこの地へ派遣する許可を得た。自分の研究計画にマッチした調査活動をようやくやれることになったアッカンは、さっそく、トルファン東方四〇キロのベゼクリクの遺跡に白羽の矢を立てた。
アッカン、テイヤール神父、ウィリアムズ、ヤコヴレフ、ソヴァージュ、それに二人のカメラマンからなる一行は、すぐに活動を開始した。テイヤール神父は一〇日がかりでこの地方の地質調査をしたが、その間、アッカンが指揮するほかの隊員たちは、それぞれの分野でこの遺跡の突っ込んだ研究をした。

アッカンはできれば系統的な発掘をしたかった――発見すべきものが、ここにはたくさんあったから――のだが、公式の許可が下りず、結局、お堂や碑文の見取図を作り、寸法を測り、壁画を二、三コピーするようヤコヴレフに依頼するだけでがまんしなくてはならなかった。

ここからは二〇年前に、フォン・ルコックがたくさんの遺物を持ち出していた。壁にはのこぎりの跡が見えた。壁面をそっくりはがして持って行ったのである。それでもまだ、すばらしい作品がいっぱい残っていた。

身動きもせずに、二人は朝から晩までせっせと仕事を続けた。ヤコヴレフは水でとかしたデトランプ（絵具の一種）を使っていたが、金属製のパレットを作って、それをトーチランプで暖め、凍る前に絵具が乾くように、急いでかかなくてはならなかった。そういう障害や、加えて、氷のような隙間風で手がかじかむとか、照明が悪いとかいういろいろな悪条件にもかかわらず、この画家は現場に残っているあらゆる資料を驚くほど忠実に写し取った。

アッカンに言わせると、その資料の一つは非常におもしろいものだった。ベゼクリクが仏教以前にマニ教[8]に支配されていたことを、さまざまなデテールが示していたのだ。「まだでこぼこが残っている岩の壁をかろうじて隠す程度に、そまつな石灰の塗料を塗り、その上にデトランプでかいたこの装飾は、仏教寺院の豊かな装飾とは対照的である。マニ教徒のあとを襲った仏教徒は、先人がかいた絵をけっして毀損しなかった。ただ、丸天井と壁を保護する内部の上張りを煉瓦で作り、昔の絵を隠してしまっただけである」[9]

死都カラ・ホージョ

*

カラ・ホージョでは、まだ残っている遺物と先人がとった写真を見比べて、アッカンは、たった二〇年でどれほどひどい破損が起こるかを、あらためて痛感させられた。破損は、いわば限界点に達していた。あらゆるものが腐りかかっていた。ウィリアムズが、いつも感心させられるアメリカン・ソローネス（アメリカ的な徹底性）——どんなことでもゆるがせにしない良心的な態度——を発揮して、一切合財残らずレンズに収めたのも、そういう事情があったからである。

アッカンも、自分の努力が無駄だったとは思わなかった。先人たちと同様、自分もいくつかの作品を時間の魔手から奪い取ることができた。あと二〇年もすれば、たぶん砂漠の死都も、石筍のような形のない証拠物しか残さなくなるだろう。しかし、自分が救い出したこの作品のおかげで、それらの都も完全に死滅することはないのだ。

1 中国人はこの民族を月氏と呼んでいた。

2 東トルコ人の別働部族。

3 探検隊は数か月前にそこを通った。

4 クチャの近く。

5 ルネ・グルッセ『仏陀の跡を訪ねて』、一九二九年、プロン社刊。

6 この地方では、寒暖計が数時間のうちに零下一〇度からプラス二〇度まではね上がる。

7 チベットに広まった仏教のある型。恐ろしい人物が出て来る。

8 紀元三世紀にマネス（マニ）がペルシアで創始した宗教。キリスト教的要素とゾロアスター教的要素からなる。

9 この短い文章は、考古学の面で探検隊がどういう成果を上げたかを伝えようとしたものではない。資料を分析し、細かく解説して、適切な比較でもってそれを裏づける厳密な著述は、J・アッカン氏がやがて専門家と芸術愛好家の双方に提供されるはずである。

第四部　帰途——ウルムチから北京へ

16　「八十八」路

北京へ——ハミの解放者張将軍——中央アジアの国道
——オードゥアン＝デュブルイユ、星々峡へ

カラ・ホージョはまるで春の陽気だった。この低地は、最低点が海面下一八〇メートルである。ウルムチの酷寒はとつじょ、なま暖かいそよ風に溶けてしまった。

アッカンは前より楽天的になった。むりもない。最少限の時間で、それでも彼は、普通の考古学者にはめったに得られないいろんな人の協力を、最大限に利用することができたのだから。

あとは北京へ行くだけだ。

アールトはそう思っていた。みんなもそう思っていた。いまや希望は翼を広げて、新疆の省境を軽々と越えて行った。これほど前途が明るく見えたことはなかった。

その晩、開豁《かいかつ》な野原のまん中で、《抵抗キャンプ》[1]以来はじめてアンテナが立った。みな無電車の

まわりに集まった。テイヤール神父だけは、ハンマーをぶら下げて、懐中電灯の光を頼りに、五か月前の七月二日にマークしておいた地層の「露出点」を必死に捜し回っていたが。

聞こえは悪かった。

暗闇の中に、半開きの昇降口からもれて来るかすかな光がいくつかの顔を照らしていた。レシーバーをつけたケルヴィズィックは電流計の針をじっと見ていた。こんなに長いこと通信していないのだから、ワルデック号[2]のほうでも聞いていてくれるかどうか。

パチパチいい、それから長い火花が散った。ケルヴィズィックは振り返って、レシーバーをはずした。

「コンデンサーがこわれた。北京を出てから三度目だ[3]」

「じゃ、代えろよ」

だが、もうこれしかなかった。

*

新疆と中国本部を結ぶ回廊の北側には、広漠たるゴビ砂漠が広がり、南側には南山山脈の山々がそそり立っている。甘粛省のこの細いオアシスの連鎖は、昔から、中央アジアの富にひかれた中国の征服者たちが必ず通った道だった。有名な「八十八《パシパル》」路である。全長一万二〇〇〇里（約六〇〇〇キロ）、ウルムチと北京をつなぐこの大公路は、それぞれ一八日行程の八つの部分に分かれている。

隊商はいつもゴビを通る直線ルートを行くから、その道はほとんど通らない。そこを通るのはおもに役人、それから商人でも、車で旅をする連中——防備を施した宿駅が各所にあって、食糧も馬糧も水も見つかり、盗賊にやられるおそれもないこういう道路のほうが砂漠の道よりいいと言う、そういった特殊な商人である。

万里の長城が黄河の西までのびたのも、もっぱら、この《国道》を北方の遊牧民の襲撃から守るためだった。

自動車隊がこの道を通って北京へ出るということは、ずっと前から決まっていた。探検隊がこの道に興味を持ったわけは、何と言っても、それが敦煌——有名な千仏洞がある——のそばを通って、新疆よりもさらにいっそう知られていない甘粛省を横切っているということだった。だから、その日に備えて、ガソリンと食糧が黄河までの途中各所に蓄えてあった。ハミにも安西にも粛州にも甘州にも涼州にも。

当然、最初の大きな宿駅は、ペトロが三《み》月も閉じこめられていた例のハミだった。ここは中国軍の手で一一月一日に囲みを解かれたが、反乱はまだ完全におさまってはおらず、その一帯では依然戦闘が続いていた。

中国の将軍たちを信用できなくなったアールトは、できればハミを避けたいと思ったが、いろんな事情から、どうしても立ち寄らざるをえなかった。それに中国隊は、七月にそこを通ったとき、帰りに持って行くつもりで、テイヤール神父が採集した数箱の鉱物標本と、レーモンにはたいへん貴重な動物と昆虫のいくつかのコレクションを残して来ていたのである。

着いたのは一二月五日の夜だった。城壁の外にテントを張った。まずがっかりしたのは、ガソリンと石油のストックがなくなっていたことである。

「おれのヘビは？」とレーモンは訊いた。

「ガソリンも石油も小石の箱も発電機も標本も、みんな消えちゃったぜ」とペトロは繰り返した。

「きれいなヘビだったんだがな」と博物学者はため息をついた。

「ヘビなんて、みんなくれてやってもいいよ、きみの言う小石を見つけるためならな」と地質学者は答えた。

ペトロには何がなんだかわからなかった。この資料はちゃんと衙門に預けてきたのだ。ところが、朱大人の後を襲った張将軍は、何も知らないと言う。倉庫はからで、封印の跡は念入りに消してあった。

「それだけじゃないんだ。張将軍のやつ、今朝旅券を没収しやがった」とペトロは言った。

そして、

「あいつにしてみりゃ、おれたちがハミを通るのは金儲けのチャンスなのさ。見逃がすはずはないよ。単なる《スクイーズ》[4]の問題だな。むずかしいのは、そいつをうまく出すことさ」

「行こう」とアールトは言った。「一週間も遅れてるんだ」

ハミの包囲を解いた張将軍は、もちろん剛勇の武人だったが、さいわい、一つだけ弱点があった。虚栄心である。

「ヤコ、肖像をかいてやれ」

張はこの申し出にすっかり気をよくして、ポーズをとるためにすぐ会議を延期させた。しかし、でき上がったパステル画を見ると、彼は首をかしげた。いささか失望したらしい。

「目が小さすぎるな。鏡を持って来い」

けれど、いくら必死に見開いても、目は脂肪のかたまりのあいだに隠れて、どこにあるのか容易にわからなかった。絵で見ても鏡で見ても、顔はまったく無表情だった。

しかし、ひと筆ふた筆手を入れると、顔立ちはすっかり変わった。堂々たる顔、知性に輝く大きな目——まさに別人である。

「うまいうまい、まさしくわしだ」と張は大きな声で言った。「それから、勲章を二つと、襟に星をつけてくれ。それだけでいい。ウルムチへ帰ったら、中将になるはずだから」[5]

旅券に不備はないことを、彼はその晩すぐに認めた。六日目の晩、ハミと新疆からいつでも出てよいという証明書を、一人の使者が持って来た。その文書には、次のような自筆の献辞のある張将軍の馬上写真が添えられていた。

ハミの征服者張より
パミールの征服者アールトへ

*

しだいに寒さがつのり、布張りのテントの下の生活はけっして楽ではなかった——寒暖計は零下一六度まで下がった——が、ハミで足ぶみしたのもむだではなかった。おかげで、この地方の軍事情勢があらましわかったからである。

反徒の首領馬仲英も完敗したわけではない。トゥンガン軍は隣の甘粛省へ撤退したにすぎない。省内では敦煌、安西を占領し——うわさによると——粛州を脅かし、われわれの行く手をさえぎっていた。馬仲英の手に落ちるのは危険だった。われわれに対してどういう意図を持っているかは、はっきりしている[6]。

「じゃ、安西をよけてまっすぐ粛州へ行こう、砂漠を通って」。アールトはそう言った。

ポワンは不服そうだった。

「六〇〇キロだぜ。そんなにガソリンはないよ」

「安西のストックがどうしてもいるわけか？」

「どうしても」。モーリスは断言した。

そこへペトロが口をはさんだ。

「安西まで行かなくたって、ガソリンはあるぜ。エル・ウが星々峡に、ガソリン五〇〇〇リットルと石油を二〇箱埋めて来たんだ[7]」

「村はすっかりやられたがな」とペトロはつけ加えた。

「馬仲英の兵隊はたぶん引き上げたろう。もっとも、はっきりしたことはわからん……もしいたら、機関銃をぶっぱなされるよ。危険なことは危険だが」

「かまわん」とオードゥアン＝デュブルイユは言った。

「行こう、おれが行く」

彼の提案はこうだった。車を全部、地図にク・シュイ（苦水）と書いてあるところまで前進させる。そこから、トラック二台で星々峡まで進み、ガソリンと石油を掘り出して、その日のうちに持って帰る。往復わずか一六〇キロだ。

「もし帰って来なかったら？」とアールトは言った。

「帰って来るよ」

*

町の周辺にあるハミのオアシスは、戦火に荒らされて死の巷と化していた。六月にそこを通った中国班の人々にも、もうどこがどこやらわからなかった。用水路のへりに植わっていたポプラの薄いカーテンも、今では、汚物のたまった濠のわきにもつれあう切り株の集合にすぎなかった。土の家の残骸もおよそ形をなさず、まるでアリ塚が風穴をあけられたような感じだった。

少し行ってこの死の地帯を過ぎると、村がいくつかあった。みな人っ子一人いない。きたない犬がうろついているがらんとした路地があるきりだった。数か月前から住む人もない戸をあけっぱなしの農家では、崩れた暖炉の中に、鍋や粘土のきせるや古いカフタン（毛皮の裏付きマント）など、あわてて持って行くのを忘れたこまごました品が冷たい灰の中に埋もれていた。

この荒らされた耕地、踏みにじられた庭、戦争で取りいれもできない麦畑などを見ると、胸が締めつけられた。茎も折れ、穂も灰色に枯れ果てたその麦畑の上を、大きな黒い雲が舞っていた。それは巨大な喪のベールのように広がり、とつぜん厚みを増し、また反転して、いっそう不吉な半透明の膜を作った。カラスである。

ようやく耕地が終わり、再び砂漠がはじまった。たそがれが来、ついで夜の帷《とばり》が下りた。長流水《チャンリウシユイ》[8]には、土壁の大きな建物が一つだけあった。八十八路《パシパル》上の駅舎の名残りである。一八世紀の古い旅行案内[9]にも、ここは「旅人が宿と食事に安くありつける」宿場としてのっている。隊員の一人が戸をたたいた。返事がない。かまわずはいって行った。

そこは最近まで、大きな駱車桟《ロチヨチヤン》（ラクダと車の宿）だったに違いない。広い中庭のまわりに客の泊まる部屋が僧房のように並んでいた。

その房の一つに折りたたみベッドを広げようとしたスペクトは、壁ぎわにうずくまってがたがたふるえている一人の男に気がついた。

小さいしわだらけの顔をしたその老中国人は、こんなさびれた場所にたった一人で、いったい何をしているのか。いくら質問しても、男はこわがって答えなかった。小さな北京犬を胸に抱きしめ、何やらもぐもぐ言うだけである。

「あ、この人知ってる」。とつぜんボーイのエル・ウが叫んだ。「星々峡の老道《ラオタオ》（道教の僧侶）です……

ガソリンを埋めるのを手つだってくれた人です」

「ここで何してるんだ?」

「戦場を歩き回って、死人を埋葬してるんです。功徳を積むために」

「隠し場所を知ってるんなら、こいつも連れて行こう」とオードゥアン゠デュブルイユは言った。

オードゥアン゠デュブルイユの日記

一九三一年一二月一二日、土曜――午前二時、寒さで目をさます。窓ガラスにぶら下げてある寒暖計は、零下二一度を指している。銃を動かすために、手袋を片方脱ぐ。鋼にさわると、やけどをしたような感じ。

廃墟の村は物音一つしない。

中国人の二人のボーイが、火のそばで、コーヒーをわかすために氷をとかしている。

夜があけるとさっそく、わたしは丘を上り、村を見下ろすお寺へ行った。腹を裂かれた仏像が、私のまわりをとり巻いた。まるで生き物のような彼らの目は、寺の中を徘徊するわたしを奇妙に見すえ、執拗に追い続けた。仏像の一つは、風穴のあいた腹を見せていた。

凍った朝のしじまの中で、荒らされた寺は、神聖を汚されたその苦しみに静かに耐えているようだった。

中庭では、二台の小型トラックが出発の準備をしていた。星々峡へ行って、ガソリンと石油を取って来るのである。粛州まで行くには、とりわけこの石油が絶対に必要なのだ。

ラジエーターに熱湯をつぎ、トーチランプでエンジンを暖める。九時二〇分、準備完了。車を中庭から出す。先頭の車にはわたしとペトロが乗り、それにモンゴル人のグンボと例の老僧を同乗させる。

坊主は、予備のガソリンと石油をどこへ埋めたか思い出せると言っている。あとの車にはショーヴェとシヴェル。

早く出発して、日のあるうちに着かねばならない。反乱軍が占領していたら、そのまま引き返さなければならないからだ。一度罠にかかったら、もう防戦のしようもない。ところが、いざ出発という段になると、老僧の姿が見えない。やがて、彼は梵鐘をかかえて現われた。それを持って行くのだと言う。

願いをかなえてやりたいが、梵鐘はなんともかさばりすぎる。ペトロは、どこかの穴へ隠しておくよう勧めた。老僧はためらい、とつおいつしていたが、また戻って来て、どうしても持って行かせてくれと言う。最後に、坊主は井戸のところへ行き、しばらく考えていたが、とつぜん梵鐘を水へ投げ込んでしまった。

ペトロもグンボも、この賢明な処置に賛成した。梵鐘の置き場所として、それほどふさわしいところはない。寺の守護神である水の竜王は、必ずこの井戸から戻って来る。梵鐘はそれを迎えに行ったのである。

ようやく坊主は、小犬をかかえて車に乗り込んだ。

たちまち砂漠に出る。広い空間。魔法のような光と地平線。その印象は前と変わらない。

ときおり、崩れた家の小さな集落を通る。略奪にあった昔の宿駅である。近づくと逃げ出すカモシカを除いて、生き物の姿はどこにもない。

ハミから一二九キロ、ク・シュイの村に止まって、積み荷を一部下ろす。星々峡で石油とガソリンをできるだけ多く積み込めるように。

この小さな村はウルムチから黄河へ出る公路の休憩地で、気の毒な難民が幾人か廃墟の中に住んでいる。ここも完全に破壊され、略奪されている。家、中庭、どこへ行っても最近の戦闘の跡が見える。

ちぎれた軍服、血に染んだぼろきれ。

二時に再び出発。二〇キロ先から、道が悪くなる。石、砂の穴。少し前を大きなオオカミが大股に駆けて行く。

　四時半。日は沈みかかる。とうとう山の中へ来た。谷底をつたって峠のほうへ上って行くが、道がわからなくなることも多い。とつぜん、約二〇〇メートル先で、野生の馬が道を横切る。

三〇分後に峠へ着く。上りはきつかった。車は棒立ちになり、峠を見下ろす岩にヘッドライトの光を当てた。哨所が占領されているとしたら、反乱軍にとってはこれほどいい警報はない。

暗くなる。峠は陰惨な感じだ。ネズミ色の雲が西の地平線を閉ざしている。ヘッドライトの光に、寺の廃墟が浮かび上がる。略奪されたその入口に、仏像がころがっている。

　雪が積もっているはずなのに、東のほうは黒い穴のように見える。その穴の中、一、二キロ先に、星々峡の哨所と部落があるのだ。

　老僧の案内で、八キロ前進。モーゼル銃を持ったグンボは坊主について村にはいり、騎銃を持ったわれわれは城壁のそばを急いで偵察する。予備のガソリンと石油は、そこに埋めてあるはずだ。

　もうまっ暗である。一面に闇のとばりが垂れこめている。見えるのはヘッドライトの光の輪と、三日月に照らされた山の頂きだけだ。

坊主とグンボが戻って来る。村では何も見かけなかったという。哨所も完全に引き払ったらしい。

　仕事にかかる。坊主がさした場所に、つるはしとスコップで穴を掘る。二時間がかかりだ。一〇メートル平方にわたって、ときには五〇センチ以上もある凍った雪の層をどけ、その下の土を掘るのである。

力士のような豪力で、三時間前から休みなしにつるはしを振るっていたショーヴェが、とつぜん喚声を上げる。金属性の音がしたのだ。ガソリンの缶が掘り出される。一つ、二つ、三つ。約二〇。作業開始後五時間で、ついに石油の大槽も見つかる。

槽と缶を車へ積む前に、一杯やろうと思ったが、アルコールを飲むとからだが凍りそうだ。ショーヴェだけは、凍ったコーンビーフに何とかくらいついた。ペトロとシヴェルとわたしは、そろって胃痙攣を起こした。零下一八度のところで五時間もした仕事の疲れが、今になってどっと出て来た。

石油の槽を全部と、ガソリンの缶を七五、車に乗せる。

老僧が身の上話をする。この人は二〇年前、自分がいたある僧院の院長の命令で、四川省からやって来たという。院長は彼に、どこまでもどこまでも西へ行き、喜捨にすがりながら、途中にあるこわれた寺を残らず修復するように、と言ったのである。彼はいま、この二〇年間にした仕事を院長へ報告しに行きたいらしい。とにかく、伝道の旅をもう続けるわけにはいかない。寺という寺は一つ残らず破壊されて、通る人もお布施どころか略奪しかしないのだから。

午前三時、荒れ果てた村がヘッドライトの灯に浮かぶ。ク・シュイだ。本隊は来ているだろうか。隊商宿の中庭へはいると、エンジンの音が聞こえる。小さなランプがまだともっている。二人の運転手が寝ずの番をしているのだ。それ以後、寒さでやられないように、エンジンは昼も夜もかけっぱなしにする……

1 つまり三か月以来。

2 ワルデック・ルソー号は当時、フランス極東艦隊の旗艦だった。シトロエン中央アジア探検隊の通信は、この船をとおして、北京またはパリに伝えられていた。

3　コンデンサーというのは、振動で電波を起こす機械。パラフィンをぬった雲母の薄片で絶縁された真鍮の薄い板でできている。夏の猛暑でパラフィンが溶け、絶縁体が変質したのだ。

4　スクイーズは英語で、直訳すれば「しぼる」（たとえばレモンを）という意味。中国に滞在する外国人は、みんなこの言葉でゆすりや賄賂を指している。

5　一年後の一九三三年一月、張はウルムチで金元帥の後任者に暗殺された。

6　ご存じのとおり、馬仲英は第五キャラバンを略奪した。それには交換部品やペトロがハミで修理するはずだった例のクラッチ・ケースがはいっていた。

7　一八四ページ参照。

8　今から一三世紀前、涼州から来て、疲労と渇きでへとへとになった中国の玄奘法師は、この長流水で清水をたたえた池を見つけ、それで喉を潤してからハミへ向けて再び旅を続けた。ハミの南東五六キロにあるこの水場は、オーレル・スタインによって確認されている。

9　中国人はすでに一八世紀に、その広大な国の《道路事情》を細かく書いた案内書を持っていた。

10　このノートは副隊長の手帳から全文拝借した。

17　寒冷——アジアの心臓部

白地図上を行く——粛州の中国人——運転手の苦難——

一九三二年元旦

地図で見ると、ハミと粛州を結ぶ二つのルートは、ごく大ざっぱに言って一つの鈍角三角形を描いている。その三角形の長辺は、明水嶺を通り、ゴビ砂漠の一部を横切るラクダ路[1]である。あとの短い二辺は、安西で折れ曲がっている破線で、その全長が八十八路の一つの「一八」に当たる[2]。前にも言ったが、この二つのルートは互いに一長一短だった。第一のルートのほうがはるかに安全には違いないが、探検隊にはそこを行くだけのガソリンがなかった。かと言って、安西を通る第二のルートを選んだら、馬仲英につかまるおそれがあった。

だが、一二月一二日の朝、このジレンマは解消した。星々峡から戻って、ク・シュイで本隊に合流したオードゥアン＝デュブルイユのおかげで、四〇〇〇リットルのガソリンが新たに加わったのである。それだけあれば、最初の計画どおり、ゴビを通って粛州へ出ることができる。

これからの道は、楽ではなさそうだった。まず、いままで来た「八十八」路を離れて、ク・シュイ北方八〇キロ前後のどこかでハミ—粛州間のラクダ路に出なければならない。しかし、直線コースでこそ八〇キロだが、とにかく、モンゴル高原の最初の急斜面が連なるまったく未知の土地である。何が起こるかわからない一種のクロス・カントリーだ。

レーモンが言ったように、《白地図》に筋を引くようなものである。

それに、食糧は充分あるが、一つ深刻な問題が残っていた。水入れは全部、それにタンクも五つ、凍って割れてしまい、レミリエは炊飯車の中に三〇〇キロの氷しか入れて行くことができなかった。一人当たり一〇リットル以下である。井戸が早く見つかれば、それだけでもかまわないが、道に迷ったりしたら、これではとても足りない。

案内人もなしに未知の世界へ飛び込むのだから、そういうことも考えておかねばならない。

*

実を言うとわれわれには、単なる案内人以上の者がいた。《砂漠の専門家》グンボである。帽子を横っちょにかぶり、紫色の服を着たこのモンゴル人は、メイキャップを落とした大柄な道化役者のようだった。しかし、彼はもう七か月も探検隊の手伝いをしている。信頼のおける友人だった。

第六感と言うのか、彼には特別な勘があって、広漠たる砂漠の中を旅しても、けっして道に迷わなかった。それだけではない。グンボは自動車の心得もあって、いろんな地形のところで車に出せる力の限度がよくわかっていた。見よう見まねで、彼もいろいろな仕事をのみ込んでいた。油さし、気化器の掃除、はてはバルブの調整まで。

それほどの知識がありながら、それでもこの遊牧民は、エンジンは不思議な神様だという気持をぬぐいきれないらしい。

「でも、きみは知ってるだろう、シリンダーの中でピストンがどうやって行ったり来たりするか」とよくペトロが訊いていた。

「はあ、ええ……」

「それから、どうやって気化されたガソリンが圧搾されて、火花で点火するかも。きみが持ってる火打ち石の火花と同じようなもんだよ」

そうしたことは、グンボもみんな知っていた。混合ガスが膨張することも知っていて、それを黒色火薬の爆発にたとえたりした。

「じゃ、何がわかんないのさ？」

グンボは頭を掻いて、

「わかんないなあ……どうして動くのか」

と言うわけで、今朝もク・シュイで、彼は相変わらずボンネットの下に、この機械の魂、隠れた神を捜していた。土地のいくつかの特性さえつかんでおけば、地平線のかなたまで、その一帯の地形をたちどころに当てられるその彼が、出発を前にして、無限軌道車の前に平伏しているのである。ガソリンを気化器に入れる前に、彼が線香を燃やし、三度叩頭しているのを見つけて、モーリスはあっけにとられた。

これはアジア人がする神への感謝の印なのである。そういう男に、三〇人のヨーロッパ人が探検隊の案内というたいへんな仕事を託そうとしているのだ。案内人自身もその土地を知らないのに。

*

グンボは、明らかに北へ向かっているちょっとした踏み跡を選んで、こう註釈を加えた。この先にあるのは小さな鹹湖か御柳《ぎょりゅう》の茂みに違いない。隊商の連中はそこを知っていて、塩やたき木を取りに行くのだろう。たぶん、この踏み跡はじきに消えてしまう。しかし、北を向いているかぎり、それをたどって行ったほうがいい。ラクダはいつでも、いちばんいい地面を選ぶものだから。

はたして、一五キロ先で道はとだえた。

その辺になると、われわれの山岳学の知識などまるで通用しなかった。分水嶺で隔てられた一連の支谷――そういうものにはこちらも慣れている。ところがここでは、一つの谷をたどって行くと、砂漠全体がそれで構成されている無数の窪地、ないしは内陸盆地に行きつくのだ。そういう盆地は往々にして、一度はいったらもう二度と出られない。

そこでグンボは、稜線伝いに車を前進させた。日が暮れるころ、自動車隊は岩だらけの台地の上で止まった。ク・シュイからすでに四〇キロ。午後六時だった。闇の中を進むわけにもいかない。車から下りた。明日の日の出まで、最低一二時間はここに止まっていなければならない。しかし、今は一二月、寒暖計は零下二〇度を指している。

「じゃ、エンジンを一二時間もかけっぱなしにしとくのか?」。モーリスは不安げに言った。「止めるとしたら、排水しなきゃな」

それが問題だ。

排水とは、ラジエーターの水を容れ物に取ることである。翌朝には、水は氷のかたまりになっているだろう。エンジンをまた動かすには、まずその氷をとかして水にし、それを沸騰させなくてはならない。しかし、すでに経験も証明するとおり、たとえ煮え湯でも、冷えたエンジンにふれたら、またたくまに凍ってしまう。

それに油も凍る。もし凍ったら、シリンダーにくっついたピストンは、クランクぐらいでとてもはがせはしない。だからどうしても、火をたくほかない。一つは水を暖めるために、もう一つはクランク・ケースの下に置いて(これは危険だが)、エンジンと送油管を暖めるために。

しかし、火をたくには薪がいる。そんな薪が砂漠のどこにあるのか。

「ゆっくり回しとくんだな」とアールトが言った。

これは当座の解決だが、それにも重大な難点があった。毎分六〇〇回転でも、数時間後には油が浸み出して、点火プラグに垢のように付着し、シリンダーには煤がたまった。ガソリンも余分に使うことになった。補給なしに長旅を続ける以上、燃料はできるだけ節約せねばならない。

研究旅行はこうして徐々に長距離レース（スポーツとしての）に変わってしまった。この寒さでは、道が見つかりしだい、昼夜兼行で走るほかあるまい。三〇〇ないし六〇〇キロぶっ続けに。

とにかく、道を見つけなければならない。

*

一二月一四日払暁。太陽は陰鬱に広がる鉱物質の風景を照らしている。草一本ない。カモシカの足跡も鳥の鳴き声もない。生き物と言えば、処女地をはい進む九台の金属性の怪物だけだ。あたりは動くものとてない。幻覚にとらわれそうなゴビの砂漠。

われわれはおおむね北東へ進んでいる。しかし、磁石が繰り返し注意するにもかかわらず、けわしい起伏がいつかわれわれを西のほうへ押し戻してしまう。

午後もだいぶ遅くなってから、グンボはやっと、ゆるやかな下り坂を見つけた。やがて、うれしいではないか、ラクダの骨と乾いた糞があちこちに散らばっているのが見えた。ここは昔の道なのだ。

縦隊が停止しているあいだに、グンボはこのあるかなきかの道を最初の分岐点までたどって行った。分岐点があることはまちがいない。「進行方向に向かって」鋭角に切る枝道がある場合には、いまの道をそのままたどって行けばいいのだ。

「枝道がなかったら？」

「必ずありますよ。砂漠では、道の方向がいつでも井戸の位置によって決まるんです。井戸から遠ざかれば、道と道も間隔が開きます。井戸に近づけば、道も一つに合わさります。この辺は人が住んでいないから、井戸も一個所しかありません。その道をいま捜してるわけですよ」

「へえ」

この踏み跡ははじめ方角が悪そうだったが、粘土の台地のすそを回ってから北に向きを変え、分岐点を越すごとにますます鮮明になっていった。

夕方、それらは互いに合して、東へ向かう数本の平行な畝に変わった。ハミ―粛州間の街道である。

*

ゴビのラクダ路の特徴は、もともと隊商がみな、ロープで一列につながったラクダ八頭の単位でなっていることからくる。それらの単位は地形が許すかぎり横に並んで進み、地面に平行な跡をつけて行く。その幅は交易の量によって決まる。たとえば張家口―ウルガ間の街道など、ところによっては幅が八〇〇メートルもある。

いまたどり着いたハミ―粛州間の道は、それに比べたらはるかに小さなものだったが、それでも、鉄道のレールのように平行な跡が幾本もついていた。翌日、新疆省境の明水嶺に近づいて、この踏み跡が峠を越すために一本に合すると、鉄道との相似はますますきわだってきた。

峠の上では、薄く積もった雪の中に顔をのぞかせた黒い片岩のあいだで、道は幅一〇〇メートルまでせばまった。それから峠を越すと、引き潮の浜のようにむきだしの地面の上に、道は再び広がって、鉄道の引込み線のようなレールの網の目を作った。

ゴビというのは、あまりぱっとしないところだ。

レーモンに言わせると、冬のゴビはとくに非定型なのだという。

「何、非定型だって」とテイヤール神父が言い返した。

「とんでもない。こんなにいい調査場所はないぜ。先史時代の道具がごろごろしてるのが、きみたちには見えないんだな」

風に吹き払われる灰色の地面に石器の赤い色が浮き出していると、どんなに小さなものでも神父は目ざとく見つけた。車を止めさせ、下へ下りて、一つまた一つと石くれを拾って来た。ここは、中期旧石器時代の文化源なのか。いやむしろ、シベリアから発したきわめて古いある文化圏の南の端に当たるのであろう。もっとも、ムステリアン期のものに似た珪岩の加工石器があることは、神父も認めていたが。

「ムステリアン期かどうかなんてことは、映画的には意味ないよ」とソヴァージュは答えるのだった。

「レンズに言わせりゃ、ゴビ砂漠なんて糞くらえだ。ほこりっぽくて、ゆがんでて」

「おや」とドラストルが叫んだ。「鳥だ……どこだ、おれの銃は？」

「頭が黒い、小型の渉禽類だな。砂の中にいて、走るのはすごく速いぜ」。博物学者の本能なのか、レーモンはたちまちこんな解説をした。「弾をむだにするなよ」

その鳥は五日間に見たただ一つの生きものだった。夜、中空にかかった三日月にかすかに照らし出されるのも、音一つない荒野ばかり。つまらないので、二四時間中二〇時間車を走らすことにした。疲労のため、寒さがしだいにこたえるようになった。みんな、危険な無感覚状態に陥った。じっとしているので、からだが凍り、好奇心は麻痺し、頭はもうろうとしてきた。そのままの姿勢で、みんなときたま居眠りをした。運転手は目をまっかにして、まだ睡気《ねむけ》と戦っていた。毎夜やっと二時間、ハンドルに肱をついて眠るだけなのだ。

日に二回、野天で食事をかき込んだ。ゴッフルトーが煮えたスープを金属製の碗によそってくれる。それが飲む前に冷えて、シャーベットみたいにならないように、急がなくてはならなかった。みんな立ったままがつがつ食べた。夜は、毛皮にくるまって動作も鈍り、お互いに誰が誰やらわからず、みんな無言のまま炊飯車のまわりに集まった。この奇妙なマネキンたちの影を、ヘッドライトの光がさらにゆがめて見せた。

ある晩、コンデンサーを修理したケルヴィズィックが海岸と交信できるように、数時間停車した。しかし北西の風がますますはげしくなり、アンテナを立てるのを断念せざるをえなかった。

みんな疲れきっていた。突風から身を守るために、テントを一つだけ大急ぎで張り、みんなその中にもぐり込んだ。立った者、かがんだ者、うずくまった者。手は紫色になり、陰鬱な目つきは砂漠で道に迷った放浪者のようだった。

「もっとヌン（卵のはいった麵）がほしいやついないか？」。ゴッフルトーが悲しげに言った。

ウィリアムズは黙ってため息をつき、ひびをやすりでこすっていた。ヤコヴレフは絶縁テープを使うように勧めた。自分も指の関節にそれを巻いていた。

スペクトは寒暖計を見て怒りだした。

「零下五度！　……零下五度とは何だい？　……いちばんの寒さだってのに」

「器械と正確さをきそってもはじまらんな」。ペクールはすました顔で答えた。

自分がいまスプーン代わりに、この細いガラス管でコーヒーをかきまわしたということを、彼はわざと言い落としたのだ。テーブルの上にほうりだした寒暖計は、いまや真実を物語っていた。水銀柱は下がって、下がって……

ついに零下三三度を指した。

ふだん忍耐と冷静の模範を示していたアールトも、ついにはらを決めた。粛州までの最後の一五〇キロを一気に走破しよう、と。

*

熱いコーヒーやブランデーを飲みながら前進した。

一二月一八日、午前三時、停止。六日ぶりに人影が車を取り巻く。兵隊か、百姓か、浮浪者か。李が質問する。馬仲英はどこだ。

馬仲英は粛州にはいないらしい。では、行こう。やじ馬たちは闇の中に散って行く。

土色の腐蝕した風景の上に、今朝の太陽は上る。最初の村、最初の痛み。冬で、生活はとだえているようだが、それでも子供がうようよいる。みんな、ひどいぼろ着で胸をおおっているだけだ。汚れと貧困と寒さでまっ黒な、やせこけた腿がのぞいている。どの顔にも、一種痴呆的な好奇心がかすかにうかがわれるにすぎない。正午、町に着く。ただし、われわれが近づくと、城門はみな閉まってしまう。一時間かけ合って、やっと入れてもらう。

粛州だ、ようやく。

今夜は屋根の下で寝られるだろう。補給物資の箱が待っている。それから、次のような伝言と。

「新疆省主席ニ引キ渡スリムウザン車三台ト無電機ヲ安西マデ運ビ、貴隊ノ消息不明ノママ、ソノ地ニ三月滞留。町ハ馬仲英ニ占領サレ、無電機ハ押収サル。敵ハ、機関銃二〇丁、弾薬一〇〇万発トヒキカエニ無電機ノ返還ヲ提案。車ヲ駆ッテ安西ヨリ脱出シ、ココヘ戻ル。当地デハ、哨所ヲ指揮スル大佐殿ガ馬仲英ノ襲来ニソナエテ待機中。安全ノタメ、ココニハ一〇〇キロ走行ニ必要ナダケノガソリンヲ置キ、残リハ涼州ニ移ス。涼州ニテ待ツ　グリチコフ」[3]

無電機の現地価格は五〇万フランでもきかないから、それをなくしたのはアールトにとっても痛かった。しかし、なくなったのがガソリンだったら、それぐらいではすまなかったろう。粛州のガソリンがもし押収されていたら、代わりを北京から取り寄せて、隊商が持って来るまで、最低四か月は待たねばならなかったろう。

もう一つ、よかったのは、安西を通らずに来たことだった。理由は、この伝言がはっきり示している。

しかし、行きにも中国班と当局のあいだにいざこざがあった[4]この粛州の町は、帰りにも、役人たちと親交を結ぶ機会を与えてくれた。旅券がまたまた無効だと言われ、金を払わなければ出発させないと脅かされても、もうこちらは驚かなかった。

アールトは言った。

「ここの親玉はたかが大佐だから、四、五日したら発てるよ。公定価格があるらしいね。元帥なら一か月の遅れ、将軍なら一〇日、大佐ならたぶん五日さ」

しかし、このアールトもやがて、旧派の官人だった新疆省の当局者のほうが、新中国の支配階級である野卑な軍人よりはずっとましだということを認めざるをえなくなった。ボーイの李も同じ意見だった。

「粛州みたいに豊かで大きな町が、自分の名前も書けないような苦力《クーリー》に治められてるなんて、じっさい困ったことですね」と彼は言っていた。

ここは、歴史の古さといい商業の規模といい、甘粛省でも指折りの都市だった。ところが、今は兵隊しかいない。その連中は粛州を何から守っているのか。敵は、夫子《ふうし》自身と同様に、この町に乗り込み、そこに寄生して、まじめな商人や農夫を食いものにしようとするほかの中国兵である。兵隊というこのいばりくさった穀つぶし——中国のわざわいのもとはこれなのだ。この連中を食べさせ養っている頭目たちは、重税で商業も農業も押しつぶし、国をすっかり荒廃させている。

甘粛省の不幸は、「クリスチャン元帥」と呼ばれた馮玉祥の時代にはじまる。それ以前には、試験にパスし選抜で任命された文官がまだここを統治していた。その連中のやりかたもけっしてりっぱではなかったが、とにかく位階の別がはっきりしていたから、文官たちのあいだには法と個人の権利に対するある種の尊敬心が養われていた。不正にも必ずある節度があった。要するに、住民は生活できたし、現に不平を言わずに暮らしていた。

ところが、張作霖に中国本部から追われた「クリスチャン元帥」が、一九二四、五年に甘粛省へ乗り込んで、ソ連の援助のもとに軍隊の再編をやりだしたのである。この自称「中国の解放者」は、隊商に課税して交易を麻痺させ、人民を租税で押しつぶし、農民からはなけなしの麦俵までも取り上げて、たちまちこの地を荒廃させた。それがみな、孫逸仙の不滅の三民主義の名のもとに行なわれたのである。町にも村にも街道沿いにも、塀という塀に民族・民権・民生という字が大書された。

一九二九年に馮玉祥が南京政府に撃破されると、甘粛省は軍閥の馬家の手に移った。その一家ははじめまとまっていたが、やがて内紛が起こり、荒廃はここにきわまった。

七か月前にポワンが粛州で会った馬歩芳将軍は、もうここにいなかった。いまは別の馬大佐が、別の軍隊でこの町を占領していた。そして数日後には、第三の馬、おなじみの馬仲英に席を譲るのである。

この大佐は、要するに単純で欲のない男だった。プリズム双眼鏡とグリース二缶——ここの軍人たちはグリースを珍重している。武器に塗る油がないからだ——で満足した。旅券もじきに返そうとした。ところが、大佐はまずいことに、この旅券を蘇なにがしという人物に渡してしまった。蘇氏は党部《タンプ》、つまり国民党地区細胞の議長という資格で、われわれの宿舎に現われた。
やって来たのは一二月二一日だった。

交渉。それは夜の一一時まで続いた。しびれを切らして、アールトがはいって行った。みんな殺気立っているところへ、はじめ顔を見せなかった隊長がしずしずと現われたのだから、効果てきめんだった。

短い、簡単な質問。

「この人に聞いてくれ。南京で発行した旅券がここで有効なのかどうか」

蘇氏は南京から派遣された国民党の代表だから、無効と言えるはずはなかった。

「有効です」と彼も認めた。

「それから聞いてくれ。中国がいま危急存亡のときだってことを、この人が知ってるのかどうか。中国には外国……とくにフランスの援助が必要だと思うかどうか。きみが今やってることは、国を裏切るようなことだって言ってやるんだな。ただし友好的にね」

これだけは是非伝えてくれ、と言い残して、アールトは出て行った。代表は急に穏やかになった。

「騎銃を少しもらえませんか」

「二丁あげます」

「それからピストルを二丁と、モーゼル銃を二丁。弾薬つきで……」

「旅券と引き替えなら……いいでしょう」

一二時。蘇氏は決心したようだった。

「えい、いいや……あした出発なさい。旅券は武器と引き替えですよ」

みんな胸をなで下ろした。あす出発なら、もう寝なくては。ところが午前二時に、また戸をたたく音がする。

　実際中国ってところは……

　兵隊である。またか。国民党の代表が戻らないので、心配になったらしい。監禁されていると思ったのだ。蘇氏はどこか。

　捜したら見つかった。麻雀をしていたのである。相手は通訳兼ボーイの李とガオ。蘇氏は上機嫌だった。

　はたして李とガオは、何度でも負けてやるように言われていた。国民党の代表はすでに四〇ドルかせいでいた。

*

「この鏡について、ご高見をうかがわせていただければさいわいですが。どうです、漢代の逸品でしょう」

　アッカンは無言のまま、長いことじっと見ていた。出発の朝になって、とつぜん、この張文昊《チャンウエンハオ》老人を尋ねるように勧められたのだ。この人はもと裁判官をしていた偉い学者で、粛州では美術の愛好家として通っていた。老人は小さな家で、書物に取り巻かれ、花やチョウを筆で描いているところだった。

「逸品ですね」。青銅の鏡を卓に置いてアッカンは答えた。「でも、漢代よりあとです」

「どうして？」

「画題です。ブドウでしょう。ご存じのとおり、お国にブドウが来たのは唐代ですから」

　官人はにっこり笑った。

「そのとおり。あなたの学識をちとためしたわけですよ。ご造詣のほどはよくわかりました。古い陶器をお目にかけましょうか。とてもいいのがありますよ」

　フランスの学者と中国の学者は、こうして二時間のあいだ、過去の傑作への感嘆をわかち合った。埃をかぶったそういう宝物は、官人も見る目を持った玄人にしか見せないのである。

　アッカンがいとまごいをしようとすると、張文昊は手を上げて引き止めた。

「ちょっとお待ちなさい。まだ、いちばんいいのをお目にかけていません。周代にできたみごとな青銅の香炉ですよ。これは一つしかないんです。しかし二〇〇ドルでお譲りしましょう。一〇〇人の兵隊の頭目のほうが学識と才能を持った学者より尊敬されるこんな時代でなかったら、絶対に手放すはずはないんですがね。しかたがありません……わたしが公職を離れたのは、もう一五年前になります。ごろつきみたいな新しい指導者連とおつき合いするのはかないませんからね……」

　感激したアッカンは香炉を手に取り、よく見もしないで金を払った。

「りっぱな老人だぜ」。帰る道々、アッカンは言っていた。

　うなずきながら、彼はこの買い物をしげしげと見た。よくよく調べたうえ、彼はポケットのルーペを取り出した。

「それにしても、うまいやつだなあ」。最後にそう言って、アッカンは考え込んでしまった。

　にせ物なのに気がついたのだ。

*

　そんなわけで、中国人と接触すればするほど、信頼の念は薄れていった。比較的楽な宿舎生活——すわって食事ができ、夜も折りたたみベッドで眠れる——よりも、むしろ、強行軍でへとへとになり、睡眠不足に悩まされるほうがどれだけましかわからない、と思うようになった。

だが、こういうぶっ続けの長距離レースでは、資材——それが成功の鍵を握っている——をもたすことも、何か月もの苦労をねぎらってそれを念入りに修理してやることも、とうていできる相談ではなかった。あてにしていた予備の部品は奪われてしまい、必要な品にも不足を来したエンジンは、やがて疲労の兆候を見せはじめた。

運転手には、こうして苦難の日々がはじまった。みな労苦をものともせず、愚痴一つ言わずに耐え抜いたが。

一二月二二日、粛州の東一〇〇キロのところで、レミリエの六号車が故障でエンコしてしまった。カム軸の調時歯車が割れたのである。エンジンをすっかり分解しなければならなかった。修理工場ならば一週間はかかったろう。作業はどれくらいかかるか、とアールトはレミリエに訊いた。

「三、四時間かな」という返事だった。

実際は八時間かかった。明けがたまで、気温はずっと零下二三度だった。みんなさっそく手伝ってやろうとしたが、人数が多すぎてかえってじゃまだった。結局、三人の運転手だけが同僚のそばへ残ることになった。ボルトを抜いたりピンを取ったりするときには、手袋を脱がなくてはならない。金属の素肌に素手でさわるのだ。指がかじかみ、凍りついてしまう。脱いだ手袋をすぐまたはめなければ、たいへんなことになる。

病気の親でも看病するように、三人の運転手はエンジンのまわりを歩き回っていた。いつまでもがまん強く、笑顔を見せながら。

「ボルトが変だぞ」

「だいじょうぶだよ、心配するな」

バルルデは機械を友だち扱いしていた。まるで古なじみの仲間のように。かたやピアは、岩をも揺り動かすようなものすごい剛力の持主だった。ボックス・スパナに彼が全身の重みをかけると、ネジはいやでもゆるんでしまった。

モーリスは相変わらず上機嫌だった。

「いやはや、小道具ってやつは厄介なもんだな。しかけも細かいし……」

そしてレミリエは、元気をつけるためにプロヴァンス訛りでひとりごとを言っていた。

翌朝、まっ青な空に日が上ったとき、彼らは顔面蒼白だった。疲労と寒さでこけた頬は鈍《にび》色をして、かびがはえたような斑点ができていた。しかし、おかげでわれわれは出発できた。エンジンは直ったのだ。

一二月二三日、前進開始。ところが、甘州から五三キロのところで、三号車のキャタピラが片方分解してしまった。ゴム布で補修して出発。しかし、一〇分もたたないうちに、今度はショーヴェのトラックの右の後輪カムが、砂の中をスリップしすぎて、六つとも剪断されてしまった。もう笑いごとではない。そこで夜を明かすことにした。

一二月二六日、午前四時。出発。数日前六号車に起こったのと同じ故障が、今度は四号車に起こった。六時間作業。再び出発。六〇キロ行ったとき、コンテが眉をひそめた。キャタピラが片方こわれてしまったのだ。別なのを組み立てなければならない。六〇個の回転装置、六〇個の連動歯、六〇個の金属板を全部取り換えるわけである。気温は零下二八度。砂利石まじりの泥灰土の道で、隊列は止まってしまう。いかな楽天家でも、これにはがっくりきた。

カトリックの大僧院がある涼州までは、あと一八〇キロだ。夜っぴて走れば、遅れを取り戻せるだろうか。もう三日間、みんな一睡もしていない。運転手は疲れきっている。あと一八時間もハンドルを握ったままでいられるか。それが、いられたから不思議である。

　一二月二八日、午後六時、涼州までもうあと二〇キロしかない。あいにく、このわずかな距離のあいだに、小川を何度も渡らなければならない。水源の水が暖かいのか、小川は半分しか凍っていない。車が通ると薄い氷が割れ、ブレーキ胴まで来ている水がたちまち凍って、前輪が動かなくなった。トーチランプで暖めなければならなかった。

　その最後の二〇キロを行くのに、実に八時間もかかった。いかに元気旺盛な隊員でも、さすがにまいりそうになった。一時間でもいいから眠りたい……しかし、そんな弱気も長くは続かなかった。もうじき着くのだ。とにかく、着かねばならないのだから。

　やっと着いた。

　みんな着いた。

　午前二時、声が聞こえる。「よくいらっしゃいました」。そら耳ではないか。

「待ってましたよ……さあ、部屋をごらんなさい……疲れたでしょう、ええ？」

　答える者もなかった。一人の神父がランプを高く差し上げて、こちらの顔をしげしげと見た。幽霊でないのを確かめるために。

*

　僧院の大食堂で、「ゴットリッヒャー・ヴォルテス（神のみ言葉）会」の神父たちと探検隊の全員が夕食の大テーブルを囲んでいる。

　一九三二年の元旦である。部屋の片すみの小さなモミの木には、ろうそくの灯がともっている。ディールマンはピストンリング、鋼鉄の軸受、弁ばねといった前代未聞のおもちゃをつるして、この木の飾りつけをした。食事が済むと、管区長はパイプをつける。ドイツ人である。宣教師たちもみんなドイツ人だ。

管区長がスピーチをする。

「皆さんがたは合計三〇人です。しかし、たとえ五〇人で来られても、わたしたちは多少詰めるだけで、やはり全部のかたをここへお迎えしたと思います。皆さんがたはフランス人、わたしどもはドイツ人です……かつて、わたしたちは戦争をしました。皆さん……ヨーロッパで口にするときにはある重い意味を持ついろいろな言葉が、ここでは別な意味を帯びてきています。それは、はっきりした形で言い表わすことはできませんが、たぶん、こちらのほうが意味としては深いのでしょう。なぜなら、お互いかけがえのないものとして愛している、それぞれの母国から遠く離れた中国で、今晩同じ食卓を囲んでいるわたしたちは、自ら心の中でフランスとドイツとを一つに結び合わせているからです。もっと大きな別の祖国の二つの地方として」

そのとき、博物学者で懐疑家のレーモンが、中学で習ったドイツ語の単語を総動員しながら、たくまぬ調子で歌いはじめた。胸の思いに駆られて、せきこみがちに。

イッヒ・ハッテ・アイネン・カメラート……（わたしには一人の仲間がいた……）

探検隊員はみんな目を伏せて、皆を代表して答辞代わりの歌をうたうレーモンの声に聞き入っていた。

歌が終わると、フォルペルト神父が立ち上がった。中央アジア生活四〇年、いまだにかくしゃくとして畢生《ひっせい》の職務に励んでおられる僧院長は、杯を上げて、こうつけ加えた。

「ヨーロッパ人の兄弟諸君、ご成功を祈ります」

1 中国隊も往きにこの道を通った。

2 「一八」とは、車で行くと一八日かかるという意味。

3 グリチコフは、金元帥に贈る資材（自動車と無電機）を街道づたいにウルムチまで運ぶ仕事を任されていた。その資材がなぜあて先へ届かなかったか、これでわかった。二一三ページ参照。

4 一九三一年六月二〇日に、例の粛州協定が結ばれている。

5 麻雀が中国の国戯になったのは、生活の必要にマッチしているからである。役人に多額の賄賂をしようとする場合、中国人は相手を麻雀に呼ぶ。目的は贈りたいと思うだけの金額を、相手にもうけさすことである。何ともエレガントなやりかたではないか。それなら役人もいやみ一つ言われずに、愛想よく袖の下を受け取れる。

18　キリスト教徒のオアシス

探検家、修道院にはいる——外界の最初のニュース——
甘粛省の惨状——黄河に沿って——三道河の僧院

毎朝、礼拝堂の鐘の音で、われわれは二つの長いテーブルをつなげて置いた食堂に集まった。管区長が感謝の祈りを捧げる。十字を切り、それから各自自分の席をまたいで、ベンチにすわる。

よくよく見ると、この五〇人ほど似たところの少ない人間はちょっと考えられなかった。願いも目的も、国籍も年齢も、この世界に関するそれぞれの知識も、国語も——つまり、自分の中に最も深く根を下ろしているあらゆるものが、理屈から言えば、彼らを互いに遠ざけあっていた。ところが、実際は逆に、それが彼らを互いに近づけていたのである。

フォルペルト老人は白いヤギひげを指でしごきながら、生まれてから二、三台しか見たことのない自動車に興味を持ち、ジャヴェル河岸《がし》（パリ、シトロエン工場の所在地）の流れ作業についてモーリスの説明を聞いていた。かたわらではバルルデが、中国人の神学生はどうやって神学の試験の準備をするのか教えてもらっていた。モリゼがジョワンヴィル（パリ近郊、映画スタジオが多い）のスタジオの話をして最年少の宣教師をびっくりさせているかと思うと、かたやソヴァージュは、甘粛省の小学生が毛筆でローマ字を書き、九九の数字だけはペン書きすると聞かされて、目を丸くしていた。

平穏な規則正しい生活がとつぜん訪れた。みな夕方まで仕事をし、夕食が済むとランプをつけて、早々と自分の僧房へ引き上げるのだった。

最近数週間の緊張のあとに訪れたこの思いがけない休息で、心もからだものびのびとした。毎朝ひげを剃り、清潔な服を着、栄養もたっぷりとって、みんな仕事のリズムを取り戻した。僧院の規律正しさも、この点では好都合だった。

探検家、修道院にはいる、というところか。

*

涼州に置いた補給物資は無傷だった。キャタピラを除いて、あらゆる品がそろっていた。運転手たちは仕事にかかり、数日で資材は見違えるようになった。

二台の蓄電器を見つけたケルヴィズィックは、無電機を修理することができた。北京とも連絡がとれた。フランス公使館はわれわれに心のこもった挨拶を寄せ、探検隊の《復活》を祝ってくれた。その長い月日に、外界ではどんなことが起こっていたか。

世界的な金融恐慌は慢性化していた。日本軍は満州に侵入し、上海を爆撃していた。「フランスで何か変わったことは？」。増税である。

四か月の沈黙の後、外部から届いたこの最初の木魂《こだま》に、みんな、知らぬが仏で過ごしたウルムチの生活がなつかしくなった。

「ここにずっといなさいよ」

しかし、行かねばならない。

*

黄土[1]地帯を貫くこの道——いわゆる馬車道——は、二千有余年の歴史を持つらしい。最初はたぶん、一台の荷車がそこを通って、処女地に二本の轍をつけたのがはじまりであろう。この最初の車の跡を、さらに何台もの車が通り、積もり積もって何百万台になった。ひづめで踏まれ、車輪で穴をうがたれて、土はだんだんぼろぼろに崩れ、埃と化した。それが順次風に吹き散らされて、道路は年々数センチずつ沈下した。時とともに、道は壕となり、ついで深くうがたれた谷となった。今では文字どおり谷底の細道で、垂直に切り立った両側の壁は高さ三〇メートルに達している。

この細道の幅は荷台一台分しかないから、探検隊の自動車では、このトンネルにはいり込んだら最後、絶対出られなかったろう。有名な馮玉祥元帥が——これだけは彼の功績である——五年前に、甘粛省の中国人が自慢げに言う《自動車》道路を作らなかったら、われわれもその実験をせざるをえなかったはずである。

ただ、誤解しないでほしい。側溝は埋まり、橋は流れ、はえてくる若木を頸部から刈り取ったにすぎないこの道路は、開通以来一度も手入れをしたことがなく、今では、失敗した努力の単なる思い出にすぎなかった。それでも、とにかくこの道はスコップやつるはしの助けがなくても通れるのだから、中国ではこれが《国道》であるのを誰しも認めるにやぶさかではなかった。

一月七日、未知の荒野をわれわれは再び前進しはじめた。

防備を施した村と村のあいだで、さながら休戦のように孤独の安らぎが訪れた。しかし、心配がないわけではない。鉄をかぶせた重い城門や、ときたままだ新しい野盗の首が耳に釘を打ちつけられてさらしものになっている城壁を見るたびに、またぞろ不安が首をもたげた。あれの背後には何があるのか。匪賊か、兵隊か、百姓か。

いたのは甘粛省の村人にすぎない。門口に集まり、じっとちぢこまって、羊の皮の服の下で手を暖めながら、お祈りでもするように半ば身をかしげた人たちが、われわれの通るのをながめていた。ばさばさのほこりっぽい髪の毛が、うなじまで垂れ下がっている。顔は泥によごれ、鼻水を垂らし、目には涙をため、口をぽかんとあけたこの人たち、食べものといっては粟粥しかなく、年中洟《はな》をすすっている人たち――彼らのみじめな生活を好奇心がほんのいっとき中断していた。生きる喜びなどありそうもない。われわれを見るときの薄笑いも、驚きを示す渋面か猜疑心の表われにすぎない。「この外人どもは、いったい何しに来たんだろう？」

育てられもしない[2]のに、この国には子供がなんとたくさんいることか。みんな遠慮して遠くから、まるで老人のようにおとなしく沈んだ顔でわれわれを見張っている。静かな子供たちだ。ただ、ウィリアムズがジャムの缶をやると、そのときだけは喧嘩騒ぎになった。しょうがないので大人が割ってはいり、缶を取り上げて指を突っ込み、それから順ぐりに子供たちにジャムをなめさせた。そうやれば公平に分配できる。

哀れな住民たちは、みんな腹をすかしていた。ただ、こういう状態があたりまえと思っているのか、誰も文句を言わないらしい。甘粛省では、今年は豊年だったという。これで楽なほうだとしたら、飢饉の恐ろしさが思いやられる。

みんな寒がっていた。この地方には炭層が露出しているのに、住民はひとかけらの石炭も掘り出していない。何世紀も前から木を切り続けている村民たちは、今でも、禿山に残るわずかな樹木を掻き落とし、森の最後の切れ端を背負って山を下る。一時間分の燃料を家へ持って帰るために、やぶで拾ったたき木をかつぎ、背をかがめて半日も歩く――そういうことをしているのだ。

晩になると、大人も子供も大部屋で雑魚寝《ざこね》をし、みんな眠りの訪れを待つ。火のない家には、甘ずっぱい煙が立ちこめている。祖母はきせるをゆっくり吸ってから、アヘンの球《たま》を代え、ランプの火でそれをいぶる。べとべとによごれたこの竹の筒を、彼女は娘のほうへ差し出す。娘も一服吸い、それから、生まれたばかりの子供の口に麻薬の辛い煙を吹きかける。日が上り、日光で多少の暖がとれるのを待つあいだ、こうやって家中みんなで楽しむのである。

　こうして《国道》の行く先々で、悲惨が見る者を圧倒した。悲しげに盛り上がる大地そのものが、図式のようにむきだしの荒れた風景によって、この悲惨を表現していた。

　凍った水たまりでつながった黄土の中の二本の轍。左手には、やせこけた枝をのばす一本のニレの木。枯れ木である。木のそばに一羽の鳥。それも死骸だ。右手には、壁をきれいに塗った古い寺塔《パゴダ》。屋根は崩れ、板瓦もはがれている。木も家も鳥も、みな廃墟にすぎない。

*

　運命の皮肉と言おうか、粛州以来われわれがたどっている石の堤防、望楼をいたるところに立て、銃眼と稜堡を備えた万里の長城が保護しているのは、今ではアヘンと飢餓と匪賊とイスラム教徒の反乱にすぎない。

　かつては長城も、額面どおり文明世界の防壁として、野蛮な遊牧民が住む北方の荒野との限界線をなしていた。今でも中国人はそう思っている。「向こうには、もう人間はいません。いるのはモンゴル人だけです」などと言う。

　だが、われわれに言わせれば、みじめな人間がうごめいている長城の中よりは、人っ子一人いない砂漠のほうがどれほどましかわからない。近道で黄河へ出るため《国道》を離れ、長城のかなたの荒野に出たとき、われわれは思わず胸をなで下ろしたものだ。

すでに地平線は、アラシャン砂漠の最初の砂丘に没していた。これは有名なタンゲリ砂丘、北から南へゴビを斜めに横断する大砂丘帯のはずれにあたる。八か月前にも、中国班はこの砂丘を横切った。場所は、ここと経度は同じだが、ただ四度ほど北へ寄ったホイヤ・ヤマトウの近くだった。[3]

二日後、その砂丘を越えて、[4]水に運ばれる厚い氷の下に黄河――正真正銘の大河だ――の壮大な流れを目にしたとき、アールトはようやく笑みを浮かべた。

ヒマラヤを越えてきた隊員たちは、六か月ぶりに見た海へ流れるこの水を、感動の面持ちでながめていた。

*

雲母の窓を通してしか外の景色がはいらないフェルト張りのキャビンの中で何時間も揺られて行くあいだ、みんなそれぞれ空想にふけっていた。ずっと前に別れて来たフランスが、微妙な色合いをした高価なつづれ織りのように目に浮かんだ。その妙なる美しさが、今ここへ来てしみじみわかった。プロヴァンス、ブルターニュ、トゥレーヌ、ブルゴーニュ（いずれもフランスの地方）などが、その晩ほど美しく思えたことはなかった。ピアはちょうど一年前の今日、フォンテヌブローの道でスピード違反をしたのを思い出していた。その思い出は、何となく彼を感傷的にした。飢えた想像力は充たされた好奇心に打ちかって、広漠たる色あせた現在の中国よりも、好んで過去のフランスを駆けめぐるのだった。

これまでの二〇〇〇キロの行程では、遺跡も橋も寺、店、墓、村、農家なども、みな、一つの巨大な骨董品のそれぞれ違ったアクセサリーにすぎなかった。しかし、よくよく考えてみると、それらの遺跡、橋、寺、墓などは、みな似たりよったりだった。店も、防備を施した城門も、入口の前に悪鬼を防ぐ障壁を立てた省主席の館《やかた》も。

辺境地帯をあとにして、黄河を下り、しだいに国の中央部へ近づいて行ったわれわれは、寧夏へ行けばもっと変わったものが見られる、中国文明のもっと確かな証拠が見つかる、とあてにしていた。それはまちがいだった。この画一性こそが中国文明の結実なのだ。その文明は人間のあらゆる活動に、個人の才能を抑えつける枠のように、杓子定規な伝統を押しつけている。

《規格化》（スタンダーダイゼーション）。アメリカ人はその単語を前世紀末に発明したと思っている。しかし、ここでもそれを使わざるをえない。しかも、ここでその単語が示すのは、数千年来用いられてきた一つの方法なのである。完成への欲求が常に探究心をかきたてる西洋よりも、ここでは規格化がはるかに絶対的な力を持っている。中国では、もはや探求ということはありえない。完成したものがすでにできているのだ。

車輪の作りかたを改良しようと知恵をしぼっても、何の役に立とう。昔から、みんな満足しているではないか。完全なものを改良できようか。建築様式を改革して、新しい原理を捜したりする必要はない。自然で優雅なこの屋根のカーブ、この寺の釣合い、この中庭の配置、昔の芸術家が花の小さな魂を表わした、石に刻んだこの蓮の花形——これはみな、均斉のとれた美の最終的な表現ではないか。

だから、いよいよ現われた寧夏の町も、ほかのすべての町と変わりなかった。粛州、甘州、涼州などと同じく、それは城壁に囲まれたただの四角い町だった。城壁には四つの門があり、門の上には三重の屋根の幄舎《あくしや》がある。直角に交わる同じような通りの配置、同じようなネズミ色の瓦、同じような店の前を歩いている同じような群衆、同じような匂い、同じような環境。

ここでもやはり、一本の散歩道を歩くだけで、見るべきものは尽くされてしまう。寧夏にあるもののうち、ほんとうに新しいのは、たぶん、数台の自転車と、店のウインドウに並んでいる魔法瓶、懐中電灯、それに日本から輸入した色つきの石版画であろう。画題は、満面笑みをたたえて琺瑯《ほうろう》びきの浴槽にはいろうとしているキモノを着た湯あみの女である。

　海外からのかすかな影響。

　しかしほんとうの驚きは、われわれが当局から受けた待遇だった。寧夏では、誰も旅券を見せろなどとは言わなかった。みんな監視もされずに自由に行き来し、好きなだけ仕事ができた。宿舎の門口にいる番兵も、無遠慮な群衆からこちらを保護するためにいたにすぎない。

　贈物をするのでなく、されたのは、今度がはじめてだった。白くて薄くて絹のような手ざわりのアラシャンの小羊の皮で裏打ちをした青い絹のマント四着である。省主席の使いで警察所長がそれを自ら持参し、歓迎の挨拶を述べた。

　さらに驚いたのは、今までは絹の長着を着ていた官人たちが、寧夏ではみんな《中山衣》――孫逸仙服[5]――を着ていることだった。それは青いラシャのズボンと、詰め襟でボタンが五つついたヨーロッパふうの上着である。

「わが国を経済的に解放する第一歩ですよ」

「？　……？　……？」

「昔の中国の服は長くって、この短い上着に比べると、布が倍もいるんです。これだと、一着で二メートル平方節約できますよ。綿布一メートルが一ドル[6]とすると、中国人民はそれで、イギリスや日本人に渡る金を八億ドル倹約できるわけです」

　ここにもすでに国民党の影響が感じられた。一年来、われわれがぶつかったあらゆる政治的障害の策源地で、はげしいプレス・キャンペーンによってわれわれの中国遠征をあやうく失敗に終わらせようとしたあの民族主義と排外主義の政党の影響が。

しかし、もう一つ驚いたのは、その同じ国民党が寧夏ではわれわれのために盛大な昼食会を催してくれたことである。その公式の宴会は、門の上に「天下為公」（天《あま》が下のもの、これ万人に属す）という四字の額を掲げた「中山亭」（孫逸仙会館）で行なわれた。

部屋の奥には、大きく引きのばした「新孔子」[7]の写真がかかっていた。のぼりと旗。綿布のテーブルクロスをかけた長い食卓で、ヨーロッパふうの豪奢な食事。

「美食の術を心得ている大民族は、世界でもフランス人と中国人しかありません」

馬将軍――またまた馬のつく仁である。しかし、これは旧派の洗練された人だった――はこうお世辞を言って、吐き気をこらえながら、料理を飲み込もうと涙ぐましい努力をしていた。なまぬるい無色のコンソメ・スープ。泥の匂いのする黄河の魚のボイル。植物油でいためたグリーンピース。そういう中国式のフランス料理を出されてみると、タシュクルガンの最初の食事に出たナマコの缶詰や若竹はやはりうまかったとつくづく思った。

党代表の沈氏は、しばし熱弁をふるって、プ・リ・アン氏のために最初の乾杯の音頭をとった。

「皆さん、わが国は某帝国主義国から理不尽な攻撃を受けています。しかし、わが国の外交政策は、近隣諸国と平和に暮らす以外のいかなる意図も持っておりません。こちらから挑発もしないのに、日本軍は満州に侵入しました。そのとき、国際連盟議長で、その賢明なご発言を全世界の人々が傾聴している貴国の最も卓越した政治家プ・リ・アン氏が、臆することなく、わが国の正義の立場を擁護されたのです」

「誰のことだ？」

「ブリアンさ」

だいぶ前から新聞を読んでいなかったので、われわれは満州で何が起きたのか正確には知らなかった。オードゥアン＝デュブルイユは二、三説明を求めた。

「じゃ、お国は日本と戦争をしてるんですね？」

沈氏は、戦争などするはずはない、と言った。理由は二つある。

「第一に」と彼は言った。「わが国は心から平和を愛する高度の文明国だからです。現代では、この種の紛争を野蛮な戦争ではなく、道理の力で解決しなければならない、と考えるからです。第二に、日本軍はわれわれより強いからです」

「それじゃ、あんなにたくさん兵隊さんがいるのは、何のためですか？」

「でも、国内の治安を維持して、住民を匪賊から守らなけりゃならんでしょう？」

宴会がお開きになったとき、馬大人は匪賊に話題を戻した。彼の見るところでは、匪賊は兵隊より乱暴で、包頭へ行く道はとくにあぶないという。

われわれもその道を行くつもりだった。大人は、充分に武装するように、それから、匪賊は兵隊のような恰好をしているからひっかからないように、と忠告してくれた。

「つまり、かけ合うべきときは撃たないこと、撃つべきときはかけ合わないことですね。わたしの秘書が、包頭までお供します。そういった交渉には慣れてる男ですよ」

＊

夕方、われわれは寧夏のカトリック宣教師の家に集まって、本や水彩画や複製写真が壁を埋めた小さな部屋でお茶を飲んだ。

「神父さん、宴会じゃ何もおっしゃいませんでしたね」とアールトが言った。

「しょうがありませんよ」。老宣教師はあきらめたような口ぶりだった。「昔はわたしだって、《連中》と意見を交換するのが楽しみでしたよ。でも今じゃ、馬爺さんみたいな友だちに会いに行くときは、お互い何も言わないんです。ただ向かい合ってすわって、顔を見てるだけですよ。向こうも老獪な中国人だし、こっちだって、中国へ来てもう三〇年になりますからね……相手の言うことを信用するはずはありません」

　暇なときには、この人は新しい信者のために、絹の靴をはいた中国ふうの聖母や、官人の衣を着た父なる神の絵をかいていた。しかし、最大の楽しみは、同僚のプロテスタントの牧師にオルガンで伴奏をしてもらいながら、バイオリンでヘンデルをひくことだった。そのときだけは二人とも、ここが中国であることを忘れるのだという。

*

ファン・ダイク神父は、ベルギーのスヘチスト宣教会[8]に属していた。その会の管区本部は、ここから三〇〇キロ北、われわれがいま左岸を下っている黄河の大湾曲部にあった。

　こうして、粛州からこちらには、道に沿って点々とキリスト教徒のオアシスがあった。長い偵察行から帰り着いた兵士たちが連隊の前哨に迎えられるように、われわれは行く先々で歓迎された。甘粛省にいた数人のドイツ人や黄河周辺のベルギー人の目から見れば、われわれも同じ西洋の同胞だった。みんな快く迎えてくれた。

　モンゴルとチベットのあいだでこんな「ラテンの雰囲気」を味わえるとは驚きだった。しかし、その源ははるか昔、イエズス会が乾隆帝の宮廷で勢力をふるった一八世紀にまでさかのぼる。学識を誇るその教団は、当時、ヨーロッパからアジアへ派遣された偉大な精神的使節だった。

大きな教会領を持ったイエズス会士たちは、この一帯で、今でも道々その跡が見られる大がかりな土木工事をした。中衛の堰、黄河の水を昔の河床へ引き戻し、二〇〇〇ヘクタールの土地を不毛な大アラシャン砂漠からもぎ取ったものすごい石の水門。

一月二〇日の夜、午前二時ごろ、こうしたことをわれわれは互いに語り合っていた。そのとき、日暮れに寧夏を出てすでに一一時間になる隊列は、とつぜんぴたりと停止した。

「早く。みんな来てくれ」ショーヴェの声だ。

「どうした？」

「まずいことになったんだ」

事故が起こったのは《銀の三日月》号、オードゥアン＝デュブルイユが乗っている無限軌道の二号車である。板を敷いて灌漑用の水路を渡ろうとしたとき、車の重みで堅そうに見えた氷が割れて、ラジエーターの栓のところまで水が来てしまった。それを引っ張り上げようとしたレミリエの車も、前のスプリングが両方ともねじれて、クラッチ・ケースに穴があいてしまった。被災した車に乗っていたオードゥアン、ペクール、ウィリアムズ、ゴーチエの四人は、手近にあるものをひっつかんで屋根へはい上った。水中でもついているヘッドライトに照らされて、おぼろげな影が動いていた。

車はゆっくり沈んで行った。レミリエとショーヴェはすぐ、胸まで届く凍った水の中へ飛び込んで、大綱を二本ひっかけた。モーリスが指揮をとった。まずつるはしで氷を割る。水が凍っていては、引き上げることはできない。

「写真機と原板！」。とつぜんウィリアムズが叫んだ。

「どこだ？」

「トレーラーの中だ、早く！」

トレーラーも沈みかけていたので、ショーヴェは前のケイソンの蓋をあけようとした。だが、蓋はびくともしなかった。

「原板はしょうがないな。とにかく、水が凍る前に車を上げなくちゃ」

岸にある三台の車にひっかけた三本のロープが、呼子の合図とともにピンと張った。何度もやったあげく、無限軌道車もトレーラーもようやく対岸に上がった。泥まみれで、すでに氷が張っていたが。さいわい、写真器材は無事だった。しかし、水に濡れた二つのスーツケースをあけたウィリアムズは、絶望の叫びをあげた。

「ああ、このシャツ！」

この事故で、またまた一三時間遅れた。そのうち少なくとも六時間は、闇の中で何もせずに待っていた時間だった。みんな疲れきっていた。どこで寝るか？　ある者はまた車にすわった。ある者は車の下に大の字になり、エンジンに顔を近づけて多少の暖をとった。グンボは、小羊の皮が裏についた紫色の服にくるまって、凍った地面に平気で寝ていた。モンゴル人はみんなそうするのだ。

*

黄昏の光の中に、高粱畑がオルドスのすそまで荒々しい波を打っていた。花崗岩のひだの上の巨大な台石が、背景の燃える空から逆光に浮き出して見えた。「ジンギス汗の鉄砧」である。壮大な、前代未聞の美しさだった。みんな感動というよりも、むしろ茫然としてしまった。ここ数日、われわれの旅には空間より時間のほうがずっとたいせつだったからである。

無用心な道、素朴な農夫たちの窮状、兵隊の残酷さ、虐殺や略奪から身を守るために必死の防備を施した村々から、今宵月光にすさまじい横顔をのぞかせているサン＝ジャック僧院[9]の城壁にいたるま

旧式の火打ち石銃

で、あらゆるものがヨーロッパの中世を彷彿させた。

法王代理の座所でもあるこの僧院のキャンパスは、一辺五〇〇メートルの四角形をなしている。銃眼をうがった胸壁で守られる巡警路からは、数キロ四方まで見渡せる。中堤や斜坂や稜堡や望楼を設けたこの城壁の中で、文字どおり僧兵と呼ぶにふさわしい一二人の宣教師が、火縄銃とおんぼろの火打ち石銃を持って、四〇年前からがんばっている。

「補給物資は安全なところへ置いて来ましたよ」。宣教師たちはそう言って安心させてくれた。

モーリスは頭をかいた。組み立てたキャタピラに部品一式をつけて去年天津から発送したはずなのに、それが相変わらず見つからないのだ。「どうしてもいるんだが……」

「七箱ですよ、神父さん。縦は最低二メートルあります」

ラバール神父は考え込んで、

「途中で匪賊にやられたんでしょうな」

そうに違いない。

神父はつけ加えた。

「お知らせしてあったはずですがね、包頭まではあぶないって。ただ……」

「ただ？」

「ただ、ここと包頭の中間の五原はだいじょうぶでしょう。五原もたしかに王応の兵隊が占領してます。王応っていうのは盗賊あがりで、今じゃ一万人も手下がいる大頭目ですけど、こいつは《正規》の軍人になって、中国軍でしかるべき位につきたがっていますからね。まさか攻撃はしないでしょう。五原から先は、さあ……」

言葉をにごすのは、あぶないということか。

「聞いてみるんですね」。神父はゆっくり続けた。「道は三つあるんですよ。いい道を選ぶことです。うまく行くかどうかは、ある意味じゃ皆さんの勘しだいですね。三本とも匪賊に占領されていたら、一本あたりの敵の数は減るわけですし、成功のチャンスもあえて言えば同じってことになります」

「で、キャタピラは？」とアールトは言った。

ウィルデ神父の考えでは、キャタピラは蘇《ス》将軍が押えているのではないかという。この男は、正規軍に編入されてちゃんと位をもらっているから、もう王応のように遠慮していない。またぞろ盗賊行為をはじめている。蘇はきっと、探検隊が早晩自分の領地を通ることを、誰かに聞いていたに違いない。その資材は探検隊に入用なはずだから、キャタピラを安全な場所に保管して、それをネタに取引きするつもりなのだろう。

「その手は食わん」とアールトは言った。「そんなやつ、相手にするもんですか」

「気をつけてくださいよ」

一月二四日――午前四時。エンジンが回転をはじめる。ここのランビキで蒸溜した地酒[10]をもう一杯。

「乗車！」

一二人の人々と最後の目礼をかわす。今晩も明日も、そしてまた永久に、われわれはこの人たちと相見ることはないだろう。この一二人のベルギー人の友人たちは、二度と故国ベルギーを見ることもなく、その部署でやがて命を終えるのであろう。スホーテ猊下《げいか》はもう一度全隊員の手を握って、こう言われた。

「わたしどもは貧乏なので、三道河滞在の記念になるものを差し上げられません。その代わり、皆さんがたのためにミサを上げることにします」

1　微細な砂と微細な粘土が混ざったもので、中国ではごくざらにある。モンゴル高原から来たものといわれる。

2　甘粛省の幼児死亡率は、一歳未満の子供では四〇パーセントに達する。

3　一五六ページ参照。

4　冬と風が今度だけは助けになった。砂に含まれたわずかな水分が、凍って表面にかちかちの層を作っていたから、車も通りやすかったのだ。

5　孫逸仙は中国では孫中山というあざ名で呼ばれることが多い。

6　当時の一銀ドルは、仏貨に換算すると約六フラン。

7　孫逸仙のこと。

8　スヘート会の宣教師たちは、包頭と寧夏の間の黄河の湾曲部に沿って根を下ろしている。この会はベルギーのフェルビスト神父が五〇年前に創立したもの。

9　三道河（三本川）地方のサン・シェンクン（三沈拱？）村にある。三本川はみな黄河の支流。

10　高粱を醱酵させて作った中国の酒。

19　三不管

匪賊の誕生――パ・ツェ・ボロンで賊の襲撃――鉄道の終点包頭に着く

包頭まであと三五〇キロ。

明けがた、風が吹きはじめた。南の追い風で、もう物の形もわからない。午前一〇時、視界ゼロ。運転手にも、ボンネットから先は何も見えない。穴に突っこまないように、手探りでのろのろ進む。細かな砂塵が前窓の向こうに舞い上がり、しぶきのようにガラスに飛び散り、さらに車内にも舞い込んで、鼻の穴にはいり、歯にくっつく。

黄河の左岸、西のアラシャンと東のオルドスという二つの砂漠にはさまれたこの地帯は、近年までモンゴルの君主の版図だった。しかし、人口過剰な近隣からの圧力で、そこも徐々に、黄河をさかのぼって来る山西省の人々や、逆にこの川を下って来る甘粛省の人々の侵入を受けた。正確に言えば、その植民地になってしまった。

今では、そこに住んでいるのも中国人だけである。彼らは平和裡に、しかしまた執拗に、モンゴル人を砂漠のほうへ追いやってしまった。

この人海のあとから、官人たちが慎重に根を下ろし、新しい領土を行政的に中国へ編入した。一部は新しい綏遠省（もとの山西省北部。一九五四年、内モンゴル自治区に併合）に、一部は新しい寧夏省（もとの甘粛省北部。一九五八年、回族の自治区が成立）に組み入れられた。

寧夏省の主席と綏遠省の主席はまだ――言うなれば――「地理的に接触」しておらず、しかもアラシャンにいたモンゴルの君主は西へ退いてしまったため、三者とも手がおよばないこの地方は、以来「サン・プ・クァン」（三不管）と呼ばれるようになった。直訳すれば、サンは三、プは否定、クァンは管理する、つまり、「三者ともほったらかし」という意味である。

いかなる行政的な監督からも免れて、しかも、青海、チベットから来た商品の輸送路である黄河に沿ったこの地方が、匪賊の温床になったわけも、これ以上説明するにはおよぶまい。匪賊にしてみれば、ここなら何の危険もなしに、金になる仕事をいくらでもやれたわけである。

*

「匪賊に気をつけなさいよ」

中国にはいってから、われわれはこの言葉を耳にたこができるほど聞かされた。

アラブ人のような冒険好きの民族だったら、盗賊が多いと言われてもそんなに驚きはしなかったろう。しかし、根っから定住的な――それは、道々われわれも観察して来た――中国人は、都会では平穏に商売を営み、農村では隣人に迷惑をかけずに自分の土地を耕すことしか考えていないように見える。

昔の中国文明は、皇帝は全臣民の父であり、省主席は省民の父であり、家長は家族の絶対的な支配者であるという家父長的な人間関係を土台として築かれていた。それを思えば、好みからしても権威や祖先の伝統をたっとぶおおかたの中国人が、この賢明な原理にのっとって生活しようとしているのも道理である。

だが、何らかの激動（飢饉、戦争、洪水）で、その有徳な人々がひとたび家庭から切り離され、土地も家も捨てざるをえなくなると、彼らはたちまち財産とともに、それまで信じてきた実証主義的な教え[1]の確固たるあらゆる信条を喪失してしまう。その戒律は、もう実行不可能に見えてくる。自分でも、そんなものから解放されたような気になる。しかも、安定した生活を是が非でも追求させるその元の原理を個人道徳の中で再発明することを全然してこなかったのだから、こういう根なし草の中国人はただあてもなく放浪し、どんなことでもやりだすのである。

しかし、働く者が形のきまった同業組合に編成されている中国では、なんでもやるというわけにはいかない。この国では、乞食すら強力な結社に組織されている。道路工夫でも苦力《クーリー》でも駕籠《かご》舁《かき》でも、なろうと思ってすぐなれるわけではない。

では、どうすればいいのか。この宙ぶらりんな状態は失業者の鬼門である。兵隊になるか？　だが、軍隊へはいるのは必ずしも容易ではない。しかし、何かを盗むことは常に可能である。そこで、このルンペン（「浮浪者」と同じく、路上生活者の意味）が鉄砲を盗んだとする。するともう匪賊である。

*

仲間はたちまち見つかる。中国の匪賊は度胸がないし、一人で仕事をやれるような柄ではない。こうして小さな徒党ができる。それはやすやすと人を殺す。ここで一ドル、あそこで鉄砲一丁というふうに盗みをはたらき、一味は旅人の恐怖の的になりながら、その日暮らしの生活を送る。相手かまわず略奪をはたらき、すぐに手にはいるものならばどんな小さな儲けにも飛びつくこの連中は、社会に巣食う最も有毒なかびの一つである。その慢性化した略奪がとりわけ猛威をふるうのは、高粱のとりいれ前だ。実際、道ばたに厚い茂みを作っているこの高い茎ほど、待伏せにうってつけのものはない。パン・チェシュ（高粱の中から出てくる手）、これがそういう小盗賊の呼び名である。中国全土に通用するこの連中の総称は、《賊《チエイ》》つまり泥棒だ。

こういう一匹狼も、多少目先がきくようになると、やがて強大な「匪賊組合」へ加入することを考えはじめる。そういうのにはいっていれば、商店や銀行や役所にまでいる仲間から情報を集めて、仕事も確実にできるのだから。

こうして彼らは給料取りになる。上には、参謀たちに補佐された責任者の頭目がいる。一人一人は、大きな行動計画の一部として、それぞれ明確な任務を授けられる。金持の旅行者をおどかして金品をまきあげるとか、隊商から貨幣または現物で通行税を取り立てるとか。

野盗は一段格が上がる。「賊」は今や「盗海《トウフェイ》」（海賊）となる。この言葉を大きな声で口にする者はない。それはある種の権威を帯びており、「保安団」とか「道路交通保護組」とか名のる位階的な団体にはいっている盗賊だけを指すからである。

こういう団体は農民をおどかすどころか、むしろ彼らと仲良くしようとする。必要な食糧を徴発しても、必ずきちんと代金を払う。というのも、これは略奪こそすれ、もはや正真正銘の軍隊で、頭目たちもすでに、遅かれ早かれ自分の地位を正規のものにしたいという野心を持っているからである。

事実、数か月もたたないうちに、これらの有力な土匪は政府に帰順を申し出る。軍人として位をもらい、手兵ともども正規軍へ編入されるという条件で。

彼らと戦う力のない当局は、多くの場合匪賊の頭目に譲歩して、手兵の多寡に応じて大佐に任命したり、将軍にしてやったりする。

一介の盗賊が、海賊という名と引替えに、月給二ドルで衣食住も保証された兵士になるには、これだけの手続で充分なのだ。

有機体がこうやって自分の毒素を同化してしまうのは、かなり巧妙なやりかたであろう。ただしそれには、省主席が省内のすべてのならず者にこうして軍服を着せ、ほんとうの兵隊に仕立てあげるなら、というただし書がついている。ところが、匪賊たちは軍服を着ても、相変わらず盗賊行為をやめない。盗賊行為が公的な性格を帯びたにすぎない。のみならず、頭目には必ずライバルがいて、その反目で国内にはいつまでも混乱が続く。彼らの勢力は実に不安定である。負ければ、力も富も一挙になくしてしまう。

*

第九師団に改編された「保安団」が「道路交通保護組」と覇を争い、それで敗北した場合、今は将軍となったその頭目は、兵隊の給料を払えなくなる。規律は乱れる。やがて兵隊は大隊ごとにまとまって逃亡し、再び行動の自由を得る。もちろん、武器は持ったままだ。

彼らはこうして「独立隊」になり、土地を占領して、あらゆるものを殺し尽くし焼き尽くし奪い尽くす。住民は悲惨のどん底にたたき込まれる。

しかし、すべてを却掠し尽くしたとき、神の賢明なおとりはからいで、彼らはまま直接的な利害に再び目ざめ、有力な頭目を捜したり、軍への再編入を希望したりする。

不《プ》用《ユン》好《ハオ》鉄《ティエ》造《ゾウ》釘《ティン》
勿《メイ》輸《ユ》好《ハオ》人《イエン》当《タン》兵《ピン》

この古諺の意味は、それ以上説明を要すまい。

良い鉄では釘を作らない、良い人間は兵隊にならない、ということである。

中国滞在中、探検隊はすでに、そういうよからぬ連中にひとわたり遭遇していた。四月には、師団長にまでのしあがった大匪賊の典型とも言うべき通称「山猫」[2]に、粛州へ着く前には、「独立隊」の典型である、もと馬仲英麾下の兵隊[3]に、さらには、公認の悪党の見本である馬仲英その人にも。「小盗」を調べる機会がなかったのは、完全武装の三〇人のヨーロッパ人を彼らがあえて攻撃しなかったからである。

*

しかし、一月二六日午前一一時、臨河の城壁が見えだしてからは、警戒をいっそう厳重にせねばならなかった。馬大人に言わせると、ここから危険区域がはじまるのである。

トレーラーを引いた九台の車は、堂々たる縦陣を作って、無事前進を続けた。トレーラーは往々大砲とまちがえられる。匪賊もこわかったのだろう。

八〇キロ東に五原の町があった。そこは誰が占領しているのか。皆目わからない。ただ、臨河でもそうだったが、不意に到着したのがかえってよかったようである。あわてた匪賊たちは、鉄砲を振り回し、あたふたと駆け回るばかりだった。こちらは、威風堂々と町のまわりを一周し、そのままはいらずに過ぎた。

騎兵の一隊が後を追って来たが、追い着くはずはなかった。道はいいし、車はぐんぐん飛ばしていたから。

今度も無事に乗り切った。

先頭のトラックに乗ったペトロは道の安全を確かめようとしたが、容易なことではなかった。村に停車して人に聞くのは危険である。車がたちまち怪しい連中に取り巻かれ、攻撃されないともかぎらない。

「おおい……老漢《ラオハン》（爺さん）。どこへ行きなさる？」

二頭のラクダを追いながら向うから来る老人を見つけて、彼はこう言った。

「西のほうだよ」。男は用心しいしい答えた。

「飯《めし》食ったかね？」

「あいにく……もう済ましたよ[4]」

「どこから来なすったね？」

「東のほうだよ」

そういう挨拶をかわしてから、ペトロは老人にタバコを差し出した。ラクダ曳きはそれに火をつけ、大きく吸い込んで、うまそうに目を細めながら鼻から煙を出した。そしてしゃがみ込んだ。こう打ちとけてくれたら、しめたもんだ。

「で」とペトロは切り出した。「この道は……通れるかね、え？」

「イエー・コ・イ（行けるよ、何とかね）」

もう一度念を押したいが、匪賊のことにじかに話をもっていくのはまずい。この男だって匪賊の片割れかもしれぬ――わかったものではない。

「ル・シャン・ユ・シエ・メイ・ユ・シエ（途中で……ええ……何かあったかね）？」

「いや」。老人はちょっと言いよどんだが、結局、舌の先で唇をなめ回しながら「これということはないな」

「道を占領してるのは誰の兵隊かね？」

「そんなこと、わかりゃせんよ。兵隊も匪賊も、見た目にゃあ変わりないからね」

匪賊（盗海《トウフェイ》）と言う以上、自分が匪賊なのではあるまい。

「じゃ……だいじょうぶだね？」

「ペン・ユン・チ（運しだいだな）！」

この男からは、ほんとうにそれしか引き出せないのか？

「もう一本タバコやったら？」

「一箱全部やったって、これ以上はっきりしたことは言わんよ」。ペトロはそう答えた。

*

保安係のペクールの忠告で、アールトは、各車が前の車の埃をかぶらぬ程度の距離をとり、しかも相互に接触を保ちながら進むよう、運転手たちに命じていた。

しかし、九台の車からなるこの艦隊が一定の間隔を保って黄土地帯を行くというのは、けっして容易なことではなかった。各無限軌道車は、前後の車から最低一〇〇メートルは離れていなければならない（この間隔を縮めたら、たちまち砂塵で窒息してしまう）。それだけですでに、隊列の全長は八〇〇メートルになる。

だが、ちょっとでも車が止まれば——そういうことはしょっちゅうある——ただでさえ大きなその間隔がますます開いてしまうのである。

運転手が、自車がまきあげる砂塵のカーテンをすかして後の車の進度を確かめながら行くなどというのは、実際上不可能だった（風は向かい風だったし）。

二七日。砂塵のために圧縮がきかなくなり——埃がエヤー・クリーナーを通して、シリンダーにたまったのだ——進行に困難をきたしていたニュレの車（四号車）は、ついにストップしてしまった。

時を同じくして七号車（コンテの車）もストップしたため、縦隊は二つに切り離され、その間隔はやがて八キロにまで広がった。

先頭はそのとき八《パ》済渠林《チエクリン》[5]という村に着いていた。村にはいるやいなや、農家の中庭から数人の男が飛び出して来て、銃をかまえ、止まれという合図をした。道の両側の土手にはさらに多くの兵隊が隠れて、射撃姿勢をとっていた。

ここで止まったら、二度と走り出せなくなるかもしれない。そこで、前進を続けた。とつぜん、数発の銃声。停止。どうしたのか。オードゥアン＝デュブルイユの車が一斉射撃を浴びたのだ。オードゥアンはすぐ、銃を持って車から下りた。みんなそれにならった。今度は三号車に数発。畑の中に動いている人影が、しだいに近づいて来た。包囲するつもりか？　弾丸がうなる……

トラックに乗ってすでにこの村を通り過ぎていたポワンとペトロが、知らせを聞いて引き返して来た。ショーヴェもあとに続いた。バルルデはすでに機関銃をかまえていた。新手の挑発が起こる前に、彼ははるかに有効なこの武器[6]にものを言わせた。二〇発の弾薬帯を二個使って、あたりを掃射した。ショーヴェもそれにならった。

早速こちらの強さを示したので、急にあたりは静まり返った。道の人影は消えた。三〇秒経過。ペクールは命令した。

「撃ちかたやめ！」

城壁の背後で、竿の先に何かをつけて振っているのが見えたのである。ざるだ。軍使の白旗の代わりだろう。

ペクールとポワンは合図をして、武器を置いた。向こうから来た三人の中国兵もそれにならった。

彼らはびっくりしたような顔をしていた。

「こっちは兵隊だぞ」

「じゃ、なぜおれたちを撃つんだ？」

三々五々、兵隊が隠れ場所から出て来た。

「匪賊じゃないかと思いましてね」。士官はそう言った。

いささかシニカルな男らしい。

「自動車に乗ってフランスの国旗を掲げた匪賊なんて、見たことありますか？」

士官はもうおじぎばかりしていた。誰だかわからなかったのだと言う。「さいわい死傷者もありませんし、この誤解は水に流そうじゃありませんか。こういう不祥事は、できるだけ早く忘れることです。お茶でも召しあがりませんか。それから、将軍の名刺を差し上げときましょう」

ペトロは名刺をとって読んだ。「トゥ・リ・マ・トエイ・タ・ス・リン。タは大、ス・リンは将軍、マ・トエイは騎兵、トゥ・リは独立さ」

独立騎兵。そうだったのか。いちばん悪いやつである。まあ、助かってよかった。彼らを指揮する蘇将軍は、ここから少しのところにいるらしい。「お待ちくださるように、蘇将軍が言っておられますが。何かお話があるそうです」。たぶんキャタピラのことであろう。その手は食わない。蘇将軍にはその資材を贈物として差し上げよう。非常に大事なものだと思っておられるようだから。

最後の四台の車も合流した。すぐ闇の中を出発。

その日も徹夜だった。

その日だけだが。

＊

オードゥアン＝デュブルイユの無限軌道車には、合計一一発の弾丸が命中した。キャビンのクッションやトレーラーの雨覆いの中から、弾がいくつも見つかった。研究車はまさに表彰ものだった。去る九月には火災にあい、[7]水にもつかり、[8]今日はまた一斉射撃を浴びながら、たいした被害もなしに切り抜けたのだから。

炊飯車のボンネットには弾が二発当たっていたが、さいわいラジエーターには穴があかないで済んだ。怪我人が出なかったのは奇跡と言うほかない。

一月二八日の蒼ざめた太陽が、張りきった隊員たちにわずかな熱を恵んでくれた。包頭まで、あともう六〇キロ。おそろしく危険な村がまだいくつか残っている。隊商の大中心地に近づけば近づくほど、隊商を襲う匪賊の危険も増すわけだ。しかし、われわれの武勇伝はすでにあたり一帯に伝わっていたらしい。路上には誰もいなかった。全速力で通り抜けたいくつかの村では、やじ馬も一定の距離までしか近づかなかった。首だけが塀の上にのぞいている。あれは装甲自動車を連ねて北から中国へ侵入する瀋陽から来た日本軍だ――そんなうわさが広まっていたようである。

これはもっけのさいわいだった。あと数時間はそう思わせておけ。

包頭まであと三〇キロ、二〇キロ、一〇キロ……道で自動車にすれちがった。ウルムチ以来はじめて見る自動車だ。古い小型トラックで、二五人ほどの中国人が荷物のようにひもでくくられてのっかっていた。すしづめである。障害物があったり上りが急だったりすると、お客たちは下りて車を押す。その労役が運賃にプラスされるのだ。

お大事に。

あと五キロ。とつぜん、異様な叫びが大気を引き裂き、みんなぎょっとした。一度、二度。胸がどきどきした。鋭い汽笛の音は、目に見えない肩掛けのように空中を長くのびた。

鉄道か……

そうだ、鉄道だ。あの汽車は今日ただいまアンドレ・ゲルジェを包頭に運んで来たのだ。われわれを待つすべての人の不安と安堵の化身であるあのゲルジェを。

探検隊の幹事長で最初からこの仕事にタッチしてきたゲルジェは、ついに三年間の労苦が実るのを見た。かつてインドまで行をともにした彼は、その後逆回りに地球を一周し、いま中国でわれわれに再会したのである。パリへ戻り、アメリカを横断し、日本へ寄り、今はこの中国の宿屋にいて、郵便物や補給のラム酒やフランス・タバコとともに、何よりも成功の喜びを皆にもたらしてくれたのだ。

「やれやれ……何とかうまくいったな」。オードゥアン＝デュブルイユはにっこり笑った。

「でも、あぶないとこだったな」

ゲルジェの言うとおりだった。着いてから数時間後に、風説が立証された。町から一〇キロのところで会った例の自動車が、匪賊に襲撃されたのである。三人の乗客が殺された。ほかの乗客は金も着物も身ぐるみはがれ、まっ裸で命からがら包頭へたどり着いた。運転手は無事だったが、すっかり頭にきていた。

「張家口まで連れてってくれませんか？　これじゃあがったりですよ」

「張家口の辺だって匪賊はいるじゃないか」

「匪賊でも、違いまさあ。だいたい礼儀を知ってるもんね。必ず空に一発ぶっぱなして、警告しますよ。そうしたら車を止めるんでさあ。それに、略奪するのはお客だけだしね」

忿懣《ふんまん》にたえないといった顔で、運転手はかぶりを振った。

「ところが、ここの連中ときたら、車を焼いちゃうんだからね、車が何をしました？　連中に仕事のチャンスを与えただけじゃないですか。張家口の匪賊のほうがよっぽどいいね。とにかく、紳士だもん……」

1　孔子の教え。
2　一四〇ページ参照。
3　一六五ページ参照。
4　慣習的な挨拶の言葉。「どうだい、調子は？」「まあまあだな」ぐらいの意味。
5　英語の地図にのっているパ・ツェ・ボロン村のそば。
6　これは、中国班が七月にボグド・ウラに埋めておいたもの。一二月、ウルムチ出発後にそれを無傷で掘り出したのだ。
7　二七九ページ参照。
8　三九三ページ参照。

20　草原地帯を行く

チベット僧ガイ・ミン――百霊廟のラマ僧――砂漠の花火――シシュニン王の宮殿――グンボとの別れ――一万二一一五キロ

昨日の夜着いた百霊廟のラマ教寺院は、包頭の北わずか二〇〇キロの地点にある。しかし、この辺はまるで別世界だ。「山の向こう」――シャン・ホ・トウ（常和駄）と中国人は言う――からはじまる草原地帯の中だから。

闇に沈んだ広い円形劇場のまん中に、かすかに光る低い丘、祭壇の供物、層々と重なる僧房などを思い浮かべていただきたい。夜明けの星が薄れてゆく大空へ向かって、香をたくように細い煙が立ち上っている。

日は上ったが、まだここからは見えない。とつぜん、寺院の屋根に光が射し、金の尖塔が大きなろうそくのように輝いた。ついで、一陣の風が神秘の霧を吹き払い、魔法の都市が現われた。青い陶器の屋根や雪花石膏の壁が、砂漠の中からこつぜんと浮き上がった。

＊

絹で作った赤と緑の座蒲団にすわり、われわれはいま、ガイ・ミンというチベット人を見つめている。相手の顔にはまるで表情がない。こちらを見つめているようだが、しかし、瞳はこっちを向いているのに、実際は何も見ていないような感じがする。視線も考えも、われわれを素通りして時空のかなたをさまよっているようだ。

　この坊さんは、仏教学の一つの中心地であるラブランの大僧院からやって来たラ・ラム・パ、つまり偉い学僧らしい。パンチェン・ラマ[1]の名代で僧院の精神的な「指導者」である。この黄帽をかぶったラマ僧は、ユルトの中で純銀の鐘と石油ランプを左右に置き、鉄の台座の上にすわっている。

　この人は「徳行」派に属しているのだ。琥珀の数珠をつまぐりながら、彼はわれわれの挨拶にこたえ、非常にもの柔らかな、ほとんど聞き取れないような声で、こんなことを言う。皆さんが行きに百霊廟を通られたとき、探検が成功するようにみんなでお祈りを上げたのをご記憶ですか、などと。

「霊験は実にあらたかでした。旅行は奇跡的な成功を収めましたからね」

　その最初の挨拶が六分間もかかった。ラマ僧がチベット語で秘書に話すと、秘書がそれをモンゴル語に訳す。それを、こちらの通訳のグンボがシナ語で繰り返し、今度はペトロがフランス語に直す。会話は三交替だが、みんな何とか理解し合いたいと必死だった。

「パンチェン・ラマ猊下はお元気ですか」

「お元気です。もう少し東へいらっしゃれば、猊下にお会いできるでしょう」

　召使いのラマ僧が二人、バターを入れた塩辛い茶を運んで来た。ゆったりとした錦織の絹服をまとったガイ・ミンは、まるで仏像のように動かない。

　二〇年来仏教研究に携わっているアッカンは、チベット語で歓迎の言葉を手帳に書きつけ、お祈りをして見せた[2]。びっくりしたガイ・ミンは急に能弁になった。両眼は炎のように輝いた。

「聖なる文字をお書きになる！　あなたはいったいどなたですか？　お国はどちらです？」

しかし、アッカンはかぶりを振った。
「わたしのチベット語は書くだけで、話すことはできません」
そこで、今度はガイ・ミンが手帳に言葉を書きつけた。「お国のいちばん偉い予言者は誰ですか」
「イエスです。パドマサンバーラより八〇〇年前に生まれた人です」

百霊廟のラマ教寺院

「耶蘇ね」とガイ・ミンは繰り返した。「あの人も教えていましたね。神はお一人しかおられないこと、それから、神の御言葉を改竄してはいけないことも。しかし……」。

ガイ・ミンはため息をついて、銀で彫った小さなマニ車を二本の指でこまのように回した。「時の力というものは恐ろしいものです。みんなこの御言葉を論議して、自分かってに解釈するようになりました。たくさんの支流ができて、どれが本流なのかわからなくなってしまいました。われわれラマ僧の使命は、神の御言葉を原形のままにとどめることです……ところで、パドマサンバーラの時代には、お国のかたたちは何をしておいででした？」

　これは難問だ。何をしていたのだろう？　メロヴィング朝の人々は？　まさしく「ぐうたら王」の時代だが……

　しかし、ガイ・ミンは返事を待たずに、重々しい口調で続けた。

「耶蘇、仏陀、マホメット、これは同じ神の力の三つの発現です。池にも井戸にも月が映っていると、月が二つも三つもあるように思うでしょう。しかし、ほんとうは同じ月じゃありませんか」

外ではソヴァージュがいらいらしていた。

カメラの準備はできている。しかし、零下三〇度の寒さで、調相器が凍りついてしまった。トーチランプで暖めて、ポマードみたいに固まったパラフィン油を溶かし、歯車が動くようにしなければならない。

「光線のぐあいがそろそろ変わってきたぜ。回してもいいか？」

ガイ・ミンは写真をとってもいいと言った。だが、大きなガラスの目がついた変な箱が前に来ると、彼は急に後ずさりした。手動ハンドルで呪いをかけられるのかと思ったらしい。

この連中は、自分の生きた姿だけでなく、何かほかのものをとろうというのではないか？　白分の魂の一部でも。

＊

ラマ僧にお祈りの時を告げるチベット・ラッパが重々しく鳴り響いた。そのすきに、寺院の外側を映画にとることはできないだろうか。精神的な「指導者」のガイ・ミンは反対した。しかし、世俗面での「指導者」である僧院長は、今朝四〇〇ドルの礼金を受け取っている。四〇〇ドルといえば、百霊廟にいる二〇〇〇人の黄帽派のラマ僧に、常食の粟粥やバター入りのお茶だけでなく、小麦粉で作った菓子を食べさすこともできるのだ。僧院長は中庭で鬼神の舞いを見せてくれる、とさえ言った。

今朝の日よりは撮影にもってこいである。快晴、無風、澄みきった空気。カメラの用意はできた。マイクを備えつけ、少し離れた無限軌道車からゴムをかぶせた電線を引く。

目が闇に慣れないので、暗い寺院の中はよく見えない。お堂の奥にある巨大な金泥の木像がかろうじて見分けられる。視線もさだかならぬその仏陀は、輝くような、えも言えぬ晴れやかな顔をしている。薄暗がりの中に、読経の声が低く聞こえる。柱のあいだに、ようやく、重い衣をまとった人影が見えた。入口の近くには見習僧がすわり、鼻声で、老僧のよく響く声に合わせている。老僧のからだは聖体顕示台のように上下している。

香の匂い、灯明のほの明り、仏像の古金色の輝き、色あせた壁掛け、チベット語の聖歌[3]、すべてのものが一種神秘的な雰囲気をかもしだしている。もはや好奇心は消え、さだかならぬ神的な――たぶん――世界に夢想はしだいに引き込まれていった。

二時間続いたこの儀式が急に終わると、緋色の僧衣をまとったきたならしい群衆が中庭にあふれた。写真機を構え、黒い布をかぶっていたウィリアムズは、たちまち注目の的になった。だが、群衆については彼も経験を積んでいる。場慣れしたウィリアムズは満面に笑みをたたえて、すぐに相手の心をつかんでしまった。通訳もなしに、合図や目くばせだけで、彼はこのモンゴル人たちを操縦し、おとなしくレンズの前に並ばせた。ちょっとしたことでも敵意をあらわしかねないその群衆を、彼は身振り一つで押え込んでしまった。

アッカンは群れから離れて立っていた。豊富な予備知識を持ったこの考古学者には、明らかに、目にしたものを理解するだけの素地があった。寒さにもひるまず、長いこと動かずに、彼は玄関の壁に描かれたフレスコを検分していた。それはバヴァサクラ――輪廻《りんね》の図――で、人間の運命がいくつかの仕切りに分かれた輪の中に描かれていた。彼はテイヤール神父に話しかけた。

「この輪廻の図ほど哲学を図式的に表現したものはないだろうね？　霊魂が順々に新しい世界へ移るんだ。そこで浄化されて、超越ないし非超越的な瞑想のいろんな段階を通ってから、最後に完全の域に達するわけさ」

「泥棒め！」。興奮したソヴァージュの声がした。「仕事にならんよ！　あいつら、かっぱらいだ。ボルトが三つもなくなってる！」

仏教の説く悟りの境地からはほど遠いこのあかだらけの連中を、遠ざけるのは容易でなかった。ソヴァージュはうめくように言った。

「東洋ってやつはまったくつかみどころがないな。みんなすり抜けて、逃げてっちまう……読経のときは、いけるかなって思ったんだ。でも、やっぱりだめさ。アジアには何か、大砲でも機械でもどうにもならんものがあるんだな。何か《いやだ》って言うものが……ガンジーを見ろよ……」

彼らの心をつかむにはどうしたらいいのか？　迷信と戦うにはどうしたらいいのか？

「迷信て言うけど、そいつはこちらがいいものをやらないからさ。やっても、うまく分配されないからさ」とアールトが言った。

この説明はいただけない。老僧は急に、儀式の場をとってはいけないと言い出して、渡した金も返してきた。

「ただし、きっかり三五〇ドルさ」とペクールは断わった。「四〇〇ドル渡したのにね」

残りの五〇ドルはたぶん、僧院の「灯明代」という形で、僧衣の襞の中に収まってしまったのだろう。

補償金というところだ。

*

二月五日の朝、百霊廟を発った。その晩のことである。午後一一時ごろ、地平線上の夜空にぱっと光の花が咲いた。深夜の空に広がる色とりどりのアラベスク、火の噴水、高く高く上がるたくさんの太陽――それらがみな、音を立てながら車のそばへ落下した。車はたちまち、お祭り騒ぎの群衆に取り巻かれた。

どこかで、ポワンの興奮した声が聞こえた。

「パンチェン・ラマがおいでになって、明日、儀式があるんだよ……すばらしいみものだぞ！　王様がわれわれを全員招待してくださるそうだ。侍従がそう言ってたぜ」

深い闇とまばゆい光が作りだす思いもかけぬ舞台装置の中に、絢爛たる衣裳をまとった領主たちや、気品のある大宮人、歴史から抜け出て来たような戦士などが動き回るのを、われわれは茫然とながめていた。みんな物語の人物のように、この世のものとは思われなかった。

シシュニン（西戎寧）王の侍従の先導で、灯明を掲げた人々が、白いフェルトの毛氈を敷いた階段を下りて来た。階段には三つの口があって、それぞれ石の怪獣が番をしている。魔法使が杖を振ったように、砂の中からこつぜんと現われたこの宮殿へ、羽根飾りのある帽子をかぶった数人の召使いがわれわれを案内して行った。中庭を横切って、とある一室にはいった。

ろうそくの光が、黒檀の家具や木彫りの指物を静かに照らし、彩色した磁器の上でかすかにまたたいていた。侍従は主君の名代として、どうか晩餐をお受けくださいと言った。

「高名な異国のかたがた」。侍従はにっこり笑いながら口上を述べた。「今夜はモンゴルの草原を旅するのにふさわしい晩ではありません。ツァガン[4]の夜には、旅はしないものです」

翌日、遠い昔の一時代が過去の闇から浮かび上がった。チベット・ラッパの荘重な音に迎えられて、太陽はすでに宮殿と寺院の屋根を金色に染めていた。石造建築はこの二つだけで、まわりにあるのはひしゃげたようなユルトの丸屋根ばかりだった。この明るい色をしたフェルトの町は、ほんの数時間前に建ったのである。そこには、活仏のパンチェン・ラマ——ラマ教の二人の法王のうちの一人——の祝福を得ようとして、七人の貴族が家臣を連れて来ていたのだ。

シシュニン王は、テンの皮で縁を飾った黒い絹のカフタンをまとい、朝日のほうを向いている砂上の小さな祭壇にぬかずいて、長いこと平伏していた。その後には群衆が集まっていた。絢爛たる衣裳が目を驚かした。色彩は強烈で、強いコントラストをなしているが、それでいて調和を失わない。黄色の帽子、緋色の絹衣、幅の広いオレンジ色の帯といった中世の射手のようないでたちである。

王族たちは胸にきらきら光る四角い刺繡をつけ、貴族は錦の上着に、身分を示す瑠璃や珊瑚や水晶の珠をつけた帽子をかぶっていた。

この地方の貴族が全員そこに集まっていた。みな由緒ある血統貴族で、長い弁髪とともに、今は滅んだ清朝の宮廷の流儀を後生大事に守っていた。お祈りを済ませた国王が黄色い絹のパラソルをさしかけられて、パンチェン・ラマの聖なるユルトのほうへ歩みだすと、貴族たちはうやうやしく一歩しりぞいた。猊下に従うチベット兵は、国王に西洋ふうの捧げ銃をした。

身分の高い者から一人ずつ、上《かみ》は王族から下《しも》は砂漠の下賤な遊牧民まで、すべてのモンゴル人が法王のご座所のほうへ歩いて行った。乗馬にかけては練達のモンゴル人も、今日は底が曲がった重い長靴をはいて、少々歩きにくそうだった。キツネや山ネコの毛皮で裏打ちした絹の着物の上から、細身の短剣や火打ち石の袋が一歩行くごとに腰をたたいた。祝福を受けると、彼らは古式ゆかしく互いに祝い合うのだった。

家臣たちは主君の前にひざまずき、その手に触れた。殿様は実に気やすく、すぐに彼らを引き起こした。この古い臣従の儀式も、家臣の威厳を何ら傷つけるものではない。そのあと、互いに祝いの言葉を述べ合い、タバコの箱を二度交換することになっていた。

そういう儀式や挨拶が数時間続いた。ほかの連中は静かに自分の番を待っていた。しかし、みんなわれわれには目もくれなかった。

モンゴル民族の深い内奥、その魂を理解するためには、もっと長いことここにいなければならなかったろう。六か月、もしかすると六年ぐらいは。

しかし、西洋人はいつでも時間の奴隷である。これまでの三か月の遅れで、当初の予定も帰国の計画もすでに大幅に狂っていた。

ぐずぐずしているわけにはいかない。

出発した。しかし、短時間とはいえ、シシュニン王を訪問したのはむだではなかった。おかげで、かつてモンゴル人が支配した古い中国帝国（元朝）の鮮烈な姿が眼底に焼きつけられた。わずかにかいま見たあの情景は、そのままわれわれの記憶の内にとどめられたのだ。

*

そこから六〇キロ東のセルベンで、グンボは別れを告げた。やっと郷里へ帰り着いたのだ。家では年とった母親が、一〇か月前に出て来たときと同じ姿で、じっと鉄鍋を見守っていた。ユルトの中は何一つ変わらなかった。アルゴル[6]の火も、仏壇に置いた三つの仏像の位置も。息子の帰りを見て老婆が流す涙も、別れの涙と同じだった。

留守中のうわさ話を母は語った。「南京の新聞には、外人がモンゴル人の案内人を水も食物も持たせずに砂漠で置きざりにしたって書いてあったそうだよ。張家口ではそう言ってるって、中国人のラクダ御者が話してたんだって」

息子は死んだものと思っていたのだ。グンボは母を安心させた。友となったこの外人たちといっしょに、無事に帰って来たではないか。

「なぜいっしょにヨーロッパへ来ないの？」とアールトは尋ねた。

ヨーロッパ！　あの遠い国はいったいどんなところかと、この旅行中、グンボは何度考えたかしれない。あそこでは、土地が耕されているのだろうか？　ラクダや砂漠があるのだろうか？　ここにあるような道しるべのオボは？

しかし、彼はかぶりを振った。堂々と。

「お国の人たちは、みんなわたしを妙な獣だと思うでしょう。行っても、笑いものにされますからね……」

賢い男だ。

＊

グンボとその小さなユルトがあるセルベンに別れを告げた。みんなたちまち小さな谷の底へ消えてしまった。草原地帯もその単調な起伏も、もう終わりである。

この辺の土地は鋤を入れたことがなく、もっぱら自然の法則に委ねられている。人も獣も、ここではともに喜びを味わい、相戦い、同じ苦難に耐えている。ここでは生きとし生けるものが、一定のリズムに従って自由に生活できる。その公平さは、まだ人間の文明によって破壊されていない。

今日世界中で求められている「軍備制限」も、ここでは昔からずっと行なわれている。だから、オオカミもカモシカもともに種族を保存できるのだ。強者が弱者を絶滅させることはない。一方が貪欲なら、もう一方は敏捷だし、攻撃の兵器と「安全保障」がうまく釣合っている。

人間は職人でも農夫でも商人でもなく、生存を保証してくれる大地の上で幸福に暮らしている。破壊したり所有したりする必要はない。

人間の富はみな草に依存している。草は神の贈り物だ。ほとんど雨がなく、土に湿りを持たすのは雪どけの水しかないこんな土地に、草がはえるのは奇跡と言えよう。

モンゴル高原とはそういうところである。しかし、それももう終わりだ。この先はミンチ（明地、耕地のこと）、再び中国人が現われる。

*

望楼と望楼のあいだを通り、道は張家口へ向かってけわしい峠を下る。肥沃で人口稠密な中国本部の谷間へ向かって、これが最初のダイビングである。急になま暖かくなる。高度が下がるにつれて気温が上がる。

しかし、せっかくしのぎやすくなったのに、前々から積もり積もった疲労がここでどっと出てきた……

むりもない。この疲労感は、もう忘れてしまった今までの肉体的な苦痛から来たものではなかった。むしろ、もうすぐ目的地に着く、自分の一生のかけがえのない時期が終わる、という安堵の気持から生まれたものだ。

一年近く、みんな兄弟同様の集団生活を営んできた。今は、一人一人がもう少し自分に帰り、心に感じたことを遠慮なしに表現できる、正常な生活がなつかしくなった。

二月一〇日、南口嶺。

一一日、はじめて同胞に会う。みんな涙を浮かべて、大きな石の建物の正面階段で出迎えてくれた。

フランス人がやっているマリア伝道会の学校である。

「フランスのブドウ酒ですか！」

「フランスの！」。アントナン修道士は窓をあけながら陽気に言った。「いや、違います。ごらんなさい……もとはあれですよ。わたしたちが植えたブドウの木です」

二月一二日朝。ベイルートを出てから三一五日目だ。あとは、坦々たる道をわずか一八キロ行けばよい。両側に石柱が立っている砂利道は、石畳の並木道に変わり、石の城壁のあいだを通り、商店街にかかる。店の釣り看板や金塗りの羽目板は、ここが大都市の郊外であることを示している。

荷車や人力車や旧式の箱馬車や、婚礼や葬式の行列に混じり、自転車に乗った警官にとり巻かれながら、自動車隊は巨大なアーチをくぐる。北京の西門だ。

一万二一一五キロ。

大通りでは、市電の動きや自動車の往来で目がちらちらする。ようやく紫禁城まで来て、町はいっとき壮大な不動の姿勢を取り戻す。城の影は、静かな湖に映ったまま、微動だにしない。どっしりした赤い城壁、冬宮のそった大屋根の黄色い瓦。

曲がり角へ来るたびに、運転手たちは車の列に注意しながら片腕をのばす。外国公館が立ち並ぶ一角。その入口で、巡査が白い警棒をあげる。アスファルトの道路。御影石の壁。

もう一度右へ曲がって、高い石のポーチをくぐる。あとは芝生のまわりの砂を敷いた道を行けばいい。その先に柱廊がある。そこに北京のヨーロッパ人がみんな出迎えに来ていてくれる。

「ストップ！」

金属的なラッパの音でざわざわした話し声が止み、世界各国の人々からなるこの群衆は急にしんと静まり返る。

その中から、ジョルジュ＝マリ・アールトを歓迎するよくとおる声が響いてくる。

「皆さんをフランス公使館へお迎えできて、光栄に存じます。ここは北京、皆さんの英雄的な大旅行の終着駅です……」

1 この「活仏」の正式の称号は、パンチェン・エルデニ（タシ）・ラマという。この人は、ラサから八日ほど西へ行ったところにあるシガツェのタシ・ルンポ寺に住んでいる。

2 ジョゼフ・アッカン氏は『アティシャ』や『マンタ』などチベットの著作をフランス語に訳したことさえある。

3 モンゴル人にとっては、チベット文字がラテン語にあたる。

4 旧暦の一月元旦、モンゴルの新年。

5 チベットが中国の宗主権を否認して以来、中国人はモンゴル人に対するダライ・ラマの宗教的権威を認めていない。パンチェン・ラマだけが、中国における仏教の法王として認められ、王侯の待遇を受けている。パンチェン・ラマが最近北京を訪れたときには、かつてシュ・シ皇后のものだった特別列車が使用され、駅へ着くと、兵隊が二列に並んでいる中を、黄色い――これは皇室が使う色――絹の絨毯を敷いた道を通って宿舎まで案内された。

6 ラクダの糞で燃料に使う。

21　最後の行程

フランス公使館のレセプション――帰国計画――ジョルジュ＝マリ・アールトの死――アジアにおけるフランスの顔――マルセイユ

「この調査旅行は、祖国フランスの名を古いアジア大陸の中央部に広め、人類の揺籃の地と考えられるこの千古の大陸に新しい光を投げかけることになりましょう。皆さんの壮挙は、強烈な意志の力を示したものです。その意志は、祖国への思いによって支えられていたに相違ありません」

北京公使館のラガルド参事官は祝辞を終えた。アールトが感謝の言葉を述べた。感動で、一座はしんと静まり返った。それから熱心な聴衆が各隊員をとり巻いて質問攻めにした。「いちばん苦しかったときは？　いちばん思い出に残ったことは？　いちばんあぶなかったのは？　天候は良かったですか？」

この好奇心を充たしてやるのは、並たいていのことではない。花のように振りまかれる微笑、優雅な身のこなし。だが、そうしたものにとり巻かれながら、クリスタル・ガラスの杯を手にじっと立っているわれわれは、はなはだぎごちない恰好だった。感動に酔うというよりは、むしろ茫然としていた。

砂漠から戻った旅行者は誰でもそうだろうが、いまのわれわれには、ひと風呂浴びたいという欲望しかなかった。人間である以上、いたしかたあるまい。

湯につかりながら、思い出——何百万という中国農民の窮状、およそ時代ばなれしたカシミール藩侯の栄華、イスラム教の宣伝、イギリスとソ連の対立、日本と中国の紛争のおかげで、いまや達成されそうなモンゴルの独立等——から逃がれたい。一〇か月間いっときも念頭から去らなかったこのアジアを、一時間でもいいから忘れたい。しかし、それはできない相談である。もうすでに電話のベルがじゃんじゃん鳴り、あちらからもこちらからも招待が来る。パリから電報が届き、北京や上海や香港の新聞には長い記事が載る。極東におけるフランスの威信だとか、われわれの《面子》だとかいうことが論議の的になる。中国当局もかぶとを脱いだようだし、張学良元帥も、アールトとその参謀たちを公式に招待したいと言ってくる。

＊

数日後、北京の大ホテルで再び出発の準備がはじまった。そのホテルでは、みんな一人ひと部屋を占領していた。手紙が来、電報が来、社会生活がまた開始されて、みんなしだいにばらばらになっていった。それぞれうれしいことや悲しいことが待っており、誰もが別々のことを考えていたから、みんなの目つきももう同じではなかった。しかし廊下の角やエレベーターの中や、日に何度とあるレセプション、公式の晩餐会、カクテル・パーティーなどで顔を合わせ、お互いにちょっと目くばせをするだけで、あのすばらしい友情がたちまちよみがえって来るのだった。

「失礼ですが、あなたは去年の一二月の真夜中に、ゴビ砂漠にいらっしゃいませんでしたか？　浮浪者みたいに、どんぶりを抱えて、炊飯車のそばで順番を待ちながら……」

アッカンはユーモアのある男だ。

「そうです、そうです。いたどころじゃありません、あなたを突き飛ばして、いちばん先によそってもらいましたよ」

舞踏会の華やかな人混みの中で、二人は燕尾服を着て向き合っていた。同じ悪事を働いた仲間のように、にやっと笑いながら互いに視線をかわす。そこにはすでに過ぎ去ったもの、二度と再び帰らないものへの郷愁がうかがわれた。

今われわれは旅行の目的地北京にいる。しかし、ここには二週間しかいられない。過去五か月間に中国で経験したさまざまの困難や驚きやあせりについて、その二週間の内に説明を引き出すことができるだろうか。その秘密をつかむことができるだろうか。アジアの高地から現われたわれわれは、遠い、さだかならぬ辺境を通ってこの広大な国へやって来た。起こるべきことはすべて起こった。天津や上海に上陸する観光客が、通りや群衆や人の顔を珍しがるのとは違って、われわれには神秘よりも明快さ、美しさよりも論理のほうが大事だったのだ。

ここでは、過去の舞台装置にこだわるのは散策をするひま人だけだ。中国の未来の担い手、オクスフォードやハーバード大学やモスクワで教育を受けた教養のある北京の中国人は、新疆や甘粛や、また彼ら自身について、われわれの誤解を解くことこそすべきではないか。しかし、残念ながら彼らは、現在の中国をほとんど知らないようだ。われわれの無理解はいっこうに改まらない。

民族主義者にとっては、われわれが横断した中国など中国の植民地、中国の膨張部にすぎない。あんまり遠すぎて、そんなものは受けつけられない。むしろ厄介ものである。ある者は、辺境を独立させたほうがいいと思っている。ある者は、豊富な石油資源でもあるならともかく、そうでなければ、辺境になど興味はないと言っている。

それでは、中国代表がジュネーヴ（国際連盟）で四億人の名において語るあの民族主義とはいったい何か。そう開き直られると、みんなにやにや笑う。それは古典的な問題らしい。民族主義とは何かということを、われわれなりに明らかにしておこう。

民族主義というものを、ある種の権利に固執する悪性で偏狭な感情――ヨーロッパの各国民の場合、そうした感情が生まれたのは、あるいはフランス革命以後であり、あるいは第一次大戦以後である――と考えれば、中国はまだ、そんな感情を持つほど国の組織化が進んでいない。

では民族主義とは、大昔から人間相互の紐帯だった「同じ人種に属するという根本的な帰属感」を言うのだろうか？　その気持なら、中国には昔から存在してきた。三世紀にわたって中国に腰をすえながら、なおかつ外国人でしかなかった満州人は、そのことを思い知らされている！

「それじゃ、草の根で飢えをしのいでいる華中の農民も、やっぱり外国人というわけかい？　毎年、子供が一〇人のうち四人まで寒さや飢えで死ぬそうじゃないか」

中国人はかぶりを振る。

「華北や華南の中国人はどうして助けてやらないんだい？」

「助けようとしても、補給物資が届かないんですよ。交通機関も輸送手段もありませんし、人口はフランスの一〇倍もあるのに、国庫の収入はぎりぎり四〇億しかないんですからね。[1]みんなが貧乏なのは、社会不安やかって気ままな税金や汚職や匪賊のせいです」

中国人はそういうことをすべて認める。そして、じっとがまんしているのだ。時がたつうちには、いつか国の統一も達成されるに違いない。しかし、いつのことか？　彼らにも皆目わからない。未来への願いは、昔の完成した文明への誇りと混ざり合っているので、彼らの微笑はゆがみ、眼鏡の奥でみんな視線をそらせてしまう。それ以上質問するわけにはいかない。彼らはこんなことを言う。

「知恵というものは、もう過去に求めるべきではありません。わたしたちは、もっと実際的で現代的な生活の中に知恵を見つけるつもりです。こういう生活を支えるのは、力を取り戻したいという自覚でしょう。そのときになれば、皆さんもわたしたちを理解できるようになりますよ。弱みがなくなれば、神経過敏になる必要もなくなりますからね」

*

しかし、そういう先のことよりは、明日の準備をしなければならない。

これから中国を南北に縦断し、南部の諸省を通って、広西省の国境からトンキンへはいるとするか？　このルートは長くてたいへんだが、それ以上に、通行許可をもらうのに手間取りそうだ。中国は例によって無政府状態だし、日本との紛争も今がたけなわだから、北京では許可がもらえても、洛陽では拒否され、南京では保留されるということになりかねない。

手っ取り早いのは、人も器材もいっしょに、天津からハイフォンへ船で行くことだ。

そこで、探検隊は二班に分かれた。第一班は天津で乗船し、インドシナの海岸へ直行する。アールトの班もすぐその後を追うが、途中、上海に三日滞在し、中国横断中、常に協力を惜しまなかったフランス公使のウィルダン氏と、フランス極東艦隊司令長官のエール提督に口頭でお礼を言上する。

この輸送作戦は三週間で終わるだろう。そうしたら、シトロエン中央アジア探検隊はハノイで陣容を整え、雨期の来る前にインドシナを横断する。あとは、シャム、ビルマ、インドを通ってペルシア南部へ出、ハマダンからバグダードのルートをとり、出発点のベイルートへ戻ればよい。

*

三月三日。

上海には戒厳令が布《し》かれ、閘北の辺にはまだ死体が散乱していた。日本兵の死体はもうかたづいていたが、中国人のはそのままで、今日あたりはもう穴のあいた家屋から、甘ったるい、ぞっとするような死臭が漂いはじめていた。夜間は、戦時通行券がないと歩けない。毎日、郊外の家を引き払って来た何千という中国人が、荷車に家財道具を山と積んで外国租界へ流れ込んで来た。その中にもぐり込んだ挑発者が摘発されると、すぐ大道で銃殺が執行された。

以上がワルデック・ルソー号で聞かされた話である。エール提督はアールトの一行をその艦上に迎えたのだ。古い巡洋戦艦はフランス総領事館の前で錨を下ろし、大砲の覆いをはずしていた。半開きの舷窓からは、この国の鼓動が聞こえた。中国は市電という市電をがたがた走らせ、トラックを飛ばし、計算し、投機をし、何かをたくらんでいる。しかし、異常なほど活発なのに、内心は恐怖でふるえているのだ。

これも中国なのである。われわれが何か月もかかって、西から東へ、まるで原形質のかたまりの中を行くように、航跡一つ残さずに横断して来たあの中国なのである。われわれにとって、中国のはじまりは、キリク峠ではじめて見たキルギス人の羊飼いのユルトだった。そして終わりは、今日のこの上海である。ポール＝ボンクール氏（フランスの陸相）の最近の演説をフランス語から中国語へどんどん訳し、薄紙に毛筆を走らせているアヴァス通信社の書記チェ・キ・シュウ氏である。

われわれは中国で、まず遊牧民、それから定住民を見た。次に、少しずつ役人に会い、一省を支配する独裁者にもお目にかかった。中国のイスラム教的な面、中世的な面、ソヴィエト的な面、また独立不羈覇な面や、匪賊の頭目たちにしぼり取られている面も見た。乞食坊主に搾取されているラマ教的な中国も、部族に分かれたモンゴル的な中国も、一人の君主が一二人の旗本に号令する帝国的な中国も見た。国立地質調査所の研究室では中国の学者たちを見、ウェリントン・コー夫人のサロンでは中国の社交界を見た。冬宮の庭では瀕死の中国を、そしてここ上海では、日本軍の機関銃と向き合っているよみがえった中国、共和主義的で愛国的とすら言える中国を見た。

ジョルジュ＝マリ・アールトは、香港経由でインドシナへ行くアメリカ船の上で、再び見いだしたこの文明の姿にため息をもらした。

しだいに遠ざかる巨大な上海の町は、顔をそむけるように徐々に見えなくなった。西洋ふうの化粧をした中国のこの最後の顔は、また、最も謎めいた顔でもある。

三色旗が船尾にはためくワルデック・ルソー号に、もう一度別れの合図をする。その近くで、アンテナを高くのばし、一四サンチ砲の砲口を空に向けているスマートな灰白色の通報艦クラオンヌ号にも。

「あの船はおれたちのことをいっときも忘れないでいてくれたんだ」とアールトは感無量の面持ちで言った。

「こんな騒ぎの中で、砂漠からおれたちがした呼出しを受けてくれたんだからな」

彼は寒そうに襟をかき合わせてふるえていた。

「香港で四、五日休めよ」

インドシナへ着く前に一週間休養をとれば、一人で静かにビルマのルートやインド横断の準備をすることができる。

みんな強く勧めた。

「じゃ、ここで下ろしてくれ」と彼は答えた。「きみらはハイフォンへ行って、ほかの連中に合流してくれよ。ハノイで会うことにしよう」

アールトはしぶしぶ承知した。今まで味わったことのない異常な疲労感が、彼をとらえていたのである。

*

三月一六日。

今朝ハイフォンの港に上がったトラックと無限軌道車は、今晩すぐハノイへ向かって出発することになっている。アールトはペクール海軍少佐とペトロを連れて、まだ香港にいる。だが、三人ともじきに合流するだろう。

雨雲を貫いて灰色の光線が射している。車のそばにつっ立ったまま、われわれはぼんやり合図を待っている。町の駐劄《ちゆうさつ》官がお目にかかって歓迎の挨拶を申し上げたいと言って来たのだ。オードゥアン＝デュブルイユとポワンは、総督から話があると言われて、急いで電話に出たきりまだ戻って来ない。帰って来た……みんな車に乗ろうとする。「ちょっと……」。オードゥアン＝デュブルイユはみんなに合図をして、自分のまわりに集まってくれと言う。話があるらしい。まっさおな顔をしている。

「実は昨日から、心配なニュースがはいってたんだ。いま知らせがあった。アールト隊長がゆうべ香港で亡くなったんだ。両肺とも肺炎を起こして」

うなだれて、その場に釘づけになったまま、われわれはしばらく動かなかった。何のことやら、わけがわからなかった。

先日、北京でアールトと別れた連中には、ペクールのこの電報はまさに晴天の霹靂だった。茫然として、みんな二の句もつげなかった。しかし、ほんの数日前、香港の港で隊長と別れたばかりのポワンとわたしは、すこし違った。この報に、別れる前の隊長の挙措動作や、今でも耳に残っているあの声がたちまちよみがえって、われわれはアールトという人をこの時ほど身近に感じたことはなかった。肉体から離れたアールトの意志が、遠からずここまで飛んで来て、このとつぜんの悲劇的な死に意気消沈したわれわれを助けてくれる——そんな気がしてならなかった。しかし、時は流れる。あの知らせを打ち消すようなものは何一つ現われなかった。さっきまで信じられなかったことが、徐々に一つの確信に変わった。

　北京に着いたとき、おそらくアールトは疲れきっていたのだろう。耐えがたい寒さに、体力は消耗していたようである。お祝いを言われても、声がかれて返事もできず、あのとき、彼は二日間寝込んでしまった。しかし、探検隊付きのロベール・ドラストル医師の診断も、診察してもらったイギリス人の専門医の意見も同じだった。ちょっとした風邪だから、二、三日休めば直るというのだ。

　たぶんアールトは、充分直りきらぬうちに公式の晩餐会やレセプション——ドラストルがいくら断われと言っても、彼は言うことを聞かなかった——へ出たり、その後もいろいろ無茶をやったに違いない。しかし、天津を出発する頃には病状も快方に向かっていたので、アールトは医者が同行するのを頑強に拒み通した。本隊はインドシナで熱帯気候の急襲を受けるわけだから、医者はどうしてもそちらについて行くべきだ、と言ってきかなかった。

　上海でも、いろんな招待やおつきあいで、からだの休まる暇はなかった。現地で診てもらった医者が、もう少しからだを大事にするように勧めたのも当然だった。それでやっと香港で休養する気になったのである。その後、何が起こったのか？

　後日、ペクール少佐の第一信が届いたとき、われわれははじめてそれを知らされた。手紙にはこうあった。

「三月一二日、霧の立ちこめる肌寒い港に上陸。アールトは町から二〇分ほどのリパルス湾に運ばれて、床についた。総督の侍医のブラック博士が呼ばれた。風邪がひどくなったらしい。しかし、採血をしたが異常はなかった。

三月一三日、日曜。いっこうにはかばかしくないので、明日、ジェラール教授に診てもらうことにした。

一四日、月曜。ジェラール教授の診断も同じ。重症の風邪で、約三週間休む必要があると言う。もう一度採血したが、結果は前と同じ。

一五日、火曜。ブラック博士は左肺下葉に炎症が起こっているのを知った。

その日は病状も亢進しなかった。一つだけ心配なのは心臓の衰弱だった[2]」

気持だけはまだしゃんとしていた。アールトは仕事を続けようとしたが、ペクール少佐は絶対安静だと言って、断然それをやめさせた。

熱は四〇度まで上っていた。

一五日から一六日にかけての夜、病人は呼吸困難を訴えた。酸素吸入をした。午前三時ごろ熱が下がり、アールトは鞄と書類をとってくれと言った。

「明日にしようよ、ね」とペクールは答えた。

アールトはまどろんだ。呼吸はだんだん遅くなり、ついで弱まっていった。午前三時四〇分、ペクール少佐はペトロの部屋へはいって来た。蒼ざめて、手をふるわせながら。

「だめだ」

＊

三月一七日、ハノイ。インドシナ総督パスキエ氏の歓迎を受ける。昨日までは、ここで祝いの言葉を聞かされるはずだった。だが一夜にして、それは哀悼の言葉に変わった。待ちに待ったこの日、冬の長夜に誰もが思い浮かべていたこの輝かしい日は、一転して、その長旅のうちの最も暗い、最も悲しい日になってしまった。

　個人的に言えば、われわれはこの死によって隊長を、尊敬する一人の仲間を失った。しかし、隊全体としてみれば、あの探検の化身が、その活力が失われてしまった。シトロエン中央アジア探検隊は、心臓を叩きのめされた。もちろん、これまでの巨大な遺産があるにはある。だが、その譲渡不可能な財産をもうこれ以上ふやすことはできない。ジョルジュ＝マリ・アールトの死によって、ビルマ、インド、ペルシアを通る大がかりな帰国計画は全然無意味になってしまった。急いで帰ることにした。

　日がたち、はじめの茫然自失から少しずつ我に返るにつれて、悲嘆はますますつのっていった。もう取り返しがつかない、運命というやつは何てひどいことをするものだ――それが、みんなの偽らざる気持だった。このアジア横断は三年前から計画されていた。幾月も幾月もかかって、アールトはアンドレ・シトロエンといっしょに、計画の実現が可能かどうか細かく研究した。プランは固まり、まとまった形をとり、それから執拗な努力で最後の障害を乗り越えて、出発の日までこぎつけた。その日、探検隊は西洋を離れて、驚異に充ちた型破りな生活を始めたのである。

　シリアの熱砂やペルシア、アフガニスタンの岩だらけの峡谷を通り、ヒマラヤの急斜面にとりつき、パミール高原の谷間をさまよい、中国人に文句をいわれ、陰《いん》に脅迫され、貪欲な匪賊に追われたときは凍てついた無人の広野を逃げ回り、それでも一一か月間、探検隊はアールト隊長に励まされて、一瞬たりとも目標を見失わなかった。

写真五〇〇〇枚、フィルム五万メートル、デッサン、民族誌学の資料、鉱物標本、美術品、博物標本などを持って、探検隊は今日、その基本的な目標を達成した。無口で粘り強いアールトは、神秘的な楽天主義と不屈の忍耐力からなるそのエネルギーを、隊員の一人一人に注入していた。

整列して棺の到着を待つ隊員たち

だが、運命は摩訶不思議な復讐欲にかられて、この征服者から、何ものにも替えがたい成功の喜びを奪い取ってしまった。アールトのような精神の持主には、その喜びこそが真に労苦の報いであったはずなのに。

＊

「人ハ死ニ、仕事ハ残ル。隊長ノ遺体ヲフランスニ送還サレタシ。悲嘆ヲ共ニス。　アンドレ・シトロエン」

アジア生活ももうあと数日だ。

八〇〇〇年の歴史を持つハノイ―フエ間の道路は、今ではカーブを補修し、アスファルトを敷き、たくさんの労働者が行き来している。みんな荷物は頭に載せるか、しなやかな竹につるした籠に入れてかついで行く。すげ笠をかぶり、柔らかな身のこなしで、らくらくとバランスをとりながら歩いている。

見ていて涙が出そうになった。華中の悲惨と混乱ぶりをいやと言うほど見せつけられたわれわれは、合理的な規則にのっとって統治が行なわれる、平和で勤勉な別のアジアがありうるということを、つい忘れていた。しかし、ビンやフエやツーランや、さらに、今ではその裏にフランスの顔がすかして見えるインドシナのすべての村々で、われわれはまさしく、そういう別種のアジアを見たのだ。

　アジアに伝えられた西洋文明は、いろんなまちがいはあったにしろ、とにかく現地人に非常によい影響を与えている。かたくなにそれを否定する人には、この事実を証明してやることもできたろう。

　しかし、みんな心の糸はぷつんと切れてしまっていた。最後の集合地へ向かって、みな無意識に先を急いだ。

*

　一九三二年四月四日、ベイルートを出てからちょうど一年目に、フェリックス＝ルッセル号はサン＝ジャック岬を回り、サイゴン川をゆっくりさかのぼって接岸作業をはじめた。強い陽光が真上から照りつける埠頭には、七台の無限軌道車と二台のトラックの前に隊員たちが整列して、棺の到着を待っていた。

　それから一か月後の四月二九日、朝霧をついて、マルセイユの錨地へはいった巨船の船腹に、一艘のランチが横づけになった。

　喪服を着た一人の男が、ゆっくりタラップを上って来た。

　一年前、フランスを去るアールトに最後の別れを告げたアンドレ・シトロエンが、亡き友を迎える最初の人となったのである。

一九三三年七月　サン＝ジェルマン＝アン＝レにて

1　フラン紙幣に換算して。

2　ペクール少佐の記録から抜粋。

解説

長澤和俊

中央アジアは世界の探検家にとって、長い間、憧れの地であった。一九世紀末から二〇世紀の初めにかけて、北極や南極もしだいにその全貌が分ってくると、世界の探検家の視線は、まだ真白に書き残されている中央アジアにむけられたのである。東トルキスタン――現在の新疆ウイグル自治区――やチベットとその周辺には、なお多くの空白地帯が残っていた。

こうして一九世紀末から二〇世紀前半にかけては、多数の探検家がこの地方に赴いたが、その原因の第一は、ここが地理学的な空白地帯だったためである。それだけでなく、第二の原因としては、この地方がイギリスとロシアの帝国主義的対立の場であったことがあげられる。シベリアから南下するロシアと、イランやインドから北上するイギリスとは、アフガニスタンからタリム盆地、チベット各地で無気味に対立した。タリム盆地を両国勢力の緩衝地帯にしようという暗黙の諒解のもとに、ロシアとイギリスはそれぞれカシュガルに総領事館をおき、この地方の地理的軍事的調査を行なった。

その結果は思わぬ第三の原因を招いた。乾ききった砂に蔽われたこの地方は、文字通り考古学的資料の宝庫だったので、各地から歴史・美術・古文書学等の各分野を驚倒させるような新資料が続出し、ついにこれらの学界から組織的な学術調査隊の派遣が、国際学会において公的に要請されるようになったのである。

このようにして盛んに行なわれた東トルキスタンの探検は、その形態や様式から、次の三期に分けることができる。

第一期　一九世紀末まで。地理学的探検時代――この時代はプルジェワルスキーやスウェン・ヘディンの初期の探検のように、個人が主として地理学的な調査を行なった。有名なロプ・ノール論争などは、その結果現われたものであった。

第二期　一九〇一―一五年まで。組織的学術調査時代――第一期の地理学的探検時代、東トルキスタンの各地から遺跡や文化遺物が発見され、それらは世界の東洋学界の注目を集めるようになった。とくに一八九〇年にタリム盆地のクチャに赴いたバワー大尉が、樺皮貝葉のブラフミー文字の古写経残簡（いわゆるバワー古莢《こきよう》）を発見してから、この地方の古文書はイギリス、ロシア両総領事の手で広く買い集められた。そしてこうした文化財は、さらに本格的な探検隊により捜索すべきだとの意見が強くなった。その結果、一八九九年、ローマで開催された第一二回国際東洋学会で、組織的な中亜探検国際連盟組織が提案され、ついで一九〇二年、ハンブルクの第一三回国際東洋学会で、「中亜及び極東の歴史学的・考古学的・言語学的・民族学的研究の国際学会」Association internationale pour l'exploration historique, archéologique, linguistique et ethnographique de l'Asie centrale et de l'Extrême-Orient が成立した。この学会はペテルブルグに本部をおき、各国に支部をおいて、以後中央アジアの探検、会報の刊行等はこの学会が主となり、一つの国際的共同事業として実行することを申し合せた。

しかし当時中央アジアをめぐる国際情勢はきわめて複雑微妙だったので、やがて国際学会の存在は有名無実となり、各国はそれぞれ独自にこの地方の調査探検を行なった。その主なものとしては、イギリスのスタインの三次（一九〇〇―一、一九〇六―八、一九一三―一六）にわたる調査、ドイツのグリュンウェーデル、ル・コックらによる四次（一九〇二―三、一九〇四

―五、一九〇五―七、一九一三―一四）にわたる調査、フランスのペリオによる一九〇六―八年の調査、わが国の大谷探検隊による三次（一九〇二―四、一九〇八―九、一九一〇―一四）にわたる調査等がある。

第三期　一九一五―三五年まで。中国との共同探検時代――一九一二年の中華民国政府樹立以後、中国ではしばらく混乱が続き、外国人学者だけによるタリム盆地の調査は、まったく許可されなくなった。その主因は第二期において活躍したスタインやペリオが貴重な古文書を持出し、ル・コックらが石窟の壁画を勝手に切取っていたことが、あたかもナショナリズムの高揚期にあった中国人に、ともに文化的な窃盗として激しく批難され、以後中国政府は外国の探検家に対し、中国官憲及び中国人学者が同行しないかぎり、この地方の探検・調査は許可しなくなったためである。

この難関をまず打破ったのは、スウェン・ヘディンだった。彼は中国政府との面倒な折衝をくり返した結果、ついに一九二六年、スウェーデンと中国の多くの学者を合同して、西北科学考査団 Sino-Swedish Expedition の組織化に成功し、翌一九二七年から三三年まで、多数の両国学者がモンゴリアからタリム盆地一帯の各地で観測や発掘に従事した。

本書にくわしく書かれている「シトロエン中央アジア探検隊」（一九三一―三二年）もちょうどその頃のことで、中国側から出発したポワン隊は八人の中国人学者と同行し、「民国一九年中仏大探検隊」（略称中仏学術調査団）と呼ばれた。この頃の外国人の調査隊には、かならず中国人の学者が参加し、きびしい監視の眼を離さなかった。そのためしばしばトラブルが起こり、その探検・調査を続行するためには高度の政治・外交手腕を必要としたのであった。

ヘディンは一九三三―三五年にかけて、民国政府の依頼により、西北自動車遠征隊を組織して、モンゴリアからタリム盆地にいたる中央アジア自動車ルートの開拓・調査を行なった。この時、ヘディン隊は馬仲英の反乱にまきこまれ、何回か窮地に陥ったが、よく九死に一生をえて、多年夢みていた楼蘭再訪をはたし、新ロプ・ノールを確認することができた。なお一九三五年から翌年にかけて、イギリスのタイクマンが、綏遠からタリム盆地のカシュガルまで、フォードV八気筒トラックで踏破し、それから先はキャラバンでインドに達している。

第四期　一九五〇年——現在まで。中国人のみによる調査時代——第二次世界大戦中の空白期をすぎて、一九五〇年代の後半からは新疆ウイグル自治区博物館考古隊によるトルファン、民豊県各地の発掘調査が行なわれるようになったが、中華人民共和国の成立以来、この地方に外国人はほとんど入れず、もっぱら中国学者のみによって調査、探検が行なわれている。

以上見てきたように、一九世紀末以来の東トルキスタンの探検は、大きく四期にわけることができるが、その中でとくに顕著な変化は、第一——二期の探検は、ほとんど小人数の隊員がラクダとウイグル人従者によるキャラバンによって行動したのに対し、第三期以降はほとんど多数の隊員が自動車《トラック》または自動・無限軌道車によって探検を行なうようになったことである。もともと砂漠を自動車で横断しようとすることは、大変危険なことと考えられたが、自動車の性能の向上とともに、しだいにその可能性が考えられるようになり、とうとうそれが具体化したのが一九三〇年代の探検であった。

また第三期の探検は、従来の探検がもっぱら地理学や歴史学、考古学的な見地から行なわれてきたのに対し、気象学、地質学、生物学、人類学、農学、水産学等、さまざまなジャンルの学者を集め、科学的・綜合的に中央アジアを観察しようとするもので、その調査地域と研究領域は急速に拡大された。荒涼たるゴビ砂漠に国籍を異にする研究者が、数名ずつグループを作って各地で観測を始めたので、思わぬトラブルが続出し、なかには発狂したり、一命を失った者もあった。

　第三期の探検のもう一つの悲劇は、この探検の行なわれた時代が、この地方の稀にみる動乱期であったことである。馬仲英を中心とするウイグル人の反乱が起こり、新疆省の有力者の内紛もあって、政情は二転三転し、治安状態も極度に悪くなった。ヘディンもジョルジュ＝マリ・アールトもいく度か監禁され、ときには生命の危険さえ味わわされた。治安の乱れた辺境の対外人政策は、猫の目のように変わり、探検隊はその度に行動を制約され、外部との連絡もとれず、ハラハラしていなければならなかった。

　本書『中央アジア自動車横断』は、こうした情勢下にはじめて自動車で全アジア大陸の横断を試みたシトロエン隊の記録である。アジア大陸をできるだけ自動車で横断しようとしたこの探検は、現在までのところまさしく空前絶後である。もともとこの探検は、フランスのシトロエン自動車会社社長アンドレ・シトロエンの計画したものであった。シトロエン社が道路以外のいろいろな土地の上を走れる特殊自動車（無限軌道車）を作り始めたのは、一九二一年のことだった。

　一九二二年一二月、シトロエン社はサハラ砂漠の縦断を試み、五台の無限軌道車によって、ツグルトからチンブクツまでの突破に成功した。その後、アンドレ・シトロエンはマリ・アールトを隊長として、「シトロエン中央アフリカ探検隊」を組織し、サハラ北部のコロン・ベシャールからマダガスカル島のタナナリヴに至る二万キロの旅を計画した。マリ・アールトは一九二四年一〇月から翌二五年六月にかけて、一六人の隊員とともに中央アフリカを縦走し、「黒の探検」といわれたこの探検に成功した。その結果、アフリカ全土にシトロエンの無限軌道車が走り廻るようになった。

やがてアンドレ・シトロエンは、アジア大陸横断の旅を計画した。地中海岸のベイルートから中国の北京まで、シトロエンの無限軌道車で横断しようというのである。隊長には再びジョルジュ＝マリ・アールトが任命された。

周知のように、アジア大陸の中央には、世界の屋根パミール高原が聳えている。アールトは初めパミールを避けるために、地中海からカスピ海の南側に出て、ロシア・トルキスタンを通り、天山山脈をこえてタリム盆地に入り、ゴビ砂漠を横断して北京に達しようと計画した。これに対し、ソ連は当初アラル海の北を通り、セミパラチンスクから南下してはどうかと言ってきたが、土壇場で許可を取り消してきた。

そこでどうしても探検隊はイランからアフガニスタンを通り、ファイザバードからワクジル峠越えの道をとらねばならなくなった。そのためアールトは隊を二つに分け、一隊はベイルートからパミール高原をできるだけ車で登り、さいごにキャラバンで進ませ、もう一隊は北京から西進し、パミールの東側で合流しようという計画に変更した。

この探検は一九三一年四月のベイルート発に始まり、翌三二年二月の北京着に終わった。計画では帰途ハノイに集結し、ここから再び自動車で、インドシナからアジア大陸南部を横断してベイルートに帰る予定だったが、不幸にして隊長のマリ・アールトが急逝し、一行は急遽帰国したのだった。本書はこの探検に同行した地理学者ジョルジュ＝ル・フェーヴルが、複雑なこの探検の全貌をエスプリに富んだ筆致で記録したものである。

本書はプロローグと本文四部からなり、以下、その梗概を示すと次の通りである。すでに触れたように、この隊はパミール班（ベイルート発）と中国班（天津発）の二つに分けたので、その行動の記録もなかなか複雑である。

　プロローグは各国との折衝で、コースが次第に決定されていく過程と、ベイルートを出発するパミール班と天津から出発する中国班の状況を描く。ともに一九三一年四月初めの出発だが、中国人学者と同行する中国班は、当初からトラブルがあり、早くも前途多難を思わせる書きぶりである。

　第一部はパミール班がダマスクスから西アジアを通り、カシミールのスリナガルに着いて、いよいよギルギットに向かう所まで。一行はダマスクスからパルミラを訪れ、そこからシリア砂漠をまっすぐ東進して、四月一五日、ラマディにつく。ひさしぶりに水量豊かなユーフラテス河を見て一行は大いに喜ぶ。翌一六日、イラクの首都バグダードに着く。ここに三日間滞在してファイサル国王やイギリスの高等弁務官に会見する。バグダードからは古来からのイラク――イランのシルクロードを通り、カスル・イ・シリン、ケルマンシャー、ハマダンをへて、四月二八日、テヘランに着く。

　半世紀近い昔に書かれたテヘランの姿は、今日の近代都市テヘランと比較するとまことに感慨深い。旧市街が破壊され、新市街も建設中のテヘランは、どちらが本当のテヘランか分からないと記されている。これからアフガニスタンをへてギルギットまで、探検隊はさんざん悪路に苦労するのだが、読者はこれが半世紀前の記録であることに留意する必要がある。今日では一行の通った道は、いわゆるアジア・ハイウエイで、きわめて快適な旅が可能である。しかし当時は道路は舗装もなく、大きな川にも橋がなく、いかに無限軌道車といっても、その横断は大変なきびしい旅であった。

一行はテヘランから南路をとって、ダムガン、ニシャプールをへてメシェドにつき、国境をこえてヘラトに到着した。当初はここから北路をとってパミールに向かう予定だったが、この道はウズベク人の反乱で通れないことになり、カンダハル、ガズニ経由の南路をとって、六月九日、カーブル入りした。途中ファラー・ルード川やヘルマンド川の渡河には大分苦労している。

カーブルからバーミヤン訪問を終えた一行は、六月一五日、東方に向かい、カイバル峠をこえて、同二四日、スリナガルに着いた。ここでヒマラヤ越えの情報を集め、結局ギルギット経由の道を選ぶ。七月二日、第一班が出発。中国班との連絡はいつも途絶えがちで、しかも時々入る電報も不吉なものが多く、アールトは気がかりである。

第二部は中国班の天津からタリム盆地のトルファンまでの行動の記録である。中国側の非協力と東干《トンガン》人の反乱にまきこまれた中国班は、当初から苦難の連続だった。こうした最悪の情勢下に七台の無限軌道車をひきいて、はるばるカシュガルに行こうとするポワンの苦労は並大抵のものではなかった。褚民誼博士を中心とする中国側団員八名は、当初から反抗的であった。

中仏学術調査団中国班の百霊廟からのゴビ砂漠横断は、古くからのキャラバン・ルートを進んだものであり、一九二六年にはラティモアが、一九二七年にはヘディンの西北科学考査団が通っているので、探検としては目新しいものではない。しかしここをシトロエン社の無限軌道車で突破したことは、砂漠における自動車の利用という新しい探検方法を生み出したものとして、きわめて重要である。一九三三年に行なわれたヘディンの西北自動車遠征隊の先蹤として、高く評価されてよい。

一九三一年四月六日、天津を出発したポワンは、五月二〇日、百霊廟につき、中国側団員の到着を待って二四日出発した。六月六日、エツィン・ゴルにつき、ガソリン補給のため、南下して粛州に向かった。そこで再び中国側団員の妨害があり、旅行中、カッとして動物学の何氏を殴ったポワンは、ブリュルに指揮権を譲った。一行が新しく協定を作り直して、粛州を出発したのは六月二〇日だった。安西経由の道は東干人の反乱で危険だったので、一行は砂深いアラシャン砂漠を突破せねばならなかった。六月二八日にハミにつくと、そこは中国軍と東干軍の戦争の真最中だった。さいわい中国軍の方が優勢だったので、一行は七月一日、ハミからトルファンに向かい、七月五日、トルファンについた。カシュガルまであと一三〇〇キロ、順調にいけば二週間で行けるはずだったが、そうは問屋がおろさなかった。新疆省主席の金樹仁は、全員ウルムチに来いと命令してきた。

第三部はパミール班と中国班が幾多の苦難を乗りこえて双方から近づき、ついにアクスで劇的な出会いをするまでの記録である。

中国班はウルムチに軟禁された。フランス人たちは無限軌道車を動けなくし、城外に抵抗キャンプをつくって、新疆省政府の妨害に対抗したが、行動の自由は全く許されなかった。その頃の新疆省は東干人の反乱のために、混乱の渦中にまきこまれていたのである。

ウルムチの中国班は、厳重な省政府の監視下に、外界との連絡も断たれてしまった。しかし彼らはレコード音楽パーティを開き、極秘に北京のフランス公使館に無電連絡するのに成功した。その結果、ようやく監禁をとかれ、四台の無限軌道車でパミール班を迎えに、カシュガルに行く許可を与えられた。緒民誼博士ら中国側団員は、ウルムチからシベリヤ経由で帰国させられた。

　ここで叙述はパミール班に移る。アールト隊はパミール越えに苦渋をきわめていた。スリナガルからブルジル峠をこえ、時には車を分解して進み、八月四日、やっとギルギットについた。そこからは車を捨ててヤクとラクダのキャラバンとなり、フンザ、ミスガル、キリク峠をこえ、タシュクルガンをへて、九月中旬にカシュガルに出た。

　パミール班はここでなかなか旅券が与えられず、役人一人一人に袖の下を使って、やっと八日後に旅券をもらい、取上げられた小銃を返してもらった。そして九月二六日、仲間の待つアクスに向かった。中国班はアクスから前進することを許されなかったのである。こうしてベイルートと天津との双方から歩みよった二つのグループは、一〇月八日、ようやくアクスで感激の再会を果たしたのである。中国班は中国側団員の非協力や新疆省の情勢のため、惨憺たる苦労を味わった。一方、パミール班も道のないパミール高原は、ついに無限軌道車でも突破できず、ギルギットからアクスまではキャラバンによらざるを得なかったのである。

　合流したシトロエン隊三一人は、一〇月二七日、ウルムチに帰ったが、そこで再び困難な外交折衝にまきこまれた。幸い、本国から自動車三台と無電機三台が到着し、ついに一一月二八日、一行は解放の旅券を入手することができた。

　第四部はトルファンから北京まで、シトロエン隊さいごの紀行である。アールトは隊員二六名（五名はウルムチから帰国）、自動車九台をひきいて、ウルムチから北京にむかった。一二月五日、ハミについてみると、そこは戦火に荒れはて、局地的な戦闘はまだ続いていた。一行は隠しておいたガソリンを掘り出し、またアラシャン砂漠をこえて、一二月一八日粛州についた。車の故障と反乱軍と匪賊と戦いながら、一行は甘州、涼州、寧夏を通り、五原をへて、一九三二年一月二八日、包頭にたどりついた。そこからはかつて中国班が通った道を辿って、二月一二日、ベイルートを出てから三一五日目に、とうとうシトロエン隊は北京の西門に到着した。こうして約一年がかりで、マリ・アールトはついにユーラシア大陸横断に成功したのだった。

　北京に着いたマリ・アールトは、あいつぐレセプションでもみくちゃにされた。そのあとシトロエン隊はハノイで陣容をととのえ、雨季の来る前にインドシナを横断し、あとはタイ、ビルマ、インド、イラン、イラクを通ってベイルートに戻る予定だった。

　しかし輝かしい成功の後には、しばしば悲劇が訪れやすいものである。北京でふと風邪をひいたアールトは、帰途香港に立寄ったが、そこで肺炎を併発し、ついに不帰の客となった。三月一六日、ハノイで出発準備をしていた一行は、突然、

「人ハ死ニ、仕事ハ残ル。隊長ノ遺体ヲフランスニ送還サレタシ。悲嘆ヲトモニス――
　アンドレ・シトロエン」

というパリからの電報を受けとり、みんな張り切っていた心の糸がプツンと切れてしまった。一行は隊長の棺と車とともに船でマルセイユにむかい、一九三二年四月二九日、深い悲しみを抱いて帰国したのだった。シトロエン隊の探検以後、アジア諸国の国境は固く鎖され、今日までアジア大陸自動車横断の壮挙に挑戦した者はない。しかし今日の技術をもってすれば、この探検は決して不可能でなく、近い将来には必ずこの探検に挑戦する人が現われるであろう。

本訳書のオリジナルは Georges Le Fèvre; La croisière jaune, troisième mission Haardt-Audouin-Dubreuil, Librairie Plon, 1933, 英訳には An Eastern Odyssey, translated and adapted by Major General Sir E.D. Swinton, Gollancz, 1935 がある。英訳本の訳書に、関丙台訳『亜細亜大陸横断記』（大和書房、一九四一年）がある。原著からの完訳である本書は、かつて白水社『西域探検紀行全集』第一三巻（一九六七年）として、故深田久弥氏の解説を付して刊行されたことがある。

またシトロエン隊の報告として、アメリカの国民地理雑誌 The National Geographic Magazine, 一九三一年六月号、一〇月号、一九三二年三月号、一一月号にそれぞれ写真を主とした報告が掲載されている。

シトロエン隊に続いて、この地方の自動車旅行を行なった旅行記として、スウェン・ヘディンとタイクマンの次の紀行がある。まずヘディンのものとしては、西北自動車遠征隊に関する次の三部作がある。

この遠征隊の出発からゴビ砂漠を通ってハミまでと、ウルムチ監禁とウルムチから西安までの帰路は、その著『シルクロード』にくわしい。本書のオリジナルは Sven Hedin; Sidenvägen, Stockholm, 1936（ドイツ語版 Die Seidenstrasse, Leipzig, 1936, 英語版 The Silk Road, London, 1938.）。邦訳はドイツ語版から、高山洋吉訳『赤色ルート踏破記』（育成社、昭和一四年）、西義之訳『シルクロード』（白水社、昭和四〇年）、英語版から橋田憲輝訳『絹の道』（高山書院、昭和一九年）がある。

またハミを出発してから馬仲英の反乱にまきこまれ、コルラで監禁されて後、辛うじてウルムチに帰るまでの記録は、『大馬（馬仲英）の逃亡』オリジナルS. Hedin; Stora hästeno flykt, Stockholm, 1935,（ドイツ語版 Die Flucht des Grossen Pferdes, Leipzig, 1935, 英語版 Big Horse's flight, the trail of war in Central Asia, London, 1936.）。邦訳としては、小野忍訳『馬仲英の逃亡』（改造社、昭和一三年）、宮原朗訳『戦乱の西域をゆく』（白水社、昭和四〇年）がある。ウルムチ監禁後、ヘディンはロプ・ノールを探検し、再びウルムチで監禁された後、ハミを経て帰途につくが、その時安西からロプ低地まで、ロプ・ノールの東方地域を自動車で探検するが、その部分は有名な『さまよえる湖』でオリジナルは、S. Hedin; Den vandrande Sjön, Stockholm, 1937,（ドイツ語版はDer wandernde See, Leipzig, 1939, 英語版はThe wandering lake, London, 1940.）。邦訳は岩村忍・矢崎文雄訳『彷徨へる湖』（筑摩書房、昭和一八年）、関楠生訳『さまよえる湖』（白水社、昭和三九年）である。

また一九三五年から三六年にかけて、北京からカシュガルまで自動車旅行に成功したタイクマンの紀行は、Sir Eric Teichman; Journey to Turkistan, London, 1937. で、邦訳としては、神近市子訳『トルキスタンへの旅』（岩波新書、昭和一五年）がある。本書の付録には北京（綏遠）――喀什噶爾《カシュガル》間のくわしい自動車ルート案内があって便利である。

ジョルジュ・ル・フェーヴル（1892 － 1968）

フランスの文筆家で探検家。地理学・民俗学への深い造詣と筆力をかわれ、1931年から1932年にかけて、フランスの自動車会社シトロエン社が組織した、無限軌道車による中央アジア探検隊に記録担当として参加。探検隊は東干の乱に巻きこまれるなど、緊迫した事態に見舞われることしばしばであったが、その一部始終を克明に描写し、みごとその期待に応えた。

野沢協（1930 － 2015）

東京大学文学部仏文科を卒業。専攻は17～18世紀フランス思想史。東京都立大学人文学部教授を経て、駒澤大学外国語部教授をつとめる。主要訳書にルイ・ボダン『知識人』シュレ＝カナール『黒アフリカ史』ポール・ニザン『トロイの木馬』ポール・アザール『ヨーロッパ精神の危機』ベルンハルト・グレトゥイゼン『ブルジョワ精神の起源』など多数ある。

宮前勝利（1938 － 1999）

東京教育大学文学部を経て同大学大学院を修了。専攻はフランス文芸思想史。京都教育大学教育学部助教授。

［監修］　井上靖・梅棹忠夫・前嶋信次・森本哲郎

［ブックデザイン］　大倉真一郎
［カバー装画・肖像画・見返しイラスト］　竹田嘉文
［編集協力］　清水浩史
［地図（見返し）］　株式会社 ESSSand（阿部ともみ）

本書は『世界探検全集13中央アジア自動車横断』（1978年、小社刊）にナビゲーションを加え復刊したものです。本書には、今日の人権意識では不適切と思われる表現が使用されています。しかし、差別助長の意図がなく、資料的・歴史的価値が認められること、および著者・訳者が故人であるため表現の変更ができないことを考慮し、発表時のままといたしました。また、地名・人名をはじめとする固有名詞や用語に関しては、当時と現在とでは呼称に一部相違があるものの、前掲の事情を考慮して発表時のままといたしました。宮前勝利氏のご連絡先がわかりませんでした。著作権継承者もしくは関係者にお心当たりのある方は、編集部までご一報ください。（編集部）

LA CROISIÈRE JAUNE ; Troisième Mission Haardt-Audouin-Dubreuil
by Georges Le Fèvre, 1933

世界探検全集 13
中央アジア自動車横断

2023年11月20日　初版印刷
2023年11月30日　初版発行

著　者　ジョルジュ・ル・フェーヴル
訳　者　野沢協、宮前勝利
発行者　小野寺優
発行所　株式会社河出書房新社
〒151-0051
東京都渋谷区千駄ヶ谷 2-32-2
電話 03-3404-1201（営業）
03-3404-8611（編集）
https://www.kawade.co.jp/

印　刷　株式会社亨有堂印刷所
製　本　加藤製本株式会社

Printed in Japan
ISBN978-4-309-71193-5

落丁本・乱丁本はお取り替えいたします。

本書のコピー、スキャン、デジタル化等の無断複製は著作権法上での例外を除き禁じられています。本書を代行業者等の第三者に依頼してスキャンやデジタル化することは、いかなる場合も著作権法違反となります。

世界探検全集

01 **東方見聞録**
マルコ・ポーロ　青木富太郎（訳）

02 **三大陸周遊記**
イブン・バットゥータ　前嶋信次（訳）

03 **アジア放浪記**
フェルナン・メンデス・ピント　江上波夫（訳）

04 **カムチャツカからアメリカへの旅**
ゲオルク・ヴィルヘルム・シュテラー　加藤九祚（訳）

05 **ニジェール探検行**
マンゴ・パーク　森本哲郎・廣瀬裕子（訳）

06 **アマゾン探検記**
ウィリアム・ルイス・ハーンドン　泉靖一（訳）

07 **天山紀行**
ピョートル・セミョーノフ＝チャン＝シャンスキイ
樹下節（訳）

08 **アフリカ探検記**
デイヴィッド・リヴィングストン　菅原清治（訳）

09 **黄河源流からロプ湖へ**
ニコライ・プルジェワルスキー　加藤九祚（訳）

10 **世界最悪の旅**
アプスレイ・チェリー＝ガラード　加納一郎（訳）

11 **恐竜探検記**
ロイ・チャップマン・アンドリュース
斎藤常正（監訳）　加藤順（訳）

12 **ゴビ砂漠探検記**
スウェン・ヘディン　梅棹忠夫（訳）

13 **中央アジア自動車横断**
ジョルジュ・ル・フェーヴル　野沢協・宮前勝利（訳）

14 **コン・ティキ号探検記**
トール・ヘイエルダール　水口志計夫（訳）

15 **エベレスト登頂**
ジョン・ハント　田辺主計・望月達夫（訳）

16 **石器時代への旅**
ハインリヒ・ハラー　近藤等・植田重雄（訳）

LA CROISIÈRE JAUNE

Georges Le Fèvre